AF731936

DIE

HAFTUNG DES VERKÄUFERS

WEGEN MANGELS IM RECHTE

VON

DR. JUR. ERNST RABEL,
PRIVATDOZENT AN DER UNIVERSITÄT LEIPZIG.

ERSTER TEIL.

GESCHICHTLICHE STUDIEN ÜBER DEN HAFTUNGSERFOLG.

LEIPZIG
VERLAG VON VEIT & COMP.
1902

PHOTOMECHANISCHER NACHDRUCK

WALTER DE GRUYTER · BERLIN · NEW YORK
1973

ISBN 3 11 002184 6

© 1902/73 by Walter de Gruyter & Co., vormals J. Göschen'sche Verlagshandlung — J. Guttentag, Verlagsbuchhandlung — Georg Reimer — Karl J. Trübner — Veit & Comp., Berlin 30

Printed in the Netherlands

Alle Rechte, insbesondere das Recht der Vervielfältigung und Verbreitung, sowie der Übersetzung, vorbehalten. Kein Teil des Werkes darf in irgendeiner Form (durch Photokopie, Mikrofilm oder ein anderes Verfahren) ohne schriftliche Genehmigung des Verlages reproduziert oder unter Verwendung elektronischer Systeme verarbeitet, vervielfältigt oder verbreitet werden.

MEINEM HOCHGEEHRTEN LEHRER

HERRN

GEHEIMEN HOFRAT LUDWIG MITTEIS

PROFESSOR AN DER LEIPZIGER UNIVERSITÄT

IN TREUER DANKBARKEIT

GEWIDMET

Vorwort.

Die Haftung des Verkäufers wegen Rechtsmangels ist ein vom deutschen Bürgerlichen Gesetzbuch neu abgestecktes und geregeltes Gebiet, das der genaueren Abgrenzung und der Durcharbeitung im Sinne des neuen Rechtes harrt. Wer den schuldrechtlichen Schutzmitteln des Käufers wegen des nunmehr so sehr erleichterten gutgläubigen Erwerbes die praktische Wichtigkeit absprechen wollte, ginge gewiß irre, wie noch am geeigneten Orte dargelegt werden wird. Die auf diesem Gebiete erwachsenden, teilweise recht schwierigen Aufgaben sind aber dadurch wesentlich vermehrt, daß den Lehren, welche der neugefaßte Begriff der Rechtsmängelhaftung umschließt, während des ganzen verflossenen Jahrhunderts weder im gemeinen deutschen Recht noch in den Partikularrechten jemals eine eingehendere dogmatische Behandlung zugewendet worden ist. K. O. Müller's „Lehre des römischen Rechtes von der Eviktion" gelangte nicht über ein einleitendes Bändchen (1851) hinaus, welches nach Bekker's allseits gebilligtem Urteil nicht geeignet war, den Wunsch nach einer Fortsetzung zu wecken. Der knappe Aufsatz Bekker's in dessen und Muther's Jahrbüchern des gemeinen Rechts, VI. Band (1863), und das von verdientem Erfolg begleitete Schriftchen Eck's: „Die Verpflichtung des Verkäufers zur Gewährung des Eigentums" (1874) sind die einzigen hervorragenden Spezialarbeiten auf dem genannten Felde geblieben. So wird es denn nicht unangezeigt erscheinen, eine umfassendere Prüfung der einschlägigen zivilistischen Fragen in Angriff zu nehmen.

Der systematischen Erörterung, welcher der zweite Teil bestimmt ist, werden mit dem vorliegenden Bande historische Studien vorausgeschickt. Daß die Auseinandersetzung mit der Vergangenheit gerade bei unserem Gegenstande einem dogmatischen Bedürfnisse entspricht, davon wird sich der Leser leicht überzeugen. Ich gestehe aber gern, daß bei der Ausarbeitung das rein historische Interesse überwog. Mit der Geschichte des Institutes hat sich die Wissenschaft allerdings viel mehr beschäftigt, als mit dessen juristischer Durchbildung. Ja die wichtigsten Phasen der römischen Rechtsmängellehre sind von Bechmann im Zuge seines grundlegenden Werkes über den Kauf, I. Band (1876), und in einer eigenen zu Eingang des ersten Kapitels genannten Schrift Girard's (1882—1884) mustergültig dargelegt worden. Indessen fehlt nicht bloß eine zusammenfassende Darstellung des römischen Entwicklungsganges in deutscher Sprache und ist Girard's Arbeit in den nahezu zwanzig Jahren seit ihrem Erscheinen in manchen Einzelheiten revisionsbedürftig geworden — scheint es doch schon eine dankbare Aufgabe, die Strahlen aufzufangen, welche aus Lenel's großen Restitutionswerken in die Lehre fallen —, sondern es soll hier eine historische Übersicht innerhalb eines nach Raum und Zeit weiter ausgespannten Rahmens angestrebt werden. Die modernen Bemühungen, verbindende Fäden zwischen dem römischen Rechte und dem Rechtsleben des gesamten Altertums zu spinnen, liefern derzeit schon bedeutsame Anhaltspunkte für die romanistische Einzeluntersuchung; diese wieder mag in ihren bescheidenen Grenzen die Einsicht in größere Zusammenhänge zu fördern suchen. Während sich aber so das Studium der von den Römern hinterlassenen Meisterwerke erweitert, soll andererseits auch die Form, in welcher dieselben nachmals ihre Herrschaft über unsere Vergangenheit ausübten, und welcher neuerdings mit Recht ein immer höheres Interesse geschenkt wird, nicht übergangen werden. Es sei versucht, mit der erforderlichen Orientierung im deutschen Rechte an der Hand der hochentwickelten germanistischen Forschung und mit Umblicken in fremde neuere Rechte die Resultate der Rezeption auf deutschem Boden namentlich in jenen Punkten zu beschreiben, in welchen die Pandektenlehrbücher allmählich die Erinnerung an die einstige Doktrin ausgemerzt haben. Daß dieses ganze Beginnen, zumal für einen Anfänger in rechtsgeschichtlicher Arbeit, unzählige Gefahren birgt, und daß die Ausführung weit hinter dem Vorsatze zurückbleiben muß, habe ich mir keinen

Augenblick verhehlt. Irrtümliche Beobachtung des Details und Fehler in der Auswahl und Benützung von Quellen und Literatur werden nicht ausgeblieben sein, so eifrig ich sie zu vermeiden beflissen war. Doch der überwiegende Nutzen, den die Durchstreifung möglichst weiter Strecken regelmäßig stiftet, bewährt sich hoffentlich auch bei diesem Buche.

Der Schwerpunkt des geschichtlichen Stoffes unserer Lehre wird durch die Frage getroffen, was der Verkäufer infolge eines Rechtsmangels zu leisten habe. Auf die sich daraus ergebenden beiden Grundprobleme beschränkt sich im wesentlichen die Darstellung: auf die Frage nach dem primären Inhalt des Gewährleistungsanspruches, deren Beantwortung, wie schon die drei Schlagworte: Defension, Habere licere, Rechtsverschaffung erkennen lassen, für den Gesamtaufbau der Haftungslehre von ausschlaggebender Bedeutung ist, und auf die Frage nach der Höhe des vom Käufer zu beanspruchenden Ersatzes, minder weit ausgreifend, aber praktisch unmittelbar wichtig und zugleich für die juristische Konstruktion des Anspruchs von Einfluß. Die Erörterung der beiden Themen hat den Band bereits zu einem mir sehr unerwünschten Umfang anschwellen lassen, obwohl der Charakter der historischen Übersicht Bündigkeit des Ausdrucks und bei bekannteren Partien eilende Kürze gestattete. Das sich dahin nicht einordnende historische Material wird im dogmatischen Teile leichter nebenher zu besprechen sein.

In dem der Neuzeit gewidmeten zweiten Kapitel nimmt das Recht meiner österreichischen Heimat einen weiten Raum ein. Sachlich sei dies dadurch gerechtfertigt, daß die österreichische Rechtsvergangenheit ein wenig bekannter und doch an fesselnden Erscheinungen reicher Boden ist, auf dem unter anderem zahlreiche germanistische Keime, der Rezeption ungeachtet, gediehen, und daß das darauf emporgewachsene Gesetzbuch das einzige lebende Gesetz ist, welches noch die Befruchtung durch den Usus modernus bezeugt, zugleich ein Gesetz, das mit gar manchem lebenskräftigen Zweige aus dem die alte Doktrin begrabenden Schutte aufragt. — Da mir die älteren österreichischen Rechtsquellen in der letzten Arbeitszeit nicht mehr zu Gebote waren, möge es entschuldigt werden, wenn sich bei ihrer Zitierung oder Benutzung, mir unbewußt, ein Fehler eingeschlichen haben sollte.

In lebhaftester Dankbarkeit muß ich an dieser Stelle der bei der Arbeit genossenen Förderung gedenken, in erster Reihe der mich auf das Tiefste verpflichtenden Unterstützung, welche mir zwei meiner Lehrer zuteil werden ließen; Herr Geheimrat Professor Strohal in Leipzig, von dem ich eine Reihe der wertvollsten Anregungen und Winke für die hier begonnene Monographie empfing, und Herr Geheimrat Professor Mitteis, dessen Unterricht meine Neigung zu wissenschaftlicher Bethätigung gestärkt, mir den Sinn für rechtsgeschichtliche Forschung erschlossen hat, und der in nie versagender Güte der vorliegenden Arbeit ebenso wie vordem meiner (Urheberrechtsfragen behandelnden) Erstlingsschrift mit Rat und Belehrung beigestanden ist.

Seitens mehrerer Gelehrten flossen mir wichtige Mitteilungen zur Quellenkunde zu. Daß ich insbesondere, obwohl der czechischen Sprache unkundig, das für die österreichische Rechtsgeschichte unentbehrliche böhmische Landrecht der Neuzeit heranzuziehen in der Lage war, verdanke ich der Liebenswürdigkeit des Herrn Hofrates Professor Krasnopolski in Prag, welcher mir die einschlagenden Partien der Quellen bezeichnete und sogar die Freundlichkeit hatte, mir seine bezüglichen gehaltvollen Notizen und Exzerpte zur Verfügung zu stellen. Für die Verwendung bin ich selbstverständlich allein verantwortlich.

Die Verwaltung der Bibliothek des Reichsgerichtes in Leipzig gab mir Gelegenheit, mittels umfassender Benutzung des dortigen unvergleichlichen Bücherbestandes meine in Wien gepflogenen Studien zu ergänzen, wofür ihr hiermit der verbindlichste Dank ausgesprochen sei.

Der größte Teil des gegenwärtigen Bandes hat der hohen Juristenfakultät in Leipzig als Habilitationsschrift vorgelegen.

Ernst Rabel.

Inhalt.

Verzeichnis einiger abgekürzt zitierter Quellen.

D. h. t. = Digesten, Titel 21, 2 de evictionibus et duplae stipulationibus.
C. h. t. = Codex Justinianus, Titel 8, 44 [45] de evictionibus.
C.E. = Dig. Tit. 18, 1 de contrahenda emptione.
A.E. = Dig. Tit. 19, 1 de actionibus empti venditi.
V.O. = Dig. Tit. 45, 1 de verborum obligationibus.

B.G.U. = Berliner Griechische Urkunden.
C.P.R. = Corpus papyrorum Raineri.
Denk. = Denkschriften der Wien. Akad. d. Wiss., phil. hist. Kl., 1889, 2. Abteilung.
Gen. = Nicole, Les papyrus de Genève.
Grenf. I = Grenfell, An Alexandrian erotic fragment u. s. w.
Grenf. II = Grenfell and Hunt, New classical fragments u. s. w.
Kenyon (London) = Kenyon, Greek Papyri.
Oxy. = Grenfell and Hunt, The Oxyrrynchos Papyri.
Par. = Notices et extraits des manuscrits de la bibliothèque impériale, XVIII, 2, Paris 1865.

(Abkürzungen nach **Wilcken**, Archiv f. Papyrusforschung, worauf auch bezüglich der genaueren Titel dieser und der übrigen Papyrusangaben verwiesen sei.) Der leichteren Orientierung wegen werden hier häufig vollere Formen dieser Abkürzungen verwendet.

Marini = Marini, Papiri diplomatici, Roma 1805.

Zur nieder- und oberösterreichischen Rechtsgeschichte wird folgendes ungedruckte Material in Benützung der die Chorinsky-Sammlung bildenden Autographien angeführt. (Diese Sammlung, welche einer vom Grafen **Chorinsky** begründeten, von Oberlandesgerichtsrat **Motloch** in Wien geleiteten Vereinigung zu verdanken ist [vgl. **Motloch**, Karl Graf Chorinsky, Wien 1898], umfaßt bereits eine stattliche Anzahl sehr interessanter neuzeitlicher Quellen und vergrößert sich noch ständig.)

Landrechtszeiger, Institutum Ferdinandi I = „Zaiger in das landrechtpuech“, Entwurf 1528.

Dr. Georg Eder, k. k. niederösterr. Kammerprokurator, Relationen 1556—1561.

Landtafel = „Land-Taffel oder Landesordnuug des hochlöbl. Erzherzogthumbs under der Ennß“, 1573 von Püdler ausgearbeiteter Entwurf.

Lehentractat = niederösterr. Lehentractat, von Püdler 1577 ausgearbeiteter Entwurf.

Entwurf zur niederösterr. Landtafel im Schönkirchnerbuch, von Dr. Melchior Hofmayr rezensierte Teile der Püdler'schen L.T., 1583—1586.

Strein-Linsmayr = Entw. zur niederösterr. Landesordnung von Freih. v. Strein († 1600) und Dr. Linsmayr († 1609).

Dr. Wolfgang Schwanser, † 1605, Kammerprokurator, Berichte.

Oberösterr. Landtafel = 1609 von Dr. Abraham Schwarz verfaßter, bis 1618 von den Ständen berathener Entwurf.

Landesordnung = Kompilation der vier Doktoren (Suttinger, Seiz, Hartmann, Leopold), 1657 vollendeter, einer Kommission vorgelegter Entwurf der niederösterr. Landesordnung, von welcher einzelne Teile nachmals sanktioniert wurden, nicht aber die hier angezogenen Partien. Das 1. Buch wird nach dem Ms. der Wiener Univ.-Bibl. Nr. 508 zitiert.

Hüttner'sche Sammlung, Bd. X, Tract. jur. var. pract.

Die in der genannten Sammlung vervielfältigten Gerichtsordnungen sind hier nach Druckausgaben angeführt, welche ebenso wie verwendete Hss. am betr. Orte namhaft gemacht werden.

Zur Quellengeschichte vgl. bes. Luschin, Österr. Reichsgeschichte S. 374 ff. und Motloch, im Österr. Staatswörterbuch von Mischler und Uebrich, II, S. 553 ff.

Zum böhmischen Landrecht.

Všehrd = Victorin von Všehrd's 9 Bücher vom böhm. Landrecht und der Landtafel, 1495—1499, Codex juris bohemici ed. Jireček III 3 (czechisch).

Wlad. Landesordnuug (L.O.) = durch König Wladislaw genehmigte Landesordnung, bereits vorher, 1500 gedruckt, Archiv český ed. Palacky, Bd. V (czech. u. latein.).

L.O. 1530, bezw. 1549 = Ferdinandeische Landesordnungen, Codex juris bohem. IV 1, sect. 1 (czech.).

Maxim. L.O. 1564 = Revision der L.O. durch Wolf v. Vřesovic, dem König Maximilian II gewidmet, Übersetzung Steřba's 1566, Ausg. „Beheimische Landsordnung sampt erneuerten reformierten Artikuln und Satzungen u. s. w. durch Petrum Sturba, Frankf. 1614.“

Vernew. L.O. = Vernewerte Landesordnung von Kaiser Ferdinand II. am 10. Mai 1627 erlassen, Codex jur. boh. V 2 (czech. u. deutsch).

Die Mährische Vernewerte Landesordnung, am 10. Mai 1628 publiziert, stimmt in den einschlägigen Stellen mit der böhmischen sachlich überein. Ausg. Cod. jur. boh. V 3.

Böhm. Stadtrechte (Koldin) = Bearbeitung des Entwurfes des Magisters Briccius von Licsko zu einem allgemeinen Stadtrecht der Städte Böhmens durch Paul Christian von Koldin, 1569 den Landständen vorgelegt, genehmigt 1579 „als allgemeines Gesetz für den Bürgerstand in Böhmen, 1697 in Mähren und Schlesien" (Luschin). Übersetzung von Peter Stefba, Ausg. „Vollständige teutsche Stadtrecht im Erb-Königreich Böheim und Markgrafthum Mähren", Wien 1721; daneben ist der Auszug „Das behmische Recht", Leipzig 1607, benutzt.

Vgl. bes. Luschin, Reichsgeschichte S. 303ff., 386ff. und Rieger im Österr. St.W.B. II S. 568ff.

---

a. G.O. = allgemeine Gerichtsordnung, österr. vom 1. Mai 1781, preuß. vom 4. Februar 1815.

A.L.R. = „Allgemeines Landrecht für die preußischen Staaten" vom 5. Februar 1794.

wg. G.O. = westgalizische Gerichtsordnung vom 19. Dezember 1796.

C.C. = Code civil von 1803/1804.

a. b. G.B. = „allgemeines bürgerliches Gesetzbuch für das Kaiserthum Österreich", Kundgemacht mit Patent vom 1. Juni 1811.

(D.)B.G.B. = Deutsches Bürgerliches Gesetzbuch vom 18. August 1896.

Erstes Kapitel.

Römisches Recht.

Der Entwicklungsgang, den im römischen Recht der historischen Zeit die Haftung des Verkäufers einer körperlichen Sache[1] bei gültigem Kauf[2] genommen hat, muß derzeit nach seinen äußeren Umrissen in der Art festgestellt bleiben, wie er öfters, zuletzt ausführlich und trefflich von Girard[3], beschrieben worden ist. Daß aus dem ältesten Kaufe, der Manzipation, die *actio*

[1] Die Grundsätze für den Kauf unkörperlicher Sachen haben die Römer im allgemeinen dem Rechte des Sachkaufs nachgebildet, vgl. Girard, Manuel élémentaire de droit romain 3. Aufl. 1901 S. 548 f., 558 N. 2; in Ansehung der Rechtsmängelhaftung darf man aber nicht mit Girard ohne weiteres die Grundsätze des sog. Habere-licere-Systems angewendet erachten. Für Rustikalservituten galt mit der Manzipation auch die auctoritas, D. (21, 2) 10; 46, 1. Der Verkäufer einer Forderung dagegen hatte zu prästieren: *debitorem esse* D (21, 2) 74, 3. D (18, 4) 4, was auf eine abgesonderte Entwicklung zu deuten scheint. (Weiteres Abschn. I, G.) Durch Erwägungen noch anderer Art ist das Recht des Erbschaftskäufers bestimmt; darüber vorläufig Brinz, Pand. 2. Aufl. II § 280 S. 339, Bechmann, Kauf I S. 322 f., II S. 430 f., Windscheid, Pand. 7. Aufl. III § 621 N. 19; es ist im dogmatischen Teile zu besprechen.

[2] Die Fälle, in denen Garantie bei „nichtigem" Kauf stattfindet, sind bei Kohler, Kauf einer fremden Sache, Ges. Abh. S. 232 ff. zusammengestellt. Sie müssen in diesen Untersuchungen außer Betracht bleiben; nicht etwa, weil sie unwichtig wären — zu ihnen gehört ja sicherlich der Kauf furtiver Sachen —, sondern weil ihre Regelung mit dem zu schildernden geschichtlichen Gange unmittelbar nichts zu thun hat. In einer bestimmten Richtung dürften sie freilich von Belang sein, darüber Abschn. I, G.

[3] Girard, Nouvelle revue histor. 1882 S. 180—218, 1883 S. 537—592, 1884 S. 395—439.

auctoritatis dem *mancipio accipiens* kraft rechtens[1] erwuchs; daß der Auktoritätshaftung die *satisdatio secundum mancipium* getreu nachgebildet wurde; wie dem formlosen, an sich keine Haftung wegen Rechtsmangels bewirkenden[2] Kauf Stipulationen zur Seite

[1] Neuerdings verteidigt Karlowa, Röm. Rechtsgesch. II S. 373 ff., die oft besprochene Ansicht, daß die Haftung des Manzipanten eine besondere Erklärung in der *nuncupatio* voraussetzte; da Karlowa die Ausführungen Girard's nicht berücksichtigt, muß ich mir die nochmalige Polemik versagen. Das ausschlaggebende Argument für die Haftung ohne Zusage erblicke ich aber meinerseits darin, daß die Rechtsvergleichung den ursprünglichen Deliktscharakter des Gewährbruches zur höchsten Wahrscheinlichkeit gebracht hat.

[2] Nur in dieser unbestimmten Fassung kann ich mich den allgemein verbreiteten Ansichten bezüglich des formlosen Kaufs anschließen. Wider sie wendet sich nämlich schon das Argument, das in der vorigen Note andeutungsweise aus der Rechtsvergleichung für die Haftung ex lege gezogen wurde. Die Analogie der anderen Rechte flößt neue erhebliche Bedenken dagegen ein, daß der formlose Barkauf und der Konsensualkauf, nachdem letzterer sonst die Vollwirksamkeit erreicht hatte, anfänglich von **keiner** Haftung begleitet gewesen sein sollen. Das ließe sich ja gewiß auch nicht rechtspolitisch, höchstens formallogisch erklären. Hier also möchte man auf den ersten Blick Karlowa zustimmen, wenn gerade er, wiederum im Gegensatz zu den meisten, dieses Stadium der Garantielosigkeit der *emptio venditio* völlig bestreitet (neuerlich Röm. Rechtsgesch. II S. 619 f.). Es soll jedoch weiter unten (unter B I) eine abweichende Lösung des Problems versucht werden. Wie der Text zeigt, glaube ich mit Bechmann immer noch, daß der formlose Kauf ursprünglich nicht haftbar machte, allein nur darum, weil das formlose Geschäft überhaupt keinen Teil ohne weiteres band. Zur m. E. richtigen Auffassung gehört, daß dieser Kauf selbst anders, als es sonst geschieht, konstruiert werde. — Das quellenmäßige Hauptargument für das behauptete Stadium des „reinen Austausches“ ohne Haftung bleibt der Gebrauch und besonders die magistratische Erzwingung der Garantiestipulationen; und gerade da hat auch die Erklärung jenes Zustandes einzusetzen. Gegen die übrigen positiven Zeugnisse, die dafür angeführt werden, ist bekanntlich vielerlei einzuwenden. Völlig auszuscheiden ist aber C. h. t. (8, 44) 6. *Non dubitatur, etsi specialiter venditor evictionem non promiserit, re evicta ex empto competere actionem.* Darin sieht man die Negierung der ehemals bestandenen Regelung. Girard (N. rev. 1883 S. 543) wendet dagegen ein, bis zum Jahre 222 n. Chr. könne sich eine lebhaftere Erinnerung an die Garantielosigkeit nicht erhalten haben. Beide Meinungen dürften nicht ganz das Richtige treffen. Fürs erste ist die Stelle interpoliert. Nur eine durch abusiven Sprachgebrauch verdorbene

traten, die entweder das *habere licere* versprachen oder gewisse Summen, namentlich das Duplum (*stipulatio duplae*), für den Fall zusicherten, *si quis evicerit, quominus emptorem habere liceat*; wie die Ädilen beim Sklavenverkauf zur Eingehung einer Stipulation zwangen,[1] welche mit der Haftung für körperliche Fehler die auf das Duplum gerichtete Eviktionsgarantie verband und von letzterer auch selbst den Namen *stipulatio duplae* empfing; wie in einer wahren Rezeption des Marktrechts[2] der Prätor zur Durchsetzung der Versprechensabgabe die *actio ex empto* verwendete;[3] wie die Regreßklage aus dem formlosen Kauf sich ihr eigenes, von den Stipulationen unabhängiges Gebiet eroberte;[4] und wie sie sich endlich in spätklassischer Zeit innerlich immer freier gestaltete — dieser ganze Werdegang ist bei dem heutigen Quellenstande kaum anfechtbar. Und da er überdies ziemlich unseren Vorstellungen von der eleganten und konservativen Juristenarbeit der Römer entspricht, so wäre es müßig, das ganze Bild nochmals aufzurollen. Die Untersuchung darf sich danach sofort den spezielleren Problemen zuwenden, welche sich aus der Frage nach dem Inhalt der römischen Gewährpflicht ergeben. Dank freilich der beherrschenden Stellung, die unser Gegenstand

---

Anschauung („Eviktionsleistung" s. unten Kap. 2, I) konnte *evictionem promittere* unbeanstandet lassen. Heißt es *auctoritatem promittere,* so ist die Bedeutungslosigkeit der Stelle für die *actio empti* klargestellt. Der in der Frage an den Kaiser liegende Zweifel kann aber doch nicht aus der Luft gegriffen sein. Nach meiner Vermutung, die durch eine parallele Erscheinung in der österreichischen Rechtsgeschichte gestärkt wird (Kap. 2, I unter B, AA.), führte im Orient die Urkundenpraxis mit ihrem ständigen ausdrücklichen Versprechen der *βεβαίωσις* = *auctoritas* zu dem Argument, der Beistand sei, wo er gegen den Usus nicht zugesagt war, auch nicht zu leisten.

[1] Ein Datum hierfür läßt sich nicht angeben; der Republik gehörte dieses Stadium zweifellos an. Girard 1884 S. 415.

[2] Wlassak, Neg. gestio S. 169.

[3] Strikt nachweisbar ist die Klage auf Eingehung der *stipulatio habere licere* erst für Neratius, D. AE 11, 8, der *stip. duplae* vollends erst für die Severenzeit. Girard 1884 S. 425.

[4] Die *actio emti* unmittelbar auf Entschädigung wird zuerst von Javolen gegeben D. (41, 3) 23, 1, Voigt, Röm. Rechtsgesch. II S. 923 N. 12. Ob D. h. t. (21. 2) 60 desselben Juristen hierher gehört (Girard 1884 S. 434), möge vorläufig dahingestellt bleiben.

in dem Rechte der Haftung und des Kaufes überhaupt einnimmt, wird es hoffentlich gelingen, gerade von der speziellen Seite aus manches Detail jener Entwicklungsreihe schärfer zu erfassen und den inneren Zusammenhang ihrer Glieder besser erkennen zu lassen.

Für den größten Teil der Erörterung kann und muß schließlich das Thema noch weiter vereinfacht werden. Es genügt meistens, den Verkauf einer fremden Sache als den einfachsten Fall eines Rechtsmangels[1] vor Augen zu führen, da er nach dem römischen Rechtssysteme zugleich der wichtigste ist; und eben dies pflegen denn auch die Quellen zu thun.

---

[1] Die *actio auctoritatis* stand zu, wenn der verkaufte Sklave *in libertatem* vindiziert wurde, oder ein Dritter an der Sache oder einem Teil Eigentums-, Pfand- oder Noxalrechte oder einen Ususfructus geltend machte, vgl. Bechmann I S. 243 f., Girard 1882 S. 200, Lenel, Ed. S. 427; and. Mein. freilich Jörs in Birckmeyer's Encykl. der Rechtsw. S. 140 N. 1 wegen Paul. sent. II 17, 1. Bezüglich des *usus fructus* siehe gegen Voigt's (XII Taf. II S. 193 N. 11) Anrufung von V. S. (50, 16) 25 pr. die l. 72 eod., aus dem 76. Buch ad ed., *de auctoritate.* Die *actio auct.* stand ferner wegen unrichtiger *dicta in mancipio,* in der Formel oder Urkunde (Pernice, Labeo III 1 S. 118) zu. Die Stipulationen und die *actio empti* erstreckten sich grundsätzlich auf jeden den Besitz entziehenden Rechtsmangel (*aliquid minuitur ex iure* V. O. (45, 1) 38, 3, vgl. auch Wendt, Pand. § 253 S. 615), daher nicht auf Passivservituten und gewöhnliche obligatorische Lasten, siehe vorläufig Windscheid, Pand. II § 391 N. 28. Für die Entwehrung eines Teiles der Sache sorgte die *stip. duplae* meist ausdrücklich, wie die erhaltenen Beispiele zeigen, die *actio empti* von Rechts wegen.

Erster Abschnitt.

Der Inhalt der Haftung.

A. Die actio auctoritatis hatte die Verpflichtung des manzipierenden Verkäufers zur Grundlage, den Käufer in Aktiv- und Passivprozessen gegenüber Drittansprüchen, die ihren Angriff an dem Mangel des Rechtes des Verkäufers ansetzen, zu verteidigen. Ausführliche Beweise für diese notorische Thatsache zu liefern, ist überflüssig. Ein zweifelloser liegt schon darin, daß die Worte *auctor* und *auctoritas* gewiß von *augere* = vermehren, stärken abzuleiten sind, und *auctoritas* nach dem Sprachgebrauche der Quellen füglich nur die gerichtliche Stützung seitens des Verkäufers, in zweiter Anwendung die Verbindlichkeit zu der Stützung bedeuten kann.[1] Der anziehendste Beweis ist die außerordent-

[1] Bechmann, Kauf I 110; Girard, N. rev. 1882 S. 183, Leist in Pauly-Wissowa's Realenc. vo. auctoritas. Wenn Klein, Sachbesitz S. 250, unter *auctoritas* sprachlich ein Vorbringen mit dem Anspruche auf Glaubwürdigkeit, insbesondere Zeugenschaft versteht, so ist doch auch er, wie er selbst andeutet, der hier angenommenen Ansicht, daß die Verpflichtung zur *auctoritas* Verpflichtung zur prozessualen Unterstützung des Käufers sei (S. 251); nur sei diese hauptsächlich durch Zeugenschaft zu vollziehen. Gegen Klein s. überh. Pernice, Labeo II 1 S. 330 N. 2. — Die Etymologie scheint es ja auf den ersten Blick zweifelhaft zu lassen, ob wirklich der Käufer bezw. der Kauf — man kann von beiden sagen, daß sie auktoriert werden — durch die gerichtliche Vertretung, oder ob sie etwa bereits durch das Bestehen der Haftung, also seit dem Abschlusse des Vertrages „gestärkt" sind. In der That nimmt letzteres Brinz, Einlassungszwang, Münchner Festgabe für Planck, S. 158 (nach Widerlegung seiner ersten, in den Pand. 1. Aufl. I S. 488 ausgesprochenen Ansicht durch Bechmann a. a. O.) an, welcher wie Klein eine Grundbedeutung des vielverwendeten Ausdruckes

liche Verwandtschaft dieser Ordnung mit allen übrigen Abkömmlingen des altarischen Rechtes, die man überhaupt kennt,[1] eine Verwandtschaft, die bis zum Namen der Verpflichtung geht, denn *auctoritas* ist durchaus synonym mit der griechischen *βεβαίωσις*, Festigung,[2] und stimmt mit *firmare*, befestigen, überein, wie es

auctoritas sucht. Er glaubt, daß damit primär eine „Gestattung“ bezeichnet wird, speziell, daß der Verkäufer auktoritativ beim Verkaufe auftrete, indem er den *mancipio accipiens* Eigentum behaupten und ergreifen läßt. Diese und alle ähnlichen Anschauungen (z. B. Pernice, Labeo I S. 187 f.) sind aber gegenüber dem quellenmäßigen Gebrauche des Wortes unhaltbar. Es giebt meines Wissens keine Stelle, die den Verkäufer beim Kontrakt auktorierend darstellt, hingegen überaus zahlreiche, nach welchen der Verkäufer erst durch den Vertrag die *auctoritas* schuldig geworden ist — worin Brinz eine sekundäre Bedeutung des Wortes sieht —; aus unseren ältesten Quellen ist z. B. zu erinnern an die erst im Prozeß erfolgende Aufforderung, Auktor zu werden (*postulo anne fuas auctor*, vgl. Girard, Nouv. rev. 1882 S. 184 f.) sowie man den Tutor beim Geschäfte fragt: *auctorne fis?* (Paul. D. 26, 8, 3); an den Zwölftafelsatz *usus auctoritas biennium esto*, wie immer er im übrigen zu verstehen sein mag; an die bei Plautus, Terenz und Cicero gebrauchte Redewendung *auctoritatem defugere* (unten S. 20 N. 1) u. a. Es wäre auch eine sehr spiritualistische Vorstellung, daß durch die gesetzliche oder stillschweigend bewilligte Haftung der Kauf bekräftigt wird; daß aber nicht eine ausdrückliche Haftungsübernahme, die als Stärkung gelten könnte, stattzufinden hatte, ist ja anerkannt.

[1] Vgl. Leist, Altarisches jus civile II (1896) S. 283; auch Post, Ethnol. Jurispr. II S. 586. Bemerkungen über die Rechte der germanischen Völker, der Inder, Russen, Waliser, Daghestanen an den weiter unten angebenen Orten, über die der Czechen, Polen, Litthauer, Serben, Magyaren bei Dareste, Études d'histoire du droit S. 166. 184. 202. 232. 263.

[2] Bekker anecd. I 214 *ὅταν ἀμφισβητῇ τις περὶ οἰκέτου ὡς οὐ δεόντως πραθέντος, ὁ τὸν οἰκέτην διακατέχων παραγίνεται ἐπὶ τὸν πεπρακότα, καὶ ἀναγκάζει αὐτὸν συνίστασθαι τὴν δίκην πρὸς τοὺς ἀμφισβητοῦντας, καὶ τοῦτο καλεῖται ἀνάγειν εἰς πράτην* — Pollux VIII 34. *ἡ δὲ βεβαιώσεως δίκη, ὁπότ' ἄν τις πριάμενος οἰκίαν ἢ χωρίον, ἀμφισβητοῦντός τινος, ἀνάγῃ ἐπὶ τὸν πρατῆρα. τὸν δὲ προσήκει βεβαιοῦν, ἢ μὴ βεβαιοῦντα ὑπεύθυνον εἶναι τῆς βεβαιώσεως.* Vgl. namentlich Beauchet, Hist. du droit privé de la republique ath. (1897) IV S. 133 ff. — *Βεβαίωσις* scheint unter der römischen Herrschaft auch in anderen Anwendungen zur Übersetzung von *auctoritas* verwendet worden zu sein. In Berl. Gr. Urk. I 96 Z. 17, 21 wird die Zustimmung der Familienglieder zu einer Freilassung mit *εὐδοκῶ καὶ βεβαιῶ* bezeichnet. Wie Gradenwitz, Einführung in die Papyruskunde S. 62 f., treffend bemerkt, ist dabei das Präsens auffallend; das Versprechen der

dem letzten Sinne nach in der Lex Baiuwariorum verwendet ist.[1] Die Belege dafür[2] sind ungemein zahlreich und erstrecken sich über die weitesten Gebiete.[3] Selbstverständlich will ich damit nicht etwa die *actio auctoritatis* den parallelen Schöpfungen anderer Rechte, beispielsweise der *δίκη βεβαιώσεως* schlechterdings gleichsetzen, noch auch die nach dem Muster der Manzipationshaftung abgefaßten *stipulationes auctoritatis* mit den Versprechungen, *βεβαίωσις* zu leisten, wie sie uns in den ägyptischen Kaufurkunden ständig begegnen, durchwegs identifizieren.[4] Allein das unmittelbare Ziel der gesetzlichen oder Konventionalhaftung war doch überall das nämliche: die seitens des Verkäufers zu leistende Garantie bestand in dem prozessualen Schutze des Käufers.[5]

Gewährleistung wird sonst mit *βεβαιώσω* gegeben. Es wird aber eben hier zu dem alteinheimischen *εὐδοκῶ* des ägyptischen Stiles in diesem, vermutlich der zweiten Hälfte des 3. Jahrh. angehörigen Papyrus tautologisch ein der *auctoritas* der *tutores legitimi* nachgebildeter Ausdruck hinzugetreten sein, natürlich ohne deren genaue technische Bedeutung. Darauf folgt dann das bloße Versprechen der Genehmigenden, die Freilassung nicht selbst anzufechten: *καὶ οὐκ ἐπελεύσομαι* im Futurum. In B. G. U. III 887 Z. 19 steht *τῇ ἰδίᾳ πίστει καὶ βεβαιώσει εἶναι ἐκέλευσεν* gleich *fide sua et auctoritate esse iussit* (Brit. Mus. 229 Z. 10, vgl. unten S. 72 N. 1).

[1] S. unten Kap. 2, Abschn. I.

[2] S. im allg. Mitteis in Grünhut's Ztschr. XVII S. 40 N. 26.

[3] Vielleicht gehört dazu auch das Stadtrecht von Gortyn. Es läßt den Verkäufer in Anspruch nehmen *αἴ κα νικαθῆι* (IX, Z. 13). Spricht der Bedingungssatz, wie anscheinend, vom Verkäufer, so ist er offenbar nicht mit Zitelmann (Büchler und Zitelmann, Das Stadtr. v. Gortyn S. 174 N. 42) auf den Regreßprozeß sondern auf das Unterliegen des defendierenden Verkäufers im Eviktionsprozeß zu beziehen. (Freilich kann auch vom Käufer die Rede sein.) — Aus dieser gesetzlichen Anordnung möchte ich aber kein Argument dafür ziehen, daß in Gortyn, geschweige denn in Rom, die Gewährpflicht erst gesetzlich festgestellt werden mußte, wie anscheinend Leist (Pauly-Wissowa, Art. auctoritas).

[4] Nur mit diesem Vorbehalt wird im folgenden öfters der ägyptische und griechische Rechtsstoff zur Beleuchtung des römischen herangezogen. — Vollends muß auf das entschiedenste die Vorstellung zurückgewiesen werden, daß die *βεβαίωσις* aus Ägypten über Griechenland in Rom eingewandert sei, wie sie Revillout, La propriété et ses démembrements etc. Paris 1897, S. 446 u. öft. kundgiebt.

[5] Wenn Mommsen und Gradenwitz in Bruns, Fontes 6. Aufl. n. 135, Pap. v. J. 359 n. Chr. (jetzt auch Berl. Gr. Urk. I, n. 316) die Worte

Ist doch auch die Vermutung kaum mehr gewagt zu nennen, daß die tiefere Begründung dieser Gewähr- oder Schirmpflicht — deutsche technische Ausdrücke, wie wir sehen werden — dem altrömischen mit den anderen alten Rechten gemein ist. Unzweifelhaft richtig lehrt man heute, daß im römischen Recht wie im deutschen der Gewährbruch ursprünglich als Delikt unter Supposition bösen Willens geahndet wurde. Schon das Duplum der Kondemnation deutet mit Zuverlässigkeit darauf. Die Manzipation war, wie insbesondere Girard[1] dargelegt hat, lediglich eine der Existenzbedingungen des Anspruches. Die Quelle, der

---

ὁ πεπρακὼς καὶ διαδόχοι αὐτοῦ τοῖς ἰδίοις ἀναλώμασιν βεβαιώσει τῷ πριαμένῳ ἢ ἐκτείσι ... übersetzen mit *venditor successoresque eius suis impensis satisfaciet emptori vel solvet. ... (et quidquid intersit!)*, statt etwa *firmabit* wie in n. 134, so scheint mir dies Mißverständnissen Raum zu geben. Wie niemandem zweifelhaft sein dürfte (vgl. die Bemerkung von Mommsen bei Wilcken, Hermes XIX S. 427), ist nur an die Übernahme und Durchführung eines allfälligen Eviktionsprozesses seitens des Verkäufers auf eigene Kosten gedacht. — Vgl. z. B. Berl. Gr. Urk. I, n. 13 a. 289 *ἀποστήσομεν καὶ ἐκδικήσομεν παραχρῆμα τοῖς ἰδίοις δαπανήμασιν*, Wien. Ak. d. W. Denkschr. 1889 II, S. 153 App. 490. ebenfalls aus byzant. Zeit, *ἀποστήσομεν ... ἰδίοις ἀναλώμασιν, εἰ δὲ μὴ τοῦτο ποιήσομεν* ... auch Grenf. I n. 60 a. 581, Paris n. 21bis (a. 592), n. 21 (a. 616) S. 257 (gegen 600) etc., aus früherer Zeit z. B. Berl. Gr. Urk. II n. 542 (a. 165). Der Sinn scheint mir ganz der gleiche, wie wenn die Urk. Frankfurt a. 1264. Lörsch und Schröder [2] n. 139, und mit ihr unzählige deutsche Urkunden sagen: *ipse (venditor) et sui heredes debent eam (curiam) defendere suis laboribus et expensis* etc.

[1] Girard, Nouv. rev. 1882 S. 212 ff. Auf diese Auseinandersetzungen darf gegenüber Jhering's Delictstheorie einerseits, gegenüber der auf den Vertrag allein Rücksicht nehmenden Theorie Bechmann's andererseits verwiesen werden. Letzterer hat denn auch dazu seine Zuflucht nehmen müssen, die Basis der Manzipationshaftung, da von einer letztere begründenden Nunkupation keine Rede mehr sein kann, in die Worte: *aio hunc hominem meum esse* zu verlegen. Die vom Käufer gesprochene Eigentumsbehauptung soll unwahrscheinlicherweise ein Garantieversprechen des Verkäufers, nicht für Eigentumsübertragung, aber für Defension bedeuten. (Kauf I S. 101, dagegen Pernice, Labeo III 1 S. 116 N. 3). Es zeigt sich wieder, wie mühsam unser Eindringen in den Geist der alten Zeit geschieht. Noch Karlowa sieht den Grund der Gewährleistung in einer Nunkupation, noch Bechmann im Vertrage als solchem, ja in den dabei gesprochenen Worten, und Jhering erst noch in einer Art Furtum des Verkäufers.

Rechtsgrund der Haftung war das Delikt. Allein es frägt sich, in welcher Handlung des Verkäufers das Vergehen erblickt wurde, und damit hängt die weitere Frage zusammen, wo die Gründe dafür liegen, daß man mit solcher Strenge den Schutz vom Verkäufer verlangen durfte; es ist auch bemerkenswert, daß die Währschaft schon in den ersten erkennbaren Anfängen der alten Rechte nirgends fehlt. Unsere Schriftsteller suchen das den Verkäufer zum Einstehen verpflichtende, oder wenn sie bereits der Deliktstheorie zuneigen, das die Sühne nach sich ziehende Moment ausschließlich in den Bestandteilen des Kaufgeschäftes, und zwar bald in der Annahme bezw. der betrügerischen Annahme des Geldes gegen die minderwertige Leistung,[1] bald in der Lüge, der Schadensabsicht oder Schädigung, die in der Hingabe der fremden Sache als eigenen liegen soll.[2] Welches dieser Momente in der Betrachtung der Alten überwog, wird schwer zu sagen sein; nach dem Beispiele des deutschen Rechtes, wo auch der Schenker haftpflichtig war,[3] möchte ich eher in der Hingabe der Sache als in der Empfangnahme des Geldes etwas Verpflichtendes erblicken. Doch läßt sich das heute kaum verfolgen, und es dürfte auch gar nicht so viel Gewicht darauf zu legen sein. Durch alle jene Momente könnte vielleicht — selbst dies läßt sich nicht sicher behaupten — der materielle Regreßgedanke erklärt sein. Form und Inhalt der Gewährpflicht wird aber von sehr

---

[1] Versuch, den Käufer um das Kaufgeld zu betrügen: Jhering, Geist I S. 157, III 1 S. 138 f. Annahme mit Stillschweigen zur Eigentumsbehauptung: Bechmann, Kauf I S. 143. Abkaufenlassen des Widerspruches: Gradenwitz, Einführung in die Papyruskunde S. 49, 103.

[2] Pernice, Labeo III 1 S. 116; Lüge vor den umstehenden Volksvertretern: Rudorff, Ztschr. f. Rechtsg. XIV S. 447; richtiger die germanistische Theorie: Bewußtsein der unrechtmäßigen Tradition, und somit von Anfang an und auch im kritischen Moment mangelnder Wille, Währschaft zu leisten, Loening, Vertragsbruch S. 105 f. Am nächsten kommen der hier vertretenen Ansicht die Meinungen, die für das deutsche Recht Heusler, Inst. II 130, für das römische Girard, N. rev. 1882 S. 212 ausgesprochen haben und die darauf hinauslaufen, der Verkäufer hafte für den durch nicht erfolgreiche Vertretung zugefügten Schaden.

[3] In Rom benutzte der Schenker von *res mancipi* die Manzipationsform und mußte die Gewährpflicht künstlich ausschließen.

alten Zeiten bis weit in das entwickelte Recht hinein noch von einem anderen Gedanken beeinflußt, ja beherrscht. Gehen wir, wie wir müssen, davon aus, daß der Manzipant nicht sowohl für Eviktion haftete, als Verteidigung zu leisten hatte, so werden wir die inneren Ursachen dieser Pflicht nicht in den Umständen des Ausnahmefalles suchen, in dem ein *non dominus* verkaufte und auf den die Schutzpflichtigkeit keineswegs beschränkt war, sondern auf dem Boden jedes Kaufes, ja des Kaufes auch nur, weil er die älteste gesetzlich geregelte Form des Verkehres war.[1] Das Delikt bestand nicht im Verkaufe, und nicht in der Schadenszufügung durch den Verkauf, sondern in der Nichtleistung des Schutzes. Der Verkäufer haftete sofort, wenn er die formelle Verteidigung nicht gewährte, vom Gerichte ausblieb oder den Prozefs gegen den Dritten nicht übernahm. Aber auch der pekuniäre Regreß war auf recht sinnfällige Art vermittelt. Denn der Verkäufer hatte, wie abermals nicht für das römische, wohl aber für das deutsche Recht beglaubigt ist, behufs der Defension die Sache wieder an sich zu nehmen, und der durch unglücklichen Ausgang des Eviktionsstreites herbeigeführte Verlust[2] konnte daher so recht als durch Verschulden des Verkäufers verursacht gelten.[3] Erst allmählich hat sich möglicherweise die Idee klarer herausgearbeitet, daß der Verkäufer durch die ihn treffende Strafe zugleich das beim Verkaufe begangene Unrecht sühne. Von einer selbständigen Verfolgbarkeit dieses Unrechtes ist ja überhaupt nirgends die Rede. So möchte ich die Defensionspflicht, in der

[1] Der Kauf ist zweifellos ein uraltes Geschäft, das auch in der konstruierbaren vorhistorischen Zeit nur höchstens mit dem Tausche zusammenfloß, vgl. Bechmann, Kauf I S. 4 ff., und noch von den 12 Tafeln neben dem Darlehn allein geordnet wurde. So ebensowohl Bekker, Actionen I S. 24, als Mitteis, Sav. Ztschr. XXII S. 104.

[2] Vom Verluste der Sache als dem praktischen Normalfall bei Eviktion kann man auch in Rom trotz des Abhandenseins der Realexekution sprechen, da für die Herausgabe der Sache durch die Kautionen, zumal aber im Legisaktionenverfahren durch die Prädes gesorgt war, vgl. Jhering, Geist des röm. R. III S. 12 ff., Gradenwitz, Zwangsvollstreckung und Urteilssicherung, Berliner Festgabe f. Gneist, S. 288.

[3] Loening a. a. O. hat darauf hingewiesen, daß oft die deutschen Rechtsbücher von „nicht geweren mögen" reden, also Schadensabsicht präsumieren. Sie sprechen aber eben nicht vom unrechtmäßigen Verkaufen!

die alte Gewährleistung beschlossen war, als dem Bedürfnis des Prozeßrechtes entsprungen und auf seinem Boden entwickelt ansehen. Die Wurzeln des Institutes ruhen im Baue des alten Rechtsganges, den Schutz durfte jeder Käufer verlangen, weil ihn jeder Käufer brauchte. Überall nämlich that derselbe auch als Beklagter im Eigentumsstreite, mit der Negation nicht genug, sondern er konnte zur Angabe und zum Nachweise seines Besitztitels genötigt werden; und den Weg zu diesem Nachweise, namentlich zur Darthuung der Veräußerungsbefugnis des Verkäufers, in gewisser Beziehung aber auch zum Beweise des Erwerbsgeschäftes selbst, bot in erster Reihe das Institut des Gewährenzuges. Die Gewährenstellung ist das einfachste Mittel gewesen, um dem Interesse aller Beteiligten gerecht zu werden: des Beklagten, dem die Gefahr des Rechtsganges, Mühe und Kosten abgenommen werden, und dem die Sache erhalten werden soll; des Gewährsmannes, der zur Befreiung vom Regreß den Prozeß nach eigenem Gutdünken führen kann; des Dritten, der einen Deliktsanspruch „gegen den Urheber der von ihm erlittenen Rechtskränkung" hat.[1]

So fügt sich der Währschaftszug schon in die ersten Anfänge des gerichtlichen Verfahrens um Gut, die Diebstahlsverfolgung, ein, und so wurde das Eintreten des Auktors von jeher und überall als selbstverständlich und notwendig gefühlt.

Das Zutreffen der entwickelten Anschauungen für das aus

---

[1] Planck, Deutsch. Gerichtsverfahren im Mittelalter I S. 541. Vielleicht tritt dazu, worüber leider auch die germanistische Litteratur sich gar nicht äußert, daß mit den alten Beweismitteln (Eid, später Ordalen) der Erwerb des Auktors nur von diesem selbst erwiesen werden konnte. Weiteres im 2. Kapitel. Wäre sonach, wofür manches spricht, die Gewährenstellung ursprünglich niemals durch einen vom Käufer zu erbringenden Nachweis zu supplieren gewesen, so brauchte man zur Erklärung dessen noch nicht die absolute Wirkung der Eigentumsübertragung zu bestreiten, und das Eingreifen des Auktors gleichsam als Leihen des bei ihm zurückgebliebenen absoluten Eigentums aufzufassen; wie dies in Ansehung von Immobilien Hübner, Immobilarprozeß der fränk. Zeit (Gierke, Untersuch. 42. Heft) S. 106 ff. versucht (vgl. für das röm. R. Pflüger Legis ao. sacr. S. 42 ff.). Allein in der That spricht noch anderes für einen Zustand, in dem es nur originär, nicht derivativ erworbenes Eigentum gab. Und auf ein solches Moment will ich selbst unten mit der *stip. habere licere* aufmerksam machen.

den Quellen erschließbare römische Recht — das man immer noch von dem Zustande etwa des deutschen weit entfernt zu denken liebt — ist, sowohl was die Idee des Gewährenzuges als was die Formation der Gewährpflicht betrifft, durchaus wahrscheinlich. In der ersteren Richtung müssen wir uns freilich, abgesehen von den bekannten Gründen, die allgemein arischen Vorstellungen den römischen Anfängen zuzumuten, mit der Auffindung einzelner Spuren der Grundidee begnügen. Als solche dürften erkennbar sein: die älteste Beweisordnung, die Kaufbürgschaft des Vorauktors und die Prozeßübernahme durch den Verkäufer.

Daß der Beklagte im dinglichen Sakramentsprozeß den Erwerbsgrund anzugeben und nachzuweisen hatte, dafür ragt noch ein Denkmal im Vindikationsformular des Gaius (IV 16) auf: *postulo anne dicas, qua ex causa vindicaveris*; was ungezwungen nicht anders zu deuten ist, als: Ich frage dich, auf Grund welchen Titels (Erwerbsgrundes) du die Contravindikation vollzogen hast.[1] Darauf aber kommt hier nichts an, wie man sich im einzelnen das Beweisthema und die Verteilung der Beweisrollen in Rom vorstellen, und ob man annehmen mag, daß die Ansprache ursprünglich mit peinlicher Beschuldigung verbunden war und der Beklagte die Pflicht der Reinigung hatte oder doch dem Beweise des Besitzrechts näher war als der Kläger,[2] wie nach germanischem,[3] wällischem,[4] altrussischem,[5] indischem[6] und daghestanischem[7] Recht; oder daß der relativ bessere Besitztitel entschied,[8] wie in der griechischen Diadikasie[9] und den Aus-

[1] Pflüger, Legis actio sacramento S. 27.

[2] Bernhöft, Ztschr. f. vergl. Rw. I S. 24. Pflüger, Legis actio sacramento S. 26ff., der aber scheinbar als gleichwertig auch das griechische Recht heranzieht (S. 33). Jobbé-Duval, Etudes sur la Procédure civile chez les Romains I (1898) S. 358.

[3] Brunner, Grundzüge (1901) S. 21. Näheres unten Kapitel 2.

[4] Bernhöft a. a. O. S. 25.

[5] Brunner Deutsche Rechtsgesch. S. 502 N. 50.

[6] Bernhöft a. a. O.

[7] Girard 1882 S. 187 N. 1 nach Reclus u. Kennan.

[8] G. A. Leist, Der attische Eigentumsstreit im System der Diadikasien S. VI.

[9] G. A. Leist S. 30, vgl. bes. die bei Mitteis, Reichsrecht u. Volksrecht S. 502 wiedergegebene Stelle des Isaeus: Der Eigentumsbeklagte hat

läufern dieses Systems im oströmischen Recht.[1] Am plausibelsten dürfte es sein, daß das Legisaktionensystem den Übergang von der Beweispflicht des Beklagten zur Gleichstellung beider Teile hinsichtlich des Beweises vermittelt.[2]

Bürgen zur Befestigung des Kaufes zu stellen, war in Rom, wenn auch nicht wie in hellenischen Städten[3] dem Kaufe essentiell, so doch durch die Sitte vorgeschrieben.[4] Wie als Kaufbürgen nach griechischer Gewohnheit häufig, vielleicht ursprünglich, die Besitzvorgänger des Verkäufers intervenierten,[5] so dürfte auch in Rom als Bürge des Mancipanten der Vormann verwendet worden sein. Wie dort der Name *προπωλητής*, so deutet hier die Bezeichnung *auctor secundus*[6] auf den Vorauktor. Der Grund für diese Wahl lag darin, daß der Vormann derjenige war, der am ehesten dem Käufer Beruhigung über die Sicherheit des Erwerbs, die Regelmäßigkeit des eventuellen Währschafts-

θέτην ἢ πρατῆρα, d. h. einen Verpfänder oder Verkäufer als Auktor seines Besitzes namhaft zu machen, „widrigens er als verurteilt erscheint".

[1] Mitteis, Reichsr. S. 49 f. N. 5, S. 70. 499 ff., cf. C. Theod. 9, 39, 12.

[2] So schon Bernhöft, Staat u. Recht (1882) S. 167, und damit sind wohl die meisten vorangeführten Schriftsteller im Grunde einverstanden. Pflüger verlegt dagegen die Entwickelung in die Legisactio selbst.

[3] Dareste, Études d'histoire du droit S. 13. 15 f. Mitteis, Reichsr. 504. — Vgl. die Belege im Recueil des Inscr. jur. grecques S. 97 N. 3. — Für Athen wird aber sogar das Vorkommen der *βεβαιωταί* bezweifelt. Hitzig, Sav. Z. XVIII S. 187. Auch in Tenos soll ihre Bestellung nach Beauchet a. a. O. IV S. 141 nur üblich gewesen sein. Die Notare in Ägypten ließen, um sich mit der hellenistischen Gewohnheit abzufinden, den Verkäufer selbst als Bürgen auftreten. S. Mitteis u. Dareste a. a. O. Die bezügliche Formel der ptolemäischen Papyri zeigt aber Erinnerungen an einen Zustand, wo sich jedenfalls der Käufer nicht unter allen Umständen mit der Haftung des Verkäufers allein begnügen mußte: *προπωλητὴς καὶ βεβαιωτὴς — ὁ ἀποδόμενος, ὃν ἐδέξατο ὁ πριάμενος*. Gewiß war dort, wie im deutschen Mittelalter entsprechende Begüterung des Verkäufers erforderlich. Zeigt sich doch auch in der Sitte der Generalhypothezierung für die Eviktionsgefahr die größte Ähnlichkeit.

[4] D. h. t. 56 pr., 4 pr., cf. 37 pr., Varro ling. lat. VI, 74, Degenkolb, Z. f. RG. IX S. 155.

[5] Mitteis a. a. O.

[6] D. h. t. 4 pr.; emtio mulieris a. 160 Bruns, fontes 6. Aufl. S. 290. Daß der Bürge etwa selbst als „Zweiter" die *auctoritas* übernahm, dünkt mich unwahrscheinlich, für Rom arg. C. 8, 44, 7. S. aber oben S. 6 N. 2 i. f.

zuges, schaffen konnte, wie denn auch die ägyptischen Urkunden bisweilen,[1] die ravennatischen Urkunden regelmäßig den Namen des Besitzvorgängers des Veräußerers nennen, um den Erwerber zu sichern. Andererseits aber fanden sich neben den Geschlechtsgenossen des Verkäufers und etwa vornehmen Bürgern, welche Popularität suchten,[2] nur die ohnedies dem Währschaftszuge unterliegenden Vormänner zur Übernahme der schwer lastenden Bürgschaft bereit.

Endlich kann man vielleicht, freilich ohne Bestimmtheit, vermuten, daß, wie in den andern Rechten,[3] auch im römischen der Auktor ursprünglich derart in den Eviktionsprozeß eintrat, daß er die Parteirolle des Käufers vollständig übernahm. Die mannigfachen, bisher hierfür aus römischen Quellen direkt oder indirekt versuchten Nachweise können allerdings nicht als gelungen bezeichnet werden. Mit dem letzten, von Pflüger unter-

[1] Z. B. Oxyrrhynch. I n. 95 (a. 129 n. Chr.) l. 13 ff. *τῆς ὑπαρξάσης αὐτῷ ἀγοραστῆς, πρότερον Ἡρακλείδου τοῦ καὶ Θέωνος Μάχωνος Σωσικοσμείου τοῦ καὶ Ἀλθαιέως, δούλης Διοσκοροῦτος.* (Wären die ersten Worte mit Grenfell u. Hunt zu übersetzen which slave was his by purchase, so wäre auch der Erwerbstitel angegeben; *ἀγοραστῇ* dürfte aber „Einkäuferin" bedeuten, Wilcken, Ostraka I S. 687.) Berl. Gr. Urk. I n. 350 (Zeit Trajans) l. 4 ff. *τὸ ὑπάρχον αὐτῶι ἐν κώμῃ Σοκνοπαίου Νήσου ἀπὸ κληρονομίας τοῦ τετελευτηκότος ὁμοπατρίου ἀδελφοῦ Στοτοήτιος τρίτον μέρος οἰκίας,* Berl. Gr. Urk. I n. 156 l. 6 (a. 201) n. 236 l. 5 (2. Jhdt.) etc. Der Zusammenhang mit der Versicherung, daß die Sache dem Verkäufer gehört (*ὑπάρχον*), zeigt, daß nicht bloß ein Identitätsmerkmal angegeben ist. Von demotischen Urkunden z. B. Pap. dem. Straßburg n. 8, Spiegelberg, demot. Urk. der Straßburger Bibliothek, 1902 S. 33. Von den ravennatischen Papyri des 6. Jahrh. z. B. Marini, Papiri diplomatici, n. 113 (= Spangenberg, Tab. negot. solemn. n. 48) a. 504 venditor profitetur ex conparatione facta per quondam Demetrium virum devotum, germanum eius; n. 114 (Spang. n. 49) gegen 550 n. Chr. jugera — venditores ss. adserent obvenisse ex successionem et jure supramemorati Parianis.

[2] Recueil des inscr. jur. grecques S. 101.

[3] Nach klassischem attischen Recht hat der Käufer die Wahl, ob er mittels des erwähnten *ἀνάγειν εἰς πρᾶτην* den Verkäufer an seiner Stelle in den Prozeß einführen oder ob er *αὐτομαχεῖν* wolle. Im ersteren Falle, und dies muß das Ursprüngliche gewesen sein (Pflüger, Legis actio sacr. S. 37, Beauchet a. a. O. S. 134), plädiert er *δι' ἑτέρου,* Harpokration vo. *αὐτομαχεῖν.* Ganz dieselbe Wahl ist im Hermiasprozeß bezeugt (VI l. 7 ff., Peyron S. 36), wie Dareste (nouv. revue hist. 1883 S. 203 N. 29) und

nommenen,[1] der die „*actio in auctorem praesentem*“:[2] *quandoque in jure te conspicuo, postulo anne fuas auctor*, als Klagformel des Vindikanten gegen den in den Prozeß eintretenden Auktor auffaßt,[3] kann man sich schon darum nicht einverstanden halten, weil Pflüger gleichzeitig die Lenel'sche[4] Erklärung des Erfordernisses der *praesentia* annimmt. Zu Cicero's Zeit sei das Ziehen auf den Auktor zu Gunsten des Dritten auf den Fall beschränkt gewesen, wo man diesen sofort auf dem Forum antraf. Danach könnte aber vollends nicht die *actio* dem Vindikanten in den Mund gelegt werden; denn dieser hätte sich damit darauf berufen, daß ein Fall vorliege, wo er zur Einlassung mit dem Auktor genötigt war! Eine andere Erklärung der Formel soll unten versucht werden.

Es gibt aber Anhaltspunkte dafür, daß die Nebenintervention des Auktors in Rom, wenn sie auch in später Zeit vorkam,[5] mindestens nicht das Gewöhnliche gewesen ist. Im klassischen Recht dürfte er regelmäßig zum *procurator in rem suam* bestellt worden sein.[6] Daneben aber ist vor allem ein in diesem Zusammenhang nicht beachtetes Zeugnis heranzuziehen.

D. (5, 1) 49 pr. Paul. 3 resp. *Venditor ab emptore denuntiatus, ut eum evictionis (auctoritatis,* Lenel*) nomine defenderet, dicit se privilegium habere sui judicis: quaeritur, an possit litem ab eo judice,*

vor ihm Revillout, chrestomathie démotique S. CVIII die Stelle auffassen. Vgl. zu derselben Mitteis, Reichsrecht S. 51 N. 1. Über das deutsche Recht s. Kap. 2; beispielsweise über das magyarische Dareste, études d'histoire de droit S. 263.

[1] Pflüger, Legis actio sacr. S. 39 f.

[2] Cic. pro Caec. 19, 54; pro Mur. 12, 26; Siglen bei Valer. Probus 4, 7.

[3] Voigt, XII Taf. II S. 200, rekonstruierte sogar die Formel in diesem Sinne. Ebenso Karlowa II S. 578. Sonstige Lit. bei Pflüger a. a. O.

[4] Lenel, Ed. perp. S. 427 N. 2.

[5] Man faßt so D. (49, 1) 4, 3 von Macer auf. Jedenfalls ganz anders ist D. (42, 1) 63 zu beurteilen, wo der Auctor als im eigenen Namen, unabhängig vom Besitzer agierend erscheint, vgl. neuestens Hellwig, Wesen und subj. Begrenzung der Rechtskraft, 1900 S. 491. Die Haftung für Eviction ist dort nicht erwähnt und für die Entscheidung entbehrlich (Binding, Arch. f. civ. Pr. XLVII, S. 271), der Auktor handelt mit Wissen, aber nicht mit Willen des Erwerbers (Unger, Syst. II S. 699 N. 105a).

[6] D. h. t. (21, 2) 21, 2; 66, 2; Wetzell, Civ.-Proz. 3. Aufl. § 7 S. 54.

apud quem res inter petitorem et emptorem coepta est, ad suum judicem revocare. Paulus respondit venditorem emptoris iudicem sequi solere.

Diese Stelle beweist zunächst, da der gegenwärtig grammatisch [1] unmögliche Eingang nur *Venditor ab emptore in ius vocatus* gelautet haben kann, daß der *auctor* vom Käufer förmlich geladen wurde. Hierauf wird unten zurückzukommen sein. Die Frage aber, ob der prozessierende Auctor das *privilegium domum revocandi* gegenüber dem *petitor* [2] ausüben könne, hätte nicht einmal aufgeworfen werden können, wenn er nicht die Litiskontestation allein und auf seinen eigenen Namen vollzog. Vollends unerklärlich bei Nebenintervention oder prozessualer Stellvertretung wäre es, daß Paulus die Frage nicht mit Entschiedenheit verneint, sondern sich auf die Gewohnheit beruft. Ganz anders hat später Diocletian dieselbe Entscheidung, daß der Auktor dem Gerichtsstande des Käufers zu folgen habe, begründet, mit dem Rechtssatze nämlich: *in rem actio non contra venditorem, sed contra possidentem competit* (C. 3, 19, 1). Auch der diesmal zu Grunde liegende Wunsch des Käufers, daß der Eigentumsprozeß gegen den Verkäufer in dessen Provinz fortgesetzt werde, konnte nur einer Gestaltung entspringen, wo die Beklagtenrolle auf den Verkäufer übergegangen war. Nur wendet sich die Konstitution, wie nahezu alle Diocletianischen, an hellenistische Gebiete, während Paulus wohl römische Einrichtungen im Auge hat, zumal wenn er wirklich von Injusvocatio spricht. — Auf dieselbe Fährte führen allgemeine Erwägungen. – Kaum gibt es eine künstlichere Prozeßform, als daß, wie es in der sog. Nebenintervention begriffen ist, zwei Parteien auf der gleichen Prozeßseite nebeneinander, beide im eigenen Namen und im eigenen

---

[1] Ob auch deswegen, weil zur Zeit des Paulus die *litis denuntiatio* noch nicht die Form oder regelmäßige Form der Zitation des Beklagten war, wage ich nicht zu entscheiden; es wäre auch denkbar, daß es eine Denunziation des Auktors gab, als eine solche des Beklagten nicht zulässig war.

[2] Man wird die Stelle kaum anders, nämlich etwa von dem Regreßstreit, verstehen (*lis . . . coepta est*), ganz besonders, solange wir von dem Verfahren zwischen Verkäufer und Käufer über die zu leistende Vertretung nichts bestimmteres wissen. Die mittelalterlichen Juristen mußten das Fragment freilich auf den Prozeß *de praestanda defensione* beziehen.

Interesse, agieren, die eine aber dennoch nur als Gehülfin der anderen erscheint.[1] Und gegen die Zulassung, geschweige denn die regelmäßige Anwendung einer solchen Streitführung zu Dritt sträubt sich wohl nichts so sehr als gerade die auf Zweiseitigkeit gebaute Struktur der Legis actio *per sacramentum.* Finden wir vielmehr im klassischen Verfahren die Stellvertretung durch den Verkäufer als *procurator in rem suam*, so deutet dies auf ein ähnliches einfaches Abwechseln in der Parteirolle nach vorklassischem Recht hin. — Schließlich ist noch ein Argument zu berühren. Gegenüber den in neuerer Zeit zahlreicher werdenden Anhängern der Ansicht, daß das *sacramentum* jener Legis actio ursprünglich ein Eid gewesen sei,[2] wäre wohl die Frage aufzuwerfen, ob man diesen Eid füglich immer dem Käufer gestatten und zumuten durfte, da er doch die den Erwerb des Verkäufers betreffenden Thatsachen unmittelbar oder wenigstens mittelbar betreffen mußte. Und sieht man von dieser derzeit nicht verfolgbaren Vermutung ab, so spricht hinwiederum vieles dafür, daß der Eid als Beweismittel eine Rolle spielte, und aus dem soeben angegebenen Grunde der Verkäufer zur Ablegung berufen war. Vielleicht werden in dieser Richtung die rechtsvergleichenden Studien einigen Aufschluß bringen. Hoffnungen erwecken die neuesten Veröffentlichungen demotischer Kaufverträge und griechischer Übersetzungen von solchen aus der ptolemäischen Zeit, nach welchen der Verkäufer, wie es scheint, verspricht:

Den Eid und den Beweis, welche dir vor Gericht werden auferlegt werden, im Namen des Rechts der obigen Urkunde, welche ich dir ausgefertigt habe, damit ich sie (Eid und Beweis) thue, werde ich thun (leisten), ohne irgend einen schriftlichen und mündlichen Einspruch der Welt gegen dich.

Es bleibt abzuwarten, ob die Übersetzung, welche in diesem

---

[1] Auch Klein, Sachbesitz S. 250 N. 41 findet es befremdlich, daß die Nebenintervention auch nur in die Prädecemviralzeit reichen solle.

[2] So nach den Anregungen von Danz, Sacral. Rechtsschutz S. 151 ff., Huschke, Multa S. 361 ff., Karlowa, Civilproz. S. 14 ff., sehr viele, vgl. Eisele, Beitr. S. 196. Als weniger bekannt sei unter ihnen Geouffre de Lapradelle, L'évolution historique du serment décisoire, thèse, 1894 S. 15 ff. erwähnt.

Sinne Griffith und Spiegelberg[1] gleichzeitig fast übereinstimmend gegeben haben, sich bestätigt, da letzterer selbst sie noch als problematisch bezeichnen zu müssen glaubt. Ist sie richtig, so ist gewiß die von Lenel[2] sofort ausgesprochene Vermutung höchst glaubwürdig, daß in der Wendung „der Eintritt in den Prozeß berührt ist, während dessen der Verkäufer den Käufer gegen einen Dritten durch Eid und Beweis schützen sollte". Der Hinweis muß vorläufig genügen.

Gegen das Resultat dieser Auseinandersetzungen, die primitive Intervention des Verkäufers, wie ich sie im Gegensatz zur accessorischen nennen möchte, ein längst sehr vielen sympathisches Ergebnis,[3] bestehen zwei miteinander eng zusammenhängende Bedenken. Man meint nämlich: Damit der Verkäufer Prozeßsubjekt sei, hätte er die Contravindicatio vollziehen müssen, was jede Ähnlichkeit mit dem Eigentumsbegriff der späteren Zeit aufheben würde. Hätte ferner dennoch der Käufer sie vollzogen, so würde bei der

---

[1] Griffith, A sale of land in the reign of Philopator, in Proceedings of the society of biblical archaeology, Vol. XXIII 1901, Juniheft S. 296; Spiegelberg, in der cit. Veröff. demot. Pap. der Straßburger Bibliothek, S. 9 Z. 12, 13; die griechischen ἀντίγραφα bei Wessely, Pap. script. graec. specimina isagogica; neue Lesungen von Schubart bei Spiegelberg.

[2] S. Spiegelberg S. 9 N. 5. Jedenfalls ist diese Hypothese der von dem Herausgeber selbst versuchten vorzuziehen, daß die Klausel mit der στυρίωσις in Beziehung steht, welche eine eidliche Bekräftigung des Kaufes innerhalb der Kaufsolennitäten gewesen sein muß. Nicht teilen möchte ich ebenso die Ansicht ebd. S. 34 N. 1, daß der Pap. dem. Straßb. 12 von 88 v. Chr., ein Begleitstück des Kaufvertrages Pap. 8, eben ein Beispiel des im Schema S. 9 versprochenen Eides ist. Der Eid in Pap. 12 bekräftigt die Rechte des Verkäufers wohl deshalb, weil nach dem Texte selbst der Vater des Verkäufers das Haus hatte, „ohne den Kaufvertrag darüber zu besitzen", weil also auch der Verkäufer nicht die sonst (Schema S. 9 Z. 9, 10) überlassenen Erwerbsdokumente liefern kann. Freilich kann ich das umsomehr nur vermuten, da der Text des Kaufvertrages n. 8 nicht mitgeteilt ist.

[3] Gleicher Ansicht sind aus bekannten anderweitigen Gründen Rudorff, Z. G. R. XIV S. 432. Rechtsg. II § 36 S. 131, Lotmar, Legis actio sacr. S. 6 ff., Krit. Studien in Sachen der Contravindicatio S. 128 f., Voigt 12 Taf. II S. 200 N. 20, Pflüger S. 39 f. — Dagegen Bechmann, Kauf I S. 117 (woselbst die übrige ältere Litteratur), Girard, Nouv. rev. 1882 S. 189.

Unstatthaftigkeit prozessualer Stellvertretung der Auktor gar keine Möglichkeit der Prozeßübernahme mehr gehabt haben.[1] Aber man wende selbst den technischen Eigentumsbegriff an, man verstehe die Klagebehauptung der Vindikation als Eigentumsbehauptung und halte daran fest, daß der Käufer selbst die Kontravindikation vollführte, so ergibt sich noch immer nicht der vermeintliche Widerspruch mit dem Satze des Legisaktionsverfahrens *alieno nomine agere non licet.* Denn das *manus conserere* mit der Contravindicatio geht ja — wie im deutschen Recht[2] — der Einführung des Auktors voraus, und welche Behauptung etwa der in den Prozeß eintretende Auktor aufzustellen hatte, wissen wir gar nicht. Sie mag, wie in den germanischen Rechten, die Unrechtmäßigkeit der Vindikation des Dritten, die Rechtmäßigkeit seines Auktorierens oder die Rechtmäßigkeit seines eigenen Erwerbes zum Gegenstande gehabt haben.[3]

Mit größerer Sicherheit als die prozessualen Grundlagen der Auktoritätspflicht läßt sich die spezifische Natur dieser selbst bezeichnen. Der Manzipant hatte, wie bekannt,[4]

1. zu erscheinen,
2. im Prozeß die Vertretung (oder Mitvertretung) zu übernehmen,
3. dem Erwerber zum Sieg zu verhelfen.

Das letztere versteht sich für Romanisten von selbst. Die Verletzung einer der beiden ersten Verbindlichkeiten galt auf

[1] Dieser Gedankengang hat auch auf die Vertreter der richtigen Meinung Eindruck gemacht. Lotmar leugnet daher unter Beistimmung von Demelius, Confessio S. 71 überhaupt die Duplizität des Verfahrens *per sacramentum.*

[2] Z. B. Lex Sal. 47.

[3] Man könnte schließlich gegen die dargelegte Ansicht Bedenken aus der oben angenommenen Wortbedeutung der *auctoritas* ziehen. Ganz genau läßt sich die letztere nicht präzisieren. Aber es liegt keine Nötigung vor, etwa in dem *augere* eine dauernde Thätigkeit des Verkäufers im Prozeß zu verstehen. Der Ausdruck kann von dem momentanen Hinzutritt des gerufenen Auktors hergenommen sein; auch die *auctoritas tutoris* und die *auctoritas patrum* bezeichnen ja nur einen augenblicklichen Hinzutritt. Er könnte aber auch unmittelbar von der materiellen Unterstützung, die der Eintritt des Verkäufers bedeutet, gebraucht sein.

[4] Bechmann, Kauf I S. 116, Girard N. rev. 1883 S. 202.

gleiche Weise als *auctoritatem defugere* (die Befolgung als *subsistere*).[1] Die Bedeutung einer Defension mit Ablösung des Käufers in dessen prozessualischer Situation wäre einleuchtend. Immerhin aber hatte auch die bloße Unterstützung des Erwerbers durch „Beistandschaft“ Wert, indem der Auktor das Thatsachenmaterial verschaffte und den Beweis zur Erhärtung des guten Glaubens des Käufers beim Ankaufe, sowie betreffs seines, des Auktors, originären oder derivativen Erwerbes lieferte. Die Mittel zu diesem Beweise waren ohne Hilfe des Auktors dem Käufer mehr oder weniger verschlossen: Zeugenschaft, Herbeischaffung von Urkunden, Ablegung von Eiden u. s. w.[2]

Für das Verständnis dieser und aller weiterer Entwicklungsphasen der Gewährleistung scheint es mir nun von größter Wichtigkeit, im Auge zu behalten, daß die Defension wirklich den primären Inhalt der Verpflichtung des *mancipio dans* ausmacht. Nach der herrschenden Vorstellung erfolgt der Zwang des Auktors zur Defension, so oft man von ihm spricht, doch nicht anders als durch die Drohung des Verfalls des *duplum*, so wie das drohende *committere* der Stipulation den Verkäufer zur Verhinderung der Eviktion nötigt.[3] Ich halte dies nicht für

---

[1] Plaut. poen. I 1, 19; Terent. Eunuch. II 3, 98; Cic. pro Sulla 11, 33; D. (45, 1) 85, 5; 139. — Vgl. die Definition des *defendere* beim *agere in fraudem patroni* D. (50, 17) 52, cf. D. (38, 5) 1, 7 und Lenel, Ulp. fr. 1164.

[2] In dieser Thätigkeit zum Zwecke durchschlagender Beweisführung, nicht in juristischer Mitwirkung sieht Klein, Sachbesitz S. 251 f. den Inhalt der *auctoritas*; mit Recht, insofern nicht der Wechsel der Parteirolle galt. Doch hatte schon Bechmann kaum anderes im Sinne.

[3] Vgl. Bechmann, Kauf I S. 115; Girard, N. rev. 1882, S. 207, 1883 S. 555 N. 1; *être obligé à payer, s'il y a éviction, comme on l'est dans la stipulatio duplae, c'est bien au fond des choses être obligé à empêcher l'éviction et par suite à défendre*, vgl. auch S. 572 N. 2 u. öft. Ebenso die Älteren, Fuchs, Arch. f. prakt. Rechtsw. III (1855) S. 18; die zahlreichen dort namhaft gemachten Autoren werden aber nicht sämtlich mit Fug zitiert. Voigt XII Taf. II S. 194 ff., 501 ff. weicht von der herrschenden Meinung gar nicht ab, wie er glaubt, wenn er die *auctoritas* nicht als Gegenstand, sondern nur als Grund der *actio* denkt. Vielmehr nähert gerade er sich durch die Betonung des in der Auctoris laudatio und Litis denuntiatio ausgeübten Anspruchs auf Auctoritas der hier vertretenen Auffassung. Eigentümlich und gegenwärtig durch Lenel's Interpolations-

genau. Nach Einführung des Formularverfahrens war die Defension vielleicht sogar in der Formel berührt.[1] Eine „Klage auf Defension“ hat es indessen beispielsweise auch im deutschen Gerichtsverfahren nicht gegeben, und dennoch war dort das Recht auf Defension einer der Pfeiler des Gewährenzuges. Die Erklärung mag darin liegen, daß eben erst aus dem Gewährbruche ein Deliktsanspruch entstand. Worauf es ankommt, ist, daß hier, in der *actio auctoritatis*, die Defension nicht bloß *in solutione* oder gleichsam *in conditione* der Obligation gedacht war; und soviel dürfte schon durch folgende Stellen zu beweisen sein:

1. Venuleius. D. de V. O. (45, 1) 139. *Cum ex causa duplae stipulationis (auctoritatis,* Lenel) *aliquid intendimus, venditoris heredes in solidum conveniendi sunt, omnesque debent subsistere.*

2. Celsus D. h. t. (21, 2) 62, 1. *Si ei qui mihi vendidit, plures heredes exstiterunt, una de evictione (auctoritate,* Lenel) *obligatio est omnibusque denuntiari et omnes defendere debent.*

3. Julian D. (3, 3) 75. Der seinerseits von dem Verkäufer Defension heischende *defensor* des Käufers hat Sicherheit für den Fall zu leisten, daß es sich, infolge der mangelnden Rechtskraft der Entscheidung im Eigentumsstreit gegenüber dem Käufer, ereignen könnte, *venditorem cogi rursus defendere.*

4. Paulus V. O. 85, 5 .... *auctoris heredes in solidum denuntiandi sunt omnesque debent subsistere.*

5. Hermogen. D. h. t. 74, 2 *Mota quaestione interim non ad pretium restituendum, sed ad rem defendendam venditor conveniri potest.*

Wollte man die eine oder andere dieser Stellen von einem

---

entdeckungen genügend widerlegt ist seine Konstruktion einer *actio pro evictione.* (Dagegen auch Kempin, Haftung des Verkäufers einer fremden Sache S. 11 ff.)

[1] Lenel, Ed. S. 420 vermutet, daß die Intentio alternativ auf die Fälle des *defugere* und Unterliegens gestellt wurde. Ich meine aber, im Formularprozeß wurde erst beim Eintritt des Gewährbruchs die Formel erteilt, siehe D. h. t. 62, 1: *recteque cum ceteris agam, quod evictionis* (ser. *auctoritatis,* Lenel, Ed. S. 425 N. 3) *nomine victi sunt;* gemäß der von Wlassak aufgedeckten Bedeutung des *agere* fand also nach dem Ende des Eviktionsprozesses die Litiskontestation im Regreßprozeß statt. Danach wird die konkrete Intentio entweder den Verfallsgrund individualisiert oder allgemein die nicht geleistete *auctoritas* berührt haben.

jüngeren Gebilde, beispielsweise die letzte Stelle mit **Bechmann**[1] von der *satisdatio secundum mancipium*[2] verstehen, so müßte von der Urform, der *auctoritas,* nur umsomehr das Gleiche gelten.

Man darf jedoch etwas weiter gehen, und zwar selbst betreffs der prozessualen Form, in welcher der Obligationsinhalt zum Ausdruck gelangt. Der Käufer stellte *in jure* geradezu das Verlangen an den Auktor, sich zur Gewährspflicht zu bekennen und die Defension zu übernehmen. Dieses Verlangen wird als *postulare* (D. 3, 3, 75, und *postulo anne fuas auctor*) und als *actio* (*in auctorem praesentem*) bezeichnet. Mit Unrecht erblickt man einen Widerspruch darin, daß die Ladung des Auktors im Legisaktionenverfahren, wie alle Akte des alten Prozesses, solenn vollzogen worden sein muß, und darauf dennoch der Ladende den Geladenen anspricht: *quandoque in jure te conspicuo.*[3] Daß die Injusvocatio gegen den Auktor noch im Formularprozeß erfolgt ist, dürfte gleich D. (5, 1) 49 pr. (oben S. 16) auch V. O. 85, 5 beweisen. Die feierliche Ladung entspricht der fränkischen *mannitio* an den Gewähren; die Konstatierung des Erscheinens aber, von der auch der von **Cicero** berichtete Name *actio in auct. praesentem* herkommt, deutet auf einen dem deutschen Recht wohlvertrauten Gegensatz, den Fall des Ausbleibens des Auktors, und kann verschiedenen Zwecken gedient, bezw. von den redigierenden Praktikern zur Festhaltung verschiedener Rechtsfolgen eingeführt worden sein. Vielleicht durfte erst nach jenem Erscheinen die Reinigung des Besitzers von Diebstahlsanschuldigung erfolgen; vielleicht, was wahrscheinlicher ist, schob sich bei Weigerung des Gewährsmannes ein Zwischenverfahren gegen ihn ein, das wenigstens darauf abzielte, dem Käufer die selbständige Verteidigung des angegriffenen Rechtes zu gestatten. Aber auch wenn damit ganz einfach eben auf die Befolgung der vorausgegangenen ordentlichen Ladung

[1] **Bechmann** I S. 373 f.

[2] oder von der *actio empti,* unten Abschnitt II, B, d.

[3] Aus der vermeintlichen Sinnlosigkeit dieser Verbindung folgert **Girard** (N. rev. 1882 S. 189), daß die Denuntiation formlos geschah, umgekehrt **Karlowa**, Rechtsgesch. II S. 578, daß die Formel nicht vom Käufer gesprochen wurde.

angespielt war, konnte doch die Anrede vom Käufer ausgehen; denn sie geschah angesichts des Evinzenten und ihm gegenüber, recht vergleichbar derjenigen, die der um die gekaufte Sache beklagte Erwerber im bayerischen Volksrecht an den Auktor richtete:

L. Baiuw. App. c. IV Pertz, Leg. III S. 337. *Tunc dicit emptor ad venditorem: Terram aut quas cumque fuerit res, abstrahere mihi vult vicinus meus, ut quis fuerit; et iste respondit: Ego quod tibi donavi cum lege integra et verbis testificatione firmare volo, etc.* ...

oder den Formeln des *liber Papiensis,* z. B. Pertz IV S. 357 *vendidisti tu michi ipsam ancillam?*

Über das griechische Recht herrscht Streit; aber bezeugt ist jedenfalls, daß die *δίκη βεβαιώσεως* den Verkäufer zur Vertretungsleistung „zwang“.[1]

Materiellrechtlich wird gerade in der wichtigsten Richtung nur an längst Gelehrtes angeknüpft, wenn als Kern der Haftung die Schirmung erklärt wird. Denn schon Bechmann[2] hat erkannt, daß nicht immer erst die Eviktion, sondern schon die Nichtvertretung (in den Fällen 1 u. 2 oben S. 19) Gewährbruch war und das Duplum verfallen ließ. Freilich, lange mag der praktische Sinn der Römer diesen Zustand nicht ertragen haben. Wir wissen von ihm nur aus der Bedeutung des Ausdruckes *auctoritatem defugere.*

Andere Folgen des Prinzips sind aus unseren Quellen nicht bloß darum schwer zu erkennen, weil die Spuren der Manzipation daselbst verlöscht sind, sondern auch darum, weil die Anlage der Haftung im Unterschiede von anderen alten[3] und späteren Rechten

---

[1] Ausführliches nach Meier-Schömann, Platner, Caillemer bei Beauchet IV S. 134 ff.

[2] Bechmann, Kauf I S. 679, Lenel, Ed. perp. S. 425, Pernice, Labeo III 1 S. 118; gegenteilig Karlowa, Rechtsgesch. II S. 622.

[3] Die *βεβαίωσις* hat das justinianische Recht überdauert (Mitteis, Grünhut's Ztschr. XVII S. 40). — Im attischen Recht begegnet man auch der für die reine Defensionspflicht so bezeichnenden Erscheinung (näheres im 2. Kapitel), daß der gegen den Dritten siegende Käufer die Prozeßkosten vom Verkäufer einfordern darf. (Beauchet a. a. O. S. 135.) Dasselbe gilt nach den ägypt. Urkunden. Höchst bezeichnend lauten auch die in letzteren neben dem allgemein Währschaftsleistung bedeutenden *βεβαιοῦν* gebrauchten Aus-

in den uns erhaltenen Quellen fortgeschritteneren Systemen Platz gemacht hat. Immerhin lassen sich einzelne Konsequenzen aufdecken:

1. Während nach allgemeinen Grundsätzen mehrere Verkäufer oder mehrere Erben des Verkäufers für die Entschädigung wegen Eviction *pro rata* haften, geht der Anspruch auf Defension wider sie *in solidum* (D. [45, 1] 139 u. 85, 5). Derselbe Lehrsatz ist nachmals, wenn auch mit Verbrämung durch die eben angeführten Stellen, auf Grund germanischer Anschauungen herrschend geworden, und er herrscht in Frankreich mit verschiedenerlei Konsequenzen noch heute. Warum Römer und Franzosen übereinstimmend finden, *défendre pour partie, ce n'est pas defendre,* darüber könnte man sich freilich einigermaßen verwundern. Es setzt dies entweder voraus, daß der Käufer einen Teil der Kaufsache nach Entwehrung des andern zu behalten nicht gezwungen werden kann, ein Gedanke, der sich in Rom selbst in den spätesten Stadien der Haftung nur ausnahmsweise durchgesetzt hat, und den auch der Code Civil nur als Ausnahme anerkennt (art. 1636), den also Venuleius nicht meinen kann, wenn er begründet: *quia in solidum defendenda est venditio, cuius indivisa natura est.* [1] Oder

drücke für die Beseitigung der allfälligen Ansprachen: *ἐκστήσω, ἀποστήσω, ἐκδικήσω*, z. B. Hermiasprozeß Peyron VI l. 8 f.; Kenyon I n. 3 S. 46; Leyden Pap. P.; Wessely Isagog. tab. 13 n. 29; B. G. U. I n. 13; 282; 313; II 542; III n. 917; Denk. S. 153 App. 490; Grenf. I n. 60. Es ist genau der Gedanke der deutschrechtlichen Termini, die Ansprache abthun, das Gut entfreyen, ledigen, lösen, *disbrigare*, entwerren, fertigen u. s. w. Über die Ausdrücke *καθαροποιεῖν, καθαρὸν παρέχεσθαι* und ähnliches s. unten S. 87 Note.

[1] Der letzte Satz ist überdies kaum echt. Anders lautet die Erklärung desselben Juristen dafür, daß die *stip. pro praede litis et vindiciarum* bei nicht von allen Sponsoren geleisteter Defension *in solidum* verfällt, D. (46, 7) 17: *non enim videbitur defensa res boni viri arbitratu*, (Worte der *clausula ob rem non defensam*) *quae non in solidum defensa sit.* Daß sich die Stelle auf jene *stip.* bezog, ist unzweifelhaft, vgl. Lenel, Edikt. S. 413 N. 8, Pal. Venulei fr. 63. Unsicher ist freilich die Auslegung. Nach Ribbentrop, Korrealobl. S. 218 N. 31 und Ubbelohde, Unteilb. Obl. S. 168 N. 42b bedeutet *res non in solidum defensa* eine vom Promittenten nur rücksichtlich eines Teiles des Streitgegenstandes verteidigte Sache. Dafür ergibt allerdings D. (39, 2) 23 Len. Ulp. 1427, ein Argument. Nach dem inhaltlichen Zusammenhange des Fragments mit V. O. 139 (Len. Venul. fr. 61 N. 6)

es setzt voraus, daß der einzelne Erbe oder Verkäufer auch mit ausreichenden Beweismitteln nicht einmal im stande ist, *pro rata* den Besitz zu erhalten, und dies mag in der That als eine Folge des Geschlechtseigentums die Wurzel der germanisch-französischen Rechtsanschauung sein. Die Zahlung der gegen alle Schuldner verfallenden Geldsumme soll sich nach den beiden Stellen im inneren wie im äußeren Verhältnis teilen; dies stimmt also mit der Ordnung überein, die in Ansehung von durch Stipulation begründeten *obligationes faciendi* dann galt, wenn ihr „primärer" Gegenstand eine unteilbare Leistung darstellte, sie daher durch Handlung oder Unterlassung eines der Erben des Promittenten für vollständig verletzt anzusehen waren (D. [45, 1] 4, 1).[1] Das Verhältnis der Defensions- zur Geldschuld wäre dabei übrigens in gar keiner anderen Weise zu denken, als sonst das zwischen dem Gegenstand der Obligation und demjenigen der Kondemnation. — Nur ganz nebenbei sei aber zur Prüfung gestellt, ob nicht der Strafcharakter, der in dem *duplum* zum Ausdrucke gelangt, die Vermutung nahelegt, daß ursprünglich[2] die Geldleistung

---

und der Anreihung an l. 16 wird man es indessen doch lieber von der nicht von allen Sponsoren verteidigten Sache verstehen. Daß aber das so für die ältere Prozeßkaution zu gewinnende Resultat, die *res* müsse von allen *in solidum* verteidigt werden, keinesfalls für die *cautio iudicatum solvi* festgehalten wurde, geht aus D. (46, 7) 14 pr. 16 hervor. (Len. Pal. Nerat. 25 läßt den Eingang der l. 16 unbeanstandet, und zweifelt, Jul. fr. 728, betr. der Beziehung der l. 14 pr.). Vgl. auch D. (35, 2) 32, 2; (46, 5) 2, 2, Ubbelohde S. 161ff.

[1] Die Konventionalstrafe bezw. das Interesse verfällt vollständig, aber nur *pro partibus hereditariis;* daß V. O. 85, 3 nicht entgegensteht, zeigt Binder, Korrealobl. S. 89. Dahingestellt kann bleiben, ob man solche Obligationen als Solidarverpflichtungen uneigentlicher Art oder als Einzelobligationen zu bezeichnen hat.

[2] Nach der oben versuchten problematischen Erklärung der l. 17 D. 46, 7 hätte auch der durch die Prozeßkautionen vermittelte Anspruch des Prozeßgegners auf das *quanti ea res erit* bei mangelnder Defension eine parallele Entwicklung durchgemacht. Die *stipulatio pro praede litis et vindiciarum* mit der *clausula ob rem non defensam* hätte ursprünglich zur Zahlung der Regreßsumme *in solidum* verpflichtet (denn die Worte *„in solidum"* lassen sich nur zu *committitur* ziehen); dagegen hatte, sei es sie selbst in späterer Zeit, sei es nur die *clausula de re defendenda* der *cautio iudicatum solvi*

zwar nicht kumulativ, d. h. jedem Schuldner das volle Duplum, aber wie die Defension solidarisch oblag. Der gleiche Zustand dürfte den ägyptischen Rechtsgeschäften zu Grunde liegen.[1] Zu kritischen Betrachtungen könnten nun in der That jene beiden Stellen Anlaß geben. Die Anfangsworte von Venuleius in l. 139 scheinen in l. 85, 5 nachgeahmt zu sein, und das Schema der l. 85 könnte sich leicht ebenso als tribonianisch erweisen, wie andere dem Paulus unterschobene. Schwerlich sind auch *„praestatio iniungitur"* und *„praestatio incumbit"* klassisches Latein; es sieht so aus, als ob l. 85, 5 mit dem Worte *tenebuntur* geendigt, l. 139 aber gelautet hätte:

cum uno defugiente omnes defugisse videantur, omnes tenentur.

2. Keinen scharfen Gegensatz zu späteren Haftungsformen, aber ein charakteristisches Merkmal der *auctoritas* bildet es immerhin, daß die Schutzpflicht mit der Ersitzung bezw. dem vielleicht davon verschiedenen *usus* der zwölf Tafeln, überhaupt immer dann geradewegs erlischt, wenn ein Angriff durch einen Dritten nicht mehr möglich ist. Der Geldanspruch wegen Nichtdefension wird nur gegenstandslos, die *auctoritas* aber, der Schutz, geht verloren, *amittitur,* wenn der Käufer die Sache derelinquiert (l. 76 h. t.)[2] oder den Eigentümer beerbt (l. 9 eod.).

3. Hinwieder scheint es genügt zu haben, daß der Drittanspruch bei Gericht angebracht war, um die Pflicht zur Vertretung als Schuld mit der Folge des *duplum* bei Nichterfüllung zu fixieren. So ausgelegt, hören zwei Stellen auf, einen unbe-

bloß eine Zahlungspflicht *pro rata*, und zwar lediglich des Säumigen, zur Folge. Fast dieselbe Auslegung der l. 16 und 17 D. 46, 7 findet sich bei Wetzell, Röm. Vindikationsproz. S. 262 f.; er scheint aber die Antinomie der beiden Stellen in dieser Auffassung ganz zu übersehen.

[1] Nach den Papyri haften selbst Verkäufer abgesonderter Gegenstände, wenn darüber, z. B. weil es Miterben waren, eine gemeinsame Urkunde aufgenommen wurde, zur ungeteilten Hand; Gradenwitz, Einführung in die Pap.-Kunde S. 150 f. Eines der von Gradenwitz vermißten Beispiele bietet Corp. Pap. Rain. n. 223 (Hadrian), Z. 17. 31 *βεβαιώσομεν πάσει βεβαιώσει ἐξ ἀλληλεγγύης,* wonach Z. 24 zu interpretieren ist.

[2] *„auctoritas"* s. Lenel, Edikt. S. 426. Vielleicht bezieht sich die Stelle auf die *stipulatio auctoritatis* (Leist, Pauly-Wissowa, Art. auctoritas); für uns macht dies keinen Unterschied.

greiflichen Widerspruch zu anerkannten anderweitigen Rechtssätzen zu bilden, wie sie es thun, wenn man sie auf die *stipulatio duplae* bezieht.[1] D. (6, 1) 16 pr. Paul. *Utique autem mortuo homine necessaria est sententia propter fructus et partus et stipulationem de evictione.*

D. (46, 7) 11 Paul. *Si servus, qui in rem actione petebatur, lite contestata decesserit, deinde possessor litem deseruerit, quidam fideiussores eius pro lite datos*[2] *non teneri putant, quia mortuo homine nulla iam res sit: quod falsum est, quoniam expedit de evictione actionis conservandae causa, item fructuum nomine rem iudicari.*

Die erstere Stelle hat bereits Mitteis[3] im gleichen Sinne auf die *auctoritas* bezogen, die letztere Lenel[4] aus mir unbekannten Gründen, allerdings aber zweifelnd. Die Haftung ist engagiert, sobald der Prozeß eingeleitet ist; und nur die Besiegung des Drittanspruchs kann noch den Auktor befreien. Im vollsten Gegensatze zu den Regeln der *stipulatio duplae* und der *actio empti* ist es gleichgültig, daß der Käufer die Sache nicht infolge des Rechtsmangels verliert, daß Eviction nach dem zufälligen Untergang nicht mehr möglich ist.[5] Auch von der Manzipationshaftung gilt eben der Satz: *semel commissa resolvi non potest* (Vgl. l. 57 h. t.).

4. Hieran anknüpfend, dürfte man zum Verständnis von Vat. fr. 12 u. D. (18, 6) 19, 1 gelangen; dies kann erst später dargelegt werden.

Die angeführten Folgerungen wären vielleicht zu vermehren. Im allgemeinen ist, wie zugegeben werden muß, das Wesen der *auctoritas* stark und schnell verblaßt. Ja die *actio auctoritatis* dürfte in mehreren Beziehungen weitgehende Modernisierungen erfahren haben, die aber bei dem Stande der Quellen kaum kontrollierbar sind. D.h.t. 63, 2 läßt vermuten, daß auch die *actio auct.* bei dem Käufer Diligenz in der Führung des Prozesses voraussetzte; D. h. t. 39, 1, daß der Klage nach Einführung der *Publiciana* mit *exceptio doli*

---

[1] Girard, N. rev. 1883 S. 585, nimmt den Widerspruch in der That an. Über die Grundsätze der *stip. duplae* s. unten S. 73 f.

[2] *sponsores eius pro praede litis et vindiciarum datos,* Lenel, Paul. fr. 809.

[3] Mitteis, Grünhut's Ztschr. XVII S. 37 ff.

[4] Lenel a. a. O.

[5] Mitteis a. a. O.

begegnet wurde, wenn der Käufer oder dessen Rechtsnachfolger sich statt des leichteren Mittels der *rei vindicatio* bedient hatte und sachfällig geworden war;[1] Vat. 10 u. C. h. t. 8, vielleicht auch D. h. t. 51 pr., daß sogar die verfeinerte Anschauung sich Bahn brach, nur eine objektiv gerechtfertigte, nicht schon eine infolge *iniuria iudicis* herbeigeführte Niederlage des Käufers mache haftbar.

B. Die Stipulationen. Alle Wahrscheinlichkeit spricht dafür, daß auch die *repromissio in ea verba quae in verba satis secundum mancipium dari solet* auf der Defensionspflicht aufgebaut war.[2] Dagegen wird mit Recht aus den erhaltenen Formularen abgenommen, daß von solcher Pflicht in den Stipulationen, die wir als *stip. habere licere* und *duplae* kennen, nicht mehr die Rede war.[3]

---

[1] Man muß selbstverständlich mit Lenel (Paling Julian fr. 735) lesen: *quod servus tuus in mancipio* . . ., aber auch wie derselbe Ed. S. 426 n. 2 beabsichtigt hatte, im ersten Satze die schwerfällige Einschiebung streichen: *et tu a venditore servi stipulatus fueris.* Denn während der *actio auctoritatis* die *exceptio doli* gegenübergesetzt wird, kommittiert die *duplae stipulatio* gar nicht: *supererit Publiciana actio et propter hoc duplae stipulatio ei non committetur: quare venditor quoque tuus agentem te ex stipulatu (auctoritatis nomine) poterit doli mali exceptione summovere.* Im Zweifel müßten wir ja auch annehmen, daß die Manzipation ohne begleitende Stipulation abgeschlossen wurde. Die Interpolierung von *ex stipulatu* für die Klage wegen *auctoritas* findet sich auch z. B. in C. 8, 44, 8, D. h. t. 64 u. ö.

[2] Bechmann, Kauf I S. 371 ff. benutzt diesen Umstand, um eine Reihe von Stellen für die *satisd. s. m.* zu reklamieren. Soll man ihr nunmehr die *stip. auctoritatis* gleichsetzen? Für die letztere Stipulation, einen Verbalkontrakt, der die Auctoritas versprochen hätte, und dessen Existenz unter allen Umständen wahrscheinlich ist, könnte man Vat. fr. 10, D. h. t. 76 wegen der Inskription (vgl. Leist in Pauly-Wissowa, Art. auctoritas), D. h. t. 51, 1 und V. O. (45, 1) 85, 5 in Anspruch nehmen, vielleicht auch D. (6, 1) 16 pr. u. a. — Ob bei der *satisd. s. m.* die Ausübung der Litisdenuntiationspflicht des Käufers nicht mehr an die strengen Formen der ältesten Zeit gebunden war (Lenel, Edict. S. 426), muß dahingestellt bleiben; nicht so aber, daß diese Pflicht materiell noch so streng wie nur möglich genommen wurde, und daher D. h. t. 29, 2 und 53, 1 nicht auf die *satisd.* passen. Die Verbindlichkeit des Auktors zur Defension, und nur zu dieser, setzt mit Notwendigkeit die Denuntiation zu Anfang des Prozesses voraus. Über die beiden Stellen vgl. übrigens jetzt Lenel selbst, Pal. II c. 114 N. 4, über die *sat. s. m.* Degenkolb, Ztschr. f. Rechtsgesch. IX S. 152 ff.

[3] Bechmann I. S. 376.

Mit der Änderung der Beweisordnung wäre bereits das Hinwegfallen der alten Gewährspflicht an sich motiviert. Aber auch der entwickelte Handelsverkehr mag dazu beigetragen haben, sie zu beseitigen, da ihm einerseits die prozessuale Thätigkeit lästig war,[1] und es andererseits auf die naturale Erhaltung der Sache beim Käufer weniger ankam;[2] im germanischen Recht hat ja die Schirmung ein viel zäheres Leben bewährt. Im griechischen Verkehr waren offenbar das Beweissystem und die Stereotypie der Notariatsformeln die erhaltenden Kräfte. Hat aber die eigentliche Defension ihr Ende gefunden, so hat sich doch eben die Haftung aus der Garantiestipulation außerordentlich innig an das Defensionssystem der Manzipation angeschlossen. Wie innig, soll im folgenden gezeigt werden.

Als ein Rest der Gewährschaft muß vor allem, wiewohl man dies unter der Suggestion der gemeinrechtlichen Praxis kaum bemerkt hat, die strenge Litisdenuntiationspflicht verstanden werden, durch welche die Stipulations- und selbst noch die Kaufklage bedingt ist. Bei Unterlassung der Streitverkündung geht grundsätzlich der Regreß verloren (C. h. t. 8, cf. 20, D. 32, 29, 3), ein Satz, der unbegreiflich ist, wenn die Aufforderung nur dem Zweck dient, dem Auktor den Beweis seines Rechtes offen zu halten; dem wäre vollauf genügt, wenn bei unterlassener Denuntiation der Käufer den Beweis des Rechtes des Dritten zu erbringen hätte. Es steht eben noch die Anschauung im Vordergrunde, daß der Auktor in erster Linie nur zur Defension verpflichtet ist. Genauer wird sich dies mit Rücksicht auf die einzelnen Haftungsformen ausdrücken lassen.

Mit viel Wahrscheinlichkeit hat Lenel[3] geradezu angenommen, daß die Stip. duplae in ihrer typischen Gestalt eine die Denuntiation vorschreibende Klausel enthielt.[4] Doch wird bereits an

---

[1] Bechmann I S. 376.

[2] Kempin a. a. O. S. 14.

[3] Lenel, Paling. II c. 898 n. 6; vgl. auch schon Jhering, Bereicherungsklage gegen den gutgl. Bes. Dogm. Jb. XVI S. 294.

[4] D. h. t. 37, 2 setzt voraus, daß der *emptor omnia facit, quae in stipulatione continentur* (der Rest der Stelle ist verdächtig; nach dem Sinn: denn der erste Satz hat Fälle, wo etwa die Stipulation noch später Dienste

einzelnen Stellen die Pflicht auf die *bona fides* zurückgeführt und mit *parum instructum esse* des Käufers begründet (l. 53, 1).[1]

I. Die auf *habere licere* gerichtete Stipulation ist nur von Girard zum Gegenstand eingehenderer Betrachtung gemacht worden. Von einer durch Eleganz außerordentlich bestechenden Auffassung ausgehend, sieht er in ihr gegenüber der *stipulatio duplae* eine gleich hoch oder vielleicht noch höher entwickelte Gattung und den unmittelbaren Vorläufer der *actio empti*; damit erklärt sich dann die vermeintliche Einmündung sowohl der Klage aus der *stipulatio habere licere* als der *actio empti* in das Interesse und — was hier zunächst allein wichtig ist — die primäre Richtung beider auf das „*habere licere*“.[2] Er glaubt sich daher auch berechtigt, zur Vervollständigung des Bildes, das die Quellen von der *stipulatio habere licere* bieten, Aussprüche, welche die *actio empti* betreffen, heranzuziehen,[3] und erreicht so eine schöne Kontinuität der Entwicklung — mit einem einzigen, aber schweren Schönheitsfehler; denn die *stipulatio duplae* fällt aus diesem Rahmen vollständig und unrettbar heraus. Und doch muß die *stipulatio duplae* der anderen Stipulation mindestens durch ihren Reichtum an Zusätzen überlegen gewesen sein.[4] Auch ist die gerade durch Girard geförderte Erkenntnis nicht abzuweisen, daß sich das System der *actio empti* mit jenem der *stipulatio duplae*

leisten könnte, nicht im Auge, sondern setzt im Gegenteil voraus: *re evicta;* und nach dem Wortlaut: da das Praesens *facit* im ersten Satz zu dem Futurum *consecuturum* paßt — Huschke, Pand. Krit. S. 65 will mit Unrecht *fecit* lesen —, der Schlußsatz aber *fecit* statt *facit, quod* statt *quae* sagt, auch *superior* auffällig ist). Deutlicher ist l. 29, 2; wenn es dort heißt: *non praefinitur certum tempus in ea stipulatione,* so legt dies neben dem *arg. a contr.,* daß bei den *Stip. auctoritatis* auch das *tempus* vorgeschrieben war, das andere nahe, daß in der *duplae stip.* die Denuntiation nur überhaupt vorgesehen war. (Karlowa, Rechtsgesch. II 623.)

[1] Bechmann, I S. 374. 376.

[2] Girard, Nouv. rev. hist. 1884 S. 430 ff. 435.

[3] Ebd. 1883 S. 562, vgl. 1884 S. 431.

[4] Die *stip. duplae* pflegte z. B. eine Klausel zu enthalten, kraft welcher die Eviktion beim Rechtsnachfolger des Käufers die Haftung auslöste (Girard 1883 S. 576); das Gegenteil dürfte für die *stip. hab. l.* aus D. V. O. (45, 1) 38, 5 hervorgehen.

anfänglich deckte. Zwar meint der genannte Gelehrte,[1] die *stipulatio habere licere* habe gerade wegen ihrer wissenschaftlichen Superiorität, die den Zeitverhältnissen vorauseilte, die *stipulatio duplae* nicht so rasch verdrängen können; schwer glaublich aber wäre es, daß die *actio empti* die vorhandene höher organisierte Form zuerst ignorierte, indem sie sich an die *stipulatio duplae* statt an die *stipulatio habere licere* anschloß, und dann annahm. Unter allen Umständen erscheint es geboten, nicht gleich *a priori* zum Ausgangspunkte zu nehmen, daß das *habere licere* der Stipulation und das *habere licere* der späteren *actio empti* identisch sein müssen.[2]

Einen unmittelbaren Anhaltspunkt zur Bestimmung des Alters der erwähnten Versprechensarten besitzen wir nicht. Den ältesten römischen Nachweis für beide liefert Varro.[3] Wenn ich nun in Festhaltung der durch Eck eingebürgerten Ansicht die *stipulatio habere licere* in die Mitte zwischen die Auktoritätshaftung einer- und die *stipulatio duplae* andererseits setze, so wird die Begründung doch anders ausfallen müssen, als bisher.

Inwiefern die *auctoritas* über die Gewähr wegen Behaltens der Sache hinausging und zur Haftung wegen Beschwerung des Sachgenusses führte, das muß mangels genügenden Anhaltes in den Quellen[4] außer Erörterung bleiben. Für die weiteren Entwick-

[1] Girard, Nouv. rev. 1883 S. 589 f.

[2] Noch bedenklicher ist die Methode Girard's (1883 S. 587 Note), das Verhältnis zur *stip. simplae* zu ermitteln. Er hält die Ansicht für längst abgethan, daß der Käufer immer mindestens den Kaufpreis zurückerhalten mußte, *pour que cela ne soit pas* (um nur nicht wieder zu dieser Ansicht zu kommen), *il faut que la seconde obligation* (*simplae*) *soit la stipulation habere licere* (auf das Interesse).

[3] Varro de re rustica II 2, 6 giebt die „*prisca formula*" für den Verkauf von Schafen: „*Illasce oves, qua de re agitur, sanas recte esse, uti pecus ovillum quod recte sanum est, extra luscam, surdam, minam, neque de pecore morboso esse, habereque recte licere; haec sic recte fieri spondesne?*" Ähnlich für Ziegen und Schweine, vermutlich auch für Hunde, II 3, 5; 4, 5; 9, 7. Von der „*dupla*", deren Formular nicht angegeben wird, spricht Varro II 10, 5 beim Sklavenkauf: *solet ... si mancipio non datur, dupla promitti, aut si ita pacti, simpla.*

[4] Über D. h. t. 15, 1, D. (21, 1) 61; s. unten Abschnitt II, D.

lungsstadien dürfen wir lediglich an den zweifellos älteren und sicher beglaubigten Zustand anknüpfen, in dem die Pflicht der Verteidigung lediglich der Erhaltung der Sache beim Käufer galt. Von dieser Obligation ist es nun bloß ein Schritt zu der Verbindlichkeit, den Zustand zu gewähren, welcher bestände, wenn der Verkäufer im Streite gegen Dritte jeweils siegreich zur Stelle wäre; von der Pflicht der Verteidigung zum Zwecke der Erhaltung des Habens ist leicht der Übergang zu der Pflicht der Erhaltung des Habens gefunden. Die letztere Obligierung wird durch das Versprechen ausgedrückt: *habere licere spondeo*, oder noch deutlicher durch die, wie Voigt meint, auf Sex. Aelius zurückgehende Formel: *habere recte licere, haec sic recte fieri spondesne, spondeo* (Varro R. R. II 2, 6). Hier läßt sich sagen, daß die Schirmung nicht unmittelbar versprochen, sondern Mittel der Befreiung des Verkäufers von seiner — hier sicherlich erst bei Eviktion eintretenden — Schuld sei.

Dieser glatte Übergang scheint mir von vornherein einleuchtend, allein er dürfte auch zu erweisen sein. Eine erschöpfende Darstellung dessen, was unter *habere licere* verstanden wurde, hätte freilich alle Grundlagen des Kontraktrechtes zu erörtern; doch schon eine beschränktere Betrachtung dürfte das Gesagte als richtig erkennen lassen.

Habere ist einfaches sachliches Haben ohne Beziehung zu den Kategorien des Usukapions- und Interdiktenbesitzes; es ist Detention schlechtweg, sie sei *alieno* oder *proprio nomine* ausgeübt. Daher tritt, um den juristischen Besitz zu bezeichnen, zu „*habere*" kopulativ „*possidere*" hinzu.[1] Und daher kann Ulpian V. O. 38, 9

[1] So in den siebenbürgischen Kaufurkunden, vgl. Bechmann, Kauf I S. 379, in der *formula Aquiliana,* D. (46, 4) 18, 1, in der *lex agraria* v. J. 643, der *lex Antonia de Termessibus*, bei Papinian D. (41, 2) 49, 1 etc. Interessant ist auch die Gegenüberstellung von *habere* und *possidere* in dem (von der *editio princeps* dem Cornelius Fronto zugeschriebenen) Schriftchen *de nominum verborumque differentia,* Keil, Grammatici latini VII S. 524 Z. 13: *Habere potest etiam fur nequam: possidet nemo, nisi qui aut relictae aut donatae rei aut emtae dominus est. ita in habente onus, in possidente usus est.* — In den obigen Stellen tritt dem *habere possidere* noch weiter an die Seite *uti frui,* welches die wirtschaftliche Ausnützung bedeutet Gradenwitz, Einf. S. 50) und *usucapere,* das den Usukapionsbesitz be-

das *habere* in seiner Anwendung auf Besitzverhältnisse als dem *tenere* gleichbedeutend definieren.[1]

Was ist *licere?* In V. O. 38, pr. — § 2 giebt Ulpian einer ganz unbestreitbar verfehlten Entscheidung[2] eine Unterlage, die denn doch Beachtung finden muß. Er erklärt die *stip. habere licere* ohne einen auf Strafe oder Interesse gerichteten Zusatz nur insofern für wirksam, als dadurch der Käufer gegen *facta* des Verkäufers, seiner Erben oder sonstigen Successoren geschützt werde; für unwirksam, insofern dadurch versprochen sei, *per alium non fieri, quominus habere liceat* — weil man fremde Handlungen oder Unterlassungen nicht versprechen könne. Vielleicht übersieht Ulpian dabei, und zwar nur an dieser Stelle, ganz wie die modernen Schriftsteller bloß das zu seiner Zeit wie in unserer den juristischen Gedankenrichtungen fremd gewordene Moment, daß *habere licere spondere* nicht das Unterbleiben fremder Angriffe, sondern ihre Beseitigung zusichert. Der Gegensatz aber, an welchen Ulpian anknüpft, wird anderen Orts von ihm auseinandergesetzt.

A. E. (19, 1) 11, 18. *Qui autem habere licere vendidit, videamus quid debeat praestare. et multum interesse arbitror, utrum hoc polliceatur per se venientesque a se personas non fieri, quo minus habere liceat, an vero per omnes. nam si per se, non videtur id praestare, ne alius evincat: proinde si evicta res erit, sive stipulatio interposita est, ex*

---

zeichnet (Bechmann I S. 684). *Habere possidere* ist nach der bereits mehrfach gebilligten Ansicht Lenel's, Edikt. S. 148 der technische Ausdruck für das Eigentum am Provinzialboden; diese nicht zweifelsfreie Annahme kann aber hier nicht verfolgt werden.

[1] Vgl. dazu Bekker, Recht des Besitzes S. 347 N. 2. Nur ist *habere* das *tenere* im Rechtssinne und daher den Gewaltunterthänigen unzugänglich, §§ 6—9 eod. Papin. l. 49 § 1 cit., Paul. V. O. 130. (S. auch Erman, Geschichte der römischen Quittungen S. 16 f.)

[2] Eck, Verpflichtung des Verkäufers S. 17. Girard, N. rev. 1883 S. 564 ff. — Man könnte sich versucht fühlen, die Ulpian zugemutete Ansicht überhaupt in Abrede zu stellen (so, wie es scheint, wirklich Sjögren, Über die römischen Konventionalstrafen u. s. w. S. 104), vgl.: *Sed si quis promittat per alium non fieri*; aber § 4 und mehr noch A. E. (19, 1) 11, 18 rechtfertigen die herrschende Meinung. Karlowa, Rechtsgesch. II S. 623 nimmt die Entscheidung wieder ernst, ohne aber die Gegengründe zu widerlegen. Daß Ulpian's Zweifel nur theoretische sein können, hat schon Degenkolb, Ztschr. f. Rechtsgesch. IX S. 146 N. 61 bemerkt.

stipulatu non tenebitur, sive non est interposita, ex empto non tenebitur.

Es bedarf, wiewohl dies noch nicht bemerkt wurde, keines Wortes darüber, daß der Eingang zu lesen ist: *habere licere spopondit.* L. 11 handelt *ex professo* von der *actio empti*, § 18 von dem Hinzutritt der *stipulatio habere licere.* Aus dem Zusammenhang der beiden angeführten Stellen folgt: Die Stipulation „*habere licere spondes?*" — die auch in den Redaktionen „*mihi*" und „*mihi heredique meo habere licere*" bezeugt ist[1] — bedeutet ganz ebensoviel, wie wenn man sich versprechen läßt: *neque per te neque per quemquam omnino fieri, quominus nobis habere liceat* (Ausgangspunkt von V. O. 38 pr.).[2] Unter den Begriff der *stip. hab. lic.* fällt aber auch eine minder wirkende Stipulation, die nach mehrfachen Nachrichten in klassischer Zeit lautet: *per te*[3] (*venientesque a te personas*)[4] *non fieri* oder *neque per te neque per heredem tuum fieri*[5] *quominus mihi* (*heredique*) *hominem habere liceat* oder ähnlich. Diese Stipulation verdient wohl mehr Beachtung, als ihr bisher geschenkt wurde. Denn wenn die Quellen ihrer Erwähnung thun, so bekunden sie vielleicht eine in mehr als einer Richtung höchst merkwürdige Verwandtschaft mit Ideengängen anderer alter Rechte, sicherlich aber einen engen Zusammenhang mit den über Orient und Occident durch die Jahrhunderte in außerordentlich gleichförmiger Gestalt verbreiteten Vertragsformularen. Ich muß hier eine für die gesamte Rechtsgeschichte überaus bedeutsame, meines Wissens kaum noch gewürdigte Thatsache berühren. Es stellt sich eine bis in die verschiedensten Einzelheiten verfolgbare Verwandtschaft zwischen den demotischen und griechischen Verträgen der Papyri aus Ägypten, den Urkunden von Ravenna und denjenigen des fränkischen Reiches heraus — eine Ver-

---

[1] D. de V. O. (45, 1) 38, 5; 3 pr.

[2] Ebenso ist die Stipulation „*per te non fieri neque per heredem tuum, quominus mihi ire agere liceat*" gleichbedeutend mit der kürzeren: „*mihi ire agere licere*", arg. V. O. 2, 5. 6.

[3] Ulp. V. O. 75, 7: *per te non fieri, quominus mihi hominem Erotem habere liceat.*

[4] Ulp. A. E. 11, 18.

[5] Gai. D. 21, 1, 22 macht davon eine Nutzanwendung.

wandtschaft, die noch viel weitere historische Perspektiven bietet. Die Charakterzüge der fränkischen Formulare haben bekanntermaßen den reichen Urkundenschatz des deutschen Mittelalters, und in manchen Territorien noch der Neuzeit beherrscht, und die Urkundenpraxis hat ihrerseits im Gerichtsgebrauche und den gesetzgeberischen Arbeiten tiefe Spuren hinterlassen. Die Ähnlichkeit der Fassung wird ferner von der englischen Siegelurkunde, der doch seit langem abgesondert entwickelten, eigentümlichen Fortbildung der spätrömischen Stipulationsurkunde,[1] nicht verleugnet. Und an alledem nicht genug, die frühesten dieser Formulare, die demotischen, weisen mit anderen altorientalischen, so den chaldäischen, einem uralten Verkehr angehörigen Geschäften, und diese mit den assyrischen Kontrakten vielerlei Berührungspunkte auf. In die Vergangenheit des Ostens kann der Blick derzeit nicht tief genug dringen; auch von den sog. frühdemotischen Texten besteht nach der Aussage Spiegelbergs derzeit keine sichere Kenntnis. Dagegen läßt sich wohl von den neueren Formularen, und zwar nicht bloß von jenen seit dem fränkischen Notariatsstil, sagen, daß bei denselben der Anwendung des nämlichen Schemas zum guten Teile ein äußerer Rezeptionsprozeß zu Grunde liegt. Die wesentliche Identität der demotischen und der ptolemäisch-griechischen Klauseln hat neuestens eben Spiegelberg wieder betont; und von da ab zur Gegenwart zu wird wohl schon der bloße Anblick der Urkunden jeden Beobachter gleich mir auf die Annahme führen, daß der orientalische Vertragsstil, dessen in Ägypten, namentlich auch unter dem Einflusse des römischen Rechts erfolgte Ausbildung jetzt am besten bekannt ist, im römisch-byzantinischen Reiche mit der Schriftform der Verträge in das Abendland wanderte. Allein diese Vermutung kann hier auf sich beruhen; denn die größte Bedeutung der gleichartigen Ausdrucksweise in jenen Rechtsgebieten liegt an einem anderen Punkte. Eine so starke Verbreitung der Formulare, wie sie die Urkundensammlungen allenthalben zeigen, wäre nicht möglich gewesen, ohne daß der rezipierte Stil den Anschauungen der

---

[1] Hartmann, Die Grundprinzipien der Praxis des englisch-amerikanischen Vertragsrechtes (1891) bes. S. 27.

Volksrechte, in die er sich einfügte, sehr nahe stand. Das Studium der Formulare eröffnet daher den Einblick in nahezu überall bei jenen älteren Völkern lebendig gewesene Rechtsgedanken, die in den römischen Rechtsbüchern überholt erscheinen und ebenso unserem, durch die romanistische Schulung erzogenen Denken fremd geworden sind, von deren Geltung aber nicht gerade nur Rom jederzeit ausgeschlossen gewesen sein kann.

Das Zutreffen der letzten Bemerkung soll nun in einer einzelnen, aber wichtigen Beziehung erprobt werden. In den Blanketten für Kaufgeschäfte, welche bei den Urkundenschreibern, von den demotischen angefangen, in Gebrauch gekommen sind, kann man, soviel ich sehe, trotz mehrfacher Verdunklung und Verwirrung und vielfach auseinandergehender Rechtssysteme, außer der Erklärung: ich verkaufe, oder ich habe verkauft, und außer der den Besitzübergang bewerkstelligenden, zusagenden oder gestattenden Formel (z. B. *mittere in vacuam possessionem* u. dgl.) — und ganz entsprechend denn auch dort, wo über den Kauf und die Tradition oden den sonstigen Kaufvollzug verschiedene Urkunden aufgenommen wurden, [1] in den Blanketten für alle diese Arten von Urkunden ohne grundsätzliche Unterscheidung — folgende drei zusammenhängende Grundbestandteile der Erklärung des Verkäufers aufdecken:

1. Die Erklärung, daß Käufer die Sache zum immerwährenden Haben erhalte. [2]

2. Das Versprechen des Unterbleibens von Störungen dieses Habens seitens des Verkäufers und seiner Rechtsnachfolger, und zwar entweder nur der Erben oder dieser und der Singularsuccessoren [3] (so auch V. O. 38 pr. *ne heres suus faciat vel quis ceterorum successorum efficiat, ne habere liceat*).

3. Das Versprechen der Abwehr von rechtlichen Angriffen

---

[1] Das dürfte auch für Ägyten gelten, wo die über den Kauf errichtete *καταγραφή* und die *παραχώρησις* wohl vollständig zu scheiden sind. Anders sieht sie freilich Gradenwitz, Einführung, an.

[2] Auf die Übereinstimmung der mittelalterlichen und neuzeitlichen Formulare mit den römischen in diesem Punkte hat bereits vor längerer Zeit Krasnopolski (Grünhut's Ztschr. XIII S. 679 f.) aufmerksam gemacht.

[3] Dies übersieht Baron, Gesch. d. r. R. I § 213 in seiner kurzen Erwähnung der Stipulation.

Dritter, unter denen die einspruchsberechtigten Verwandten des Veräußerers und die Vormünder des etwa in der Geschäftsfähigkeit beschränkten Veräußeres naturgemäß eine sehr wichtige Rolle spielen.

Auf beide letztere Verpflichtungen werden die für Vertragswidrigkeiten üblichen Konventionalstrafen angewendet. Die Verpflichtung ad 1. ist als alleiniger Inhalt der Verkaufserklärung beim Bargeschäft denkbar: du sollst haben; 1. und 2. zusammen könnte man als Versprechen des *habere licere* im engeren Sinn bezeichnen; die altenglischen Lehensurkunden z. B. verbanden es in der That zu einer Klausel, die nach ihrem Eingang *habendum et tenendum* hieß,[1] du sollst haben und gegen mich behalten.

Besondere Wichtigkeit scheint der Unterschied der Kombination von 2. und 3. in Ägypten auch vor dem römischen Einfluß besessen zu haben. Aus den demotischen Urkunden stammt die Klausel, daß der Verkäufer ad 2. für sich und seine Successoren zusagt, *μὴ ἐγκαλεῖν, μὴ ἐπιπορεύεσθαι, μὴ ἐπέρχεσθαι* und ähnlich,[2] und ebenso ad 3. für den Fall, daß ein Dritter angreifen (*ἐπέρχεσθαι* [*ἐπελθεῖν*], *ἀντιποιεῖσθαι, ἐπιφέρεσθαι*) wollte, ihn abzuwehren (*ἐξίστασθαι, ἀφίστασθαι, ἐκδικεῖν*)[3] verspricht.

---

[1] Blackstone, Comment. (5. Aufl. 1809) II S. 298, vgl. App. I.

[2] Vgl. zu dieser in einem früheren Stadium der Papyruspublikation von Mitteis, Reichsrecht S. 182. 59. 523, Wessely, Corp. Pap. Rain. S. 13 unten, besprochenen Wendung: Pap. Grenfell I n. 27 (a. 109 v. Chr.); Kenyon II n. 262 Z. 6 S. 177 (a. 11 n. Chr.), ein *ἀντίγραφον* nach dem Demotischen cf. Wessely, Specimina isagogica S. 3; Wessely, ebd. tab. 5 n. 5 u. tab. 13 n. 29. Von Pap. des 1. u. 2. Jahrh. s. z. B. Corp. Pap. Rain. I n. 4 Z. 25 (a. 52/53 n. Chr.) n. 187 Z. 14, 188 Z. 21, 191 Z. 5 etc., Berl. Gr. Urk. III 906 Z. 8 (ca. a. 36), II 542 Z. 15 (a. 165), 666 Z. 27 (a. 177), III 825 Z. 7 (a. 191), 859 Z. 15 (2. Jhdt.), 883 Z. 11 (?) (= 236, 2. Jhdt.); aus später byzant. Zeit Grenf. I n. 60 (a. 581). Diese Übersicht bestätigt nicht die von Gradenwitz, Einf. S. 86 N. 1 bei einzelnen Urkunden gemachte Wahrnehmung, daß die hier versprochene Unterlassung im Präsens ausgedrückt wird, (während die Bebaiosis ad 3. regelmäßig durch ein im Futurum stehendes Verbum gegeben erscheint). Wo aber seine Bemerkung zutrifft, dürfte sie damit zu erklären sein, daß die Unterlassung sofort zu beginnen hat, die Abwehr Dritter erst bei deren Auftreten.

[3] Belege für letztere Ausdrücke oben S. 23 N. 3. Durch den im Text dargelegten Zusammenhang mit der Klausel ad 2. erklärt es sich, daß

Das Schema der demotischen Kaufverträge, und zwar das der eigentlichen Kaufbeurkundungen (Schriften für Silber) im Gegensatze zu den nach demselben Plan gebauten, nur anders gefaßten Vollzugsurkunden enthält nach Spiegelberg,[1] den ich aber in einem Punkte berichtigen zu müssen glaube, in der ptolemäischen Zeit die Klausel:

Du hast gegeben, mein Herz ist mit dem Gelde zufrieden. Ich habe es dir gegeben, dir gehört es (1.). *Ich habe ihren* (der Sache) *Preis in Silber von dir empfangen, vollzählig ohne irgend einen Rest. Mein Herz ist damit zufrieden. Ich habe dieserhalb kein Wort der Welt an dich zu richten* (2.), *noch soll es irgend ein Mensch der Welt können* (3.). [Der folgende Satz[2] lautet wohl: *Dein ist es von dem*

---

die Ägypter nicht von Entwehrung, sondern von *ἐπέρχεσθαι*, *ἐπιφέρεσθαι* auch der Dritten reden. Der Gedanke geht vom Angriffe gegen den Käufer aus. Wilcken, Hermes XIX (1884) S. 426 f. bemerkt aber weitergehend, daß nicht von gerichtlicher Entwehrung die Rede ist, und vermutet, daß ursprünglich auch für außergerichtliche Angriffe gehaftet wurde. Dies ist durchaus möglich; für die von Wilcken noch nicht besprochene Klausel ad 2., die Angriffe des Verkäufers selbst, scheint es mir sogar bei jeder unbefangenen Auslegung unumgänglich. Allein vielleicht verhielt es sich gegenüber Dritten doch anders, und wurde jener Wortlaut nur wegen seiner Kürze gewählt. Auch das römische *evincere* enthält ja in seinem nächsten Sinn keine Beziehung auf gerichtliches Verfahren, und die ägyptischen sowie die übrigen Urkunden verquicken die Klauseln ad 2. und 3. häufig auf ganz seltsame Weise. Der Ausdruck *ἐκνικᾶν* (= *evincere*) taucht, soviel ich bisher sehe, erst in der romanistischen Epoche auf, und zwar in Pap. Berl. Gr. Urk. I n. 316 (Bruns, Fontes n. 135) v. J. 359, der aus Askalon stammt, ferner in Pap. Berl. Gr. Urk. III n. 887 v. J. 151, der in Side, Pamphylien, mit Konsulatsdatierung aufgenommen ist und eine förmliche *stipulatio duplae* enthält, dann in den von Wilcken a. a. O. entsprechend ergänzten Pap. Paris n. 21 bis (a. 592) 21 (a. 616) und S. 257 (gegen J. 600).

[1] Spiegelberg, Dem. Urk. Straßb. S. 9.

[2] Hierher stellt Spiegelberg den nicht verständlichen Satz: „ich allein habe darüber Macht außer dir von dem oben genannten Tage an." Es sei daher gewagt, von der durch Sp. überhaupt eingeräumten Freiheit des Widerspruchs Gebrauch zu machen. Ich setze das von Revillout entworfene, wiederholt redigierte Schema hierher, das ich auch vor Spiegelberg's Veröffentlichung der Untersuchung zu Grunde gelegt hatte (Chrestomathie démotique S. XLII ff.; Propriété en droit égyptien S. 414. 416). Danach lauten die im Text berührten Klauseln in der ptolemäischen Zeit, in noch genauerer Ausführung in der Zeit des Darius: *Je t'ai donné cela.*

heutigen Tage auf immerwährende Zeiten (1.) *und es steht weder mir* (2.) *noch jemandem andern* (3.) *außer dir zu, von dem heutigen Tage fürderhin über die Sache zu schalten.*] *Wer ihret-* (der Sache) *wegen gegen dich auftreten wird in meinem Namen oder in dem Namen irgend jemandes in der Welt, den entferne ich von dir* (Variante: *den werde ich von dir entfernen*).[1]

Il est à toi ton bien tel et tel (1.). *J'en ai reçu le prix de ta main. Il est complet sans aucun reliquat. Mon cœur en est satisfait. Je n'ai aucune parole au monde à te faire en son* (des Kaufgutes) *nom* (2.). *Aucun homme au monde n'a à en connaître. C'est moi seul qui le repousserai de toi* (3.). *Depuis le jour ci-dessus* (der Ausstellung) *celui qui viendra à toi à ce sujet en mon nom, au nom de quiconque au monde* (älteres Formular mit Beifügung: *en disant: ce champ, cet esclave etc. n'est pas à toi*) *je le ferai éloigner de toi.* — Der fragliche Satz lautet in den *ἀντίγραφα* bei Wessely, Pap. script. graec. specimina isagogica, z. B. tab. 6 n. 6 Z. 5 mit zweifellosen Ergänzungen: . . . *σὰ δ' ἔστιν ἀπὸ τῆς ἐνεστώσης ἡμέρας ἐπὶ τὸν ἅπαντα χρόνον καὶ οὐκ ἐξέσται μοι οὐδ' ἄλλῳ οὐδενὶ ἁπλῶς κυριεύειν* [Z. 6] *αὐτῶν πλὴν σοῦ ἀπὸ τῆς σήμερον ἡμέρας ἐπὶ τὸν ἀεὶ χρόνον;* vgl. z. B. noch den ptolem. Pap. Leyden P. Z. 34 nach der Ergänzung von Leemans: *οὔτ' ἐγὼ, οὔτ' ἄλλος ἐκ τῶν παρ' ἐμοῦ κυριεύσει αὐτῶν ἀπὸ τῆς σήμερον ἡμέρας, ἐὰν δὲ τίς σοι ἐπέλθῃ* etc.

[1] Wiewohl die orientalischen nichtägyptischen Kontrakte im allgemeinen außer Betracht bleiben, kann ich mir es doch nicht versagen, um die oben über die Formulare von Mesopotamien gemachte Äußerung zn rechtfertigen, Muster dortiger Verträge nach Editionen anerkannter Gelehrter wiederzugeben. Sie sind bisher meines Wissens lediglich von Kohler bearbeitet worden, s. namentlich Ztschr. f. vgl. Rw. III S. 212, V S. 377, jurist. Exkurs zu Peiser's babyl. Verträgen S. XL ff. Das Formular der Blütezeit des assyrischen Reiches weist bereits der aus der Herrschaft Sargon's stammende Kaufvertrag 708 v. Chr. auf, Oppert u. Ménant, Documents juridiques de l'Assyrie et de la Chaldée S. 164 in wörtlicher lateinischer Übersetzung: (Belmalik hat von Dagamilki die Sklaven J., U., M. um den Preis von 3 Minen Silbers „erworben" und „gekauft") *pretium inmutabiliter definitum est viri isti, nummis pensati empti sunt, et redhibitio negotii et inanitas non admissae. Quisquis in diebus futuris, quandocunque, ante me surget, rescisionem a me petet, seu Daganmilki, seu fratres eius, seu filii fratrum eius, seu quisquis ex suis seu potens, qui a Belmalik-ili, a filiis eius, a filiis filiorum eius, contractus inanitatem postulabit a me,* (Lücke) *argenti unam minam auri* (in den heiligen Säckel von) *Istar Arbelorum solvet, argentum ad decem domino eius restituet, a contractu suo liberatus erit, non vendiderit.* Ganz ähnlich ist der Bau der neubabylonischen Verträge. Nach der Kaufpreisquittung heißt es z. B. in Käufen aus der Zeit Nebukadnezars (Kohler u. Peiser, Babylon. Rechtsleben IV S. 67. 69), und zu anderen Zeiten (vgl. ebd. und Peiser, babyl. Vertr.):

Um zu zeigen, daß nicht bloß der Sinn, sondern auch der Wortlaut dieser Versprechungen in der Folgezeit festgehalten wurde, sei noch der Passus einer griechisch geschriebenen *παραχώρησις* des Jahres 109 v. Chr. abgedruckt: [1]

καὶ μὴ εἰσελεύσεσθαι μήτ' αὐτὴν Σεβτῖτιν μηδ' ἄλλον μηδένα τῶν παρ' αὐτῆς ἐπὶ τὴν Νααμσῆσιν μηδ' ἐπ' ἄλλον μηδένα τῶν παρ' αὐτῆς — ὃς δ' ἂν ἐπέλθηι ἡ εἴςοδος ἄκυρος ἔστωι, καὶ ἀποτεισάτωι ὁ ἐπελθὼν — (Konventionalstrafe), *ἐφ' ὧι οὐκ ἐξέσται αὐτῆι οἰκονομίαν ποιεῖσθαι κατὰ τοῦ* (*ἡμίσεος ἀρούρας* [Vertragsgegenstand]). *ἣν δ' ἂν ποιήσηται ἄκυρον εἶναι, καὶ μηθὲν ἧσσον αὐτῆι ἔστωι ποιεῖν κατὰ τὰ προγεγραμμένα.*

Aus römischer Zeit diene nun zur Illustration ein schon von Mitteis[2] in ähnlichem Zusammenhange angeführter Kaufvertrag vom Jahre 271 n. Chr.,[3] der besonders ausführlich gehalten, aber für unzählige Kontrakte typisch ist. Voraus geht, getrennt von dem den Vertrag einleitenden Verkaufsbekenntnis (hier in der persönlichen Form *ὁμολογῶ πεπρακέναι*), die Erklärung (1.), daß dem Käufer das Eigentums- und Verfügungsrecht über das Haus, es zu gebrauchen und zu verwenden wie er wolle, auf immerwährende Zeiten gebühre:

εἶναι περί σε τὴν ὠνουμένην καὶ τοὺς παρά σου τὴν τῆς πεπραμένης σοι οἰκίας κυρείαν καὶ κράτησιν, χρωμένους καὶ οἰκονομοῦντας περὶ αὐτῆς καθὸν ἐὰν αἱρῶνται τρόπον ἀπὸ τοῦ νῦν ἐπὶ τὸν ἅπαντα χρόνον.

Rückforderung wird er nicht machen, nicht werden sie sich umwenden, wider einander klagen, in der Kaufurkunde von 558 v. Chr., Oppert im Nouveau journal asiatique XV S. 549: *il n'y aura pas d'action vindicatoire, ni retour; et mutuellement ils ne feront pas d'action.* Darauf folgt die Festsetzung für den Fall der Kaufanfechtung durch die Verwandten und Stammesgenossen des Verkäufers, wonach der Kaufpreis mit einem Zuschlag — von ihnen? — zu ersetzen ist. Den Zuschlag hat Kohler früher für ein Vielfaches des Kaufpreises gehalten (uud dafür würde die allgemeine orientalische Übung sprechen), neuerlich (jurist. Exc.) für einen Bruchteil desselben.

[1] Grenfell I n. 27, Col. 3, Z. 2 ff.; entbehrt freilich gleich vielen assyr.-babylon. Urk. der Haftung bezüglich Fremder. Warum wohl?

[2] Mitteis, Reichsrecht S. 181.

[3] Jetzt Corp. Pap. Rain. I n. 9.

Sodann folgt ununterbrochen das Versprechen der *βεβαίωσις*; und:

μὴ ἐπελεύσεσθαί με μηδ' ἄλλους ὑπὲρ ἐμοῦ ἐπί σε τὴν ὠνουμένην μηδὲ ἐπὶ τοὺς παρά σου περὶ μηδενὸς (ἁπλῶς) τῆς δε τῆς πράσεως τρόπῳ μηδενί. ἐὰν δὲ ἐπέλθω ἢ μὴ βεβαιώσω, ἥ τε ἔφοδος ἄκυρος ἔστωι καὶ προςαποτισάτω ὁ ὑπὲρ ἐμοῦ ἐπελευσόμενός σοι ... ἢ τοῖς παρά σου ... καὶ μηδὲν ἧσσον ἡ πρᾶσις κυρία ἔστω.[1]

Weder ich noch jemand von meiner Seite[2] soll dich oder die auf deiner Seite angreifen bezüglich dieses (ganzen) Vertrages auf irgend eine Weise. Wenn ich angreife (2.) oder dich nicht gegen Angriffe schütze (3.), so soll mein Angriff kraftlos sein, und hat der von meiner Seite dich angreifende dir oder den Deinen zu büßen ... x ... und nichtsdestoweniger soll der Kauf aufrecht stehen.

An das wiedergegebene demotische Formular schließt sich noch das Versprechen: ich will die Sache reinigen gegen jede Urkunde, gegen jeden Vertrag, jede Sache der Welt jeder Zeit. Es führt den Gedanken sowohl ad 2) als ad 3) weiter, und findet sich im Stile der griechischen Notare meist in der Form: *καθαρὸν παρέξομαι ἀπό τε ἄλλων πράσεων καὶ οἰκονομιῶν, συγγραφῶν* etc. Seine nähere Besprechung kann aber an dieser Stelle nicht unternommen werden.[3]

In der byzantinischen Zeit scheint die Klausel ad 2) neben dem ständigen Versprechen des *ἀφίστασθαι* sich mehr und mehr zu verlieren; vielleicht weil sich da erst der Einfluß des römischen Rechtes geltend machte.

Dagegen lautet in den alle erwähnten Klauseln im weitschweifigen Kautelarstil wiederholenden ravennatischen Urkunden das Versprechen ad 2):

venditores profitentur nullam se in posterum actores, procuratores, heredes, successoresque suos adversus comparatorem aut heredes eius moturi causam, litem, actionem, petitionem, repetitionem, vendecationem

---

[1] Die Stelle ist abgedruckt bei Mitteis ebd. S. 527 f.

[2] Romanistischer sagt die Berl. Gr. Urk. III n. 917 (a. 348): [*οὐκ ἐπιπορευσόμεθα οὔτε ἡμεῖς*] *οὔτε τέκνα ἡμῶν οὔτε κληρονόμοι*, ähnlich Paris n. 21, 21bis, S. 257 (um 600 n. Chr.).

[3] In einer gewissen Beziehung wird die Klausel unten S. 87 angeführt.

controversiam ob eam rem habere aviturumvae esse in rem, aut in personam, etc.[1]

Daß der gleiche Gedanke das germanische Immobiliarrecht beherrscht hat, ergiebt bereits die Klausel der Urkunden, der Verkäufer übertrage „*sine omni sua et suorum heredum contradictione*", wie es im longobardischen Formular, „*sine omni sua heredum vel proheredum contradictione vel repetitione*", wie es im fränkischen, alemannischen, gothischen, bayrischen und burgundischen Geschäftsstil heißt.[2] Den Bau des Kontraktes veranschaulicht z. B. die Aufforderung des Cartularium Langobardicum an den Verkäufer:

Mon. Germ. Leg. IV S. 595 Form. n. 2. *trade*[3] . . . *quod dehinc* (Käufer) *inantea a presenti die proprietario nomine faciat ipse et sui heredes aut cui ipsi dederint quicquid voluerint* (1.) *sine omni contradictione tua et tuorum heredum* (2.). *Et insuper esponde te, vos ab omni homine defensare* (3.) . . . mit Vertragsstrafen für den Fall *quodsi defendere non potueritis;* sowie mit Strafen: *si vos aliquid per quodvis ingenium subtrahere quaesieritis*, beziehungsweise nach der germanischen Variante *ad illam partem, contra quam exinde litem intulleritis et quod repetieritis vendicare non valeatis.*

Dies ist eine „*venditio cum defensione*". In der *venditio sine defensione* erscheint aber die Klausel: Ebd. n. 3 . . . *et si apparuerit ullum datum aut factum aut scriptum aut aliqua firmitas, quae in alia parte facta habeatis, et clarefactum fuerit, tunc de illa parte unde hoc apparuerit promittatis ab omni homine defensare . . . Et si non apparuerit ullum datum* etc. *nec promittatis illi defendere nec restaurare.*

Es wird demnach genau unterschieden zwischen der Haftung des Verkäufers einerseits für eigene anderweitige Verfügungen bezw. die daraus hervorgehenden rechtlichen Angriffe (nicht Rechte, *defensare*) Dritter — der *venientes a se personae* — und

[1] Z. B. Marini n. 114 lin. 45 ff. n. 115. 118 (= Spang. n. 49. 50. 52a) aus der Mitte des 6. Jhdts.

[2] Brunner, Jenaer Litteraturztg. 1876 S. 500.

[3] *Tradere* hat „die allgemeine Bedeutung von Übereignung . . . ohne Rücksicht auf körperliche Übergabe", Brunner, Rechtsgesch. d. Urk. S. 131. 133.

andererseits für unabhängige Drittangriffe. In Kürze fassen die westfränkischen Formulare die Klauseln ad 2. und 3. zusammen:[1] *Tradedi possedenda ita ut ab hac die habendi, tenendi vel quicquid exinde elegeris faciendi liberam in omnibus habeas potestatem. Si quis vero ... si ego ipse aut aliquis de heredibus vel proheredibus ... contra vinditionem venire temtaverit ... tunc inferamus vobis ... et quod repetit vindicare non valeat, sed presens vinditio omni tempore firma permaneat.*

Die Abkömmlinge dieser Vertragsformeln im deutschen Mittelalter und in der Neuzeit wird das zweite Kapitel bringen.

Bemerkenswert ist die Thatsache, daß die Klausel ad 2. auch außerhalb Roms ohne Begleitung durch die Garantie auftritt, so in den auf Abtretung unkörperlicher Gegenstände bezüglichen ägyptischen Vertragsurkunden,[2] ja dies soll die regelmäßige Gestalt solcher Urkunden gewesen sein.[3] Es lassen sich aber daran allerdings bis jetzt keine sicheren Schlüsse knüpfen.

Eine Würdigung der beschriebenen Klauseln, zumal auch der merkwürdigen unter 2. angeführten Verpflichtung, wurde selten und nur vom Standpunkte einzelner Volksrechte unternommen, vielleicht zum Schaden der Sache.[4] Andererseits könnte sie nur mit Heranziehung der übrigen Vertragsarten, besonders der Miet- und Heiratsverträge, mit größerem Nutzen erfolgen. Aber gerade beim Kauf sind diese Strafen auf Vertragswidrigkeiten, die der Verkäufer selbst nach dem Kaufvollzuge begehen könnte, kein selbstverständliches Ding, auch ganz abgesehen von den meist im Vordergrund der Erörterung stehenden „absolut gefaßten", d. h. gegen Dritte gerichteten, Strafdrohungen. Man möchte glauben, daß der Effekt des Kaufes durch den dinglichen Ver-

[1] Z. B. Marculf II 19, Mon. Germ. hist. Form. S. 89, Rozière rec. I n. 268.

[2] Forderungsverkauf Oxyrrh. II n. 271 (a 56); Erbschaftsabtretungen aus dem 2. Jhdt. v. Chr. Revillout, Propriété S. 468. 471.

[3] Revillout a. a. O. S. 471, dessen übrigen Bemerkungen ich aber nicht folge.

[4] Beispielsweise sieht sogar Loening, Vertragsbruch S. 544, in dem Versprechen des Verkäufers, auch von sich selbst aus das Kaufgeschäft und den Besitz des Käufers nicht anfechten oder stören zu wollen, eine Besonderheit der germanischen Anschauung und eine Folge der deutsch-rechtlichen Gebundenheit an das Wort (ebd. S. 130 f. 141).

trag (Tradition, Urkundenbegebung, Sala mit Investitur[1] u. s. w.) bereits mehr als genügend gesichert ist; daß derselbe mindestens relativ, zwischen den Parteien, immer und überall wirkte. Die erste Klausel kann man — namentlich da sie sich oft an die Erklärung verkauft zu haben, unmittelbar anschließt, oft ihr Inhalt gleich in dieser Erklärung zur näheren Bestimmung der Verkaufsrichtung verwendet wird[2] — sofort als Detaillierung der Verkaufserklärung selbst erkennen, die dem Vollzuge den Inhalt giebt. Warum aber verspricht der Verkäufer noch besonders, den Käufer nicht zu stören, warum vollends verpflichtet er sich nach der Notariatspraxis zu einer Konventionalstrafe für Zuwiderhandeln?

Für das römische Recht dürfte von den vielerlei Vermutungen, welche sich da aufdrängen, zunächst am annehmbarsten die Auffassung[3] erscheinen, daß die Stipulatio habere licere *„per se“* die Rolle der, wie man annimmt, erst später eingeführten *exceptio rei venditae et traditae* ausfüllte. Zwar wird man dies nicht für den seltenen Fall gelten lassen, daß der verkaufende *non dominus* später Eigentümer wird, — für welchen Fall die Stipulation freilich gut zu brauchen war, für den sie aber gewiß nicht eigentlich bestimmt war, vgl. V. O. 38, 4 — wohl aber[4] bei Tradition von *res mancipi*.

Allem Anschein nach hatte jedoch die Klausel ihr Wirkungsgebiet im normalen Kauf, im Kaufe vom wirklichen Eigentümer

[1] Die Traditio cartae erscheint im Cartular nach obigen Klauseln beurkundet.

[2] Z. B. der oben cit. Kaufvertrag C.P.R. I 9 lin. 4 (2. Exemplar): *ὁμολογῶ πεπρακέναι σοι ἀπὸ τοῦ νῦν ἐπὶ τὸν ἀεὶ χρόνον*, und letzteres wird lin. 12 ff. wiederholt.

[3] Vgl. Girard, Nouv. rev. 1883 S. 563. — Die deutsche Litteratur berücksichtigt freilich als Vorläufer der *exceptio rei venditae et traditae*, bezw. der *exceptio doli* in der Funktion der ersteren Einrede meist nur die *stipulatio duplae*, vgl. Erman, Ztschr. Sav. St. XIV S. 245.

[4] Daß dies der wichtigere Fall ist, ergibt die Natur der Sache. Wahrscheinlich hat er auch, trotzdem der Titel D. 21, 3 an seiner Spitze auf den anderen Fall weist, das ursprüngliche und eigentliche Anwendungsgebiet der *exceptio rei venditae et traditae* (Lenel, Edikt S. 405 N. 2, Erman a. a. O. S. 248), bezw. der sie, wie manche sagen, vertretenden *exceptio doli* (H. Krüger, Exceptio doli S. 73 vgl. 14. 48) gebildet.

und mit regulärem Vollzuge; sicher ist dies für die übrigen Rechtsgebiete. Und da wäre es nun denkbar, daß wir die von der sog. „Stipulationstheorie“ unterstellte Stipulation des Verkäufers auf Übergabe der Sache vor uns haben. Die Gründe der genannten Theorie hat neuerdings Girard[1] zusammengestellt; sie sind durchaus nicht schlagend, wenn gleich die Gegengründe, die namentlich Bechmann[2] seinerzeit anführte, nicht zu überzeugen vermögen. Immerhin könnte das Formalversprechen, welches den noch nicht klagbaren Konsensualkauf ersetzt haben soll, eher als in der Interrogation: *emptus mihi est?* in unserer Stipulation zu suchen sein. Jene mag in der That gemäß Bechmann's Vermutung ein stereotyp übliches Mittel gewesen sein, das Zustandekommen der Einigung festzustellen, als bereits der Konsensualkauf die Klage auf Tradition begründete. Gerade in unserem Formalkontrakt aber den Vorläufer der *actio empti* zu erblicken, dieser Versuchung hat schon Eck (S. 15) nachgegeben, und wenn Bechmann (I S. 380f.) dawider „auf das Entschiedenste“ geltend machte, daß *habere licere* niemals gleichbedeutend mit

[1] Girard, Manuel S. 532 N. 1. — Die Zweiseitigkeit des Namens begegnet bekanntlich auch im griechischen Recht, bei Aristoteles mit Voranstellung der πρᾶσις vor die ὠνή.

[2] Bechmann, Kauf I S. 457 ff. Nach der hier in Betracht gezogenen Ansicht wäre von den bei Bechmann nacheinander kritisierten Eventualitäten diejenige zu wählen, daß die Stipulationen selbst den Kauf darstellen. Wenn nun B. meint, damit sei nicht die Einheit des Kaufgeschäftes zu gewinnen, so kann damit naturgemäß nur das „genetische“ Synallagma gemeint sein. Gewiß konnte, was Bechmann S. 459 selbst andeutet, die konkrete Konstruktion des Geschäfts entsprechend eingerichtet werden, nicht gerade vermittelst konditioneller Form der Stipulation, sondern beispielsweise durch Aufnahme des Kaufpreises in die voraus abgegebene Traditionsstipulation (vgl. Varro a. a. O., D. de C. E. 37; A. E. 48: *tanti sunt sui emptae* etc.). Allein dies beiseite und die logische Schwierigkeit der Konstruktion zugegeben, wird man ernstlich an eine praktische Schwierigkeit in dem außerordentlichen Falle, daß der eine Teil seine Stipulation abgab, der andere nicht, kaum glauben. Gerade so gut könnte man die Kraft des Barkaufs deshalb bestreiten, weil möglicherweise der Käufer sich mit der Sache ohne Preiszahlung aus dem Staube machen könnte. Auf die unverbindliche, hier freilich unvermeidliche Kaufberedung folgt der Kaufabschluß in vorgeschriebener Form, Stipulation auf Stipulation, wie beim Barkaufe die Hinreichung Zug um Zug.

tradere, ja nur mit *sinere* gewesen sein kann, der Käufer daher „auf Grund eines also konzipierten Versprechens nicht in den Besitz der Sache kommen konnte“, so hat hierauf Girard[1] mit dem Hinweise auf D. 50, 16, 188 pr. geantwortet: *habere duobus modis dicitur, altero iure dominii, altero optinere sine interpellatione id quod quis emerit*; und beizufügen ist nunmehr, daß diese Stelle aus dem 33. Buch des Ediktskommentars von Paulus stammt: *empti venditi*. Haben ist auch das gemeinsame Ziel des *tradere* und *sinere sumere*, und die Verkaufserklärung heißt nach Windscheid: du sollst haben, nicht: du sollst bekommen.[2] Allein wenn Bechmann's Einwand zu entschieden lautete, so würde es immerhin besser befriedigen, dürfte man das Haben der Stipulation nicht ganz ausschließlich auf ein Bekommen beziehen.[3] Girard selbst hat aus einem andern Grunde es abgelehnt, die Verpflichtung zur Tradition in unsere Stipulation zu verlegen, deshalb nämlich, weil die spätere *actio empti* nur die Funktion der Traditionserwirkung, nicht diejenige der Garantie wegen Eviktion, ausübte, und es daher unglaubwürdig sei, daß beide Funktionen ehemals in derselben Stipulation vereinigt gewesen seien. Allein die auf das rechtliche Benehmen des Verkäufers und seiner Erben beschränkte Form des *habere licere* Versprechens, die man bisher nicht beachtet hat, enthielt in der That eine

---

[1] Nouv. Rev. 1883 S. 559.

[2] Pand. § 385 N. 1 u. öft. Man kann dies gelten lassen, ohne Windscheid's „Entäußerungstheorie“ anzunehmen.

[3] *Habere* heißt „haben“ = „behalten“, z. B. *habeo acceptum* der älteren Quittung bedeutet „ich bekam und habe“, dasselbe wie das griechische ἀπέχω (vgl. auch Wilcken, Ostraka I S. 109, Erman, Sav. Ztschr. XX S. 206 ff., Arch. f. Papyrusforschung I S. 77 ff.). *Accipere, emere, ut habeat* bildet den Gegensatz zum „Nehmen, um zurückzugeben, um wegzugeben“, D. (50, 16) 71 pr.; 203; (29, 6) 1, 1. — *Sibi habere* heißt „für sich behalten“, z. B. beim Vindikationslegat, im *interdictum de arboribus caedendis* (einer sich an die 12 Tafeln anschließenden Ediktsbestimmung), in D. (24, 2) 2, 1, (39, 5) 10 etc. Wenn Wörterbücher, z. B. Heumann, unter die juristischen Bedeutungen auch geradezu „empfangen“ aufnehmen, so ist das mit Stellen wie D. (25, 4) 1, 12; (38, 4) 2; (5, 2) 19 nicht gerechtfertigt, denn dabei ist überall das Partic. futuri *habiturus* verwendet, um mit Überspringung des Aktes des Bekommens gleich den letzten Effekt des Bekommensollens auszudrücken, so *quod habiturus essem*, ganz wie wir sagen: „was ich haben würde.“

Haftung wegen der Angriffe Dritter ebensowenig wie die *actio empti* in ihren Anfängen.

Am ansprechendsten wäre nun sicherlich die Erklärung der Zusage, daß Verkäufer nicht angreifen werde, von einem außerhalb der nationalrömischen Verhältnisse gelegenen Gesichtspunkte. Da sie aber auch für das römische Recht ausreichen soll, so wäre von dem Zusammenhange jener orientalischen und fränkischen Klauseln mit dem Beispruchsrechte der Erben [1] abzusehen, der übrigens natürlich nur die sog. *clausula heredum* zu rechtfertigen vermag. Eine große Bedeutung kam in der fränkischen Zeit den Vertragsstrafen zu, insofern sie die Dürftigkeit der beweisrechtlichen Situation des Käufers, welchem gegen den Auktor der Gewährenzug versagte, und den die Privaturkunde nicht schützte, [2] durch ein hohes Risiko des Angreifers wettzumachen suchten. Darum sprachen die fränkischen Urkunden von Angriffsversuchen des Verkäufers (*temptare, presumere*). Und ähnlich mag es in Ägypten von einer gewißen Zeit angefangen gemeint gewesen sein, wenn, wie in einem Kaufvertrage des Jahres 177 n. Chr. der Verkäufer versprach, „unter keinem Vorwande" anzufechten. [3]

Daß man Strafen für die objektivrechtlich befugten oder selbst unberechtigten Angriffe Dritter festsetzte, die der Verkäufer, sei es durch Verletzung der Beispruchsberechtigten, sei es durch Verfügung über den Kaufgegenstand zu Gunsten anderer — *venientes a se personae* — veranlaßt hatte, [4] das ist ein in jedem Falle erklärliches Mittel zur Sicherung der Vertragsfolgen.

Es sei aber schließlich gestattet, diejenige Vermutung über den Ursprung jener Klauseln im Rechte des Altertums anzudeuten, die mir vermöge ihres Wortlautes, ihrer Verbreitung und einer

---

[1] Vgl. Mitteis, Reichsrecht S. 524 N. 3; Sjögren, Röm. Konventionalstrafe und Strafklauseln der fränk. Urk. S. 136; Schultze, Sav. Ztschr. Germ. Abt. XVII S. 179.

[2] Dieses Moment hebt Schultze a. a. O., freilich in abweichender Formulierung hervor; daß die Klauseln unterscheidungslos auch in die unscheltbaren Urkunden aufgenommen wurden, wäre nicht weiter auffallend.

[3] Berl. Gr. Urk. II 666 Z. 26 f. *οὐκ ἐπελεύσωμαι παρευρέσειν μητεμείαν* (= *παρευρέσει μηδεμιᾷ*).

[4] Vgl. den altschwedischen Gefährdeeid . . . daß er nicht riet Klage oder Anfechtung des Kaufs, Amira, Nordgerm. Obl. R. I S. 562.

Reihe anderweitiger Umstände am nächsten zu liegen scheint. Allerdings setzt diese Hypothese die Annahme andrer Hypothesen voraus, und es kann hier nicht anders als in kurzen Strichen das Bild gezeichnet werden, in das sich die in Rede stehende Stipulation nach meiner Vorstellung am ungezwungensten einfügt.

Das Versprechen des Verkäufers, den Vertrag zu achten, das „Haben" des Käufers nicht zu stören, befremdet uns, weil es beim Barkaufe durch dessen Traditionswirkung, bei dem ohne Sachübergabe perfekten Kaufe (Konsensual-, Real- oder Formalkontrakt) wegen des dinglichen Kaufvollzuges überflüssig scheint. Vielleicht gestaltete sich aber eben das Verhältnis des Kaufgeschäftes zum Übereignungsakte in der alten Zeit und in den Gebieten der Urkunden anders als im Rechte der Digesten.

Wie für das griechische,[1] demotische[2] und graeco-ägyptische[3] Recht gelehrt wird, vermittelte dort in der Blütezeit der Jurisprudenz der Kauf, eventuell die Begebung der Kaufurkunde, den Erwerb ohne Rücksicht auf Tradition, freilich aber nach der gesicherteren Meinung nicht den Erwerb absoluten, sondern, wie man sagt, „relativen Eigentums". Für das griechische Recht lehrt man, absolutes Eigentum sei bei Immobilien und Sklaven unter Beobachtung der vorgeschriebenen Publizitätsformalitäten übertragen worden;[4] nach ägyptischem aber für die wertvolleren Gegenstände, von denen die Urkunden handeln: der Käufer habe gegenüber Dritten auf die *βεβαίωσις* rekurrieren müssen, so daß der dingliche Schutz gleich dem obligatorischen nur gegenüber dem Verkäufer und dessen Erben zustand.[5] Auch das fränkische Immobiliarrecht zeigt eine entsprechende Unterscheidung. Aus den tiefdringenden Untersuchungen Sohm's einer- und Brunner's andererseits[6] über das Verhältnis von Sale und Investitur im frän-

---

[1] Caillemer, Revue de legislation 1870/71 S. 638; Beauchet, Hist. de la rép. ath. III S. 115.

[2] Revillout, La propriété en droit égyptien 1897 S. 138. 407 u. öft.

[3] Caillemer S. 646. Gradenwitz, Einf. S. 55. 103 ff.

[4] Beauchet S. 122 N. 1 vgl. S. 11.

[5] Gradenwitz a. a. O.

[6] Sohm, Recht der Eheschließung S. 79 ff., Trauung und Verlobung S. 139 ff., Zur Gesch. d. Auflassung (Festgabe f. Thöl) S. 96 ff.; Brunner, bes. Jenaer Litteraturz. 1876 S. 500.

kischen Recht hat sich die Ansicht gebildet, daß das Kausalgeschäft, insofern es gemeinsam mit den zur Übertragung von Immobilien vorgeschriebenen Formalakten, jedoch ohne die reale Besitzeinführung, vorgenommen werden durfte, „die Idee der relativen Eigentumsübertragung gegenüber dem Veräußerer und dessen Erben" durchführte, daß aber die Wirksamkeit des Geschäftes gegenüber Dritten durch die Investitur auf dem Grundstücke bedingt war.[1] Eine derartige Trennung der Akte war insbesondere — anderes ist bestritten — für die nach dem Capitular von 818/9 c. 6 *extra comitatum* vorgenommenen Schenkungen zulässig. Dritten gegenüber entschied also nicht die ältere Sale, sondern die ältere Gewere. (Zu erwähnen ist, daß zu Sohm's etwas abweichenden Aufstellungen die Zweifelhaftigkeit des Begriffes des relativen Eigentums viel beigetragen hat.)[2] Noch sicherer ist und umfassendste Geltung beansprucht ein jenen ersten ergänzender Rechtssatz; die symbolische Investitur (d. h. eben jenes aus Kaufverabredung und nicht-realen Apprehensions- und Auflassungsakten zusammengesetzte Geschäft) erteilt gegenüber Dritten keine Gewere, „hat für den Erwerb der Gewere nur relative Wirkung."[3] Wie also das absolute „Eigentum" und nur dieses, so ist die absolut wirkende „Gewere" von der realen Investitur abhängig. Derselbe Gegensatz hat, wenn auch nicht durchaus allgemein, im französischen Liegenschaftsrecht weiterbestanden, indem der Kauf mit der Urkundenklausel der *dessaisine-saisine* (*traditio ficta*) das relative Eigentum, aber erst der reelle Besitzerwerb — nicht einmal das *Constitutum possessorium* — das absolute Recht verschaffte.[4] Und den gleichen Grundsatz, *propriété à l'égard du vendeur*, stellt anscheinend allgemein, in Wahrheit für Mobilien, Code civil a. 1583. 1141 auf.[5]

---

[1] Schröder, D. Rechtsgesch. III. Aufl. S. 279.

[2] Sohm, Auflassung S. 100 N. 29.

[3] Dafür im Gegensatz zum Eigentumserwerb auch Sohm ebd. S. 112.

[4] Vorlesungen von Bufnoir, Propriété et contrat 1900 S. 58.

[5] a. 1583: . . . *la propriété est acquise de droit à l'acheteur, à l'egard du vendeur, dès qu'on est convenu de la chose et du prix, quoique la chose n'ait pas encore été livrée ni le prix payé.* Troplong, Vente I n. 42, Duvergier I n. 37, und die übrigen, neuestens Bufnoir S. 67 ff. Einige

Ist nun der Begriff des beschränkt, nämlich nur unter den Parteien, wirkenden Eigentums dem griechischen, ägyptischen und deutschen Rechte nicht fremd, ist seine Konstituierung unmittelbarer Erfolg des — irgendwie organisierten — Kaufes, und betrachtet man danach unsere Klauseln, so ist eine gewisse Gleichförmigkeit ihrer Bildung mit der erörterten Kaufstruktur kaum zu verkennen. Es wäre denkbar, die Zusicherung, den Besitz des Käufers nicht anzugreifen, mit der Bestellung des relativen Eigentums in enge Verbindung zu bringen. Hiergegen erregt der übrige Kontext der Urkunden keinerlei Bedenken. Aber offensichtlich ist, daß die in Rede stehenden Gedinge sich selbst als obligatorische Abreden geben, und auf ihren schuldrechtlichen Charakter deutet zweifellos der Umstand hin, daß sich damit in der Praxis, vielleicht auch der römischen, regelmäßig Strafen verbanden. Ich will nun meine Vermutung über die historische Herkunft dessen, was wir relatives Eigentum nennen, nur nebenher andeuten. Man muß darunter eine dingliche Herrschaft über die Sache verstehen, welche aber zur Abwehr lediglich gegenber dem Verkäufer befugt. Die Berechtigung des Begriffes für das Recht der angeführten Urkunden überhaupt vorausgesetzt, scheint er mir sofort fast mit logischer Notwendigkeit auf eine frühere Stufe hinzuweisen, in der der einfachere Begriff des bloß obligatorischen Rechtes allein herrschte. Das relative Eigentum wäre daher mit noch größerer Wahrscheinlichkeit als nach bekannten rechtsvergleichenden Untersuchungen [1] das Eigentum überhaupt, aus der faktischen Gewalt über die Sache hervorgewachsen, und noch die Urkunden reden ja überall nicht von Eigentumserteilung, sondern von der Erlaubnis an den Käufer, die Sache in immerwährender Zugehörigkeit zu halten, sie dauernd zu nützen, darüber zu schalten; der Begriff des Eigentums wird

---

vertreten die wörtliche Auffassung des a. 1583 sogar für Immobilien (z. B. Zachariae-Crome I §§ 120 ff.).

[1] Über den körperlichen Besitz als Grundlage des Eigentums, namentlich auch über den ursprünglichen Sinn des *meum esse* als Bezeichnung der thatsächlichen Zugehörigkeit s. Bernhöft, Staat u. Recht (1882) S. 165 ff., Leist, Altar. Jus civ. II S. 266 ff., vgl. auch Dargun, Ztschr. f. vergl. Rechtswiss V. bes. S. 97.

so in immer ausführlicheren Formeln [1] durch seine Bestandteile beschrieben und nach seiner ewigen Dauer sowie nach seiner Intensität geschildert, beides im Gegensatze zu den beschränkten Nutzrechten, wie lebenslänglichem, oder Leiherecht u. s. w. [2] Zu der thatsächlichen Macht des Erwerbers aber gesellte sich ein obligatorisches Supplement unter Hilfe von Strafen eben in der Bindung des an sich durch die ältere Gewere ausgezeichneten, also im Prozesse stärkeren Verkäufers. An diesem Band hätte sich dann der Besitz zum Recht erhoben. Aber setzen wir diese Hypothese, die zugleich geneigt macht, an ein höheres Alter des relativen Rechts gegenüber dem absoluten zu glauben, beiseite; stellen wir uns die Wirkung vor Augen, welche der wahrhaftes, ja nehmen wir selbst an, nach allen Seiten hin unabhängiges Eigentum verschaffende Barkauf zwischen den Parteien üben mußte. Unzertrennlich mischt sich da mit dem dinglichen das obligatorische Element. Man würde dies vergebens mit dem Hinweise auf die Einfachheit der Handlungen des alten Rechtes [3] bestreiten, wobei es sich ja noch frägt, ob es eben das älteste Recht ist, das zur dinglichen Befugnis vorgedrungen ist. Die dem Verkäufer zugekehrte negative Seite des vertragsmäßig erworbenen dinglichen Rechts unterscheidet sich für die natürliche Anschauung in nichts von einem Anspruche auf ein vertragsmäßiges künftiges Verhalten des Verkäufers zum Kaufgegenstande, auf Achtung des von ihm selbst im Naturalkaufe geschaffenen

---

[1] Z. B. die einem sehr verbreiteten Typus angehörige *παραχώρησις*, Corp. Pap. Rain. I n. 1ˇa. 83/4 Z. 18 ff. *μηδένα κωλοίοντα (= κωλύοντα) τὸν (ἀποδόμενον) μηδὲ τοὺς παρ' αὐτοῦ κυριεύοντας αὐτῶν (τῶν αρούρων) καὶ τὰ ἐξ αὐτῶν περιγεινόμενα ἀποφερομένους καὶ εἰσοδεύοντας καὶ ἐξοδεύοντας καὶ ποτίζοντας καὶ ἐκχέοντας διά τε τῶν πρότερον ἀναβολῶν ῥείθρων καὶ ὑδραγωγῶν καὶ ὅδων καθὼς ἄνωθεν ἔιθιστο (= ἐν τοῖς ἄνωθεν χρόνοις) καὶ μεσειτεύοντας καὶ παραχωροῦντας ἑτέροις καὶ διοικοῦντας περὶ αὐτῶν ὡς ἐὰν βούλωνται καὶ πρὸς τὸν λοιπὸν χρόνον.*

[2] Über diesen meist nur dem deutschen Recht zugeschriebenen Gegensatz vgl. Heusler, Inst. II S. 13 f., Brunner, Landschenkungen der Merovinger (Berl. Sitz.-Ber. 1885 S. 1195 f.), Forschungen S. 29 f., 32.

[3] Jhering selbst, der Schöpfer dieser Simplicitätstheorie, hat (Geist des r. Rechts IV S. 87) die Beihilfe der obligatorischen Prinzipien im alten Recht betont; die oben angedeutete Entstehung des dinglichen Rechts aber, kraft obligatorischer Zusätze zum Besitztausch, wäre geradezu seinen Ansichten gemäß. S. unten S. 61.

Zustandes des Habens;[1] dieser Anspruch aber trifft mit den nächsten Konsequenzen der auf präsente Vermögensveränderung gerichteten Verkaufserklärung unmittelbar zusammen. Daher folgt auch in den Urkunden jenes Forderungsrecht sofort auf die Erklärung, daß Käufer die Sache haben solle. Und daher ist es begreiflich, obschon nicht notwendig und uns, denen der Begriff des dinglichen Rechts in seiner ganzen Abstraktheit geläufig ist, fremd, wenn der Kauf in der geschilderten obligatorischen Erklärung geradezu gipfelt.[2] Die Vertragsstrafe hatte in diesem Systeme neben ihrem Beruf, von der Anfechtung im Rechtsstreit abzuschrecken, durch Pauschalierung des Schadenersatzes jenen Anspruch zu sichern. Wie dies aber ursprünglich verwirklicht wurde, dafür giebt es ziemlich deutliche Fingerzeige, und auch sie weisen wiederum zurück in das Gebiet, wo dingliches und bloß obligatorisches Recht ineinanderflossen. Den offenbar älteren Zustand stellen die assyrischen Urkunden regelmäßig dar.[3] Auf dem Angriff seitens des Verkäufers oder der Seinigen steht eine empfindliche Konventionalstrafe. Wird sie aber gezahlt, so ist der Vertrag aufgelöst: *venditor a contractu suo liberatus erit, non vendiderit.* Das Gegenteil verfügen die ägyptischen Urkunden sehr häufig, und wie eben daraus hervorgeht, in Abänderung der von altersher überkommenen Regelung; sie ordnen an, wenn der Käufer gestört werde, solle der Verkäufer in der und der Höhe meist in beträchtlicher Höhe, büßen (*ἀποτισάτω . . .*)

---

[1] Die Strafe richtet sich in erster Linie gegen eine Verletzung dieses Zustandes, wie Loening S. 562 es beschrieben hat; erst in zweiter Linie geht die Drohung gegen „ein dem Rechtsgeschäft zuwiderlaufendes Verhalten" (anders Sjögren S. 123), denn der Bestand des Rechtsgeschäfts wird eben erst durch die Verpflichtung zu einem gewissen Verhalten hergestellt. Doch ist die ganze Unterscheidung so subtil, daß sie für die in Betracht kommenden Zeiten schwerlich praktischen Wert besitzt.

[2] Vom deutschen Kaufe ist es anerkannt, daß er ein Veräußerungsgeschäft ist, das den „Übereignungswillen des Veräußerers samt der zu Grunde liegenden Causa zum Ausdrucke bringt" (ersteres auch, wo der den volldinglichen Effekt wirkende Rechtsakt sich abgetrennt hat). Brunner, Rechtsgesch. d. Urk. S. 279 N. 1. Damit stimmt alles bei Sohm a. d. a. O. Ausgeführte überein.

[3] Auf die bezügl. Klauseln hat Kohler, Ztschr. f. vgl. Rechtsw. V S. 377 aufmerksam gemacht.

καὶ μηδὲν ἧσσον κυρία ἔστω ἡ πρᾶσις oder ähnlich,[1] nichtsdestoweniger soll der Verkauf aufrecht stehen,

oder in noch klarer den Sinn zeigender Formel:

ἀποτισάτω χωρὶς τοῦ μένειν κύρια τὰ προγεγραμμένα[2] er büße und außerdem bleibt es bei dem Vertrage.

Erst in diesem letzteren Stadium wird die durch den Vertrag beabsichtigte Bindung völlig unwandelbar, erst da dauert das Recht des Käufers an der Sache nach der Straferlegung fort, ist die Strafe nicht mehr die einzige Folge des Vertrages.[3] Die erwähnte ägyptische Formel kehrt wie alle übrigen in der fränkischen Zeit wieder: *et quod repetit, vindicare non valeat, sed presens vinditio omni tempore firma permaneat.* Es mag sein, daß sie da nur noch Floskel war.

Praktische Anlässe zu der Anschauungsweise, die die Wirkung des Geschäftes gerade gegen den Verkäufer so sehr hervorkehrt, lassen sich für die Zeit des beschränkten Verkehrs erdenken, selbst wenn man nicht mit mir gerade in dieser Wirkung das ursprüngliche und eigentliche Wesen des Austausches erblicken will. Der Verkäufer war mit der Sache am besten vertraut, häufig der Nachbar, der den Frieden am ehesten stören mochte; der Handel reute ihn vielleicht, das verkaufte Haustier, der Sklave lief wohl auch zu ihm zurück, u. s. w. Insoweit aber diese schuldrechtlich sich

---

[1] Vgl. namentlich die Pap. des Corp. Pap. Rain., z. B. I 1 Z. 22; 3 Z. 16; 4 Z. 28; 6 Z. 20; 9 Z. 18 etc.; Berl. Gr. Urk. I 350 Z. 17 etc. Auch III 864 Z. 17 ist offenbar zu ergänzen *καὶ μηδὲ[ν ἧσσον . . .]*. S. ferner Gradenwitz, Pap. Arch. I S. 100. Die oben angeführte Urkunde bei Grenfell I n. 27 a. 109 v. Chr. sagt das gleiche auf doppelte Weise: *ἣν δ'ἂν ποιήσηται (τὴν εἴσοδον) ἄκυρον εἶναι, καὶ μηθὲν ἧσσον αὐτῆι (ἀπυδομένῃ) ἔστωι ποιεῖν κατὰ τὰ προγεγραμμένα.*

[2] Z. B. Berl. Gr. Urk. II n. 542 Z. 18, 667 Z. 18, III 859 Z. 17, 901 Z. 7. Danach ist u. a. zu ergänzen Berl. Gr. Urk. I n. 193 Z. 28, in der Lesung von Gradenwitz (Nachträge, S. 358) s. denselben, Arch. f. Pap. Forsch. a. a. O., und I 94 Z. 21 *χωρὶς τοῦ μέ[. . . .] κύρια . . .*

[3] Hat es nicht noch einen zweiten Weg gegeben, die Verfolgbarkeit des Vertragsanspruches herzustellen? Er läßt sich nur ahnen. Bei Kenyon I n. 3 S. 46 (a. 145 oder 135 v. Chr.) Z. 26—27 heißt es: *ἐὰν δὲ τίς σοι ἐπέλθῃι περὶ αὐτῶν, ἀποστήσω αὐτὸν, ἐὰν δὲ μὴ ἀποστήσωι, ἀποστήσω ἐπάναγκον.* Dies sieht so aus, als ob erst die ausdrückliche Unterwerfung unter die Exekution die juristische Wirksamkeit des Versprechens bewirkt hätte.

zuspitzende Formierung des dinglichen Rechtes über das heutige Sachenrecht hinausreicht, könnten wir von ihr nur lernen. Das moderne deutsche Recht läßt bisher, vollständig im Gegensatze zu der auch hier in alten Kreisen verbliebenen, freilich auch hier theoretisch nicht durchgebildeten französischen Übung,[1] die Kaufklage mit der Übereignung des Kaufgegenstandes erlöschen, und es beschwert dadurch, was seltsamerweise nicht bemerkt wird, den Käufer in mehrfachen materiell- und beweisrechtlichen Beziehungen.[2] So würde sich in dem Versprechen, gewissermaßen der *auctoritas* gegen sich selbst, der schärfste Ausdruck der im Verkaufe liegenden Disposition ausprägen. Näher könnte alles dies nur für die einzelnen Rechte ausgeführt werden; die nachrömischen Urkunden sind selbstverständlich anders aufzufassen als die griechisch-ägyptischen.

Neben dem relativen Eigentum steht als logische Mittelgattung das Recht gegenüber objektiv nicht berechtigten Singularsuccessoren des Verkäufers im verkauften Gegenstande, und steht schließlich das

---

[1] Der Code civil a. 1628 stellt mit Pothier, Vente I n. 185 und wie es scheint in Anlehnung an D. h. t. 27 („*ex facto ipsius*") die Haftung für *faits personnels* auf. In denselben sind nebst verschiedenen, meist als *dolos* zu erkennenden Handlungen des Verkäufers auch solche verstanden, die ein Dritter vornehmen dürfte, die jedoch durch die Vertragstreue ausgeschlossen sind. Die Lehrbücher, das Zachariae's eingeschlossen, haben die Eigentümlichkeit und konstruktive Bedeutung dieser Ausdehnung der *actio empti* nicht hinreichend erkannt. Die beste Übersicht liefert Huc, Comm. X n. 110 ff.

[2] Die nähere Ausführung folgt im II. Teile. Vgl. vorläufig O.A.G. Rostock, Seuffert XI n. 27. Die *actio empti* der Witwe des Käufers wider dessen Vater, den Verkäufer, welcher das Kaufgrundstück nach erfolgter Tradition eigenmächtig zurückgenommen hat, wird abgewiesen, weil der Vertrag durch die einmalige Eigentumstradition erfüllt sei. Diese Anschauung führt z. B. zu der Konsequenz, daß der Verkäufer einer Quelle nach der Eigentumsverschaffung unter Umständen auf seinem Grunde, ebenso wie es ein anderer nach Sachenrecht könnte, Arbeiten vornehmen darf, die jene Quelle zerstören. Denn dem Käufer steht weder ein dingliches noch ein obligatorisches Recht zu. Es wird zu prüfen sein, inwiefern man auf dem Boden unseres heutigen Gesetzes zu befriedigenden Resultaten gelangen kann. — In der besprochenen Beziehung könnte man also mit Loening a. a. O. von einer weitreichenden germanischen, aber auch griechischen u. s. w. Gebundenheit sprechen.

schlechtweg absolute Eigentum. In den berührten alten Rechten dürfte sein Erwerb regelmäßig, obwohl Ausnahmen möglich sind, die äußere Manifestation der Übertragung erfordert haben,[1] sei es öffentlichen Abschluß des Kaufes, sei es dessen nachträgliche Verlautbarung, sei es die Veränderung im Besitze bezw. in der Nutzung der Kaufsache u. dergl. Den Begriff aber des derivativ erworbenen, nach allen Seiten unbeschränkten Herrschaftsrechtes über die Sache möchte ich, ohne daß dies eine Voraussetzung des bisher Gesagten wäre, für eine Abstraktion halten, die aus der gewohnheitsmäßigen Anerkennung des durch den Vertrag begründeten, vom Verkäufer zu achtenden und gegen Dritte zu wahrenden Zustandes hervorging. Eine derartige Annahme stimmt im Ergebnisse ungefähr mit der Theorie überein, die Hübner für das deutsche Immobiliarrecht auf das Wesen des Gewährenzuges baut, während dieser m. E. anderweitig genügend zu erklären ist.

---

[1] Kohler, Vertrag u. Übergabe, Arch. f. bürg. R. XVIII (1900) S. 49. 64 geht von dem Gegenteil aus und stellt daher das römische Traditionssystem als vereinzelt hin; desgleichen unterscheidet er für das französische *droit ancien* und den Code civil absichtlich (vgl. Ges. Abhandl. S. 15) nicht zwischen absolutem und relativem Eigentum. Man kann in der That für diese und jene Ansicht bei den Interpreten der angeführten Rechte (nicht aber für die Kohler'sche bei Gradenwitz) Anhalt finden, die oben wiedergegebene dürfte aber dem gegenwärtigen Stande der Bearbeitung entsprechen (für das griech. Recht Beauchet III S. 121 *„Tout le monde est d'accord sur ce point"*). Für die den *res nec mancipi* entsprechenden Mobilien ist freilich derzeit keinerlei Behauptung zu wagen. Die Quellen sind weniger ergiebig und die Frage scheint erst in den einzelnen Rechten studiert werden zu müssen. Für das altdeutsche Mobiliarrecht würde die von Kohler angenommene Ansicht bei Laband, Vermög. Klagen S. 272 ff., bestätigt; dessen Belege sind indessen so späten Datums und vielleicht selbst zweifelhafter Auslegung, daß man ihnen nicht ohne weiteres zu folgen berechtigt ist; übrigens ist ja der Eigentumserwerb ohne Erwerb der Gewere an Mobilien für die fränkische Zeit durch das Naturalkaufsystem nahezu ausgeschlossen. Vgl. auch die Nachrichten bei Franken, Französ. Pfandrecht S. 89 ff. Verliert aber Kohler damit nur etwa einige Exempel, so ist es dagegen gänzlich verfehlt, wenn Revillout eine Verfeinerung der Tradition, wie angeblich im Code civil, dem ptolemäischen Rechte zuschreibt, da dieses den Begriff des absoluten Eigentums im heutigen Sinne gar nicht kannte, überdies aber die Katastereinrichtungen und die Vertragsformalitäten in ganz andere Richtungen als die des konsensualen Eigentumserwerbes deuten.

Für Rom hat Pflüger ähnliches als möglich zugegeben.[1] Beide sprechen aber davon, daß die Anerkennung derivativer Erwerbsgeschäfte nur in betreff der Liegenschaften von dem älteren Rechte versagt wurde, und sie wagen nicht das gleiche für bewegliche Sachen, trotz der einheitlichen Ordnung des Gewährenzuges.[2] Das dürfte zu berichtigen sein. Man muß die Fähigkeit der Kaufsache zur Übertragung von der spezifischen Wirkung dieser Übertragung, wo sie zulässig ist, trennen. Mobilien konnten veräußerlich sein, ohne daß vielleicht doch die Veräußerung immer absolute Wirkung erzeugte. Der Begriff des derivativen absoluten Eigentums setzt also zwar die Veräußerlichkeit der Sachen voraus und hat sich daher wahrscheinlich bei den Immobilien später entwickelt als bei den Mobilien; aber seine Entstehung bei den einen anders zu denken als bei den anderen, vollends jedoch anzunehmen, gerade bei seiner späteren Anwendung habe er einen längeren Gedankenprozeß benötigt, liegt keine Veranlassung vor. — Ähnlich allen diesen Theorien ist übrigens längst für das lombardische Recht gelehrt worden, der Erwerber sei nicht nur prozessual sondern auch sachlich Dritten gegenüber nicht legitimiert gewesen[3] und für das altfranzösische, der Verkäufer behalte bis zum Ablauf von Jahr und Tag die *saisine.*[4]

Es soll nunmehr nur noch versucht werden, die Anwendung des Gesagten auf das römische Recht deutlicher zu machen. Auch in Rom ist gewiß das absolute Eigentum nicht etwas von jeher Feststehendes gewesen. Dies lehren die rechtsvergleichenden Untersuchungen, die den Sinn des „*meum esse*“ aufgeklärt haben;[5]

---

[1] Hübner, Immob. Proz. a. a. O. Pflüger, Legis actio sacramento S. 41—43 (s. oben S. 11 N. 1).

[2] Pflüger S. 42 bei N. 95.

[3] Kannengießer, Prozeßhindernde Einreden (1878) bes. S. 46. 50 ff.

[4] Ginoulhiac, s. Jobbé-Duval, Nouv. rev. 1880 S. 548 N. 1.

[5] Oben S. 50 N. 1. Das Wesen des Eigentumsstreites mit der Behauptung beider Teile: die Sache gehört mir, ist treffend von Gradenwitz, Zwangsvollstreckung u. Urteilssicherung, Berliner Festg. f. Gneist S. 285—289 als Überleitung des Ernstkampfes in das gerichtliche Verfahren geschildert worden. Seine Darstellung wird durch das von Post, Ethnol. Jurisprudenz II S. 504 gebrachte Material bestätigt, freilich ohne daß Post daran denkt, den römischen Prozeß einzubeziehen. — Vgl. auch D. (41, 2) 1, 1 *dominium rerum ex naturali possessione coepisse Nerva filius ait,* dazu Pernice, Labeo II 1, S. 329 N. 4.

einen ganz konkreten Anhaltspunkt dafür gibt aber die eingangs besprochene Beweispflicht des Beklagten im dinglichen Prozeß hinsichtlich des Titels seines Besitzes. Sie ist nur denkbar, wo der Streit nicht um das technische Eigentum, sondern um den stärkeren, namentlich den älteren Besitz geführt wird. Auch die Übertragungsformeln, die in den römischen Stipulationen überliefert sind, betreffen daher nicht das Eigentum, sondern das *habere uti frui possidere*. Und was speziell den Kauf angeht, so bemerkt man noch im entwickelten römischen System einen überaus starken Einfluß des obligatorischen Geschäftes auf den Besitz und dinglichen Erwerb des Käufers. Die Tradition erfolgt nicht *ex causa solutionis* sondern *ex causa venditionis*, der Käufer ersitzt *pro emptore*, zur Usucapion ist die Gültigkeit des obligatorischen Kaufes erforderlich,[1] die *justa causa* ist Erfordernis der Tradi-

---

[1] Indem ich dieser Art den *justus titulus* der Usucapion als Rest aus der Zeit des Bargeschäftes auffasse, stimme ich mit Karlowa, Rechtsgesch. II S. 612 überein, setze mich aber mit der verbreiteten Theorie in Widerspruch, die im Erfordernis des Titels ebensowohl eine Neuerung des letzten republikanischen Jahrhunderts erblickt wie in dem der *bona fides*. (S. namentlich Stintzing, Wesen von *bona fides* u. *justus titulus* S. 8 ff., Esmein, Mélanges S. 177 ff., Pernice, Labeo II 1 S. 328 ff.) Dies wird keinen Anstoß erregen, wenn man bedenkt, daß die Leugnung des Requisites für irgend welche ältere Zeit keinerlei quellenmäßige Stütze hat, und mit der uns aus der neueren bekannten Tendenz, als Titel den Putativtitel zuzulassen, seltsam kontrastiert. In den Usurezeptionen und der *usucapio pro herede*, die den älteren Rechtszustand festgehalten haben sollen, liegen, wie schon Scheurl, Weitere Beiträge II (1886) S. 29 bemerkt hat, und Pernice S. 430 anerkennt, staatlich gebilligte Fälle der Aneignung, die dem rechtsgeschäftlichen Erwerbe gleichgestellt sind. Warum aber rücksichtlich des letzteren die *justa causa* „die Ausbildung formloser Kausalgeschäfte, namentlich des Konsensualkaufes notwendig vorausgesetzt" haben soll (Pernice S. 338, mit ihm Girard, Manuel S. 302 N. 1), ist schlechterdings nicht zu begreifen. *Justa causa* ist das obligatorische Geschäft, wenngleich es sich noch mit dem dinglichen mischt, wie im Barkauf, *justa causa* ist der Formalkontrakt, der noch des Vollzuges bedarf, wie die Manzipation ohne Besitzübertragung. Eine andere und mit dem Systeme der Konsensualverträge nicht zusammenhängende Frage ist, wann die Rechtswissenschaft zur abstrakten Feststellung jenes Erfordernisses gelangte. Eine andere Frage auch ist es, wie die Beweislast bezüglich des Titels verteilt war.

tion.[1] Die letztere ist, vom Kaufe abgetrennt, doch nicht selbständig, ja sie setzt nicht nur den Kauf voraus, sondern dieser ist die Grundlage des Besitzes. Nachdem schon Windscheid's sog. Entäußerungstheorie hauptsächlich wegen des *periculum emptoris*[2] eine scharfe Betonung der im Konsensualkaufe liegenden Vermögensveräußerung versucht hatte, gaben jene Erscheinungen, freilich mit noch anderen, Bernhöft[3] den Anlaß zu der Behauptung, daß in Rom der Kauf dingliche Wirksamkeit besaß. Zu einer genaueren Formulierung ist diese These meines Wissens nicht gelangt. Verbände jemand damit im Gegensatz zu Bernhöft[4] die Vorstellung, daß der Kauf allein ohne Tradition Eigentum verschaffte, so wäre nicht zu begreifen, wie die Tradition zu ihrer Rolle kam. Andererseits ist, wenn man den dinglichen Charakter des Kaufes hervorhebt, damit nicht genug gesagt, legt man daneben nicht ebenso starken Nachdruck auf seinen obligatorischen. Einleuchtend wäre es aber, wenn jene Sätze sich von einer Ordnung herschrieben, die im Barkaufe das obligatorische Element als das beherrschende,[5] und danach auch Besitz und Tradition nur in Verbindung mit dem Kaufgeschäft als vollgültig ansah.

---

[1] Mit allen Konsequenzen, Strohal, Dogm. Jahrb. 27 S. 340 ff.

[2] Ob mit Recht oder Unrecht, soll hier nicht erörtert werden, da sich das Folgende wesentlich von der Entäußerungstheorie unterscheidet. Das Prinzip der Gefahrtragung des Käufers kann auf vielerlei andere Weise erklärt werden. Über die Anregung dieser Theorie durch Kuntze, ihre Begründung und teilweise Rücknahme durch Windscheid und ihre Verfechtung durch Goose und Stintzing vgl. Regelsberger, Krit. Vjschr. XIII S. 95 ff., und Puntschart, Fundam. Rechtsw. S. 14 ff. Die Kontroverse ist bekanntlich in bestimmter Richtung für das Recht des B.G.B. wieder aufgenommen worden.

[3] Bernhöft, Dogm. Jahrb. XIV S. 58 ff.; bes. S. 82 ff.

[4] Bernhöft hat sich doch wieder so ausgedrückt: der Kauf beziehe sich bereits auf die Sache selbst, es sei der Besitzübergabevertrag, welcher durch die spätere Übergabe dinglich wirksam werde (S. 59). Dadurch verschwimmt seine These. Vollends, nachdem Bernhöft den angeblichen Widerspruch, daß der nämliche Kauf dinglich und obligatorisch gewirkt habe, selbst zugegeben hat (Ztschr. f. vgl. Rechtswiss. IV S. 424), ist seine Theorie von der diesseitigen total verschieden geworden.

[5] Damit steht eben die herrschende Meinung im vollsten Gegensatze, vgl. Bechmann, Kauf I 102 ff. 318 ff.

Die obligatorischen Verpflichtungen des Verkäufers waren von zweierlei Art. Er hatte den durch den Kauf geschaffenen Zustand des Habens zu achten und — anfangs durch den Gesichtspunkt der Deliktshaftung vermittelt, später unmittelbar — zu verteidigen. Beides bezog sich auf ein zukünftiges Verhalten des Verkäufers.

Nichts Selbstverständliches wäre es nun gewesen, wären diese obligatorischen Pflichten dem einfachen formlosen Austausch von Ware und Geld gefolgt. Es ist wohl wahrscheinlich, daß, namentlich in der Fremdengerichtsbarkeit, der Prätor in frühen Zeiten auch dem Erwerber aus einfacher Hingabe Recht schuf. Aber für das formenstrenge *jus civile* kann man gleiches nicht vermuthen, und wirklich kennen wir nun zwei Wege, einem Barkauf in Rom zur Kräftigung zu verhelfen — beide nicht wohl verständlich, wenn die einfache Tradition hinreichende Wirkungen besessen hätte: die Manzipation und die *stipulatio habere licere.* Mag man selbst nach dem unzuverlässigen Berichte des Gaius II 16 annehmen, daß die Manzipation sich von jeher nur auf *res mancipi* erstreckte,[1] so ist es doch von der Hand zu weisen, daß etwa die Manzipation zur Erschwerung des Verkehres mit wichtigeren Sachen eingeführt wurde.[2] Warum aber sonst die Solennität, wenn man formlos, nur etwa mit *aes* und *libra*, verkaufen konnte? Bei dem Charakter der Geschäfte aller alten Völker glaube ich keinem Widerspruche zu begegnen, wenn ich mich mit der Behauptung begnüge, die Manzipation äußerte Wirkungen, weil sie rituelles, und namentlich weil sie öffentliches Geschäft war.

Zur Unterstützung der Hingabe von *res nec mancipi* diente die Stipulation. Sie paßte aber auch auf *res mancipi*, und so würde man den Berichten, nach denen die *res mancipi* der Manzi-

---

[1] Die Möglichkeit, daß sich dies nicht so verhielt (vgl. die bei Danz, Rechtsgesch. I S. 208 f. Citierten; Voigt 12 Taf. II S. 129 N. 7), ist neuestens auch von Eisele, Beitr. S. 252 N. 9 zugegeben. Die Zulässigkeit der Manzipation von *res nec mancipi* im klassischen Recht wäre dabei freilich belanglos. Daß man wegen Gai. II 47 die Unterscheidung zur Zeit der 12 Tafeln jedenfalls voraussetzen dürfe, bemerkt H. Krüger, Z. Sav. St. XII S. 158.

[2] Diesfalls darf auf Eisele a. a. O. S. 254 verwiesen werden.

pation nur fähig, nicht unterworfen waren,[1] gerecht, ohne die Injurecessio für sehr alt ansehen zu müssen.[2] Der Verkäufer versprach *per se heredemve non fieri quominus emptori habere liceat* und versprach die *auctoritas*, anstatt letzterer später einfach, im Anschlusse an die erstere Stipulation: *per alium quemquam non fieri.* Auf seiten des Käufers brauchte es kein Versprechen, da er den Kaufpreis in Geld erlegte; aber sobald dies nicht mehr der Fall war, griff man sofort, wie dies ja die *satisdatio* durch Bürgen technisch erforderte, zur Stipulation.

Die eigentümliche Mischung oder wie ich glaube der Übergang von obligatorischer zu dinglicher Rechtskonstituierung,[3] der in dem den Austausch begleitenden Geding *per se* etc. zum Ausdruck gelangt, beweist im ausgebildeten römischen Recht eine offensichtliche Wirksamkeit bei der Bestellung von Servituten pactionibus et stipulationibus. Daß es sich dabei um Begründung des *jus in re aliena*, nicht um eine sie bloß vorbereitende obligatorische Vereinbarung handelt,[4] steht ebenso fest wie die Form des Aktes, der aus einem formlosen *pactum* und der Stipulation zusammengesetzt war: *per te,* oder *neque per te neque per heredem tuum fieri, quominus mihi* (v. gr. *ire agere) liceat,* meist mit dem Strafversprechen: *si adversus ea factum sit, tantum dari.*[5] Die stets vergeblich gesuchte Beziehung dieses Rechtsgebildes zum

---

[1] Eisele, Beiträge S. 248.

[2] Damit entfiele das Argument Eisele's a. a. O. S. 258 gegen die herrschende Meinung, daß die Injurecessio jünger sei als die Mancipatio. Die letztere Ansicht scheint mir schon darum die wahrscheinlichere, weil es doch schwer annehmbar ist, es hätte ein vollkommen entwickeltes gerichtliches Verfahren und eine Jurisprudenz gegeben, die dieses Verfahren zu Fiktionen benützte, ehe überhaupt ein Übergangsgeschäft existierte.

[3] Für das eine oder andere ist auch an Plautus' Epidicus III 4, 39 zu erinnern: *Estne empta mihi haec. — His legibus habeas licet.*

[4] Grundlegend Ad. Schmidt (v. Ilmenau) in Bekker's u. Muther's Handb. d. gem. R. III (1859) S. 268 ff.; neuestens z. B. Girard, Manuel S. 371. Karlowa, Röm. Rechtsgesch. II S. 1258. — S. bes. Gai. II 31; J. 2, 3, 4; 2, 4, 1; D. 8, 3, 36.

[5] Hauptbeweis Theophilos zu J. 2, 3, 4. — Die Stipulation allein ist erwähnt mit vollständigem Formular in D. de V. O. (45, 1) 85, 3, ferner in D. eod. 2, 5. 6; 4, 1; 38, 6; 49, 1. 2; 75, 7; 111; 131 pr.; (10, 2) 25, 12; 44, 5 (46, 3) 31. — Vgl. Voigt, Rechtsgesch. I S. 603 N. 18.

römischen Systeme liegt nach dem oben Gesagten nicht mehr zu ferne.

Wir haben die Übertragung des beschränkten Nutzrechtes mittels einer Verbindung von formlosem Abkommen und unterstützender Stipulation vor uns, wobei das erstere, das *pactum,* zugleich ein dingliches [1] und ein Kausalgeschäft [2] darstellt, und wobei der Wortlaut der Stipulation lediglich Wirksamkeit gegen den Veräußerer und dessen Erben erwarten ließe, der ganze Vorgang aber nach der Aussage der Quellen gegenüber jedermann dingliche Geltung besaß. Steht so viel fest, und erfährt dadurch die über die Rolle der *stipulatio habere licere per se* beim Kaufe körperlicher Sachen versuchte Anschauung in noch zu erörternden Grenzen eine Bestätigung, so kann man auch ungefähr den Ideengang erraten, der diese Wirkung zur Reife brachte. Die darüber längst von sehr namhaften Gelehrten geäußerten Vermutungen berühren sich in erfreulichster Art mit den obigen Ausführungen. Unter vielem Beifall, freilich auch ebenso häufigem und bisher recht begreiflichem Widerspruche hat Windscheid [3] ausgeführt, die in Rede stehende Kombination habe ursprünglich nur Sicherung des Interesse erreicht, sei aber im Laufe der Zeit als wirkliche Begründung des Rechtes der Dienstbarkeit betrachtet worden. Daß ein Erfolg Dritten gegenüber nicht ausblieb, wollte Jhering [4] in seiner Abhandlung über passive Wirkungen der Rechte mit der Annahme eines Stadiums erklären, in welchem die Bindung des Verkäufers und seiner Erben auf ihre Einzelnachfolger Reflexe warf. Mit oder gegen Jhering — denn es scheint, daß er die schließlich erlangte unbeschränkt dingliche Kraft der Bestellung leugnete — könnten wir dieses Stadium als Vorbereitung des absoluten Effektes gelten lassen. Unter

---

[1] Theophil. a. a. O.: *συμφώνου γὰρ γενομένου περὶ τοῦ παραχωρηθῆναι τὴν δουλείαν.* Zu den Bemerkungen von Karlowa a. a. O. kommt noch die neuestens deutlicher werdende technische Bedeutung des *παραχωρεῖν* als „verfügen" (im Sinne des B.G.B.).

[2] Vgl. Schmidt S. 275 f.; Czyhlarz, Jnst. § 62. — Will man D. (8, 1) 20; (19, 1) 3, 2 für die entscheidenden Zeugnisse in dieser Lehre ansehen, so ist der kausale Charakter des *pactum* auch ausdrücklich bezeugt.

[3] Windscheid, Pand. I § 212 N. 1.

[4] Jhering, Dogm. Jahrb. X S. 554 ff.

den von Jhering angezogenen Parallelen ist hier namentlich die Verdinglichung des Anspruches und der Verpflichtung in Ansehung der Superficies- und Emphyteusis-Abgaben bemerkenswert. Seine Theorie entbehrt nicht einigen Anhaltes in den Rechtsbüchern.[1] Sicheres und Genaues ist allerdings diesbezüglich nicht zu ermitteln, noch weniger darüber, ob nicht doch, wie ich vermuten möchte, der Erwerb auch von Dienstbarkeiten erst vermöge des *usus* Anerkennung der Dritten erlangte, während der *usus* ohne Stipulation seit Javolen (D. 8, 1, 20) als hinreichend zu gelten begann.

Ebenso dunkel ist leider die für uns wichtigste Frage nach dem räumlichen und zeitlichen Geltungsgebiet des Institutes. Nach Gai. Inst. II 31. 32 bildeten die *pacta et stipulationes* die regelmäßige Art der Servitutenbestellung bei Provinzialgrundstücken. Zu den oben angedeuteten Anschauungen paßt es, die Wurzeln dieses Zustandes auf dem Provinzialboden tief in die Vergangenheit zurückzuversetzen. Die Stipulation der römischen Form mag erst römische Erfindung sein; sie ersetzte jedoch nur die ganz analoge Klausel der Urkunden.[2] Völlig unsicher aber ist es, inwiefern die Einrichtung dem klassischen Recht angehörte. Wäre die gegenwärtig fast allgemein[3] gelehrte Ansicht richtig, daß die Bestellungsart auch für Italien anerkannt erscheint, so brauchte nur darauf verwiesen zu werden, daß keine einzige der zahlreichen für die klassische Übung angeführten Stellen dieselbe in das prätorische Recht oder aus dem *jus civile* hinaus verweist,[4] und daß

---

[1] Dafür wäre zwar nicht mit Jhering selber auf D. (7, 1) 27, 4, aber besonders auf D. 8, 3, 36 zu verweisen: *nec ad rem pertinet, quod stipulatio, qua poenam promitti placuit, ad personam emptoris, si ei forte frui non licuisset, relata est.*

[2] Es bleibt dabei immer noch fraglich, ob nicht die Entfaltung zu einer wirklichen dinglichen Konstituierung doch erst das Werk der römischen Juristen gewesen ist; denn nach dem über das Recht der Urkunden Gesagten ist es nicht mehr so selbstverständlich (wie Lenel, Dogm. Jahrb. XIX S. 184 und Dernburg, Pand. I § 251 N. 19 annahmen), daß die Provinzen auch vor der römischen Eroberung echte Servituten gekannt haben.

[3] Statt aller Girard a. a. O.

[4] D. (7, 1) 25, 7 würde es erst nach der Emendierung Lenel's Pal. Ulp. 2587 thun.

eben nur bisher ihre zivilen Grundlagen vermißt wurden — und es wäre eine Thatsache gefunden, die das stipulationsbegleitete formlose Geschäft für den Bereich des Verkehrs mit Servituten sicherstellen würde. Allein ich selbst hege Bedenken dawider, und zwar aus dem Grunde, weil ich die Anwendung des Institutes in der ersten Kaiserzeit überhaupt nicht für so ganz zuverlässig bezeugt anzusehen vermag. Wir besitzen in dieser Materie nur zwei außerhalb der Kompilation aufbewahrte Aussprüche, und sie beide, nicht bloß einer des Gaius sondern noch eine Stelle von Paulus, kennen nur die *mancipatio* und *in iure cessio* als Mittel der Konstituierung.[1] Hinwieder sind die ihnen am entschiedensten widersprechenden Stellen der Justinianischen Sammlung zum Teil sicher, zum anderen möglicherweise interpoliert.[2] Und was übrig

[1] Gai., Inst. II 29—33; besonders: *usus fructus in iure cessionem tantum recipit;* und die Motivierung für die Geltung der Bestellungsart in den Provinzen: *quia ne ipsa quidem praedia mancipationem aut in iure cessionem recipiunt,* welcher Zwischensatz freilich eines der in neuerer Zeit mehr bemerkten Glosseme sein könnte. Zu wenig beachtet wird aber Paulus, Frag. Vat. 45: *Tametsi usus fructus fundi mancipi non sit, tamen sine tutoris auctoritate alienare eum mulier non potest, cum aliter quam in iure cedendo id facere non possit nec in iure cessio sine tutoris auctoritate fieri potest. idemque est in servitutibus praediorum urbanorum.*

[2] Gai. D. (7,1) 3 pr. sagt allgemein dasjenige, was er in seinen Inst. II 30 ausdrücklich auf Provinzialgrundstücke beschränkt. Seit langem aber nimmt man aus mehrfachen Gründen an, daß er ursprünglich nicht von *„omnia praedia“* sprach, Schmidt S. 281 N. 87, Lenel, Pal. Gai. fr. 494. — Sicher interpoliert ist D. (8, 3) 33 pr. Afric., wo *stipulatio* für *iniurecessio* oder *mancipatio* eingesetzt wurde (soweit auch Elvers, Servit. S. 706 N. n.), eher für letztere, und danach die Frage an den Juristen ursprünglich dahin ging, ob die Servitut *recte* bestellt war, trotzdem bei den die Teilung realisierenden Manzipationen von Grundstückhälften ein einfaches *dictum in mancipio* vorlag, und daraus einerseits die Deduktion der Servitut bezüglich der veräußerten Hälften, und andererseits eine „Neben“-Manzipation der Servitut betreffs der zurückbehaltenen Hälften konstruiert werden mußte. Der Zusatz: *maxime si pacto stipulatio subdita sit,* wegen dessen Girard a. a. O. nicht an eine Interpolation des vorhergehenden glauben will, verrät sich selbst mehrfach als tribonianisch (Mit den Ergebnissen dieser Auffassung stimmen die Bemerkungen von Lenel, Afric. 112 u. Pernice III 1 S. 103 N. 3 überein.) — D. (7,1) 25, 7 könnte unverdorben sein, allein wahrscheinlich ist es nicht, daß die klassischen Juristen, die stets zuerst an die Manzipation dachten (Gradenwitz, Z. Sav. St. VI S. 64 ff., Naber, Mnemosyne XVII

bleibt, macht wohl zu jener Annahme, mangels anderweitiger Lösung trotz Gaius und Paulus geneigt, erweist sie aber keineswegs.[1] Es muß uns daher hier genügen, das römische Provinzialrecht und das Justinianische Recht als Parallele des zivilen Kaufrechts herangezogen zu haben; auf weitergehende Ausbeutung des Institutes in irgend einer Richtung[2] ist derzeit zu verzichten.

Es soll nur noch die Prüfung der aufgestellten Behauptungen an den mit der Haftung des Verkäufers zusammenhängenden Fragen erfolgen.

Mit der skizzierten Auffassung ist die einzige glaubwürdige Erklärung der Thatsache gewonnen, daß der klagbar gewordene formlose Kauf anfänglich ohne Vermittlung der Stipulation keine Garantie wegen Eviktion in sich begriff, während aus der Manzipation die *actio auctoritatis* floß. Denn jeder Erklärungsversuch

---

S. 395 ff.), just hier nicht die Manzipation und Injurecessio, sondern Tradition und Stipulation erwähnten. Freilich vermutet Lenel, Ulp. fr. 2587 eine andere Interpolation: *iure legati* statt *iure*. Aber der Zweifel des Fragments kann doch wohl darauf beruhen, daß die Doktrin ihre Sätze an dem letztwillig begründeten Ususfruktus entwickelt hatte, und bei der Auslegung des letzten Willens andere Grundsätze herrschen können als unter Lebenden.

[1] An Quellen erübrigt: 1. D. (8, 3) 36 Paul. ist gewiß echt. Aber selbst wenn die Inskription mit Lenel, Paul. fr. 1288 „*lib. 2 quaest.*“ zu lesen ist, könnte doch ein Rechtsfall aus den Provinzen zur Behandlung stehen. 2. Labeo D. 8, 1, 20 und Pomp. D. (19, 1) 3, 2 sind zweideutig, denn die Stip. *per te non fieri* ist entweder der Quasitradition oder nur der Stipulation *vacuam possessionem tradi* gleichgesetzt, ergänzt also entweder wirklich den Vollzug, oder nur das obligatorische Geschäft. 3. Die angegebenen Stellen über die Auslegung der Stip. *per te non fieri, quominus ire agere liceat* legen es nahe, daß diese Stip. unmittelbar die Ausübung der Dienstbarkeit zu sichern gedachte, da eine andere Funktion des so gefaßten Versprechens schwer zu entdecken ist. Aber sicher ist dies denn doch nicht.

[2] Unter keinen Umständen wäre etwa aus der Servitutenlehre gegen die hier vertretenen Anschauungen zu folgern, daß alle *pacta et stipulationes* provinzieller Herkunft waren. Ein solcher Schluß würde mit noch mehr ungewissen Größen rechnen, als der umgekehrte. Um von vielen Möglichkeiten nur eine zu erwähnen: für jene Konstituierungsart mag in Rom bei körperlichen Sachen ein Bedürfnis frühzeitig vorgelegen haben, für Servituten aber nicht, da Rustikalservituten manzipiert wurden, der Ususfruktus aber vielleicht lange Zeit nur von Todes wegen bestellt wurde.

mußte bisher daran scheitern, daß man der vollwirksamen Manzipation einen der Garantiewirkung entbehrenden, sonst aber vollkommenen formlosen Kauf entgegensetzte; vermochte z. B. der formlose aber bindende Austausch keine Deliktshaftung für nicht geleistete Defension hervorzubringen, so läßt sich mit keinem Hinweis auf die öffentliche Form der Mancipatio oder die bei ihrer Vornahme gesprochenen Worte[1] begreiflich machen, wie sie eine solche Haftung erzeugte; ist etwa, wie manche meinen, die Kaufobligation mit der Erfüllung erloschen, und hat erst das spätere Recht im Anschluß an den Kaufvollzug eine neue Verpflichtung konstruiert,[2] so ist wiederum nicht zu verstehen, warum die Manzipation, die denkbar geschlossenste Kaufform, sofort davon begleitet war u. s. w. Ganz anders, wenn jede Verpflichtung des Verkäufers sich auf Stipulationen gründete. Einen regelmäßig garantielosen Kauf — ökonomisch ein Unding,[3] für die Rechtsvergleichung ein Unikum, in den Quellen nur theoretisch bezeugt (A. E. 11, 18) — hat es dann auch in Rom niemals gegeben. Der Verkäufer legte beide Stipulationen im Kaufakte ab, und als es zum Kaufe ohne Sachübergabe gekommen war, sofort beim Kauf — dem stand nichts im Wege — oder bei der Tradition. Als endlich die Tradition vermöge des auf sie folgenden Besitzes zum Mittel des absoluten Rechtserwerbes geworden war, konnte die Habere-Stipulation als gegenstandslos abfallen. Immerhin ist sie ja noch in den Digesten erörtert.

Die obige Auffassung trägt weiters dazu bei, das Wesen des von Bechmann sog. objektiv funktionellen Synallagma zu erkennen. Das Eigentum aus der Manzipation und — wohl von jeher — der Tradition war bedingt durch die Zahlung, später durch vereinbarte Sicherstellung oder sonstige Kreditierung des Kaufpreises. Sicherlich ein künstliches Rechtsgebilde, zumal da das Manzipationsformular schlechtweg besagte *hanc rem meam esse.* Nach Bech-

[1] Bechmann I S. 319, vgl. oben S. 2 N. 2, S. 8 N. 1.

[2] So Hasenöhrl, Öst. Oblig.-R. 1. Aufl. II S. 434 N. 12.

[3] Daß man bei *res nec mancipi* — als den minder kostbaren Sachen (vgl. schon dagegen Bechmann I S. 144) — die Haftung zur Erleichterung des Verkehrs abstellen wollte (Müller, Eviktion S. 36), ist doch zu unglaublich.

mann's Darstellung ist der gesetzliche Eigentumsvorbehalt eine Folge der Würdigung des entstehenden Kreditkaufes seitens der im Banne des Barkaufsystems befangenen Gesetzgebung. Die zwölf Tafeln schützten den kreditierenden Verkäufer, indem sie die Wirkung der Manzipation bedingten durch die nachträgliche Versammlung der Elemente des Barkaufs.[1] So wahrscheinlich dies an sich ist, so unbegreiflich ist es nach der herrschenden Auffassung des römischen Barkaufs. Ein so kompliziertes Gebilde soll von einem positiven Gesetz geschaffen worden sein, um dem freiwillig die Manzipation ohne Preiszahlung vornehmenden Verkäufer Schutz zu geben?[2] Nicht besser steht es auch, will man an die durch die Einführung gemünzten Geldes veranlaßte Verlegung der reellen Kaufpreiszahlung außerhalb des Solennitätsaktes denken,[3] deren Vermeidung freilich nicht vom Belieben des Verkäufers abhing. Regelmäßig erfolgte ja die Zahlung vor dem Manzipationsakt, vielleicht im Beisein der Zeugen,[4] und sieht man selbst davon ab, so hätte man für technische Schwierigkeiten der Vollziehung des Bargeschäftes wohl Abhilfe in der Gestaltung des konkreten Geschäftes suchen können. Will man den Gedanken an ein echtes Synallagma aufrechthalten, so scheint mir dies nur möglich zu sein, wenn die durch die Zahlung bedingten Wirkungen der Manzipation nicht dingliche, sondern obligatorische waren. Allein so weit muß man nicht gehen; an ein wahres Synallagma dürfte auch gar nicht zu denken sein.

Der älteste Zustand war in Rom, wie in Griechenland, Ägypten, den germanischen Gebieten und wohl überall das Barkaufsystem. Die altägyptische und ptolemäische Form des Kaufabschlusses ist geradezu die der „Kaufpreisquittung“. Fast niemals

---

[1] Bechmann, Kauf S. 201 vgl. 563.

[2] Noch schwieriger wird das Verständnis für die Zeit, wo die Manzipation Vollzug eines abgesondert geschlossenen Kaufes wurde. Es wäre sehr verständlich, wenn der Verkäufer Zug um Zug wie im Barkaufe zu leisten hätte, es ist nicht begreiflich, daß seine Vollzugshandlung einseitig erfolgt, ihre Wirkung durch das Erfolgen der Gegenhandlung bedingt ist.

[3] So Girard, Manuel S. 287.

[4] Leist, Manzipation u. Eigentumstrad. S. 146. Bechmann I S. 208.

fehlt in den Papyri die Bestätigung des bar erhaltenen Kaufpreises, auch wo wir bereits wissen und in viel weiterem Umfange ahnen, daß der Preis kreditiert wurde.[1] Das deutsche Recht ist, höchstens von sporadischen Ausnahmen abgesehen, in fränkischer Zeit schwerlich zu den Formal- und Real- bezw. Arrhalverträgen übergegangen.[2] Im alten Systeme nun war der Kauf ohne Zahlung schlechterdings nichtig. Der nächste Schritt war in Rom der, daß man die Ungültigkeit des Geschäftes nachträglich heilen konnte. Geschah dies nicht, so durfte sich der Käufer nicht des durch den Kauf konstituierten Anspruchs gegen den Auktor bedienen. Nicht um ein absolutes Herrschaftsrecht über die Sache handelte es sich, das auch auf einen schwebend ungültigen Titel eben so schwer zu bauen gewesen wäre, wie auf einen mit einer heimlichen Suspensivbedingung versehenen gültigen. In Frage stand der Anspruch, der die Spitze des relativ dinglichen Rechtes bildete. Ganz so wie er erscheint denn auch der zweite aus dem Kaufgeschäft fließende Anspruch, derjenige auf Auktoritas, in seiner Wirksamkeit von der Preiszahlung bedingt.[3] Und beide Verpflichtungen, sowohl die des Habere-Duldens als die Eviktionshaftung folgen im Schema des Notariatsformulars aller Zeiten unmittelbar auf die Kaufpreisquittung.[4] So hätten die 12 Tafeln

---

[1] So schon für die demotischen Urkunden Revillout, Chrestomathie démotique S. XLII N. 1; propriété S. 425; vgl. ferner Dareste, Études d'histoire du droit S. 7, Wessely, Corp. Pap. Rain. I S. 10 f., auch die gelegentliche Bemerkung bei Gradenwitz, Einf. S. 47 über verschleierten Kreditkauf. Betreffs der babylonischen Urkunden s. Kohler, Ztschr. f. vgl. Rechtsw. V S. 377, Kohler u. Peiser, Babylon. Rechtsleben III S. 3. 4, IV S. 71. 73. Ebenso setzen die mittelalterlichen Urkunden nahezu immer wörtlich Kaufpreiszahlung voraus, Glasson, Hist. du droit de la France VII S. 620 f.

[2] Vgl. Schröder, D. Rechtsgesch. S. 294 N. 144.

[3] Paul. II 17, 1: *pretio accepto auctoritatis manebit obnoxius*; Ulp. D. (19, 1) 11, 2: *si modo pretium est numeratum aut eo nomine satisfactum*, eine in den Digesten auf Traditon, ursprünglich (wie allgemein angenommen wird) auf diese und Manzipation, oder auf letztere allein bezügliche Stelle.

[4] S. das Schema der demotischen Urkunden bei Revillout, Chrest. XLIII, Spiegelberg S. 9. 11, das der gräco-ägyptischen bei Gradenwitz S. 61. Dasselbe ist bei den assyrischen und babylonischen Urkunden zu beobachten. Die ravennatischen Urkunden sagen z. B. (freilich gerade mit

hier wie regelmäßig[1] nicht neues Recht geschaffen, sondern altes bestätigt. Und während der Rechtssatz nach allen Erläuterungen bisher sehr wenig von der „*naturalis ratio*“ vermerken ließ, die ihm die Institutionen zuschreiben (Inst. 2, 1, 41), würde die obige Auffassung ihn vielleicht natürlicher erscheinen lassen, zugleich aber auf das beste erklären, warum wir ihn im griechischen Recht und sonst wiederfinden.[2]

Von den übrigen Entwicklungsresultaten interessiert uns hier nur das Schicksal der *stipulatio habere licere*. Vielleicht war es die älteste Funktion der *actio empti*, wenn beim Barkaufe aus irgend einem Grunde die Stipulationen nicht gesprochen waren, deren Ablegung zu fordern; und wenn nicht als die ältere, so wird die Klage auf Stipulation doch wenigstens neben derjenigen auf Sachübergabe als Folge des Konsensualkaufes von Neratius bezeugt: *ex empto actionem esse, ut habere licere emptori caveatur, sed et ut tradatur ei possessio* (D. [19, 1] 11, 8). Mit der Ausbildung des Be-

Bezug auf den römischen Eigentumsvorbehalt, vgl. Brunner, R. Gesch. d. Urk. S. 133): *de quo omnem praetium percepto nihil sibi inde iidem venditores ssti. ab eundem emptorem haliquid amplius redeveri dixerunt et profitentur nullam se in posterum actores* etc.. Marini n. 114 lin. 43 ff. Ebenso die longobardischen, fränkischen etc. Formulare. Die Anknüpfung dieser Formeln an die Vorstellung des Barkaufes scheint mir trotz ihres romanistischen Anlasses doch nicht unterschätzt werden zu dürfen.

[1] Bekker, Aktionen I S. 42 f.

[2] Windscheid, Pand. I § 172 N. 19a erkennt freilich den Satz noch immer als Ausfluß der „natürlichen Billigkeit“ an, Leist, Manzipation u. Eigentumstradition S. 68 ff. 95 leitet ihn als eine natürliche Konsequenz vom Kaufe als einem „Erwerbe *ex re*“ ab, indessen so wenig glücklich, daß man überwiegend das objektive Synallagma für eine „auffallende Erscheinung“ erklärt, so selbst Bechmann I S. 563. An Rechtsmittel wegen nicht erfüllten Vertrages konnte man vom Standpunkt des entwickelten Sachenrechtssystems schwer denken. Gleichwohl finden sich Anklänge daran z. B. bei Puchta, Inst. II § 241 N. f., Leist S. 68 ff. Auf das griechische Recht (Caillemer, Revue de legislation 1870/71 S. 643, Beauchet V S. 119 ff.) haben schon Hofmann, Beiträge S. 44, Caillemer a. a. O. u. a. hingewiesen. Man ist aber nicht viel über die äußerliche Ähnlichkeit hinausgekommen. Daß ein innerer Zusammenhang besteht, ergiebt sich daraus, daß der Satz auch im altindischen Recht, nach Gautama-Institutes 12, 42 gegolten hat, Leist, Altar. jus gentium (1889) S. 454. Theophilos, Paraphrase (Ferrini S. 116) fügt zu der Inst.-Stelle hinzu: διὸ παρὰ πᾶσι τοῖς ἔθνεσι πολιτεύεται.

griffes des Eigentums im heutigen Sinne wurde die *stipulatio per se heredemve*, wie vorhin bemerkt, im allgemeinen überflüssig, so wie auch später die Quasitradition der Dienstbarkeiten die Stipulation außer Gebrauch setzte (D. 8, 1, 20). Noch Minicius-Julian griffen übrigens auf die *stip. habere licere per se* oder ihren Inhalt[1] in einem Falle zurück, wo eine weitergehende Verpflichtung des Verkäufers ausgeschlossen, offenbar aber Tradition erfolgt war, ein Anzeichen dafür, daß auch die römischen Juristen für die mit dem dinglichen Recht des Käufers konkurrierende Rolle des obligatorischen Rechtes nicht blind gewesen sind. Regelmäßig konnte man aber, da diese Aufgabe des obligatorischen Anspruches durch die Dolusrepression erfüllt erschien, als Ziel der *actio empti* neben der Tradition und allenfalls der *obligatio ob dolum* nur die noch allein nützliche Garantiestipulation gegen Drittangriffe bezeichnen D. 19, 4, 1; D. [12, 2] 13, 3). Dennoch hat sich die beschränktere Stipulation des *habere licere* mit der Zähigkeit aller Formulare hie und da für sich allein erhalten, und die Juristen konnten nur, sofern sie ihr nicht, wie Ulp. in V. O. 38 pr.—§ 2, ganz ratlos gegenüberstanden, zwei Wege der Interpretation einschlagen, die beide wirklich und offenbar je nach den Umständen benützt wurden. Entweder man sah darin einen Verzicht auf die Garantie gegen Dritteviktion (Julian, A. E. 11, 18),[2] oder man legte nachträglich in diese (Paulus V. O. 83 pr.) wie in alle Stipulationen des *per se non fieri* (Ulp., V. O. 50 pr.) die Bedeutung, daß der Promittent nicht nur für sein eigenes passives Verhalten hafte, sondern die Sorge für das gleiche Verhalten auch aller Dritten übernehme. Daß der gleiche Notbehelf auch auf *stipulationibus* bestellte Servi-

---

[1] D. de A. E. (19, 1) 11, 15. — Der Anfang des entscheidenden Satzes ist jedenfalls verdorben. Auch wenn man aber mit Cuiac und Mommsen restituiert: „*tunc enim in hoc fieri*", kann die Auslegung noch schwanken, ob die Stipulation geleistet oder dem Kauf unterlegt werden soll.

[2] Daß die Stip. nicht das *pactum de non praestanda evictione* war, wie Baron, Gesch. d. röm. Rechts I S. 230 glaubt, und was dem Gesagten allerdings widersprechen würde, ergiebt sich aus der Stelle selbst, die noch daneben von einem *pactum* spricht, wo *aperte* auf die Garantie verzichtet wird. Nicht zutreffend auch Vangerow, Pand. III § 610 A 3 S. 323.

tuten übertragen wurde, um deren Wirksamkeit zu erweitern, ist übrigens nicht sicher bezeugt.[1]

Es ist Zeit diesen Abriß zu beenden. Es wurde versucht, den gemeinsamen Ausgangspunkt der beiden Zusagen bloßzulegen, deren Zusammenfassung Ulpian materiell als mit der (schon bei Varro bezeugten) *stipulatio habere licere* identisch bezeichnet. Mag dies nun gelungen sein oder nicht, so lehren im Hinblick auf die Garantie wegen Rechtsmangels die beiden Hauptstellen und die Vergleichung mit den Urkunden unwiderleglich, daß das Versprechen: *per alium non fieri quominus habere liceat* ein Schutzversprechen war, und daß sonach der Inhalt der *stipulatio habere licere* mit der Defensionshaftung den allerinnigsten Zusammenhang besitzt. Sie lehren, daß das *habere licere* der Stipulation ein gegenüber erfolgreichen Angriffen aufrecht erhaltenes Haben versichert, und daß *habere non licere* nicht bedeutet: objektivrechtlich nicht befugtes Haben, sondern: mangels Befugnis eintretendes Nichthaben.

Der Umfang des demgemäß gewährleisteten Habens ist durch V. O. (45, 1) 38, 3 bekundet:

[1] Binder, Die Korrealobl. (1899) S. 95 erklärt mit jener Verpflichtung *se curaturum ne alius faciat, quominus . . . liceat*, die Entscheidung der l. 49 § 2 D. de V. O. *In hac stipulatione, neque per te neque per heredem tuum fieri, per heredem videtur fieri quamvis absit et ignoret.* Der Konstituent und jeder Erbe sollen darnach haften, wenn das dienende Grundstück von ihnen ohne Vorsorge dafür, daß der Promissar nicht gestört werde, veräußert worden war. Diese Auslegung verdient als ein Beitrag dazu verzeichnet zu werden, wie sich möglicherweise die römischen Juristen mit der absolut dinglichen Wirkung der durch Stipulation begründeten Dienstbarkeit abfanden. Sie hätten darnach nur praktisch den dinglichen Effekt gesichert, indem der Eigentümer der belasteten Sache seinen Nachfolger zur Duldung des *ire agere* anhielt. Doch ist die Auffassung gerade für jene Stelle gewagt. Die Beziehung zur Servitutenstipulation ist allerdings durch § 1 nahegelegt; und auch von der positiven Thätigkeit, die durch die negativ gefaßte Stipulation nach V. O. 50 pr. erfordert wird, ist die Rede (*quod fieri ex stipulatu oportet*). Allein die Stelle spricht ganz allgemein davon, daß der Erbe auch ohne persönliches Verschulden als in *mora* befindlich (vgl. den Zusammenhang in Lenel, Paul. fr. 548) betrachtet werden kann, was einerseits über die Regel des fr. 50 V. O. hinausgeht, andererseits keinen Bezug gerade auf eine Veräußerung nimmt.

Si quis forte non de proprietate, sed de possessione nuda controversiam fecerit vel de usu fructu vel de usu vel de quo alio iure eius, quod distractum est, palam est, committi stipulationem: habere enim non licet ei, cui aliquid minuitur ex iure quod habuit.

Auffallend hieran ist nach der gewöhnlichen Auffassung, welche die Worte *de possessione nuda vel de usu fructu* u. s. w. koordiniert, daß auch für besitzrechtliche Streitigkeiten einzustehen war, während doch zugleich die herrschende Meinung behauptet, die Stipulationen hätten nur Schutz gegen petitorische Entziehung gewährt. Selbstverständlich bezieht sich die Entscheidung unter allen Umständen bloß auf Besitzmängel, die von der Tradition herrühren. Ihr anscheinender Widerspruch mit A. E. 35 läßt sich auf verschiedene Weise aus dem Wege räumen.[1] Merkwürdig scheint mir indessen, daß die Haftung für das *jus possessionis* hier schon in der Garantiewirkung liegen soll, während sie in anderweitigen *ex professo* lehrenden Stellen in die Traditionspflicht verlegt wird (bes. A. E. 11, 13). Die Betonung des sachlichen Habens in dieser Stipulation wäre also eine ganz besonders starke. Denn das Einstehen für Haben wie bei Defension hätte auch versagen können, wo Defension nicht zu leisten war. Nirgends wird auch die *possessio* so schroff *jus* genannt.[2] Vor-

[1] Daß unsere Stelle sich lediglich auf die *actio Serviana* beziehe, wie Girard, Nouv. rev. 1883 S. 561 f. arg. D. h. t. 66 pr. vermutet, kann nicht befriedigen. Überwiegend wird freilich über die Stelle hinweggegangen. Windscheid, Pand. II § 391 N. 27, Müller, Eviktion S. 292 ff. (der S. 309 N. 36 die l. 38, 3 V. O. auf Störungen durch den Verkäufer bezieht), Bekker, Jahrb. VI S. 266. Letzterer hat aber seine Ansicht zu Gunsten der l. 38, 3 geändert und meint (Recht des Besitzes S. 67 N. 1), l. 35 beruhe auf der Auslegung des Stipulationszusatzes: *„quasi per eum fundum eundi agendi ius non esset"* unter Betonung des *ius*. Möglich wäre noch ein anderes. Lex 35 spricht nämlich von einer *stipulatio de evictione*, die sehr leicht eine *stipulatio auctoritatis* sein könnte. Auf dieselbe Vermutung führt D. (21,1) 61, wo ebenfalls von einer zu vertretenden Passivservitut die Rede ist, und die sich bei Ulp. l. 80 ad ed. Lenel 1741 unter der Hauptrubrik *de stipulationibus* gemeinsam mit einer Reihe anderer von Stipulationen *de evictione* redenden, und von Lenel mit Recht auf *auctoritas* bezogenen Stellen findet. Die *auctoritas* war gewiß nur auf Defension in den alten Prozeßformen beschränkt.

[2] Nicht das (allerdings gemeinte) *jus possessionis*, sondern die *possessio* selbst würde hier *jus* genannt. Mit Unrecht stellt Bekker, Recht des Be-

zuziehen ist es daher einstweilen, — falls man nicht überhaupt die Worte *de possessione nuda* für Einschiebsel halten will — die Worte als durch die Alternative *vel de usu fructu* etc. erläutert aufzufassen, so daß die Stelle nur von der Entziehung der *possessio* auf petitorischem Wege verstanden wird. Dabei muß freilich die Ungenauigkeit der Diktion in Kauf genommen werden, daß der *proprietas*, dem Rechtsgrunde der Entziehung, deren Gegenstand, die *possessio*, gegenübergesetzt ist.

II. Die *stipulatio duplae*. Ist nun die *stipulatio auctoritatis* das Versprechen des *defendere*; besteht die *stip. habere licere* in der Zusicherung des Rechtszustandes, welcher der erfolgreichen Defension entspricht, so widmet der Verbalkontrakt, dessen Hauptform die *stip. duplae* bildet, eine Geldsumme für den Fall, als das Haben der Sache in einer, nicht geleisteter Defension entsprechenden Weise gestört würde:

Si quis eam rem partemve quam ex ea evicerit quo minus emptorem eumve ad quem ea res pertinebit habere recte liceat, tum quantum id erit, quod ita ex ea evictum fuerit, tantam pecuniam duplam dari spondes.[1]

Es ist vollständig zutreffend, daß die letztere Abmachung auf drei Bedingungen gebaut ist: 1. Störung des *habere*, 2. Evik-

sitzes S. 338 auf die gleiche Stufe D. (4, 7) 4, 2. 4; (7, 1) 12, 3; (41, 2) 23 pr. 52 pr. Aber auch in der meist bezogenen Stelle D. (41, 2) 49, 1 wird nur gesagt, daß *possessio plurimum ex iure mutuatur* und *non tantum corporis sed et iuris est.*

[1] Restitution von Girard, Nouv. rev. 1883 S. 578 nach den auch von Lenel, Edikt. S. 445 f. als Anwendung der *stip. duplae* aufgefaßten siebenbürgischen Kaufbriefen. Dazu können wir jetzt zwei Beispiele aus den Papyri fügen. Pap. Brit. Museum 229 (Wessely, Schriftentafeln zur ält. lat. Paläographie S. 7 n. 7) a. 166 n. Chr. aus Seleucia Pieria in Syrien Z. 7 ff.: *si quis eum partemve quam eius evicerit simplam pecuniam sine denuntiatione recte dare stipulatus est Fabellius Macer, spopondit Q. Julius Priscus;* und Pap. Berl. Gr. Urk. III n. 887 a. 151 aus Side in Pamphylien; Z. 5 u. 17 ff.: *ἐὰν δ' ἐκ τούτων η . . . . . . ἐπ]αφῇ αὐτοῦ ἢ ἐκ μέρους γένηται καὶ ἐκνεικηθῇ, τότε διπλῆν τὴν τειμὴν χωρὶς παραγγελίας καλῶς δίδοσθαι πίστει ἐπηρώτησεν Ἀρτεμίδωρος Καισίου πίστι δοῦναι ὡμολόγησεν Λούκιος Ἰούλιος Πρωτόκτητος.* Die Übereinstimmung der beiden Urkunden untereinander und mit den transsylvanischen Wachstafeln in den meisten Punkten ist um so belehrender, als sie alle fast aus derselben Zeit stammen.

tion, 3. Herbeiführung der ersteren durch die letztere.[1] Allein damit ist nur die ältere Stipulation aufgelöst. Auch sie setzte Eviktion zum Verfalle notwendig voraus. Der Fortschritt besteht diesmal bloß darin, daß die Verbindlichkeit auch von dem entfernteren Gedanken an die Defension und der *obligatio faciendi* vollständig losgelöst und in die Reihe der gewöhnlichen, den klassischen Juristen vertrauteren Konventionalstrafstipulationen in konditionaler Form gesetzt wird. Wohl mag es systematische Unterschiede zwischen beiden Gestaltungen des Haftungsversprechens gegeben haben; bekannt ist uns aber so gut wie keiner.

Die Verfallsbedingungen der *stip. duplae* lassen sich aus den Quellen ziemlich genau abnehmen; da diese Quellen überaus wohl bekannt sind, will ich mich mit einer gedrängten Rekapitulation begnügen. Identische Entscheidungen hinsichtlich der *actio empti* dürfen hier um so eher sofort mit herangezogen werden, als eine durchgreifende Scheidung auch von den römischen Juristen nicht unternommen wird, und die Kompilation es häufig unklar läßt, auf welche Garantieform sich ein Anspruch beziehe. Erfordert wird (selbstverständlich) ein gerichtlich durchgesetzter Drittanspruch, der sich auf mangelnde Veräußerungsbefugnis des Verkäufers stützt. Statt des Prozeßes[2] genügt weder ein Kompromiß (D. h. t. 56, 1) noch viel weniger freiwillige Herausgabe an den Dritten (C. h. t. 17).[3] Die Sache oder die Litisästimation (D. h. t. 16, 1; 21, 2) muß aus dem Vermögen des Käufers entfernt worden sein; das Urteil reicht nicht hin, wenn nachher, z. B. durch erblosen Tod des Eigentümers oder durch Schenkung oder Legat

---

[1] Girard a. a. O. S. 573, vgl. 584.

[2] D. (3, 5) 18, 3 spricht aber vielleicht (statt *committat* l. *conservet* oder ähnl.?), D. 40, 12, 26 u. 47, 10, 12 (*ut eam sibi conservet*) sicher von *auctoritas*.

[3] Wider Bekker's (Jahrb. VI S. 288) gegnerische, auf A. E. (19, 1) 11, 12 fundierte Ansicht könnte der Einwurf Girard's (N. rev. 1883 S. 580), die Stelle betreffe die *stip. hab. lic.*, nach dem Gesagten nicht verfangen. Allein es handelt sich, wie jetzt alle, auch Girard, bemerken, um das Versprechen *servum noxis furtisque solutum esse;* mit diesem wird nicht bloß ein faktisches Haben, sondern die Thatsache, *nemini esse furti obligatum* (D. 50, 16, 174), *noxali iudicio subiectum non esse* [D. (21, 1) 17, 17], zugesagt, und sie gibt daher eine Klage sofort, wenn *quid abest* D. (19, 1) 4 pr. (Anders Salpius, Novation u. Del. S. 227, Bechmann I S. 394, Kohler S. 246.)

an den Käufer, die Durchsetzung unterbleibt (D. h. t. 57).[1] Fällt der etwa bestehende Drittanspruch hinweg, so kann es zu keinem Verfall kommen (*quoniam evinci ei non potest* D. h. t. 41, 1); der Käufer trägt also physischen Kasus, ebensowohl Untergang (D. h. t 21 pr.) wie Verschlechterung (daher konnte l. 64 pr. interpoliert werden), und juristischen Verlust aus allen Gründen, die nicht Eviktion im näher bezeichneten Sinne sind, so wenn er den Eigentümer beerbt (arg. l. 57), um so mehr, wenn er ihm die Sache abkauft (l. 29 pr.); daß von Manumission [D. h. t. 25; (21, 1) 47 pr.] und Dereliktion (vgl. D. h. t. 76) dasselbe gilt,[2] versteht sich von selbst.

Schon im Gebiete der Mancipationshaftung, aber wohl erst mit dem Verblassen der Defensionspflicht, tritt das Postulat hervor daß nur solche Angriffe Regreß bewirken, die materiell und objectiv ihren Grund in einem Rechtsmangel haben. [Vgl. C. (4, 48) 1]. Dies ist nicht der Fall, wenn die Eviktion wegen *iniuria*

[1] Girard, N. rev. 1883 S. 583 versucht mit dieser Stelle den vermeintlichen Gegensatz zwischen *habere non licere* und Eviktion zu demonstrieren, *il y a bien éviction mais habere licet.* Gerade die Entscheidung ist aber sehr geeignet, den seit Cuiac (ad Africanum tract. VI ad l. 24 h. t. op. om. I c. 1373, Papin resp. X ad l. 67 h. t. op. omnia IV c. 1263, auch Recitat. solemn. h. t. princ.) und Donell (Tract. de evict. princ. op. om. IX c. 1447) herrschenden Begriff der Eviktion: *evincere plus est quam vincere quia est etiam abducere et auferre* zu unterstützen; denn sie setzt voraus, daß der erblos verstorbene Dritte *emptorem in evictione rei vicerit*, demnach gesiegt, aber noch nicht evinziert habe. — Girard a. a. O. N. 1 nimmt ferner an, in l. 57 pr. weiche Gaius von dem Prinzip ab, daß zum Verfallen der Stipulation die Verurteilung nicht genügt; denn es sei natürlicher, in den Worten *ante ablatam vel abductam rem* einen Gegensatz zu den Worten des § 1: *scilicet ante quam abduceret vel auferret* zu erblicken, als einen Pleonasmus. Ich bekenne, diesen in den Tempuswechsel gelegten Sinn nicht zu verstehen. Das pr. setzt doch wörtlich voraus, daß Verurteilung erfolgt sei: *si vicerit*, und erklärt, daß dies nicht hinreicht. Übrigens dürfte gerade der mit *scilicet* beginnende Satz des § 1 schwerlich echt sein, die Wiederholung von *donaverit aut legaverit* ist noch störender als die des *auferre* und *abducere*, die vier Verba hintereinander unschön. Nebenbei bemerkt, fehlt in dem ganzen Paragraphen der Hauptsatz.

[2] Unrichtig ist es unter jedem Gesichtspunkt, wenn Brinz, Pand. II § 328 N. 47 S. 741 in der Dereliktion einen Verzicht auf die Eviktionshaftung erblickt und glaubt, l. 25 „denke statt Manumission Dereliktion“.

iudicis erfolgt, *iniuria enim, quae fit emptori, auctorem non debet contingere* (D. h. t. 51 pr., C. h. t. 8, Vat. fr. 8; 10), oder auf *culpa emptoris* beruht.[1] Übrigens traf sich dieser Gedanke mit der Maßregelung des dolosen Käufers, die in ähnlicher Weise schon die *actio auctoritatis* beeinflußte.[2]

C. Die actio empti in ihrer Garantiefunktion. Daß die *actio empti* vom Prätor zur Erzwingung der Garantiestipulation verwendet wurde und daß sie sodann selbständig den Regreß sicherte, ist wohlbegründete allgemeine Anschauung. Da darf aber wohl von vornherein mit Girard[3] ein Zwischenstadium angenommen

---

[1] Unterlassene Usucapion (l. 56, 3, C. h. t. 19); Wahl einer unrichtigen Klage (l. 66 pr., 39, 1); Verwirkung der Beklagtenrolle (l. 29, 1); Versäumnis-Verurteilung, *magis enim propter absentiam victus videtur quam quod malam causam habuit* (l. 55 pr., C. h. t. 8); Fristversäumnis im Appellationsverfahren (l. 63, 2).

[2] Allgemein Vat. fr. 8; in D. h. t. 66 pr. wird das Verschulden des Käufers offenbar so wie in D. h. t. 53, 1 die Unterlassung der Denunziation in künstlicher Weise als Dolus „angesehen", so daß die Stipulation nicht verfällt. Hingegen stößt die *actio auctoritatis* auf *exceptio doli* (*generalis*), wenn sie infolge Unterliegens des Käufers im Eigentumsstreit verfallen ist, aber der Käufer eine weniger schwierige Klage hätte wählen sollen, in dem Falle also, wo die *stip. duplae* gar nicht verfällt (l. 39, 1); die Stipulation desgleichen, wenn der Verkäufer nach der Eviktion die Sache gewähren kann (l. 35); und wenn infolge des vom Käufer verschuldeten Verlustes der Beklagtenposition man zweifeln kann, ob dessen Niederlage im Eigentumsprozeß die Stipulation verfallen läßt oder nicht (l. 29, 1 cit.: *vel ipso jure tutus erit vel certe doli mali exceptione se tueri poterit*).

[3] Girard 1884 S. 430 ff. Einleuchtend S. 432: *on ne voit pas bien, pourquoi le juge de l'action empti trouverait moins équitable de donner à l'acheteur l'avantage d'une clause de style, quand le besoin qu'en a l'acheteur est certain, que lorsqu'il est douteux.* In der Verwendung der Quellen ist Girard freilich nicht durchwegs beizustimmen, schon darum nicht, weil er von der Meinung ausgeht, die *actio empti* habe vorzugsweise die *stip. hab. lic.* rezipiert. D. (19, 1) 11, 17 aber, ein fr., das ihm besonders recht zu geben scheint, verrät unzweideutig Tribonian's Hand. Der Verkäufer hafte nicht „*evictionis*" *nomine in duplum!* Wenn man statt *vendiderit* liest *mancipio dederit* und statt *evictionis* — *auctoritatis*, so besagt die Stelle von *ut tamen* an, daß aus einem *dictum in mancipio* hinsichtlich der Accessionen nicht die gewöhnliche Auktoritätshaftung folgt, sondern eine der *stip. per omnes non fieri* entsprechende Defensionshaftung. Dann fährt Ulp. fort: § 18 *Qui*

werden, in welchem die *actio empti* gegeben wurde, als ob die geschuldete Stipulation geschlossen worden wäre. Dies ist nicht nur logisch, sondern auch durch das Beispiel der Genesis der ädilitischen Haftung für physische Mängel[1] nahegelegt.

Nur in der Anknüpfung an die geschilderten Formen der Haftung sind aber auch die zahlreichen Zeugnisse zu verstehen, die eine allmähliche Entwicklung der *actio empti* erweisen. Im älteren Stadium hat, wie aus dem für die *duplae stip.* Gesagten zu wiederholen ist, der Käufer bei Unterlassung der Litisdenunziation den Regreß schlechtweg verloren (C. h. t. 8), und war Prozeß erforderlich (D. h. t. 56, 1; C. h. t. 17; C. (4, 48) 1).[2] Für die Befreiung der *actio empti* von den Voraussetzungen der Stipulation kommt, nach Ausscheidung einiger sofort als nicht hergehörig erkennbarer Punkte,[3] nachstehendes in Betracht:[4] (Note siehe S. 77.)

---

autem habere licere spopondit... Das Ziel ist daher, nach einer später zu rechtfertigenden Annahme, das *simplum* des auf die Accessionen entfallenden, mittelst Quanti-minoris-Berechnung zu ermittelnden Kaufpreises. Und wirklich geht aus der ein wenig verstümmelten l. 16 pr. h. t. hervor, daß bei Eviktion von *nominatim* mit verkauften Accessionen das *simplum* zu prästieren sei. Andererseits wird dieselbe Berechnung für zu vertretende Passivservituten [D. (21, 1) 61; D. (21, 2) 15, 1] statuiert bezw., wenn die letztere Stelle ohne Emendation gelesen wird (beachtenswert Müller, Eviktion S. 209 N. 65; Lindau: Haftet der Verkäufer eines Grundstückes, auf welchem Realservituten lasten etc. Diss. Greifsw. 1875 S. 9), für evinzierte mit dem Grundstück verkaufte Sklaven, also Accessionen. Und sie gilt daher auch für evinzierte angesagte Aktivservituten (die Pernice, Labeo III 1 S. 118 allenfalls in l. 15, 1 cit., nur aus Versehen aber in l. 61 cit. unmittelbar besprochen halten kann.) Näheres im II. Abschnitt.

[1] Pernice, Labeo II 2 S. 243 u. N. 3. Darüber wird freilich lebhaft gestritten.

[2] Weiter ist das ältere Stadium unmittelbar zu belegen mit D. h. t. 29 pr. (unten Z. 2), auch D. (19, 1) 11, 13 (unten S. 90); und vgl. D. (19, 1) 43 u. 45 (s. die folgende Anmerkung), man kann daher nicht Karlowa's Annahme (Rechtsg. II S. 624) beipflichten, die *a. e.* sei immer in gleicher Weise auf *„habere licere"* gegangen.

[3] Ohne Interesse sind die Verschiedenheiten von der Stipulation, die aus dem fehlenden Zwange folgen, die Termini des Verbalkontrakts zu beobachten, D. h. t. 41 pr. (vgl. dazu Eck S. 29); 66, 2; D. A. E. 11, 14; 45. 1. Keinen Fortschritt bedeutet es auch, daß die *a. e.* für Partialeviktion aus-

1. Über das Erfordernis der Litisdenunziation wurde im gemeinen Recht zu allen Zeiten auf das lebhafteste gestritten.[1] Das Verlassen des älteren Standpunktes kann aber nur indirekt erschlossen werden; dies freilich mit um so größerer Wahrscheinlichkeit, als es schon für die Stipulation aus l. 53, 1 h. t. (Paulus) hervorgeht.[2] Bezeugt ist sogar das Mehrere, daß es nicht notwendig sei, *iudicio evictum esse,* wenn der Eviktionsprozeß aussichtslos wäre (l. 24 African).[3]

2. Die treffendste Beleuchtung zu dem Fortschritte der *actio empti* liefert die Behandlung des Falles, daß der Käufer, der vom *non dominus* erwirbt, das Eigentum des Dritten an sich bringt. Weil Defension und Eviktion hier nicht im Spiele waren, mußte die *actio auctoritatis* (Sabinus D. h. t. 9),[4] die *stip. duplae* (Gai. D. h. t. 57,1; Paulus l. 41, 1) und sogar zunächst die *actio empti* (Nerva l. 29 pr.)[5] verweigert werden. Celsus (l. 29 pr.) verläßt

---

reichte (Eck S. 29, vgl. Kohler, Ges. Abh. S. 248), denn die *partis adjectio* war bei der *duplae stip.* üblich und die Haftung daher regelmäßig gegeben (Girard, Manuel S. 555 N. 3). Aus der freieren Stellung der *actio empti* erklärt sich endlich, ohne daß ein tieferes Prinzip darin gefunden zu werden braucht, daß Eviktion noch möglich ist, wenn der Käufer das vermeintlich erworbene Recht in ein solches anderer Gattung umwandelt; wie es der Fall ist, wenn Käufer manumittiert und sein Patronatsrecht abgeschnitten wird. Die *actio auctoritatis* [D. (19. 1) 43 s. Lenel, Paul 1327], die *stip. duplae* (l. 25) und anfänglich die *actio empti* (Ulpian in l. 43 cit.) wurden versagt, Julian und Paulus (l. 43) sprechen die *actio empti* auf das Interesse zu, anders aber Paulus l. 26 h. t. — Abw. einerseits Eck S. 30, andererseits Kohler S. 251; vgl. Girard N. rev. 1884 S. 437.

[4] Die nachfolgende Erörterung deckt sich zum Teil mit dem Gegenstande von Eck's berühmtem Schriftchen. Es wird sich aber zeigen, daß die Wiederholung nicht erspart werden konnte.

[1] Windscheid, Pand. § 391 N. 10.

[2] Der Käufer soll bei unterlassener Verständigung des Verkäufers, „wenn er, obschon vollständig gerüstet, doch besiegt ist und besiegt werden mußte, Regreß haben". (Bekker, Jahrb. VI S. 300.)

[3] Kohler, Abh. S. 248.

[4] Interpoliert: Lenel, Edikt S. 426 f.

[5] Gleichgültig, wie man das *redimere* auffaßt, ob als freiwilligen Erwerb (J. Dernburg, Zschr. f. Zivilr. u. Proz. N. F. II (1846) S. 26, Puntschart, Fundam. Rechtsverh. S. 20) oder als zur Vermeidung der Verurteilung oder Exekution geschehen (vgl. Bekker, Jahrb. VI S. 290).

diesen Standpunkt aus zwei Gründen, *quia nec bonae fidei conveniret, et ego ex alia causa rem haberem.* Damit ist in der That zweierlei gemeint.[1] Es widerspricht der *bona fides,* daß der eine Teil erfülle, während der andere von seiner Verbindlichkeit (Haftung) durch ein Ereignis, an dem er kein Verdienst trägt, definitiv[2] befreit wird;[3] einen Schritt weiter führt die für uns besonders wichtige zweite Erwägung: Die Verpflichtung des Verkäufers wird erweitert auf das Gewähren des Habens aus dem Kaufe. Sollte die Stelle unmittelbar bloß an Bezahlung des Eigentümers im Laufe des Eviktionsprozesses denken, so brauchte der Jurist nur eine sehr geringfügige Operation zu vollführen; denn die Bezahlung der Litisästimation hatte selbstverständlich immer den Verfall der Stipulation zur Folge. Der hier durchgedrungene Gedanke hat sich aber auf der ganzen Linie siegreich erwiesen. Im Falle lukrativen Erwerbs durch den Käufer sprechen ihm Julian und Paulus[4] die *exceptio* gegen die Kaufpreisforderung und die *actio empti ad pretium recuperandum* zu, *quemadmodum reciperaret, si homo evictus fuisset* (D. 30, 84, 5). Andere Stellen lassen eine Beschränkung der Klage auf den Kaufpreis nicht erkennen;[5] so auch bei Beerbung des Käufers durch den Eigentümer.[6] — Über das Ziel

[1] Keine Veranlassung liegt aber zu der Meinung vor (Salkowski in Glück's Pand., Vermächtnisse Bd. 4 S. 135), daß nach Nerva der Verkäufer auf den Kaufpreis keinen Anspruch hatte, insoweit der Preis durch das vom Käufer an den Dritten etwa gezahlte Entgelt aufgezehrt war, während Celsus auch dies der *bona fides* widersprechend gefunden habe. S. Hellmann, Zur Lehre von der nachträgl. Ungültigkeit der Rechtsgeschäfte, Arch. f. d. civ. Pr. 90 (1900) S. 396, dessen eigener Begründung ich mich aber ebensowenig anschließen kann.

[2] Definitiv; denn wenn etwa der Käufer das anderweitig erworbene Recht veräußert, so kann doch keine „Eviction" hinsichtlich der Sache mehr stattfinden, sondern es spielen sich nur die Folgen seiner eigenen Handlung ab.

[3] Soviel deutet vielleicht auch Kohler, Abh. S. 250 an, aber ich kann nicht zugeben, daß der Vertrag aufgelöst sei; es handelt sich wohl um eine der *exceptio non impleti contr.* verwandte Einrede.

[4] Julian ex Minicio D. 19, 1. 29; Julian D. 30. 84, 5; Paulus sent. II 17, 8.

[5] Ulp. D. (19, 1) 13, 15; Paulus D. h. t. 9 i. f.; 41, 1 i. f.

[6] Marcellus D. (17, 1) 49, vgl. Eck, Verpflichtung S. 32.

und den Charakter der hiernach zugebilligten Klage herrscht viel Streit. Für entscheidend möchte ich aber halten, daß die soeben angeführte l. 84, 5 *de leg.* I ausdrücklich nicht bloß darauf Bezug nimmt, daß die Klage auf den Kaufpreis gehe wie sonst auch, sondern daß sie den anderweitigen Erwerb der Eviktion gleich stellt.[1] Das eine wird Bedeutung erlangen, wenn es mir im II. Abschnitt gelingt, zu zeigen, daß die *actio empti* wegen Eviktion selbst ursprünglich auf den Kaufpreis gerichtet war. Das andere schiebt die Konstruktion weit fort, daß der Kauf, wenn er dem Eigentumserwerb voraufging,[2] ungültig werde, weil die Leistung ohne Verschulden des Verkäufers unmöglich ward.[3] Diese Auffassung ist für das römische Recht ausgeschlossen, weil aus dem Kreise: die Verpflichtung des Verkäufers ist auf Einstehen wegen eventueller Eviktion beschränkt, diese ist unmöglich, der Regreß wird völlig versagt — nur der Weg herausführt, den Erwerb aus der zweiten Causa der Eviktion gleichzustellen; dadurch gelangte man sofort wieder zur vollen Haftung. Erst wenn der Verkäufer das Eigentum zu verschaffen hat, wird die Erfüllung dieser seiner Obligation durch den nachträglichen Erwerb unmöglich;[4] in dem ersten römischen Stadium ist die Obligation überhaupt gegenstandslos geworden, in dem zweiten die Schuld durch jenes Ereignis erst recht ausgelöst. Dazu, die Verpflich-

[1] Nicht: für Eviktion erklärt, wie Müller, Eviktion S. 86 meint; denn *nec ipse sibi videtur evinci* D. h. t. 41, 1.

[2] Auch in A. E. 29 wird nicht die schon dem Käufer gehörige Sache gekauft.

[3] So Hellmann a. a. O. S. 396 f., dessen Ausführungen gegen Salkowski S. 124 und Brinz, Pand. II § 292 N. 6 aber für das heutige Recht vollständig beizutreten ist. Mommsen, Beiträge z. Obl.-R. I S. 258, III S. 414, dürfte, wie Salkowski S. 139 Note bemerkt, wohl nur den Fall im Auge haben, daß noch nicht tradiert ist; die Tradition war allerdings auch nach römischem Recht kasuell unmöglich geworden. Ich will daher Mommsen I S. 262 u. III S. 415 darin nicht widersprechen, daß D. (44, 7) 19: *integras actiones retinent,* nicht wörtlich zu nehmen sei. Auch Puntschart, Fund. Rechtsw. S. 203 f. scheint an das Recht auf Tradition zu denken. Für die *actio empti* bloß *ad pretium recuperandum* sind auch Hartmann, Obl. S. 104, Kohler S. 249 f.

[4] Kohler, S. 249 f glaubt im Gegenteil in Rom eine *condictio causa finita* gegeben und stellt weiters gerade diese zur Eigentumsverschaffung in Gegensatz.

tung zur Eigentumsgewährung anzunehmen, geben jene Stellen also unmittelbar keinen Anlaß.[1]

Aus der Gleichstellung des zweiten Erwerbs mit der Eviktion — einer momentan unentbehrlich gewesenen, aber einigermaßen rohen Konstruktion — folgt, daß, als das Interesse im heutigen Sinne zu leisten war, der Anspruch nicht die Aufwendungen des Käufers,[2] sondern den Wert des weiteren Behaltens der Sache umfaßte; regelmäßig den Wert der Sache abzüglich der Verwendungen, die bei Klage der Eigentümer dem Käufer hätte vergüten müssen.[3] Es lassen sich Fälle denken, wo dies unbillig erschiene, da der zweite Erwerb eine Entziehung thatsächlich nicht enthält und eine besondere Behandlung namentlich dann erfordert, wenn es ein vom Käufer willkürlich herbeigeführter Erwerb ist; die Römer hätten dann in irgend einer Weise geholfen, und in dieser Beziehung darf man es heranziehen, daß in den bezeugten Fällen *pretium* und Sachwert offenbar als übereinstimmend vorausgesetzt sind.[4]

Von hier ab garantiert die *actio empti* eine juristische Wirksamkeit der Tradition, „nicht sowohl den Erwerb resp. das Behalten, als die Relevanz der *causa emptionis* in Beziehung auf Erwerb und Behalten."[5]

3. In einer gewissen äußerlichen Beziehung zu den eben besprochenen Fällen steht

---

[1] Anders Eck S. 31 ff.; er dürfte damit seiner eigenen richtigen Meinung widersprechen, daß die Klage auf das Interesse ging; vom Standpunkt der Eigentumsverschaffung liegt thatsächlich Unmöglichkeit der Leistung vor, die nicht ohne weiteres dem Verkäufer imputiert werden darf.

[2] Windscheid, Heidelberger Ztschr. II, S. 130 ff.; Salkowski, S. 134, 137 f.

[3] Eck S. 33.

[4] Ebenso Eck a. a. O. Die Entscheidung des Minicius und Julian ist nur mit der diesseitigen Anschauung verträglich. Paulus II 17, 8 würde auch nach der Windscheid's nicht ganz genau reden. Er mag Sachwert und Kaufpreis als gleich annehmen. Daß er möglichst kurz sein will, ist durch den Charakter seines Regelbüchleins erklärt.

[5] Bechmann, Kauf I S. 682 f. In diesem Sinne dürfte man sich auch mit Brinz, Pand. II S. 337 N. 19 u. S. 741 dahin ausdrücken, daß die *ex empto ob evictionem obligatio* durch die *ex empto obligatio* schlechtweg ersetzt wird.

Scaevola, D. de A. E. 52, 1. *Praedium aestimatum in dotem a patre filiae suae nomine datum obligatum creditori deprehenditur: quaesitum est, an filius, qui hereditatem patris retinet, cum ab ea se filia abstinuisset dote contenta, actione ex empto teneatur, ut a creditore lueret et marito liberum praestaret. respondit teneri.*

Die Stelle bereitet Schwierigkeiten.[1] Wenngleich nicht zu übersehen ist, daß von *dare in dotem* auch im Sinne der *constitutio* überhaupt gesprochen wird,[2] so wird man doch im Zweifel davon nicht ausgehen und daher nicht wie in C. h. t. 5 die Tradition als unvollzogen[3] ansehen wollen. Die Stelle gehört auch nicht etwa, wie in früheren Jahrhunderten oft gelehrt wurde,[4] unter die Zeugnisse für die Abstreifung des Eviktionserfordernisses in der Richtung, daß vor der Kaufpreiszahlung entdeckte Rechtsmängel den Regreß ohne Eviktion begründen. Das Gegenteil bekundet C. h. t. 24. Daß aber gerade der Ehemann des Schutzes, zumal gegenüber dem Schwiegervater oder dessen Erben, bedürftiger wäre als ein eigentlicher Käufer,[5] ist nicht einzusehen. So liegt der Ton wohl auf dem motivierten Erbschaftsverzichte, und die *actio empti* scheint als Bereicherungsklage zur Vermeidung von Unbilligkeiten zu fungieren. Vollständig beruhigen könnte man sich freilich mit dieser Erklärung nicht. Abgesehen davon, daß eine derartige Verwendung der *actio empti* hier so wenig wie in der noch zu erörternden C. h. t. 74, 1 h. t. leichthin anzunehmen ist, und davon, daß die Klageberechtigung dem Ehemann zusteht, würde der Anspruch sich nicht auf das Fehlen der *causa*, sondern auf das einer bloßen Voraussetzung der (schenkungsweise abgegebenen) Erbschaftsausschlagung gründen. Darum nahm eben der Jurist weniger Anstand,

[1] Cogliolo, Quaestiones vexatae, arch. giur. XXIX S. 159, nimmt einfach an, es handle sich um eine Klage wegen Eviktion. *Deprehenditur* heißt aber soviel als *invenitur* (Brissonius, V. S., h. v.) und wurde auch immer so verstanden. Die dadurch entstehende Schwierigkeit finde ich in der neueren Litteratur nicht besprochen.

[2] D. (23, 3) 14; D. (23, 5) 16, Glück XX S. 377 ff.

[3] Cuiac, Recit. solem. ad C. h. t. ad l. 3; ad l. 52 cit. op. omn. VII c. 816; Calletius, Thesaurus Meermann II S. 319; Glück a. a. O.

[4] Vgl. Glück S. 377 N. 2. Vgl. dagegen auch Ulp. Lenel fr. 2788.

[5] So Donellus, De evict., ad C. h. t. 5, op. om. IX c. 1466.

die *actio bonae fidei* zurechtzubiegen. Und so sehen wir, daß in einem Falle, wo zur gewöhnlichen Bereicherungsklage nicht leicht gegriffen werden konnte, aber ein ihren Voraussetzungen ähnlicher Thatbestand vorlag, dieser für hinreichend angesehen wurde, das Eviktionserfordernis der im übrigen zur Hand befindlichen *actio empti* zu supplieren. Ob die Klage auch auf eine etwa den Erbteil übersteigende Summe zuerkannt worden wäre, muß dahingestellt bleiben.

4. Eck (S. 34) erblickt eine Überschreitung des Eviktionsprinzips auch in dem Zurückbehaltungsrecht des Käufers in Ansehung des Kaufpreises, *dominii quaestione mota.*[1] Zweifellos bringt es die ursprüngliche Anlage der *actio empti* mit sich, daß der Verkäufer, solange nicht evinziert ist, den Preis einfordern darf. Demgegenüber wird in einigen Entscheidungen dem Käufer gestattet, unter gewissen Beschränkungen den Kaufpreis zurückzuhalten. Eine tausendjährige Tradition bemächtigte sich dieser Stellen, um die sog. *exceptio evictionis imminentis* auszubilden, und mit Hilfe der letzteren, obwohl sie immer den Charakter einer provisorischen Sicherstellungsmaßregel bewahrt hat, die Härten des romanistischen Garantiesystems abzuschleifen. Sehen wir nun zu, inwiefern diese Stellen hierher gehören.

Vat. fr. 12 Pap. l. III resp. *Ante pretium solutum dominii quaestione mota pretium emptor restituere*[2] *non cogetur, tametsi maxime fideiussores evictionis offerantur, cum ignorans possidere coeperit. nam usucapio frustra complebitur anticipata lite nec oportet evictionis securitatem praestari, cum in ipso contractus limine domini(i) periculum immineat.* D. (18, 6) 19, 1 Pap. l. III resp. *Ante pretium solutum dominii quaestione mota pretium emptor solvere non cogetur, nisi fideiussores idonei a venditore eius evictionis offerantur.*

Lenel[3] verdanken wir die Bemerkung, die Stelle müsse durch

[1] Dagegen, weil es nur der Sicherstellung diene, Kohler S. 249.

[2] *Restituere?* Sollte dies nicht ein Schreibfehler aus *empto-r sol-uere* sein, wie es im Digestentext heißt?

[3] Lenel, Paling. Pap. fr. 478. S. übrigens schon Unterholzner, Schuldverh. II § 481 S. 294 N. f. — Die übrige Litteratur zur Textkritik der Stelle bei Costa, Papiniano IV S. 114 N. 7, welcher selbst auch die c. 24 *si satis ei non offeratur* für interpoliert ansieht.

die Kompilatoren wegen C. h. t. (8, 44) 24 in ihr Gegenteil *(tametsi... nisi)* verändert worden sein. Dadurch wird aber die Sache noch rätselhafter.[1]

C. h. t. 24. Impp. Dioclet. et Maximianus A. A. et C. C. Eutychio. *Si post perfectam venditionem ante pretium numeratum rei venumdatae mota fuerit quaestio vel mancipia venumdata proclament in libertatem, cum in ipso limine contractus immineat evictio, emptorem, si satis ei non offeratur, ad totius vel residui pretii solutionem non compelli iuris auctoritate monstratur.*

§ 1. Unde cum parte pretii numerata, domus quam emisti tibi velut pignoris iure obligatae ne ad emptionem accederes, denuntiatum ab aliquo proponas, iudex tibi quae ex emptione veniunt praestari providebit. [a. 294.]

Die hervorgehobenen Worte galten immer für dunkel.[2] Ferner muß der Verfasser der Kodexstelle mit der Entscheidung des alles überragenden Papinian vertraut gewesen sein, wenn auch der so stark anklingende Wortlaut[3] vielleicht bloß an eine gemeinsame Vorlage denken ließe. Warum ist dann l. 24 dem Käufer ungünstiger, und warum haben sich die Kompilatoren für die Norm der l. 24 entschieden? Endlich läßt l. 24 § 1 doch wieder, im Gegensatz zum pr., scheinbar eine merkwürdig frühzeitige Anstellung der *actio empti* zu.[4]

Wir haben oben gesehen, daß nach bloßem Beginn des Eviktionsprozesses die *auctoritas* den Verkäufer endgültig verbindet, während die Stipulationshaftung durch nachfolgenden Untergang der Kaufsache aufgehoben wird. Die *mota quaestio dominii* verwandelt die Haftung des Verkäufers in Schuld. Wenn

---

[1] Girard, Manuel S. 563 N. 2, erklärt die Änderung freilich damit, daß die Kaiser dem Käufer eine frandulose Hinausschiebung der Zahlung abschneiden wollten. Aber die Const. will offenbar im princ. nichts ändern, sondern eine feststehende Wahrheit wiedergeben, aus der (*unde*) eine Folgerung gezogen wird.

[2] Vgl. nur die Fragen ohne Antworten bei Bekker, Jahrb. VI S. 325.

[3] Costa a. a. O. hält daher die Stelle für eine Wiederholung der Papinianischen.

[4] Eck's (S. 34) Zögern, dies für seine Theorie auszunutzen, erweist sich jetzt begründet. Windscheid § 389 N. 8f., Dernburg[5] II § 97 N. 13 benutzten die Stelle.

nun daneben das von Bechmann sog. subjektiv-funktionelle Synallagma erstarkte, der Käufer also im allgemeinen seine Leistung so lange zurückhalten durfte, als der Verkäufer nicht erfüllt hat, so gelangen wir, sofern der Kaufpreis noch nicht gezahlt, die Defension aber schon zu leisten ist, zu einer wahren *exceptio non adimpleti contractus.* Dieselbe ist außerordentlich deutlich bei Papinian gegeben. Dabei hat er, so erklärt sich der mit *tametsi* beginnende Satz, den Gegensatz wohl vor Augen, den die Stipulation und die *actio empti* bieten.

Die Kodexstelle als eine Diokletianische Konstitution [1] behandelt griechisches oder wenigstens oströmisches Recht. Dennoch knüpft sie zunächst an occidentale Muster an; und es will mir scheinen, als ob sie im 1. Absatz eben die bei der *actio empti* wegen Eviktion geltende Ordnung (*iuris auctoritate monstratur*) korrekt wiedergeben würde. Bei ihr konnte das durch die Auktoritätshaftung gegebene Beispiel nur zur Zubilligung provisorischer Rechtsmittel führen. § 1 macht die Nutzanwendung (*unde*) auf einen Arrhabonkauf [2] und eine Eventualität, die im hellenistischen Verkehr in verschiedener Weise vorkommen konnte, überall, wo eine Publikation des Kaufvertrages behufs Ermöglichung eventueller Einsprüche erfolgte. [3] Nach der Veröffentlichung meldete sich entweder, wie es im Attika des 4. Jahrhunderts v. Chr. in dem Falle des Menekles und in demjenigen der Rede des Demosthenes gegen Nikostrates geschehen konnte, ein Pfandgläubiger, der den Ankauf geradezu untersagte, [4] oder es machte ein Prätendent

---

[1] Mitteis, Reichsrecht S. 11.

[2] Vgl. Gradenwitz, Einf. S. 81.

[3] Nach den freilich neuestens in ihrer Tragweite bestrittenen Mitteilungen Theophrast's (P. Vogt, Wiener Studien XVI S. 212, Hitzig, Sav. Z. XVIII S. 177) wurde der Kauf in Athen öffentlich angekündigt und eine Wartefrist anberaumt (die Stelle ist bei Hofmann, Beiträge S. 76—79 abgedruckt). An anderen Orten wurde der Kontrakt auf Stein gemeißelt und ausgestellt (Büchsenschütz, Besitz u. Erwerb im griech. Altertum S. 524 ff.) etc.

[4] Isaeus de Menecl. her. § 28: *διεκώλυε τὸ χωρίον πραθῆναι . . . καὶ ἀπηγόρευε τοῖς ὠνουμένοις μὴ ὠνεῖσθαι.* Demosth. c. Nicostr. § 10: *ὁ γὰρ ἀδελφὸς* (Arethousios, der Gläubiger) . . . *οὐδένα ἐῴη οὔτε ὠνεῖσθαι οὔτε τίθεσθαι ὡς ἐνοφειλομένου αὐτῷ ἀργυρίου.* Vgl. Beauchet III S. 254. 335.

oder ein Dritter den Käufer auf das Bestehen von Pfandrechten bloß aufmerksam. Dem Zwecke der Vertragspublizierung entsprechend, die ebensowohl dem Interesse des Käufers als den Dritten diente, mußte auch im letzteren Falle schon die *denuntiatio* als *mota quaestio* behandelt werden. Folglich durfte der Käufer auf den Kaufpreisrest nicht belangt werden, wenn nicht der Verkäufer Sicherheit leistete. Der Ausdruck *iudex tibi quae ex emptione veniunt praestare providebit* begreift die Satisdatio, welche dem Verkäufer vor der Urteilsschöpfung vom *judex* aufgetragen wird [1] und die *praestatio* der *καταγραφή*.

Wenn das Gesagte richtig ist, so ist die *actio empti* gerade nur unter dem Vorbilde der *actio auctoritatis* und in unbedeutendem Maße über sich hinaus gewachsen. Das Ergebnis ist ein von dem heutigen Recht, wo dem Käufer einer fremden Sache die Einrede des nicht erfüllten Vertrages schlechtweg (obgleich mit verschärfter Beweispflicht) zusteht, gänzlich abweichendes.

5. Weit ausgedehnt wurde die Verpflichtung des Verkäufers in der Vertragspraxis nicht nur des Vulgarrechts. Schon die dritte der siebenbürgischen Kaufurkunden begnügt sich nicht mit dem Ersatze dessen, *quod evictum ablatumve fuerit (quo minus uti frui habere possidere non liceat)*, sondern fügt in einer äußerlich den Zusatz verratenden Weise bei: *sive quot ita licitum non erit*, und die vierte sagt einfach: *quod ita licitum non erit* auf dem einen, und *quod ita habere possidere licitum non erit* auf dem andern Exemplar. Vorgekommen ist die vertragsmäßige Gestattung der Zurückbehaltung eines Teiles des Kaufpreises, *cum suspicaretur N. et S. controversiam moturos* [D. (18, 5) 10, 1][2] sowie die Vereinbarung der Entschädigung *si qua quaestio (servi)nomine relata esset, etsi necdum evictus esset*, (C. h. t. 12). Dazu tritt die Zusicherung

— Daß sich das attische Recht bis in die christliche Kaiserzeit im Orient erhalten hat, ist bekanntermaßen namentlich mit Bezug auf das Erbrecht von Mitteis, Reichsrecht S. 318 ff. nachgewiesen worden.

[1] Die Beziehung des *quae veniunt* auf die Sicherheitsleistung ist die alte Auffassung. Donellus, Op. omnia IX (Lucae 1720) c. 1504, Glück XX S. 371 N. 78.

[2] Merkwürdig ähnlich die Sitte der Aussetzung eines „Schirmkapitales" im 17. und 18. Jahrhundert, namentlich in Österreich.

lastenfreier Übergabe, und gegebenenfalls die Novation in die *ad dandum* verpflichtende Stipulation; von beiden soll noch die Rede sein.

Die ravennatischen Urkunden haben die Klausel *quod ita licitum non erit* aufgenommen[1] und stellen dem *evictum ablatumve esse* der Sache das *inquietari* des Käufers gleich.[2] Ferner wird nicht nur das *habere possidere uti frui,* sondern die beliebige Freiheit der Veräußerung gewährleistet, das *donare vendere commutare* oder *alienare licere more quo voluerit,*[3] in gleicher Art wie die ägyptischen Urkunden schon sehr frühzeitig in der Umschreibung des dem Käufer gewährten Rechtes ihm und seinem Rechtsnachfolger *ἐξουσίαν ἔχειν παραχωρεῖν, πωλεῖν ἑτέροις, ἀντικαταλάσσεσθαι, ὡς ἂν αἱρῶνται* oder ähnliches versprechen.[4] Die letztere Zusage kommt zwar auch bei beweglichen Sachen vor, sie steht aber vielleicht dennoch im Zusammenhang mit der Institution des Katasters. Mit etwas größerer Wahrscheinlichkeit scheint man diesen Zusammenhang von der vollends der Verschaffung des freien Eigentums nahekommenden Angabe behaupten zu dürfen, daß der Verkäufer den Kaufgegenstand nicht belastet oder veräußert habe und daß er wahrer und dispositionsberechtigter Eigentümer sei.[5]

---

[1] Spangenberg, Tab. neg. sol. n. 46; Marini, Pap. dipl. n. 117. 120. 122 (= Spang. n. 52. 54. 56).

[2] Marini n. 114. 117. 118 (= Spang. n. 49. 52. 52 a).

[3] Spangenberg n. 46; Marini n. 115. 119. 120. 122 (= Spang. n. 50. 53. 54. 56).

[4] Corp. Pap. Rain. I n. 4 (a. 52/3), 1 (a. 83/4), 223 (Zeit Hadrian's), 187 (1./2. Jahrh.), 206 (Ant. Pius), 189 (2. Jht.), 5 (a. 168); Berl. Gr. Urk. II n. 542 (a. 165), I n. 282 (Zeit des Marcus, nach 175), III n. 825 (a. 191); n. 869 = 236 (2. Jahrh. Sklavenkauf); 917 (a. 248); I n. 316 (a. 359; Sklavenkauf); Grenfell I n. 60 (a. 581), Paris 21bis (a. 592), 21 (a. 616) etc.

[5] So, worauf schon Eck S. 39 aufmerksam machte, in den Urkunden Marini n. 115. 121. 122 (= Spang. n. 50. 55. 56), z. B. *nullique antea portiones juris sui, sive competentes in integro, a se donatas, cessas, neque distractas, nec alicui offiduciatas nec cum quoquam se eas habere communes, neque per cautionem neque per venditionem aliove quolibet jure transtulisse, sed sui juris professus est* (*et si quis . . evicerit . . .*); über die Mitwirkung des Magistrates bei Vornahme der *corporalis introductio* und Umschreibung in den *polyptica publica* s. Brunner, Gesch. d. Urk. S. 122 u. die dort. Cit. In den Papyri erklärt sehr häufig der Verkäufer die Sache als die

6. Die Ausbildung der *actio empti* hat übrigens nicht immer den Vorteil des Käufers verfolgt. Doch ist ein grundsätzlicher Gegensatz zur Stipulation zu Ungunsten des Käufers kaum wahrzunehmen.

Eine leichte Fortbildung liegt darin, daß der Verkäufer sich auch nach der Eviktion durch Leistung der Sache in Natur samt einem ergänzenden Geldinteresse zu befreien vermag. (D. h. t. 67.)

---

seinige (ὑπάρχον) oder aus seinem Vermögen (ἐξ ὑπαρχόντων) zu verkaufen, vgl. Gradenwitz, Einf. S. 166. Ferner sehe man Kenyon II n. 154 S. 179 (a. 68) lin. 13, der Verkäufer erklärt die verkaufte αὐλή: μὴ ὑπερυποκειμένην μηδὲ προσεξηλλοτριωμένην διὰ μηδενὸς ἀρχείου —, und das höchst stereotype nachantoninische Formular, Wessely, Corp. Pap. Rain. I S. 14: καθαρὸν ἀπό τε ἄλλων πράσεων (παραχωρήσεων) καὶ ἑτέρων οἰκονομιῶν, darüber ausführlich Mitteis, Archiv für Papyrusforschung I S. 189, vgl. 197; besonders die Anzeigen an die Agoranomoi, wo freilich die (eidliche) Versicherung sich an diese allein (weil sie die Beglaubigung besorgen?) richten mag: εἶναί τε ἐμοῦ καὶ μήτε ὑποκεῖσθαι μηδὲ ἑτέροις ἐξηλλοτριῶσθαι κατὰ μηδένα τρόπον, Oxyrrh. II n. 263 (a. 77), I n. 100 (a. 133). Der Verkäufer steht für katastermäßige Hindernisse eines freien Erwerbs, Eintragungen und Vormerkungen, also mit sofortiger Verantwortlichkeit ein (ebenso aber bei Mobilien mit der Klausel καθαρὸν παρέχεσθαι und ähnlich für Freiheit von Lasten). Auf die Bereinigung des Grundbuches beziehen sich auch das Versprechen des καθαροποιεῖν Grenfell I n. 60 a. 581 n. Chr., ferner νομὴν καθαροποιεῖν Berl. Gr. Urk. I n. 313 (byz.), ein bei Mitteis, Hermes XXX S. 605 nachgewiesener, damals noch auf die *vacuae possessionis traditio* bezogener Ausdruck; und παρέχεσθαι τὴν βιβλιοθήκην καθαράν, Mitteis, Arch. f. Papyrusf. I S. 189. Dunkler ist der an sich kaum zu übersehende Zusammenhang dieser Formeln mit den in den römischen Quellen bei der Verpfändung vorkommenden Zusicherungen. D. 47, 20, 4 erwähnt eine solche, die eidlich geschieht, und ein Beispiel ist sogar in der (nach der richtigen Ansicht) fiduciarischen Manzipation der Poppaea Note v. J. 61 n. Chr. unter den pompeianischen Wachstafeln erhalten (Bruns, Fontes n. 109): *iuravit . . ea mancipia . . sua esse seque possidere, neque ea mancipia ali ulli obligata esse neque sibi cum ulo com[munia] esse.* Aber auch ohne Eid oder Zusicherung wird die dolose Verpfändung einer fremden oder anderweitig schon haftenden Sache für Stellionat erklärt in D. (13, 7) 16, 1; 36, 1; D. (47, 20) 3, 1, vgl. auch Eck, Z. Sav. St. IX S. 75. Nach alledem wäre ich am ehesten geneigt, die Heimat der Klausel im Gegensatz zur herrschenden Ansicht nicht mehr in die Verpfändung, sondern in den Kauf und das Manzipationsformular zu versetzen, von wo sie sodann in die fiduciarische Manzipation mitwanderte, während ihre Folgen schließlich auch durch Dolus herbeigeführt wurden. Doch hat die Haftung des Verpfänders ihre eigene Geschichte, unten G.

Die Stipulatio duplae[1] verfiel mit der Eviktion (D. h. t. 35), ohne daß wohl gerade die Form dies bewirkte; denn unter ihren Bedingungen ist auch diejenige des *non habere* enthalten. Die Stipulatio habere *licere* wird also auf gleiche Weise verfallen sein. Indessen ist es doch ein äußerliches Moment, daß die Stipulationen in Nachwirkung der Defensionspflicht auf den Fall der Eviktion berechnet sind. Eigentlich zu gewähren war bei der Haftung in jeder Form das Haben. Eben darum zögerte auch Paulus nicht, im gedachten Falle die Stipulation durch *exceptio doli* unschädlich zu machen, weil der Käufer *potest servum habere.* Daß infolgedessen der Verkäufer, wenn er die Sache nachträglich bietet und so die als eigentlichen Obligationsgegenstand empfundene Leistung zuführt, befreit wird, gilt nach allgemeinen Grundsätzen[2] selbst nachdem er auf das Geldinteresse verurteilt ist.[3] — Ohne Betonung eines systematischen Unterschiedes der Garantieformen ist es ferner zu erklären, daß die Rechtsfolgen der Entwehrung auf Grund der Manzipation und Stipulationen regelmäßig unter Absehen von Wertverminderungen und Verschlechterungen bemessen wurden, welche die Sache seit dem Kauf erlitten hatte, während der Regreßanspruch *ex empto* zu Ende der klassischen Epoche darauf Rücksicht nahm. Gerade das Letztere stimmt ja an sich mit dem überkommenen Aufbau der Obligation überein. Die Verpflichtung zur Aufrechthaltung des Sachgenusses ist erfüllt, solange der Genuß nicht entzogen (oder wenigstens gestört) ist. Der Käufer hat daher das Interesse *rem evictam non esse* als dasjenige zu erhalten, was ihm seit dem Beginne der Nichterfüllung entgeht. Folglich deckt sich die Behandlung der Kaufklage in diesem Punkte mit der Durchführung der älteren Grundsätze. Und es fällt umgekehrt auf, daß das Eviktionsprinzip just erst von der *actio empti* und zu einer Zeit, wo dieselbe sonst darüber hinausgewachsen war, um eine wichtige Folgerung bereichert worden wäre. Die Erörte-

[1] Arg. D. h. t. 34 und Inskription der l. 35 ad ed. aed. curul.

[2] D. (5, 3) 13, 14; cf. D. 6, 1 : 7; 46, 3 : 95, 9.

[3] D. (44, 4) 15. Die vermutliche doppelte Interpolation der Stelle (Lenel, Pal. Scaev. fr. 302, Pernice, Labeo II 1, S. 305 N. 1, Wenger, Actio indicati S. 81 N. 30) ändert wohl nichts an dem diesbezüglichen Sinne. — Ihr Tenor geht aber über den Satz *omnia iudicia absolutoria esse* J. 4, 12, 2 (Dernburg, Kompensation S. 183) hinaus.

rung der so gestellten Frage ist auf anderer Grundlage wieder aufzunehmen (2. Abschnitt).

D. Die actio empti auf praestare rem. Wir haben bisher ausschließlich die Rechtsmittel betrachtet, welche die Rechtsmängelhaftung im landläufigen Sinne, nämlich nach dem vollzogenen dinglichen Vertrage verwirklichten. Sie bildeten in der Zeit, wo Käufe nicht anders als mit sofortiger Sach- und Rechtsleistung abzuschließen waren, die einzige denkbare Garantie. Betreten wir darauf, da alles Zwischenliegende im Dunkel ist, sofort den Boden des klagbaren Konsensualkaufes, so ist von ursprünglich getrennten Funktionen der *actio empti* in Hinsicht auf Tradition und Garantie auszugehen. Die Scheidung muß nach allen neueren Untersuchungen als feststehend betrachtet werden, und hoffentlich trägt zur Befestigung derselben, wenn es noch überhaupt notwendig ist, auch die gegenwärtige Abhandlung bei. Darnach durfte die Erörterung der einschlägigen Wirkungen der Traditionspflicht bis hierher verspart werden. Zunächst mögen auch deren überlieferte Äußerungen Revue passieren. Es wird dann eine einheitliche Würdigung des römischen Rechtszustandes eher möglich sein.

I. Der Verkäufer muß tradieren oder wenn die Voraussetzungen der Manzipation vorliegen, dieselbe vornehmen.[1] Ist diese Leistung wegbedungen, so ist das Geschäft gar kein Kauf.[2] Daß es sich auch hier um *praestatio rei* handelt, bezeugt A. E. 11, 2.[3]

1. Nicht viel Bedeutung für die Fortbildung dieser Verpflichtung hat es zwar, daß der Verkäufer, welcher die Sache ohne sein Verschulden nicht liefern kann, die *rei vindicatio* und *condictio furtiva* abtreten soll [D. (18, 1) 35, 4, (47, 2) 14 pr.; 81 pr.]; —

2. größere aber die Verurteilung, wenn der Grund des Un-

---

[1] Paul, S. I 13a, 4; Gai IV 131a; D. A. E. (19, 1) 11, 2 mit der Restitution Lenel's Pal. Ulp. fr. 930. — Girard, Nouv. rev. 1884 S. 386 ff. — Naber, Mnemosyne, XVII S. 399 fügt hinzu Cicero, Top. 26 § 100. — Natürlich muß die Tradition mit *animus dominii transferendi* erfolgen, Kohler S. 237. Vgl. dazu die Verpflichtung zur Erwirkung der *καταγραφή*, Gradenwitz, Einf. S. 81; über das Versprechen zu manzipieren, s. Voigt, Rechtsgesch. I S. 648 N. 20.

[2] D. de C. E. (18, 1) 80, 3.

[3] Näheres Girard, Nouv. rev. 1884 S. 399 f.

vermögens mangelndes Eigentum ist, *ob id ipsum* auf das Interesse (l. 35, 4 cit. Gai.);

3. und in innigste Berührung mit der Garantie bringt es, daß der Verkäufer, der nachträglich das Eigentum erlangt hat, es übertragen muß (A. E. 46 Paul.). Alles dies fügt sich sofort unter den gemeinsamen Grundgedanken, daß der Kauf die endgültige und vollständige Überlassung dessen bezweckt, was der Verkäufer selbst an sachlichem und rechtlichem Stoffe hat.

II. Der Verkäufer hat fehlerfreien Besitz zu verschaffen. Dies ist mehr als bloße Übertragung dessen, was er hat. Es ist anderes, als die Garantie wegen Rechtsmangels. Die Befugnis dient auch dem Käufer, mag er das volle Eigentum erhalten haben, oder nicht.[1] *In re tradenda* wird dafür gehaftet, *ut emptor in lite de possessione potior sit* (Neratius, A. E. 11, 13), offenbar mit Rücksicht auf die *accessio possessionis* im Interdictum utrubi;[2] und[3] nach Julian eod. ist sogar zu prästieren, daß der Käufer *potior futurus sit,* derart, daß eine Tradition, die diese Rechtslage nicht herstellt, ohne weiteres für keine die Traditionspflicht erfüllende Leistung erachtet wird.[4] Der Kauf zielt von Anfang an auf ein dauerndes Haben des Käufers ab. Und dieses nicht in einem mangelhaften Besitzrecht verschafft zu sehen, ist lediglich eine verfeinerte Betrachtung auf gleicher Grundlage. Das Resultat stellt eine vollständig einheitliche Behandlung der Rechtsmittel vor und nach der Annahme als Erfüllung dar, höchstens daß vielleicht die Beweislast verschieden stand.

Der Verkäufer hat nicht bloß kraft ausdrücklicher und stereotyp gewordener Vereinbarung, sondern bei den klassischen

---

[1] Kohler S. 240 Sternnote.

[2] Bekker, Recht des Besitzes S. 308.

[3] Die Mitte zwischen beiden Entscheidungen nimmt A. E. (19, 1) l. 3 pr. ein, denn sie urteilt erst, nachdem Besitzentsetzung stattgefunden hat, nach rückwärts, *ut tradita possessio non intellegatur.*

[4] Ebenso Esmarch, Vacuae possessionis traditio S. 30, Bechmann I S. 551 f.; Ubbelohde bei Glück XLIII 5 S. 598. — Bekker, Jahrb. VI S. 266 f., erblickt darin nur eine Anwendung allgemeiner Eviktionsgrundsätze. — Daß die von Bernhöft, Dogm. Jahrb. XIV S. 183, gegen Eck aufgestellte Formel, Verkäufer habe „unentziehbaren Besitz zu übertragen", weiter ist als die soeben behandelte Verpflichtung, s. Windscheid, Pand. § 389 N. 8a.

Juristen von Rechts wegen die *vacuae possessionis traditio* zu leisten.[1] Auf die gesetzliche Haftung erscheint daher fr. 2 § 1 A. E. anwendbar, wo Paulus zur Erfüllung der nicht näher bezeichneten Pflicht, die *vacua possessio* zu übertragen, die Gewährung eines nicht einmal durch obrigkeitliche Missio beeinträchtigten Besitzes fordert.[2] Auch darin liegt wieder eine nur naturgemäße Fortbildung. Und wenn man von den in Rom keinen Regreß begründenden Lasten absieht, so darf der der Besitzverschaffungspflicht zu Grunde liegende Gedanke in Anbetracht der sonst vielfach zweifelhaften, insofern aber deutlichen Zeugnisse über die *vac. poss. trad.* dahin zusammengefaßt werden, daß die Verpflichtung „auf Überlieferung freien, d. h. durch keine Benutzung Dritter beeinträchtigten Besitzes geht, also eine Gewährleistung ungehemmter ökonomischer Ausbeutung der Sache involviert".[3] Damit verfließt die Grenze zwischen der Aufgabe der *actio empti*, den Besitz zu verschaffen und ihrer nunmehr zu besprechenden Funktion.

III. Viele deutsche Partikulargesetzgebungen haben unter der Spitzmarke der Verpflichtung zur *traditio liberae* oder *vacuae posses-*

[1] Dies hat Esmarch a. a. O. S. 21 f. 30 verneint. Doch ist Gai. IV 131a nicht anders aufzufassen und A. E. 3, 1 vo. *superesse*, spricht dafür. (Hölder, Krit. Vjschr. XVI S. 536; Krasnopolski, Mitteil. d. deutsch. Juristenvereins in Prag 1873, S. 122.) Zweifelhaft ist freilich die Auslegung von C. E. 68, 2. Während Esmarch darin die Verpflichtung zur *vacuae passessionis traditio* von Proculus versagt findet, liest Krasnopolski die l. im gegenteiligen Sinne, und Hölder sieht nur den Anspruch wegen denkbarer Unmöglichkeit der Leistung verweigert. Neuerdings hat Pernice, Labeo II 1 S. 178 f. die Stelle auf eigentümliche Weise aufgefaßt (Inwiefern verwirft Proculus die Klage aus der Dolusklausel der Stipulation?), in zweiter Linie aber Vorschläge zur Textkritik gemacht (S. 179 N. 1). Sollte nun nicht bloß der Satz *cum multis modis accidere poterit, ne tradere possit*, als interpoliert zu streichen, das übrige trotz des in ein falsches Tempus fallenden *aestimaretur* beizubehalten sein? Dann hätte Proculus allerdings die Klage *ex empto* auf *vacuae possessionis traditio* (*vacuae* zu betonen?) zu geben sich noch gescheut, wegen culposer Unmöglichkeit oder Mora aber die Dolusprästation *ex vendito* heranzuziehen versucht. Die Kompilatoren mußten diese Argumentation natürlich unschädlich machen.

[2] Cf. D. (43, 17) 3, 8. — Esmarch a. a. O. S. 21 f., Pininski, Sachbesitzerwerb I S. 334 f. — Aber A. E. 2, 1 ist keine Anwendung von A. E. 11, 13, wie Girard, Manuel S. 547 N. 2 sagt.

[3] Hölder a. a. O.

sionis den Verkäufer zur Ubergabe schlechthin lastenfreien Besitzes verbunden, und nur die öffentlich-rechtlichen und diesen gleichstehenden Lasten davon ausgenommen, im Wahne damit römisches Recht wiederzugeben.[1] Die Quellen bieten hierzu schon darum keine Veranlassung, weil in Rom bekanntlich wegen Grundservituten, wie wegen der an die Sache gebundenen obligatorischen öffentlichen Lasten, nur gehaftet wurde, wenn *dolus* angenommen werden durfte oder die Abwesenheit derselben zugesagt war.[2] Erfolgte die Zusage, so war die Erfüllung allerdings wirklicher Bestandteil des *praestare rem.* So enthält die Bezeichnung des *fundus* als *optimus maximus* das Versprechen *ut liberum praestet.*[3] Aber man wird gerade in dieser adjektivischen Verbindung ein Hinübergreifen des *praestare* über die Besitzübertragung erblicken dürfen.[4]

Eine Lücke in der Garantiepflicht der Verkäufer entstand nicht, weil wiederum die Urkundenpraxis — hauptsächlich bei Immobilien, doch soweit es not that auch bei beweglichen Sachen — in der umfassendsten Weise eingriff und in äußerst reichhal-

---

[1] Vgl. die quellenwidrige Theorie Westphal's Vom Kaufe § 234 S. 190 f. und unten Kap. 2, B, IV 1.

[2] Dolus: Cic. de off. III c 16, § 65: A. E. 21, 1; 41; 13, 6. — Zusage: C. 4, 49, 9. — Stipulation: C. 8, 44, 22. Für Servituten die bekannten Belege. Nach attischem Recht soll der Verkäufer *ex lege* die Sache *ἀναμφισβήτητον*, unbestritten, zu übergeben verpflichtet gewesen sein, Meier-Schömann II S. 717. Hinreichende Beweise bestehen aber wohl nicht dafür, daß dies eine Haftung ohne Eviktion und ohne Dolus in sich schloß.

[3] V. S. (50, 16) 169. D. h. t. 75 i. f.; C. E. (18, 1) 59. Der Sinn der l. 75 i. f. ist identisch mit jenem der ersten Stelle: *uti o. m. est* bedeute, daß das Grundstück frei von Lasten sei, nicht auch, daß ihm irgend welche Aktivservituten, auch scheinbar bestehende, zukommen. Wenn Eisele, Sav. Z. X S. 316 die l. 75 wegen der beiden Nisi-Sätze für interpoliert erklärt, so muß dies um so mehr des Sinnes halber geschehen, der wenigstens die Streichung des ersten *nisi* erfordert. Wie konnte man nur bis in die neueste Zeit (s. z. B. noch Enault, Des conséquenses de l'éviction, 1891, S. 48) *accedere* von Passivservituten verstehen! (Für die Neuern tonangebend Keller in Sell's Jahrb. III S. 113.) In den ägyptischen Urkunden steht die schon erwähnte Klausel *καθαρὰ ἀπό τε ἄλλων οἰκονομιῶν* ebenfalls als Qualifikation des *παρέχεσθαι* und neben der *βεβαίωσις*. Versprechen *ut liberet, redimat:* D. C. E. (18, 1) 41.

[4] Infolgedessen glaubte ich oben das fr. 52 § 1 A. E., anders als Cuiac, von der Klage nach erfolgter Tradition verstehen zu dürfen.

tigen Klauseln die Freiheit von Hypotheken und Lasten jeglicher Art zu sichern pflegte. Der Beispiele enthebt die außerordentliche Regelmäßigkeit des Gebrauches. Was aber das Gebiet der römischen Legalhaftung betrifft, so hat, wie schon berührt wurde, die Gewähr des *furtis noxisque solutum esse* ja sehr bald von dem Eviktionserfordernis überhaupt Abstand genommen. (A. E. 11, 13). Aus dem übrigbleibenden engeren Rechtsmängelbestand ist die Erstreckung der Traditionspflicht auf die Freiheit vom Pfande bezeugt.

C. h. t. 5. Antoninus (Caracalla) a. 212. *Ex praediis, quae mercata es, si aliqua a venditore obligata et necdum tibi tradita sunt, ex empto actione consequeris, ut ea a creditrice liberentur: idem* [M.] *fiet, si adversus venditorem ex vendito actione pretium petentem doli exceptionem opposueris.*

Gerade weil das Reskript nicht sagt, ob die Sache als belastete vom Verkäufer sofort geliefert werden könnte oder ob der Pfandgläubiger sie besitzt, muß ersteres angenommen werden; sonach handelt es sich wirklich um Lieferung frei von Pfandnexus. Daß die Voraussetzung *praedia necdum tradita sunt* eine wesentliche ist, möchte ich mit der alten Schule[1] glauben. Die Pfandablösung erschiene dann hier als Qualifikation der Tradition in der Weise, daß der Käufer sie nur vor der Tradition fordern darf.[2] Die Gründe dieser Entscheidung aber müssen, welche immer es gewesen seien, die Verallgemeinerung vertragen. *A minori ad maius* muß das gleiche vor allem für den Eigentumsmangel gelten.

E. Die actio empti gegen den dolosen Verkäufer. Von den Ergänzungen, welche die Rechtsmängelhaftung durch die Aufnahme der Dolusbekämpfung in das Kaufrecht erfuhr, ist hier folgendes zu erwähnen.

1. Es scheint, daß der Dolus bei Verkauf einer fremden Sache schon zu einer Zeit mit *empti iudicium* verantwortlich machte,

---

[1] Donellus, De evict. ad C. 8, 45, 5, op. omnia IX c. 1465.

[2] Der letzte Satz der Stelle gilt derzeit als letzt übrig gebliebene Stütze der Anschauung, daß die *exceptio non adimpleti contractus* eine technische Einrede gewesen sei. (Girard, Manuel S. 529 f. N. 4.)

als bloß die Stipulation zum Rückgriff gegen den *venditor ignorans* verhalf. A. E. 11, 15.[1]

2. Ein *pactum de non praestanda evictione* befreit nicht den *venditor sciens,* bei Unkenntnis des Käufers vom Mangel.[2]

3. Der erstere haftet, *etiam priusquam evincatur*, auf *quanti intersit rem meam esse factam.* A. E. 30, 1.

4. Er haftet nach der Eviktion für Impensen, die der Käufer fahrlässig vom Eigentümer nicht hereingebracht hat.[3]

5. Der *dolus* macht auch für Mängel haftbar, die sonst der Käufer tragen muß.[4]

6. Nach alledem scheint es auch, trotzdem D. h. t. 21 pr. interpoliert sein dürfte,[5] im Geiste schon des klassischen Rechts zu liegen, daß der wissentliche Verkäufer einer fremden Sache selbst nach Untergang derselben *de dolo* mit Kauf- oder Dolusklage haftet.[6]

Die Klage wegen Täuschung des Käufers war demnach und namentlich, wenn man die immerhin weitreichende Fassung des Dolusbegriffs bei den klassischen Juristen[7] erwägt, ein elastisches und allgegenwärtiges Aushilfsmittel. Man darf aber noch weitergehen. Im Falle der vom Käufer auf einen gutgläubigen Verkäufer nicht abwälzbaren Mängel (Z. 5) ist natürlich die Schadensabsicht des Verkäufers nötig; sie ist in dem *celare,* A. E. 1, 1, enthalten. Wenn der Verkäufer, trotzdem er einen Fehler kennt

---

[1] Das Fragment handelt zwar von dem speziellen Fall, daß ausbedungen ist, es solle die Stipulation binnen 30 Tagen abverlangt werden, *postea ne quid praestaretur.* Allein darin zeigt sich doch, daß mit der Ablehnung der Stipulation auch die Garantie abgelehnt sein sollte. (Degenkolb, Ztschr. f. Rechtsgesch. IX S. 162). Die ganze Stelle trägt altertümliches Gepräge, ist ja auch offenbar Ausspruch des Minicius, der immerhin noch älter sein dürfte als Neratius (eod. § 8).

[2] A. E. 1, 1; 6, 9; 11, 18; 13, 6; 39; D. h. t. 69, 5.

[3] Dies dürfte der Sinn von A. E. (19, 1) 45, 1 sein. Willkürlich ist die Auslegung bei Kempin, Haftung des Verk. einer fremden Sache, S. 61.

[4] Cic. de off. III c. 16, § 67. A. E. (19, 1) 1, 1; 21, 1; D. h. t. (21, 2) 74, 3.

[5] Pernice, Labeo II 1 S. 223 N. 3.

[6] Vgl. Windscheid II § 390 N. 16, Puntschart, Fundam. Rechtsv. S. 357, Hofmann, Periculum S. 43 N. 12 S. 142.

[7] Über dessen Entwicklung Pernice, Labeo II 1 S. 158, 161 u. ö.

und nicht anzeigt, die Garantie wegbedingt (Z. 2), so wird in der Regel der böse Wille dadurch erwiesen sein; auch da kann aber bloße Fahrlässigkeit vorliegen, und diese annehmen heißt jedenfalls eine Anzeigepflicht schlechtweg statuieren.[1] In den anderen Fällen ist speziell aus den angeführten Entscheidungen nicht zu entnehmen, ob man bei einer Verschweigung[2] in gutem Glauben und ohne *culpa lata* ohne weiteres die Dolushaftung ausgeschlossen hätte, z. B. wenn der Verkäufer glaubt, der Käufer kenne den Mangel, etwa ein Pfandrecht, selbst; oder die Sache eines Nachbarn in der gegründeten Erwartung der Genehmigung als die seine verkauft. Die Juristen betrachten vielmehr *dolus* und *ignorantia* meist als erschöpfenden Gegensatz. Und wenn daher gerade l. 30 § 1 de A. E. V. die festeste Stütze der Eviktionstheorie, von *scientia* kurzweg spricht, so könnte sehr wohl die bloße Kenntnis des Mangels an Stelle aller übrigen Elemente des Dolus,[3] ja selbst der rechtswidrigen Absicht getreten sein. Africanus operierte eben wie die Juristen so oft unter dem Zwange, die *actio empti* entweder wegen des *praestare dolum malum abesse* oder des *praestare habere licere* zuständig machen zu müssen. Da das letztere nicht angeht, solange das Haben besteht, so mußte er zu der gegen den Dolus bestimmten Waffe greifen. Jedenfalls muß Verschweigung aus grober Fahrlässigkeit, möglicherweise[4] kann ebenso die auf grober Fahrlässigkeit beruhende Unkenntnis des Verkäufers dem *dolus* gleich gegolten haben.

F. Die Synthese des klassischen Rechts in der letzten gemeinrechtlichen Doktrin. Wird die Behandlung des dolosen

---

[1] Soweit ist Modestin, A. E. 39 i. f. anscheinend nicht gekommen. Aber seine Antwort könnte auch als eine allgemeine Bejahung der Frage aufgefaßt werden, ob Prästation platzgreife, wenn *venditor novit* und *specialiter excipere potuit et debuit*.

[2] Daß Cicero a. a. O. mit der *reticentia* doloses Verschweigen meint, ist zweifellos. So verstehen es wohl auch Bechmann I S. 654, Hanausek I S. 43.

[3] Denn „es ist klar, daß die *scientia* nicht überall und ohne weiteres den Dolus in sich schließt". Pernice, Labeo II 1 S. 149 bei N. 2.

[4] Eck S. 27 nimmt auch dies als sicher an, vom dogmatischen Standpunkte aus mit Recht.

Verkäufers bei seite gelassen, so bleibt doch eine starke Annäherung der ersten beiden Funktionen der *actio empti* festzustellen, indem da die Anforderung sich mildert, daß die rechtliche Situation sich zur Eviktion zuspitze, dort der Kaufvollzug auf seine Tauglichkeit, dauernd Recht zu beschaffen, geprüft wird. Im gemeinen Recht glaubte man nun lediglich zur Zusammenfassung dieser Ansprüche schreiten zu sollen, und legte dann nicht mit Unrecht alles Gewicht auf diejenige Gruppe von Entscheidungen, welche die Garantie zu einer Verpflichtung, das *habere licere ex empto* zu gewähren, vertieft hat. Damit rechtfertigte sich im wesentlichen die Eck'sche[1] Theorie, nach dem jüngsten römischen Recht sei die Sache als eigene zu übergeben und der Genuß derselben wie einer eigenen zu gewähren. Bei dieser Formulierung wäre die Ausdrucksweise Windscheid's[2] benützt, doch eine kleine Änderung verstattet. Denn führt man jenes System ernsthaft durch, so ist nach dem Wegfall der Geldkondemnation auch der Charakter des Rechts als solchen auf Schadensersatz abgestreift. Es wird nicht mehr für Störung eingestanden, sondern der Genuß gewährt.[3]

Jene These geht darüber hinaus, bloß einzelne Ereignisse als Haftungsgründe neben die Entwehrung zu stellen. Dann aber erscheint bereits im Resultat die Eviktion vollständig deklassiert. In den Pandektenlehrbüchern hat sie freilich bis zuletzt eine ungebührlich große Rolle gespielt und die Lehre dadurch ein sonderbar anorganisches Gefüge erhalten. Einerseits wagte man

---

[1] Eck hat in glücklicher Weise die Andeutung in A. E. 30, 1 benutzt, daß der dolose Verkäufer sofort hafte, *maxime si manumissuro vel pignori daturo vendiderit,* indem er darauf die Haftung für jede Verletzung das Interesses des Käufers baute. (Verpflichtung S. 43, in Holtzendorff's Rechtsl. 3. Aufl. IV S. 439.)

[2] Windscheid, P. II § 389 b. N. 7. Er hat Eck's Theorie am meisten verbreitet.

[3] Ein ungefähres Bild des Verhältnisses, wie es darnach dogmatisch zu denken wäre, liefert Huc, C. Civ. ital. et. C. Nap. S. 270, wenn er von Verpflichtung auf *délivrance continue* spricht; damit ist die Leistung gut als dauernde gekennzeichnet. Richtig bliebe auch, daß mit der Tradition „zunächst", „primär" erfüllt ist, wie man oft sagt; und daß der Anspruch auf das Interesse in der *actio empti* nicht „aktuell enthalten" ist (Schey in Grünhut's Ztschr. IX S. 398 N. 117).

sich doch nicht zu weit von den Quellen zu entfernen. Andererseits offenbart sich bisweilen immer noch eine unklare Vorstellung über die vermeintliche deklaratorische Bedeutung des Eviktionsprozesses.[1] Die Eviktion ist in Rom zwar lange der einzige und noch länger der hauptsächlichste Haftungsgrund gewesen, und sie konnte schließlich möglicherweise wie heute der praktisch wichtigste Anlaß zum Regresse sein, wenn bis zu ihr der Käufer den Fehler nicht kannte oder anerkannte. Sie war aber niemals der einzige zulässige Beweis des etwa — an sich oder vermöge der Verletzung des Interesses des Käufers — die Haftung begründenden Rechtsmangels. Sie galt nicht einmal als unwiderleglicher Beweis, sondern gerade das Recht der *actio empti* setzte sich mit Entschiedenheit über den Ausgang des Prozesses hinweg, indem es den Einwand der *iniuria iudicis* zuließ. Andererseits ist bei einigermaßen konsequenter Festhaltung des angenommenen Prinzipes die Eviktion durch Beweispflicht des Käufers und Verbindlichkeit desselben zu einer gewissen Diligenz vollständig ersetzt. Dem Erfordernisse der Eviktion aber entgegengesetzt ist es, daß just im modernen Recht das Eviktionsurteil — nicht erst die Eviktion und nicht schon die Eviktion — unter Umständen den Bestand des Rechtsmangels im Streit über den Regreß gegen den Verkäufer

[1] Windscheid selbst sagt in dem unverändert der Eviktion gewidmeten Paragraphen (§ 391 bei N. 10), es sei nicht notwendig, daß der Rechtsmangel gerade durch ein richterliches Urteil konstatiert sei; auch wenn der Käufer die Sache freiwillig herausgegeben hat, könne er sich seinen Entschädigungsanspruch durch den Nachweis sichern, daß bei der Unzweifelbarkeit des Rechts des Dritten der Rechtsstreit überflüssig gewesen sein würde. Dies ist irreführend; es kommt nach Windscheid's eigener neuer Meinung vielmehr nur darauf an, ob der Käufer jetzt den Mangel nachweisen kann, und ob sein Interesse die Herausgabe verlangte, ja das letztere versteht sich durch den Verlust des Ersitzungsbesitzes von selbst (Dernburg, [5]II P. § 99 b. N. 31). Doch beruht dieser Zwiespalt in der Lehre Windscheid's selbst gewiß nicht auf dem oben gerügten Denkfehler. — Die Nachteile der Darstellung, die regelmäßig die Eviktionslehre nach alter Schablone vorträgt und schließlich mit der kurzen Bemerkung endigt, nach modernem Recht sei in Entwicklung von römischen Ansätzen das Erfordernis der Eviktion zu verlassen, springen in die Augen. Fast kein einziger Satz des vorher Gelehrten bleibt darnach richtig.

außer Frage setzt, und dies nicht kraft seiner Entziehungswirkung, sondern kraft der Streitverkündigung oder Intervention.

Neben der in höherem oder minderem Maße angenommenen Eck'schen Theorie bestanden noch zwei erwähnenswerte Lehren. Nach der einen soll die Gewährleistung nicht unmittelbar aus dem Kaufgeschäfte, sondern „erst mit der Tradition entstehen",[1] oder sich gar auf die vollzogene Tradition allein als neue, die Traditionspflicht ablösende Verbindlichkeit gründen.[2] Richtig daran ist einesteils, daß die Sachübergabe erst die Haftung aus den Verpflichtungen des Verkäufers herausschält, und andernteils, daß das ältere Recht den Schutz gegen Dritte nur eintreten lassen konnte, wo der zu schützende Zustand des Habens gegeben war. Die für eine präponderante Stellung der Tradition im letzten klassischen Recht von Brinz berufenen Quellenaussprüche sind nunmehr als interpoliert und von Manzipation redend zu erkennen.[3] Für die Quellen fällt auch häufig Kauf und Tradition zusammen, weil sie an Barkäufe denken. Vollerfüllung aber ist die Tradition niemals gewesen, wo der Kauf für Entwehrung überhaupt haftbar machte; dies ergibt ein Blick auf die *„actio empti"*.

Umgekehrt spricht die andere Theorie von „Scheinerfüllung"; es ist die Lehre Bekker's, der seiner Zeit an die Trennung der Klagen auf Tradition und Gewährleistung im römischen Recht überhaupt nicht glaubte. Nach ihm soll der Verkäufer, wenn er nicht volles Eigentum verschafft hat, als solcher gelten, der nicht tradiert hat, — dies aber erst nach der Eviktion. Den wertvollen Kern dieser als mehrfach unhaltbar erwiesenen Behauptung bildet die Einreihung der Gewährleistung als ebenbürtige unter die übrigen Leistungen des Verkäufers. Ihr Irrtum ist bereits aus der Quellenexegese erkennbar.[4]

---

[1] Brinz, Pand. 2. Aufl. II § 326 N. 8 S. 713 cf. S. 733 f.

[2] Deutlich sprechen diesen häufig vorschwebenden Gedanken aus Duaren ad ht. Rubr. op. om. Francof. 1592 S. 1216: *ex nova causa actio de evictione datur*, von neueren z. B. Hasenöhrl, Obl. II § 92 N. 12. 14, dessen Behauptung, das ältere römische Recht betrachte die Obligation als mit der Erfüllung (soll heißen Tradition) erloschen, nur auf den garantielosen Kauf paßt.

[3] D. h. t. 62 pr.; 69; 39, 4 werden von Lenel auf die *auct.* bezogen; dasselbe dürfte von l. 61 gelten. Paul. II 17, 2 gehört nicht hierher.

[4] A. E. (19, 1) 3 pr. (noch Sjögren, Konventionalstrafen S. 94 läßt

G. Würdigung des römischen Haftungssystems. So kühn die Eck-Windscheid'sche Formel vielen erschien, so ist sie doch dem historischen Prozesse nicht im vollsten Maße gerecht geworden. Ihre Prämissen waren teilweise fehlerhaft. Sie wollte die Brücke benutzen, welche die römischen Juristen von dem alten zu einem neuen System zu schlagen begonnen haben. Aber sie hat — man verzeihe die Fortführung des Bildes — das Brückenmaterial an einem unrichtigen Punkte und daher ohne den rechten Erfolg verwendet. Mit Eck selbst ist dabei gar nicht zu polemisieren. Er zeigt in seinem kurzen Schriftchen gegenüber der in die Eviktionsordnung verlorenen Meinung die freie Fortbildung des klassischen Rechtes auf reichliche Weise, und hat an mehr als einer Stelle weitergehende Ansichten ausgesprochen, als sein schließliches vorsichtiges Votum für das gemeine Recht einschließt. Von Windscheid aber muß uns die

sich durch dieses Fragment irre leiten) bezieht sich auf die Verschaffung des Besitzes, und dies in einer später überwundenen Phase, s. oben S. 90 N. 3. Ebenso schlimm steht es aber mit D. h. t. 33 (Bekker, Jahrb. VI S. 301), die auch Windscheid, Pand. § 391 N. 32 nicht gehörig würdigt. *Si servum emero et eundem vendidero, deinde emptori ob hoc fuero condemnatus, quia tradere non potui evictum, committitur stipulatio.* Bekker (S. 234 f.) versteht die Stelle so, daß die Tradition an den zweiten Käufer und hierauf bei diesem Eviktion stattgefunden habe, welche die Tradition als nicht ordnungsgemäß und daher quasi als nicht erfolgt darstellt. Die bis auf Bekker verbreitete Meinung, daß die Eviktion beim ersten Erwerber erfolgt sei, mute dem Juristen eine schiefe Entscheidung zu, denn diesen Fall hätte er erledigen sollen: *evictus mihi est servus.* Allein so hätte er ihn nicht erledigen dürfen, er wäre auf den Einwand gestoßen: *neque enim mihi evinci videtur, cum vendiderim eum* (Paul., D. h. t. 41 pr.). Der Käufer muß an dem Unterbleiben der Eviktion ein Interesse haben, das, wenn die Eviktion beim Nachmann erfolgt, in dessen Rückgriffsrecht besteht. Wenn sie den Käufer noch selbst trifft, ist er nach dem Weiterverkauf nur insoweit interessiert, als er wegen nicht geschehener Tradition in Anspruch genommen werden kann. Die Worte *quia tradere non potui evictum* zu verstehen als ob es hieße: *quia traditus non intelligitur evictus,* verbietet sich nicht nur sprachlich, sondern Bekker's Argument kehrt sich wider ihn selbst. In A. E. 3 pr. will der Jurist wirksame Tradition nicht anerkennen, um damit dem Käufer Schutz wegen fehlerhaften Besitzes zu verschaffen. Hier aber, wo die Eviktion erfolgt ist, dürfte Ulpian, wenn er einen gewöhnlichen Entwehrungsregreß meint, nicht sagen *quia tradere non potui,* sondern *quod evictus est.*

fundamentale Auffassung des römischen Systems trennen. In seinen Augen nämlich bestand ein einziges solches System, das die Juristen allenfalls da und dort erweiterten. In Anbetracht der überragenden Autorität Windscheid's und da seine Meinung die herrschende geworden ist, dürfte eine ausführlichere Auseinandersetzung wohl am Platze sein.

Nach Windscheid's und unzähliger Anderer Anschauung ist der römische Kauf ein Zwitterding eigentümlicher Art. Er ist „auf Verschaffung des Rechtes gerichtet". „Der Wille des Verkäufers geht auf thatsächliches Haben überhaupt nicht, oder doch nur insofern, als das thatsächliche Haben die Konsequenz des rechtlichen Habens ist."[1] „Von der anderen Seite ist es ebenso wahr, daß das römische Recht dem Käufer auf Grund bloß davon, daß ihm nicht das Recht verschafft worden ist, einen Anspruch nicht gewährt." Das Rätsel dieser Gestaltung ist nie gelöst worden. Aber es will mir scheinen, als wären beide Teile jener Behauptung zwar jeder für sich richtig, in ihrem Zusammenhang jedoch unrichtig, trotzdem sie vielleicht gleichzeitig in Geltung gestanden haben mögen. Denn sie sind kein organisches Gebilde; sie sind die Ergebnisse zweier sich ablösender Perioden, die Äußerungen zweier fundamental verschiedenen Denkweisen. Die ältere Denkart beherrscht, wie sofort festgestellt sei, die bei weitem überwiegende Anzahl der auf uns gekommenen Fragmente. Der vorstehende Überblick zeigte, daß die letzteren zum größeren Teile dem Rechte der Manzipation, der *stipulationes auctoritatis*

---

[1] Das Argument dafür muß sofort zurückgewiesen werden. „Wäre der Wille des Verkäufers auf thatsächliches Haben gerichtet, würde der Käufer durch einseitige Inbesitznahme der Kaufsache Eigentümer werden, und davon ist das Gegenteil wahr." „Es braucht einen neuen Willensakt des Verkäufers, da aber der Wille des Verkäufers nicht gerichtet ist auf thatsächliches Haben, so muß er gerichtet sein auf rechtliches Haben." Also weil der Kauf nicht Eigentum überträgt, so muß er auf Eigentumsübertragung gerichtet sein? Der Ausdruck „thatsächliches Haben" wird hier mit sofortigem Haben verwechselt; dieses ist aber selbstverständlich kein Gegensatz zum rechtlichen Haben. Man muß dies sagen, da auch dieses Windscheid'sche Argument in unzähligen Varianten wiederholt wurde. Ob es überdies so ganz richtig ist, daß der Kauf immer nicht auf sofortiges Haben gerichtet war, kann an dieser Stelle dahingestellt bleiben.

und *habere licere*, der *stipulatio duplae* und *simplae* angehören; von dem auf die *actio empti* bezüglichen Material steht weitaus das meiste vollständig unter dem Einflusse der alten Formen. Ja ich bin weit entfernt davon, zu behaupten, daß sich irgend ein römischer Jurist von diesem Einfluß frei gemacht hat. Der so weittragende und so lange nachwirkende ältere Gedanke ist aber kein anderer als die Haftung auf Defension. In der Übersicht, die bisher unseren Gegenstand gebildet hat, wurde versucht, die von Bechmann begründete, von Girard geförderte Erkenntnis des geschichtlichen Zusammenhanges insofern zu ergänzen, als mit der *stipulatio habere licere* das Bindeglied zwischen der ältesten und den neueren Garantieformen (der *stip. duplae* und *actio empti*) gegeben scheint. Hinzu kommen unsere Nachrichten über die urkundliche Festlegung der Defensionspflicht in der oströmischen *βεβαίωσις*, die im größten Teil der einschlägigen Kaiserkonstitutionen, namentlich der zahlreichen Diocletianischen, eine Rolle spielt. So ergibt sich ein trotz seiner Einfachheit neues Resultat. Das vielgenannte Eviktionssystem, wie es die Hauptmasse der Quellen bietet, ist nur das letzte Produkt des Defensionsrechtes und verleugnet nirgends seinen Ursprung.

Die Richtigkeit dieser Behauptung ist hoffentlich durch das oben zusammengetragene Material erwiesen. Die Wissenschaft scheint freilich weit davon entfernt, sie anzuerkennen. Doch nur gleichsam anhangsweise seien die wichtigsten anderen Ansichten über den Ursprung des Habere-licere-Systems erst jetzt erwähnt; die in historischen Dingen doppelt unfruchtbare negative Kritik möge dadurch erspart bleiben. Vielerlei Argumente, die häufig mit der Absicht vorgebracht wurden, die Entstehung jenes Systems zu rechtfertigen, müssen entweder deshalb ausscheiden, weil sie in Wahrheit lediglich seine Erträglichkeit in Rom motivieren können oder deshalb, weil sie gar auf eine Glorifizierung dieses unter keinem Gesichtswinkel verführerischen Systems hinauslaufen. Der hier vertretenen Auffassung dürfte sich nur Eck nähern.[1]

[1] Voigt, Jus naturale IV S. 536 ff., gibt eine vielleicht in manchen Beziehungen verwandte Anschauung kund, indem er in eigentümlicher Weise an die *exceptio rei venditae et traditae* und die *actio Publiciana* anknüpft. — Kaum erwähnenswert sind die älteren Auffassungen. Wenn z. B. Trop-

Brinz[1] begründet die römische Ordnung der Materie damit, daß das dingliche Geschäft, vor allem die formlose Hingabe, nicht die *obligatio dandi* hätte enthalten können, sondern nur den obligatorischen Zusatz der Haftung *ob evictionem.* Ich kann dies nicht zugeben. Die Absicht des Käufers, Eigentum zu erhalten, braucht nicht juristisch sublimiert aufzutreten sondern kann, und das wird oft noch heute passen, sich als Absicht auf Erlangung eines faktisch dem Eigentumserwerb entsprechenden Zustandes geben; so viel hätte aber auch das Bargeschäft von Anfang an erreichen können.

Kohler[2] hat mit gewohnter Intuition erkannt, daß die historische Untersuchung bei der Manzipationshaftung einzusetzen hat; diese aber erklärt er damit, daß, wenn man Eigentumsverschaffung als wesentlich verlangt hätte, die Manzipation einer fremden Sache hätte als nichtig behandelt werden müssen und es danach schwer gefallen wäre, eine Basis für die Ersitzung zu finden und noch schwerer, das Geschäft nach vollendeter Ersitzung konvaleszieren zu lassen. Aber ist es wirklich primitive Auffassung, ein Formalgeschäft für nichtig zu erklären, weil ein innerliches Element irrig für vorhanden gehalten wird? Zum mindesten vermisse ich den Beweis dafür.[3]

---

long, Vente I n. 4 das römische System mit aristokratischer Grundverfassung, mit *idées retrécies* und starrer Ausübung der Formeln erklären will, so paßt das wenig auf die Geschichte des Kaufs.

[1] Brinz, Pand. II § 280 S. 334 ff. Von verwandten Ansichten geht Bechmann, Kauf I S. 104 ff. aus, wobei er aber nur den Nachweis führen will, daß das römische Eigentumssystem es unmöglich machte, die Eigentumsverschaffung zur wesentlichen Verpflichtung zu erheben.

[2] Kohler, Abh. S. 242 f.

[3] Regelmäßig lehrt man zwar, nach dem Stadtrecht von Gortyn sei der Verkauf der dort besprochenen (übrigens unter einem Veräußerungsverbot stehenden), in fremder Verwaltung befindlichen Sachen durch den Verwalter nichtig (Zitelmann, Stadtr. v. G. S. 173; Recueil des Inscr. jur. grecques S. 467); aber davon steht im Text nichts, sondern nur: *τὰ μὲν κρέματα ἐπὶ τᾶι ματρὶ ἔμεν, ἐπὶ τᾶι γυναικί* (VI 17 f.) *ἐπὶ τοῖς τέκνοις* (VI 38), *ἐπὶ τᾶι πατρωιώκωι* (IX 10), die Güter werden bei der Mutter, der Ehefrau, den Kindern, der Erbtochter stehen, d. h. nicht Eigentum des Erwerbers werden. Zum Überfluß ist zweifellos Eviktion notwendig (oben S. 7 N. 3 und Recueil l. c.). — Im indischen Recht ist nach Kohler, Ztschr. f. vgl. Rw. III

Neuestens will Chausse,[1] in Anknüpfung an Mommsen's Theorie, welche den Konsensualkauf aus der Nachahmung der *leges censoriae* entstanden denkt, schließen, die Begünstigung, die sich der Staat als Verkäufer erwirkte, sei mit übernommen worden, um nicht die Perfektion des Vertrags zu gefährden. Ähnlich, aber sinnvoller, führt Girard[2] das System auf eine Erfindung der alten Praktiker zurück, welche die ersten Stipulationsformulare, nach Girard die Muster der *emptio venditio*, redigierten. So weit diese Deduktionen auseinander gehen, so wenig können sie wohl befriedigen.

Wie verhielt sich nun in jener Ordnung, um einer gebräuchlich gewordenen Frage nicht auszuweichen, die Sanktion des Kaufes zur Absicht der Parteien? Soll man annehmen, daß sich beide nicht deckten? Worauf die Absicht ging, wird freilich nicht von unserem Denken aus mit der einfachen Formel: Rechtsverschaffung oder Sachleistung,[3] beantwortet werden dürfen.

Nahezu Einstimmigkeit herrscht gegenwärtig über den früher vielbestrittenen und bisweilen immer noch bekämpften[4] Umstand, daß die *actio empti,* bald nachdem sie überhaupt geschaffen worden war, rücksichtlich verkaufter *res mancipi* zur Erwirkung der Manzipationsvornahme diente, und bei *res nec mancipi* den Abschluß der Tradition in entsprechender Weise förderte, insoweit die

---

S. 192 der Kauf einer fremden Sache nichtig; ich weiß nicht, ob dafür ein anderes Argument besteht, als daß der Kaufpreis restituiert wird. Ein anderes Recht als das indische führt auch A. H. Post, Grundr. der ethnol. Jurisprudenz II S. 633 N. 2, dafür nicht an, daß vermeintlich die alten Rechte bezüglich der Gültigkeit des Kaufs fremder Sachen auseinandergehen.

[1] Chausse, Nouv. revue historique XXIII (1898) S. 523 ff.

[2] Girard, Manuel (1901) S. 545.

[3] Während Windscheid in den Quellen die Richtung auf Rechtsverschaffung erkennen will, findet z. B. Lenel, Dogm. Jahrb. XIX S. 178 N. 43 mit Recht darin diejenige auf bloße Sachverschaffung ausgedrückt. Dem hierauf gerichteten Geschäfte sei aber die Verpflichtung zur Eigentumsverschaffung ganz gemäß, was wohl nicht vollkommen verständlich ist.

[4] Vgl. die bei Eck S. 25 N. 3 Citierten. — Neuerdings Voigt, Rechtsgesch. I S. 643 N. 3, II S. 922 — ohne Gründe; denn aus der Verpflichtung, das *habere licere* zu übertragen, vollends aus den Worten des Urteils, Corp. inscr. lat. X, 1, n. 3334 Z. 4: *se possessorem esse ex causa emptionis* folgt für die Frage nichts.

Wirksamkeit des unförmlichen dinglichen Vertrages überhaupt von der Beobachtung von Rechtsvorschriften (z. B. *voluntas domini* bei Tradition durch den Sklaven) abhing. Zwar ist ein System nicht undenkbar, das den Verkäufer lediglich zur körperlichen Hingabe veranlaßt und daneben irgendwie für den Eviktionsfall sorgt. Allein das Nächstliegende ist es nicht. Weder kann die „empirische Absicht“ des Käufers jemals in historischen Zeiten so bescheiden gewesen sein, nur dies anzustreben, noch kann die Sanktion des Kaufes, gleich was die erste Erfüllung des Geschäftes angeht, derartig weit hinter der Erwartung des Käufers zurückgeblieben sein. Die Richtung auf endgültige und vollständige Überlassung alles dessen was der Verkäufer selbst hat, wird denn auch nahezu allseits dem römischen Kaufe zuerkannt; sie stimmt mit dem oben über den ursprünglichen Zweck des Kaufes Gesagten überein. Was wir an römischen Quellen besitzen, steht damit im Einklang.[1] Und weder im griechischen noch in den germanischen Rechten der historisch beglaubigten Epochen ist, soviel ich zu sehen vermag, der Anspruch auf Vornahme des jeweils zur Eigentumsübertragung vorgeschriebenen formalen Aktes unter den Befugnissen des Käufers entbehrt worden, wo immer dieser Akt sich von dem Kaufabschlusse überhaupt getrennt hatte.

Wie es mit der weitergehenden Absicht des Käufers stand, hat schon Bechmann[2] gezeigt. Daß seine Ausführungen in diesem Punkte nicht in dem verdienten Maße beherzigt worden sind, kommt wohl daher, daß er seinerseits wieder den in Wahrheit archaistischen Gedanken dem spätrömischen und gemeinen Recht prinzipiell[3] zumutet, und dies trotzdem er ihn der heutigen Rechtsanschauung widersprechend findet.[4] Nach seiner treffenden Formulierung war die Absicht des Käufers keine andere als die

---

[1] Vor allem der stets citierte Ausspruch Labeo's, C. E. (18, 1) 80. Aber auch Seneca, De benef. V 10, 1 gehört hierher: *venditio alienatio est rei suaeque iurisque in ea sui ad alium translatio.* Dazu die Zeugnisse über die Manzipationspflicht des Verkäufers von *res mancipi*, oben S. 89 N. 1.

[2] Bechmann, Kauf II S. 60 ff.; gleicher Ansicht Lenel a. a. O. S. 178.

[3] Ebd. II S. 69.

[4] S. 77.

von Rechtswegen geschützte: „dem Verkäufer gegen Geld das Gut definitiv abzunehmen, in der Erwartung, daß dadurch für ihn auch der Zustand des objektiv definitiven Habens und Behaltens, der beliebigen Verfügung über das Gut verursacht werde". [1] Verständlich ist diese Absicht durch die einstigen prozessualen Rechtsverhältnisse; denn die Verteidigungspflicht des Auktors ging nach ihren praktisch wichtigsten Seiten weit über dasjenige hinaus, was heute als Rechtspflicht gilt. Unmittelbar notwendig würde sie für eine Zeit erscheinen, die etwa nur das relative Eigentum kannte. Aber daß sie auch späterhin vorhanden war, lehrt der tausendjährige Bestand der Defensionsordnung in den germanischen Ländern nach Verfall des römischen Reiches.

Die Jurisprudenz hat es nun unterlassen, die alte Ordnung von Grund aus neu zu gestalten. Diese Thatsache muß erklärt, sie muß aber auch auf ihren richtigen Umfang zurückgeführt werden.

Zuvörderst fließt aus dem ursprünglichen Prinzipe selbst eine Einschränkung seiner Geltung. Der Käufer erwirbt, auf den Schutz durch den Verkäufer vertrauend. Sich die objektive Rechtsfrage vorzulegen, hat er weder Anlaß noch Verlangen. Dem Verkäufer liegt darum nur ob zu schützen, er hat aber auch dann zu defendieren, wenn ein objektiv ungegründeter Angriff erfolgt. Die ganze Einrichtung ist nicht bloß auf den Kauf vom Nichteigentümer, ja sie ist hauptsächlich auf den normalen Kauf berechnet. Gerade daraus ergibt sich aber die nähere Begrenzung. All dies kann vor allem nur gegenüber Gefahren gelten, von denen der Käufer selbst nichts weiß; Rechtsmängel, die er kennt, benehmen den Regreß; [2] denn entweder handelt der Käufer dolos gegenüber den Drittberechtigten, oder er will böslich den Verkäufer in die Auktoritätsstrafe verstricken, oder aber er erklärt durch den Kauf die Gefahr auf sich zu nehmen. Umgekehrt aber sind Recht und Pflicht des Verkäufers durch das Defensionsprinzip nur dann richtig gegeneinander abgewogen, wenn der Ausblick auf die drohende Eviktion auch dem Verkäufer nicht völlig

---

[1] S. 64.

[2] C. h. t. 18, 27, vgl. C. (3, 38) 7; Vangerow, Pand. III § 610 A. 5 S. 325.

offen steht. Einem arglistigen Veräußerer gegenüber braucht der Käufer natürlich nicht auf die Regeln des normalen Kaufes verwiesen zu werden. Aber selbst das bloße Wissen des Mangels läuft wider die Voraussetzungen, unter welchen die Gewähr erst auf den Angriff seitens Dritter abgestellt ist.[1] Diese beiden Grenzlinien der Obligation, die aus der Kenntnis des Rechtsmangels seitens der einen oder anderen Partei hervorgehen, werden durch die Quellen in der Weise bestätigt, daß nur in der letzterwähnten Beziehung, betreffs der bloßen *scientia* des Verkäufers, an eine Arbeit der klassischen Wissenschaft zu denken ist. In einer dritten Hinsicht scheint die Entwicklung erst später eingesetzt zu haben. Die mechanische Folgerichtigkeit des Systems hätte es erfordert, daß der Käufer, der den Mangel zwischen Kauf und Tradition erfuhr, die Sache annehmen und auf Entwehrung warten mußte. Es ist fraglich, ob diese Konsequenz jemals wirklich anerkannt wurde. Für das Gegenteil aber ist in C. h. t. 5 ein weithin sichtbarer Merkstein aufgestellt; und zu bedenken ist, daß die Frage erst auftauchen konnte, als der bindende Konsensualkauf sich eingelebt hatte. Besonderen Grundsätzen mußte endlich der Kauf von *res extra commercium* folgen, zwar nicht insoweit er aus öffentlichen Rücksichten nichtig war, jedoch wo er nicht zu Defension im ordentlichen Gerichtsverfahren führen konnte.[2] Daß die Schadensersatzansprüche, zu deren Gewährung sich trotzdem die Jurisprudenz und der Prätor mit *actio in factum* bereit fanden, nicht von Eviktion abhängig waren, ist äußerst wahrscheinlich.[3] Wo dagegen Defension möglich war, so beim Verkaufe eines *homo liber,* hat schon die *auctoritas* platzgegriffen. (D. h. t. 39, 3.)

Nicht behandelt ist in den Quellen der beiderseits gutgläubige

---

[1] Oben S. 94 f.

[2] Wofern „nicht in civilrechtlicher, sondern in publizistischen oder sakralrechtlichen Formen gestritten wird, so daß dabei für Auktor und Auktoritas überall kein Raum ist.“ Bechmann, Kauf I S. 687.

[3] Mein Argument dafür wäre weniger das auf C. E. (18, 1) 4 stützbare, daß *habere* nicht möglich ist (Kohler, Abh. S. 232, Bechmann I S. 688), als daß die Klage wegen des *decipere* gegeben wird. Vgl. D. (11, 7) 8, 1; (18, 1) 4; 5; 62, 1; 70. J. 3. 23, 5. Wie l. 4 D. und § 5 I. l. c. zeigen, ist diese Anschauung auch auf die *homines liberi* übertragen worden.

Kauf von *res furtivae*. Daß nachmals in diesem Falle, dessen Geltungskreis durch das kanonische Recht noch über das weite römische Anwendungsgebiet [1] ausgedehnt worden war, selbst die engherzige Praxis der frühen Neuzeit vom Eviktionserfordernis absah, mag ein Fingerzeig mehr dafür sein, daß auch kein römischer Jurist anderer Meinung gewesen sein dürfte. [2]

In dem so vielfältig, und durch die wachsende Anzahl der Veräußerungsverbote teilweise noch stärker eingeschränkten Gebiete hat nun das Defensions- bezw. Eviktionssystem nichts den klassischen Juristen grundsätzlich Anstößiges enthalten, so daß sie eine vollständige Reformierung der Lehre nötig gefunden hätten. Die Gründe dafür sind in aller Munde. Fassen wir sie zusammen: Die schnelle und leichte Heilung des Rechtsmangels durch Ersitzung, das Erlöschen der Rechte Dritter durch Nichtgebrauch und *usucapio libertatis*, die gegenüber der heutigen günstigere Stellung des gutgläubigen — gemäß Julian D. (22, 1) 25, 2 auch des schlechtgläubig gewordenen — Besitzers im Fruchterwerbe,[3] die fehlende Naturalexekution des Drittberechtigten gegen den Käufer [4] ließen den Käufer minder schutzbedürftig erscheinen, die Häufigkeit des Eigentumsmangels in Rom machte es überflüssig, den Verkäufer sofort für Gefahren eintreten zu lassen, deren Verwirklichung häufig nicht wahrscheinlich war. Vollends als unnötig durfte es gelten, daß der Verkäufer etwa die Rechtsverschaffung hätte nachweisen sollen; [5] er wird auch nach B.G.B. § 442 dazu nicht verhalten.

---

[1] Dieses Anwendungsgebiet war aber doch nicht so umfassend, daß für den gültigen Kauf von Mobilien kein Platz geblieben wäre, vgl. die Ausführungen von Girard, Manuel S. 306 f.

[2] Bechmann I S. 685.

[3] Eck S. 28; Kohler S. 259; Bechmann II S. 78ff.; Hachenburg, Gutachten aus dem Anwaltsstande S. 129ff.; Bernhöft, Kauf, Miete etc. (Bekker und Fischer, Beitr. Heft 12) S. 23f., Komm. Prot. II Lesg. S. 662.

[4] Bechmann II S. 79.

[5] In die beiden letzteren Argumente münden die Ausführungen von Hofmann, Perikulum beim Kaufe S. 59; André, Einrede des nicht erfüllten Vertrages S. 69; Bernhöft, Kauf und Miete S. 19. — Ähnlich Jacobi, Rechtsbegriff der Bereicherung, Dogm. Jahrb. IV S. 263: der Vertragszweck sei gesichert durch Einstehen für Eviktion. Vgl. auch Bech-

An alledem ist etwas Richtiges. Soll und darf man aber wirklich glauben, daß die römischen Juristen dem Habere-licere-System wohlwollend und zufrieden gegenüber standen? Und wären für eine so auffallende Erscheinung jene Gründe hinreichend? Das eine trifft so wenig zu als das andere. Wo die alte prozessuale Ordnung aufhörte, konnte eine Zeitlang die gewohnte Denkform aufrecht bleiben; jedoch nicht aus eigener Lebenskraft, sondern infolge des Beharrungsvermögens, das gerade in Rom so viele hybride Bildungen erzeugte. Und nur zur Verzögerung der innerlich notwendig gewordenen Entwicklung haben denn auch jene Thatsachen beigetragen. Man wird ihnen vielleicht die Unfertigkeit des systematischen Aufbaues der Lehre zuschreiben, nimmermehr aber die Stärke, eine selbständige Haftungsfigur zu tragen, zumuten. Die Jurisprudenz kann durch sie schon darum nicht nachhaltig beeinflußt worden sein, weil die Ansprüche wegen Eigentumsvorenthaltung sich ja bereits seit der Hadrianischen Zeit hinsichtlich der Fruchterstattung und der Kulpahaftung strenger gestalteten und die *mala fides superveniens* bei den klassischen Juristen, wenn man von jener Julianstelle absieht, sowohl rücksichtlich der Früchte als der Kulpa und Impensen den Besitzer mit schweren Folgen belastete, weil ferner die kürzeren Usukapionsfristen gerade auf den nicht quiritischen Erwerb keine Anwendung hatten, und weil endlich die steigende Dolushaftung dem Käufer die Weiterveräußerung nicht gestattete. Man bedenke, was es unter solchen Umständen für den Käufer bedeutet hätte, stets auf die thatsächliche gerichtliche Besitzentziehung warten zu müssen. Wie unangemessen eine Rechtsordnung, die dies dem Käufer zumutet, heute wäre, darüber ist wohl derzeit kein Wort mehr zu verlieren, so oft man auch das Habere-licere-Prinzip als die zweckmäßigste Regelung gepriesen hat.[1] In diesem

---

mann I S. 206. — Kohler hat auch auf die verhältnismäßig starke Anspannung des Personalkredits im Vergleiche zum Realkredit hingewiesen; indessen handelt es sich doch hier wohl nur um Nüancen des ersteren.

[1] Van der Pfordten, Abh. S. 294, erklärt es „der individuellen Behandlung der Ware entsprechend“; Kuntze, Inst. § 682 sieht darin, was allseits Verwunderung erregt hat, eine Begünstigung vom Handel und Wandel; Hofmann, Perikulum S. 60 hält jede andere Normierung für „unpraktisch

Punkt aber den spätklassischen Juristen völlig andere Vorstellungen über Billigkeit unterzulegen, als sie uns selbst beherrschen, sind wir ohne Beweis eines zureichenden Grundes nicht berechtigt. Übrigens ist, wenn untersucht wird, wie tief die Wurzeln des Eviktionssystems im letzten klassischen Rechte drangen, noch ein Weiteres zu beachten. Der Unterschied zwischen diesem Systeme, seine ernsthafte Durchführung vorausgesetzt, und dem unseren, dem sog. Rechtsverschaffungssysteme, reicht ungemein weit. Er erschöpft sich keineswegs in der Maßgabe dafür, wann der Käufer mit der Geltendmachung seiner Forderung mittels Klage oder Einrede hervortreten dürfe, so vielfältig schon dieser Umstand für sich wirkt. Es ist vielmehr kaum eine Frage des gesamten Gewährleistungsrechtes denkbar, deren Lösung nicht von diesem Unterschiede abhängig wäre. Nur beispielsweise sei daran erinnert, daß durch den Zeitpunkt der beginnenden Nichterfüllung die Höhe des Interesses beeinflußt,[1] der Beginn der Verjährung bestimmt wird,[2] daß, wenigstens gemäß der Ansicht des Reichsgerichts, bei Cession der Kaufgeldforderung durch den Verkäufer, der Käufer sich dem Cessionar gegenüber nicht auf eine nach der Abtretung erfolgte Entwehrung berufen darf[3] u. s. w.

---

und unzweckmäßig". Aber auch Bechmann I S. 105, II S. 78 b. N. 3 läßt sich von der vermeintlichen Notwendigkeit, das klassische Recht aus sich heraus zu erklären, verleiten zuzugeben, daß die Sicherheit des Verkehrs erfordert habe, geringere Anforderungen an die obligatorische Seite der Rechtsverhältnisse zu stellen. Es genügt gegenüber allen derartigen Versuchen auf Bekker, Jahrb. VI S. 236; Eck S. 43, besonders die Darlegung Kohler's, ferner auf Troplong, Vente I n. 237; Duvergier, Vente I n. 217; Guillouard, Vente I n. 5 u. s. w. zu verweisen. Die jetzige Denkart zeigt nebst Mot. z. B.G.B. II S. 213 die Zusammenstellung der Gutachten zum Entw. II S. 127. [Dissidenten sind nur Johst (das.) und Meisner (A. L. R. und B. G. B. S. 146)]. Weniger entschieden zeigte man sich freilich in erster Lesung (Prot. I S. 671—675).

[1] Sie richtet sich freilich nicht nach ihm allein. Siehe Abschnitt 2, C.

[2] Ebenso wirkt nach dem Eviktionssystem ein von der Entwehrung gegen die Gläubiger ergangenes Ausschlußurteil nicht gegen den Käufer. Reichsger. XX n. 48 S. 217. Richtig sollte dies von dem Zeitpunkt der Kenntnis des Mangels ab geschehen.

[3] Reichsger. XVIII S. 331 n. 70. Es wäre freilich möglich, auch das Eviktionssystem so aufzufassen, daß nach der Entwehrung alles so zu halten

Was lehren nun die Quellen?

Vor allem, welch großes Werk die klassischen Juristen in dieser Lehre vollbracht haben. Sie hatten noch eine *actio empti* ohne Garantiefunktion vorgefunden; in ihren Zeiten herrschte das Manzipationsrecht mit seinem seit undenklichen Zeiten erstarrten Inhalt in ungebrochener Macht und zog aus dem Osten und der zähkonservativen Urkundenpraxis immer neue Nahrung. Sie aber füllten die *actio empti* mit der Gewährpflicht aus, entfernten sie vom Defensionsgedanken, gestalteten sie gegenüber der Stipulation freier, und leisteten schließlich unbedenklich und ohne Fesselung durch das Prinzip der Eviktionshaftung den fühlbar werdenden Bedürfnissen Genüge. Es sei auf die einschneidenden Modifikationen, die an dem Körper des Eviktionsrechtes vorgenommen wurden, nach ihrer Erörterung sub C—E nur in Bausch und Bogen Bezug genommen und erinnert, wie oft das Erfordernis der Litisdenunziation und des Prozesses fallen gelassen wurde. Daß ebenso oft seine Erfüllung vorausgesetzt erscheint, ist mit der praktischen Bedeutung der Entwehrung, diese wiederum mit der durch sie herbeigeführten Vereinfachung der Beweisfrage und dem natürlichen Bestreben des Käufers, die Sache so lange als möglich zu behalten, reichlichst erklärt. Von allen Konsequenzen des reinen Habere-licere-Systems, die sich erdenken ließen, ist bei den Römern kaum mehr zu finden, als die Versagung der *exceptio non adimpleti contractus* vor der Eviktion und ihre Ersetzung durch eine Sicherheitsmaßregel. Denn die Bestimmung des Interesse in den Quellen darf, wie später (Abschnitt 2, C) auszuführen ist, ohne Rücksicht auf jenes Prinzip erklärt werden, und wenn ursprünglich der Haftungsausschluß betreffs der Servituten und verwandter Lasten darauf beruhte,

---

ist wie bei anfänglicher Nichterfüllung. Dies war aber überhaupt nicht die herrschende Ansicht. Man ließ nach der Eviktion auch nur die Interesseliquidation, nicht die Kaufpreisretention zu, z. B. O.A.G. Dresden, Ztschr. f. Rechtspfl. f. Sachsen XIII S. 471 n. 182, XXXI S. 117 n. 38. — Zahlreiche Konsequenzen schob man dem Eviktionsprinzip oft irrtümlich zu. Vgl. z. B. Habietinek in Haimerl's Vjschr. f. Rechts- u. Staatswiss. IX S. 285, welcher die Vindikationscession nach § 1397 i. f. öst. A. B.G.B. behandeln will, weil eine Entwehrung vor erfolgter Übergabe unmöglich sei.

daß man nur das Haben der Sache gewährleistete, so hat doch sicherlich in der klassischen Epoche der Gedanke überwogen, daß es gewöhnliche und darum nicht zu vertretende Beschwerungen seien (Windscheid). Im übrigen dürfte es keine einzige bezeugtermaßen in der Zeit der letzten Klassiker entschiedene Streitfrage des Gewährleistungsrechtes geben, deren Lösung dem heutigen Empfinden zuwiderliefe. Und fast alles, was die Jurisprudenz von dem alten Grundsatz behalten hat, beschränkt sich sonach auf die theoretische Anerkennung, die sie ihm an einigen Stellen ohne Anfügung praktischer Folgerungen zollt. Aber auch diese Aussprüche sind genauer zu betrachten.

Es ist richtig, daß noch Africanus, A. E. 30, 1, davon ausgeht, der Verkäufer prästiere das *habere licere.* Aber er bringt die berühmte Formel nur zu dem Zwecke, um ihre Geltung durch eine zweite Regel stark einzuschränken (*quamvis enim verum sit venditorem hactenus teneri, ut rem emptori habere liceat, non etiam ut eius faciat*), und wie er die Dolusprästation dabei anspannt, wurde schon hervorgehoben. Die Entscheidung gehört ferner den Quästionen an und will nur dem einzelnen Fall genügen; überdies gibt sie wahrscheinlich die Ansicht Julian's unverändert wieder. In einem vielzitierten Fragmente setzt angeblich Paulus D. (19, 4) 1 pr. den Verkäufer in Gegensatz zu dem Käufer, der *nummos accipientis facere* soll.[1] Es mag nicht bezweifelt werden, daß dieser Ausspruch echt ist, obwohl er in dem von den Kompilatoren zusammengestückelten Tauschtitel erscheint und die berufenen Worte in D. (18, 1) 1, 1 fehlen. Allein sein Gegenstand ist nicht die vom klassischen Recht schließlich ausgebildete *actio empti,* sondern die Klage, mit welcher erst die Garantiestipulation zu erlangen war (*venditori sufficit ob evictionem se obligare*). Auf dieselbe Weise scheidet die einst ebenso oft allegierte l. 11 § 2

[1] Daß der Käufer Eigentum an den Geldstücken des Kaufpreises zu übertragen hatte, ist durch die Leichtigkeit der Erfüllung dieser Verpflichtung erklärbar. Siehe neuestens Erman, Z. Sav. St. XXII S. 168. Nach Voigt (Jus naturale IV 3 Beil. XXI § 14 S. 534, Rechtsgesch. I S. 644 N. 7) soll übrigens auch die Verbindlichkeit des Käufers ursprünglich nur auf das *habere licere* gegangen sein; Beweise hat er aber hierfür nicht geliefert.

de A. E. aus, welche das Vorbild der angeblichen Paulusstelle gewesen sein könnte; wenn Ulpian dort nicht etwa lediglich von der Manzipation spricht, so gibt er doch von der *actio empti* nicht die modernste Darstellung, da er (§ 8) Neratius anruft: *ex empto actionem esse ut habere licere emptori caveatur.* Die *pièce de résistance* der gemeinrechtlichen Doktrin war die Sentenz der Kaiser Severus und Caracalla C. h. t. 3 vom Jahre 210, die in der That an äußerer Schroffheit und Allgemeinheit der Diktion nichts zu wünschen übrig läßt.

Qui rem emit et possidet, quamdiu evicta non est, auctorem suum propterea, quod aliena vel obligata res dicatur, convenire non potest.

Aber es ist doch zweifellos auffällig, daß *possidere* als Voraussetzung erwähnt ist,[1] daß der Verkäufer *auctor* genannt wird, und daß im speziellen Fall ein *dicere,* wohl im technischen Sinne, also eine Klagsbehauptung im Prozesse gegen den Käufer, vorlag. Infolge dieser Umstände beweist die Konstitution nach keiner Richtung etwas. Man kann an *auctoritas* denken, man kann die Stelle auf eine *duplae stipulatio* beziehen, in der das *habere possidere licere* versprochen war, oder man kann endlich für die *actio empti* sogar herauslesen, daß sie nur dann keinen Regreß gestattete, wenn ein Prozeß mit dem Dritten im Gange war und der Käufer besaß, denn in diesem Falle hätte er ja die Sache dem Verkäufer nicht mehr herausgeben können, daher den Prozeßausgang abwarten müssen. Einzelne Konstitutionen stehen freilich auf älterem Boden, allein nicht etwa auf demjenigen des *habere licere,* sondern sie geben das älteste Recht der *actio empti* wieder, so besonders C. h. t. 8. Gerade dadurch zeigen sie, daß die Entwicklung sich nicht in geschlossener Linie vollzog. Es erübrigt der Lehrsatz Ulpian's D. (18, 1) 25, 2:

Qui vendidit necesse non habet fundum emptoris facere, ut cogitur qui fundum stipulanti spopondit.

Diese, vermutlich zum Leitsatz des Rechtes der *dos venditionis causa aestimata* gemachte[2] These ist inhaltlich am ehesten

---

[1] Die Glosse bemerkt ad v. *possidet: maxime, nam idem si non possidet.*

[2] Lenel, Ulp. fr. 2788 stellt das fr. mit D. (23, 3) 16 zusammen.

geeignet zu beweisen, daß Ulpian am herkömmlichen Prinzip festgehalten hat. Indessen ist die Stelle doch aus dem Zusammenhang gerissen; es wäre denkbar, daß auch auf sie eine Einschränkung folgte wie bei African. Möglicherweise stammt diese Phrase auch von Sabinus her. Nur daß die klassischen Juristen formal an dem Dogma nicht rüttelten, wird man nach dieser Stelle anzunehmen verpflichtet sein; dies geht auch aus allem übrigen hervor und hat den Ausgangspunkt der gegenwärtigen Erörterung gebildet. Zur richtigen Würdigung der in dem Fragment enthaltenen Gegenüberstellung ist es aber notwendig sich zu fragen, welches Verhältnis in Rom zwischen dem Verkaufe und den sonstigen auf Sachveräußerung gerichteten obligatiorischen Rechtsgeschäften bestand. Wie es scheint, geht die herrschende Vorstellung noch immer dahin, der Gegensatz zwischen den Verbindlichkeiten des *tradere* und *dare* sei aus früher republikanischer Zeit überkommen und es bilde der Kauf mit seiner beschränkten Verpflichtung des Veräußerers eine Besonderheit inmitten des römischen Verkehrsrechtes, der sich nur allenfalls die fiktiv als Kauf behandelten Rechtsgeschäfte anreihen. Wäre dies richtig, so müßten allerdings die Gründe des Habere-licere-Systems in eigentümlichen materiellen Rücksichten des Kaufrechtes ruhen. Und dann könnte man vielleicht, wie es nahezu stets geschehen ist, seine Geltung im gemeinen Recht durch die Struktur des römischen Kaufes innerlich gerechtfertigt erachten. Doch dem ist nicht so, wie eine rasche Orientierung ergibt.

Zu den kaufähnlichen Geschäften, die auch in Ansehung der Garantieansprüche dem Kaufe nachgebildet sind, gehören zunächst unbestritten diejenigen Ästimationsverträge, in denen die Schätzung das Äquivalent der Sachhingabe bestimmt,[1] namentlich die Bestellung einer *dos venditionis gratia aestimata.*[2] Ferner gehört dahin der zwangsweise Pfandverkauf.[3] Dazu zählte aber zweifellos durch sehr lange Zeit auch die *datio in solutum.* Denn noch Caracalla a. 212 gewährt wegen Eviktion eines an Er-

[1] Bechmann, Kauf II S. 562.

[2] Paul. Fragm. Vat. 105; C. (5, 12) 1; D. (19, 1) 52, 1.

[3] D. (21, 2) 74, 1.

füllungsstatt gegebenen Grundstückes eine *utilis actio* gegen den Schuldner mit der in anderen Stellen wiederkehrenden Begründung, daß *eiusmodi contractus vicem venditionis obtinet.*[1] Bei D. (13, 7) 24 pr. kann man zweifeln, ob Ulpian (oder Tribonian) im Falle der *datio in solutum* und der dieser sofort analog behandelten *impetratio dominii* eines Pfandes wirklich dem Gläubiger die Wahl zwischen dem „Interesse" und der ursprünglichen Forderung gibt, nicht aber, daß beide Ansprüche mit der *actio ex empto utilis* geltend gemacht werden.[2] Nach der bezüglich des Kaufrechtes herrschenden Auffassung müßte man daher auch hier das Eviktionserfordernis gelten lassen. Geht Ulpian ausdrücklich von der Erlöschung des ursprünglichen Schuldverhältnisses aus, so gibt Diokletian C. (7, 45) 8 — nach der durch den Wortlaut gebotenen Auslegung — unter der Bedingung der erfolgten Denunziation und Eviktion eine Klage auf Wiedererstattung der getilgten Forderung[3], indem er die Klage mit der auf

---

[1] C. (8, 44) 4; cf. D. (44, 4) 4, 31, wo aber der bezügliche Zwischensatz einigermaßen verdächtig ist, da er mit dem „*in emptore solo*" nicht gut stimmt, ferner D. (42, 4) 15, welches Fragment jedoch einen Spezialfall behandelt (Lenel, Ulp. fr. 1901), endlich Gai., D. (16, 1) 5, und dazu Ernst, Die Folgen mangelhafter Beschaffenheit der Leistung an Zahlungsstatt. Zürich 1890 S. 19, eine von Biermann, Ztschr. f. Handelsr. XL S. 313 ff., besprochene Dissertation.

[2] „. . . *et videtur finita esse pignoris obligatio et a contractu recessum. immo utilis ex empto accommodata est, quemadmodum si pro soluto ei res data fuerit, ut in quantitatem debiti ei satisfiat vel in quantum eius intersit.* Ulpian knüpft also den Regreß an das neue dem Kaufe verglichene Geschäft, nicht an den Pfandvertrag (Dernburg, Pfandrecht II S. 247; Römer, Leistung an Zahlungsstatt S. 26). Es wäre denkbar, als interpoliert nicht etwa die Worte *in quantitatem debiti ei satisfiat*, sondern gerade umgekehrt die Worte *vel in quantum eius intersit* anzusehen. Dann wäre die Lösung der in C. (7, 45) 8 getroffenen von einer Seite, der in D. (46, 3) 46 pr. gewählten andererseits vollends ähnlich, u. c. 8 besitzt weitere Parallelen (S. 144).

[3] Brinz, Pand. 2. Aufl. II 1 § 280 N. 12; Bechmann, Kauf II S. 559 b. N. 2; Windscheid, Pand. § 342 N. 14; Dernburg, Pand. II § 58, N. 6. Dagegen will Ernst S. 42 ff. unter Billigung Biermann's S. 315 die Worte *ob debitum reddendum repetere* wieder von der unmittelbaren Forderung des ursprünglich Geschuldeten verstehen. Zuzugeben ist, daß „debitum" den geschuldeten Gegenstand bedeuten kann; aber *reddere* und *repetere* sind unzweideutig.

das Interesse gehenden *actio empti* zusammenstellt. Schon nach dieser Fassung dürfte das Reskript nicht, wie gelehrt wird, auf die Erwartung des *in solutum* Empfangenden, daß er Eigentum erhalte, eine *condictio ob causam* gründen, sondern die der *actio empti* nachgebildete Klage meinen.[1] Eine einzige Stelle (D. [46, 3] 46 pr.),[2] die aber erst von Marcian stammt, wendet auf die Hingabe an Erfüllungsstatt den bei Tilgung (*solutio*) von Dare-Schulden allgemein durchgedrungenen Grundsatz an, daß wegen des Rechtsmangels das frühere Schuldverhältnis bestehen bleibe. Auch sie setzt noch wörtlich Eviktion voraus und trägt so die Spuren der Vergangenheit deutlich an sich. Gerade diese Entwicklung ergibt für die des Kaufes einen Anhaltspunkt; auch vom Käufer kann man sagen: *non accepisset, nisi eius fieret.*

Scheidet man nun die auf *dare* gerichtete Stipulation und das Damnationslegat[3] aus, so zeigt sich bei den übrigen mit Sachüberlassung verbundenen Geschäften, bei welchen die Absicht des Empfängers und die Sanktion seitens der Rechtsordnung füglich auf Vollrechtsverschaffung gehen könnten, daß eine kontraktliche Rechtsmängelhaftung der Sachhingabe entweder gar nicht folgte, oder daß sie erst in klassischer Zeit, und zwar mehr oder weniger unter dem Vorbilde des Kaufrechtes konstruiert wurde. Gleichzeitig aber findet man wieder öfters, daß die unter dem Zeichen

---

[1] Gegen die von Brinz begründete Ansicht, daß die *condictio ob causam datorum* zustehe, ist allerdings nicht geltend zu machen, daß das Aufgeben der ursprünglichen Forderung keine Hingabe ist. (Ernst S. 44.) Denn sonst könnte man die *datio in solutum* überhaupt nicht als oneroses Geschäft bezeichnen. (Darum bleibt sie doch ein einziges Rechtsgeschäft und besteht nicht aus Erlaßvertrag und datio.) Allein nicht jeder Rückforderungs- ist ein Bereicherungsanspruch. Weiteres unten S. 144. Woher es kommt, daß der Kaiser hier in der Konstruktion von Marcian abweicht, in dem Ziele der Klage hinter Ulpian zurückbleibt, ist, da die Diokletian. Konstitutionen mit besonderem Maße zu messen sind, eine selbständig zu beantwortende Frage.

[2] Man stellt an die Seite D. (46, 3) 60; der Geber wird *usucapto homine* liberiert; dies paßt auch auf eine mit Hilfe der alten Forderung bewerkstelligte Eviktionshaftung. Gar nicht hierher gehört D. (12, 6) 26, 4 (gegenteilig Römer, Leistung an Zahlungsstatt S. 83; Windscheid, P. II § 342 N. 14).

[3] Betreffs dieser s. S. 125 ff.

des Eviktionsprinzips erwachsene Haftung in verschiedener Weise über dasselbe hinausgelangt ist.

Die Schenkung als solche, ob *datio* oder *promissio*, erzeugte nach ausdrücklicher Aussage der Quellen keine Gewährpflicht; denn man schenkt *tel quel.* Obligationen knüpften sich an den Dolus des Schenkers; sie hätten sich auch an die Realisierung durch Manzipation knüpfen können, wo denselben jedoch regelmäßig durch Bezeichnung des Kaufpreises als *nummus unus* begegnet wurde. Inwiefern bei einer schenkungsweise erfolgten generischen Stipulation anderes galt, ist quellenmäßig nicht zu ermitteln.[1] Ebenso brachte die Dosbestellung an sich keinen Regreß hervor, sondern in der letzten klassischen Zeit hatten sich, soviel bekannt ist, zu Haftungsgründen neben dem Dolus und der Garantiestipulation lediglich gewisse Bestellungsformen herausgebildet, nämlich die Manzipation, welche *auctoritas* erzeugte, die Hingabe mit Schätzung *venditionis causa*, welche von der Kaufklage begleitet war, und die Verbalkontrakte der *promissio* und *dictio dotis.*[2] Auf eine über den Entwehrungssatz hinausreichende Haftung läßt uns nichts schließen, den Fall der Stipulation des *dare* und denjenigen ausgenommen, daß eine solche Haftung eigens übernommen worden war. In den Rechtsbüchern ist überall nur von der evinzierten Dos die Rede.

Die *actiones familiae erciscundae* und *communi dividundo* waren mit der Zuteilung konsumiert. Daher wurde der Teilungsrichter verpflichtet, auf die Abgabe von Stipulationen *de evictione* zu sehen[3] (über deren Pönalbetrag wir nichts wissen). Unmittel-

---

[1] Paul. sent. V 11, 5 D. (39, 5) 18, 3; C. (8, 44) 2; Vgl. Bekker, Jahrb. VI S. 245 ff.; Hartmann, Obl. S. 199 ff.; Windscheid, P. § 366 N. 6; Dernburg, P. II § 107 N. 5; Karlowa, Röm. Rechtsg. II S. 589 ff.; Girard, Manuel S. 935 N. 4. — Fraglich ist bekanntlich, ob nach Paul. sent. cit. selbst eine Garantiestipulation ungültig war.

[2] Dolus: D. (46, 3) 98 pr.; Stip. duplae: D. (23, 3) 16; 52. Zusammenfassung: C. (5, 12) 1. Nicht bezeichnete Klage wegen Eviktion: D. (23, 3) 34 cf. Vat. fr. 269 und dazu Lenel, Ulp. 2903. S. die bei Windscheid § 495 N. 5 Cit. und Gérardin, Nouv. revue hist. XX S. 1 ff.

[3] D. fam. erc. (10, 2) 25, 21; comm. div. (10, 3) 10, 2. — Die Schwierigkeiten, die Lammfromm, Teilung, Darlehen etc. (1897) S. 252 ff. in diesen Stellen findet, sind selbstgemacht; denn der Gebrauch von Garantiestipu-

bare Klage aus der Adjudikation findet sich erst, und zwar in einem Eviktionsfall, bei Diokletian;[1] die Kompilatoren haben sie *actio praescriptis verbis* genannt. Auf ähnliche Weise hat derselbe Kaiser auf Grund eines *pactum divisionis praescriptis verbis* wegen Eviktion klagen lassen,[2] und auf Grund eines Vergleiches mittels einer Aktio mit civiler Intentio.[3] In letzterem Fall ist zwar nicht mehr von Eviktion, sondern davon die Rede, daß das *praedium obligatum post vel alienum pro parte fuerit probatum;* auch da ist aber nicht etwa ausdrücklich die Ersatzleistung vor der Entwehrung zugesprochen. Danach würde zu behaupten sein, daß man in allen diesen Fällen ursprünglich die Klage durch Stipulationen vorzubereiten pflegte und regelmäßig von Eviktion ausging, ohne doch der letzteren schließlich maßgebende Bedeutung beizulegen. An einem derartigen Ergebnis wird nichts geändert, und dazu einstweilen nichts Sicheres beigefügt durch das einer eingehenderen Besprechung bedürftige Papinianische Fragment:

D. h. t. 66, 3. *Divisione inter coheredes facta si procurator absentis interfuit et dominus ratam habuit, evictis praediis in dominum actio dabitur, quae daretur in eum qui negotium absentis gessit, ut quanti sua interest actor consequatur, scilicet ut melioris aut deterioris agri facti causa finem pretii, quo fuerat tempore divisionis aestimatus, deminuat vel excedat.*

---

lationen ist mit einer ungültigen Teilung ebenso verträglich wie mit einer gültigen. Anders steht es freilich mit der Entwehrungshaftung ex lege, welche in ihrer regelmäßigen Gestalt Gültigkeit voraussetzt. Aber daß eine Teilung trotz Einbeziehung fremder Sachen gültig war, hätte der genannte Schriftsteller, wenn ihm darauf etwas ankam, denn doch strenger nachweisen müssen. Ich halte das Quellenmaterial zur Lösung dieser Frage, mindestens für die Zeit vor Erteilung der bei Justinian als „*actio praescriptis verbis*" zusammengefaßten Klagen für unzureichend; man könnte eine Entwicklung wie bei den anderen Innominatkontrakten in Betracht ziehen. Für uns spielt die Frage eine untergeordnete Rolle, da hier nur zu beweisen ist, daß die auf den Vertrag bezw. das Zuschlagsurteil gegründete Haftung spät und vorzugsweise für den Entwehrungsfall entstand.

[1] C. fam. erc. 3, 36, 14.

[2] C. comm. utr. iud. 3, 38, 7.

[3] C. (2, 4) 33, 1. Die Klage heißt dort *praescriptis verbis actio civilis.*

Man hat aus den Worten *actio dabitur quae daretur* folgern wollen, daß die gemeinte ungenannte Klage von den Erben besonders erbeten und vom Prätor besonders gewährt werden mußte, und daß demnach der Ersatzanspruch der Miterben bei Entwehrung sich erst in später Zeit entwickelt hat.[1] Wenngleich letzteres bezüglich des gesetzlichen Anspruches richtig sein dürfte, so geht es doch nicht aus den angeführten Worten hervor. Und in der Stelle selbst, mindestens im ersten Satz (bis ... *gessit*) ist sicherlich gar nicht ein bestimmter, etwa der *actio empti* nahestehender, nur des Namens entbehrender Ersatzanspruch anerkannt, (wie allerdings auch die alten gemeinrechtlichen Schriftsteller gemeint haben müssen, da sie das Fragment regelmäßig ohne jede Rechtfertigung der Lehre von der *actio empti* einverleibten). Die erste Hälfte der Entscheidung erklärt sich vielmehr, wie neuerdings meist richtig erkannt wird,[2] damit, daß Papinian die von ihm erfundene, (heute sogenannte) *actio quasi institoria* auf den Rückgriff gegen den die Stellvertretung bei der Teilung genehmigenden Miterben anwendet und die Klage auf jede Gattung von Regreß oder doch nicht auf eine bestimmte Gattung desselben einrichtet. Wie paßt hierzu freilich der zweite Satz? Nachdem Papinian im ersten die inhaltliche Ausfüllung der *actio* offen gelassen hat, soll er nun doch den Inhalt in einer Weise spezialisieren, die mit einer *actio ex stipulatu* oder *auctoritatis utilis* unvereinbar wäre. Und doch legen es die vorausgehenden Paragraphen der l. 66 nahe, daß der Jurist gerade die älteren Haftungen vor Augen hatte. Dieser zweite Satz, der für die in dem ersten entschiedene Frage entbehrlich und im Zusammenhange störend ist, begegnet aber einem noch gewichtigeren Bedenken. Es ist ein unerhörtes Ergebnis, daß der evinzierte Erbe gegen seinen Miterben das volle Interesse erreichen solle (*conse-*

---

[1] Kniep, Praescriptio und pactum (1891) S. 90.

[2] Siehe namentlich Unterholzner, Schuldv. I § 200 S. 421 N. 9; Mitteis, Stellvertretung S. 45 f., welch letzterer sich auch mit Recht gegen die Meinung Hellmann's (Stellvertretung S. 61) wendet, der Procurator habe „sich selbst für Eviktion haftbar erklärt, für den Fall die Ratihabition nicht erfolgen würde".

quatur). Selbst die gemeinrechtliche Doktrin hat nicht dies,[1] sondern nur angenommen, der Ersatz des Interesse habe *pro rata* der Erbschaftsanteile zu erfolgen, während man noch letztere Entscheidung nicht bloß höchst unbillig, sondern auch mit den übrigen Quellen durchaus nicht bewiesen erachten muß.[2] Die Worte von *ut quanti sua interest* ab scheinen mir nach alledem äußerst verdächtig, obwohl ich nicht anzugeben weiß, welchen Zweck etwa die Kompilatoren mit einer Interpolation verfolgt hätten. Da „*ad finem*" für *usque ad* eine echt Papinianische Wendung ist,[3] so möchte ich vermuten, daß er gerade die Begrenzung des Anspruches auf den Schätzungswert ausgesprochen hat. Jedenfalls dürfte es gerechtfertigt sein, aus dem Fragment vorläufig für die klassische Geschichte des Entwehrungsrechtes bei der Teilung nicht mehr zu entnehmen, als daß auch Papinian noch von Eviktion ausgeht.

Das Hauptgewicht wird auf die Gestaltung beim Tausche zu legen sein. Ehemals war man allgemein überzeugt, daß der Tausch die Verpflichtung zur Rechtsverschaffung begründe, und Windscheid[4] vertrat dies noch in den letzten Auflagen seines Lehrbuchs. Daraus aber, daß heute nach der Absicht der Par-

---

[1] Dernburg, Pfandrecht II S. 35, spricht zwar von einer *actio praescriptis verbis*, „welche ohne Zweifel Ersatz des vollen Interesse des Evinzierten zum Gegenstande hatte"; doch dürfte er (vgl. Pand. III S. 351 Z. 4) nicht wirklich eine Strenge meinen, die dem einen Erben vielleicht sein Erbteil nimmt, um den Schaden oder gar den Gewinn des andern zu decken.

[2] S. Windscheid, Pand. II § 449 N. 24; Dernburg, P. a. a. O.; Motive z. B.G.B. II S. 887; dasselbe verfügt B.G.B. § 757. Daß es zu absurden Ergebnissen führt, den Teilenden zum Ersatze des den angeschlagenen Wert übersteigenden Interesse auch nur pro rata zu verhalten, ist in neuester Zeit mehrfach ausgeführt worden, vgl. Strohal, D. Erbrecht, 2. Aufl. 1901, S. 363 f.; Gradenwitz, Einführung in die Papyruskunde, 1901, S. 73. Die Quellen würden hierzu, von l. 66 § 3 abgesehen, gar keinen Anlaß geben. Denn nach c. 14 cit. sollen die Erben nur *detrimentum pro parte agnoscere*, was nicht notwendig das Interesse bedeutet; vgl. auch Strohal S. 363 N. 24; c. 7 cit. aber betrifft einen Fall, wo die regreßpflichtigen Miteigentümer selbst ihre Anteile an dem gemeinschaftlichen Grundstück obligiert und es *nulla pignoris facta mentione* überlassen haben.

[3] Brissonius, Verb. sign., vo. *finis* S. 486 Z. 2; Kalb, Roms Juristen S. 111 f.

[4] Windscheid, P. § 398 N. 4.

teien der Tausch dem Kaufe im Haftungserfolge gleichsteht, glaubte man sehr häufig die Umwandlung des vermeintlichen römischen Tauschrechts in das Habere-licere-Recht ableiten zu müssen.[1] Verfährt man aus gleichem Grunde umgekehrt, so wird man eher das Richtige treffen. Mit Benutzung der Untersuchungen von Gradenwitz, Lenel und Pernice dürfte aus den Quellen folgendes zu erkennen sein.[2]

Wohl schon der ersten Periode des Tauschrechtes, in welcher der vorleistende Teil mangels Gegenleistung nur *ob rem dati* rückfordern durfte, gehört der Ausspruch des Pedius an: *alienam rem dantem nullam contrahere permutationem* [D. (19, 4) 1, 3].[3] Der Grundsatz fügt sich wenigstens jener Zeit vortrefflich ein. Damals konnte man offenbar auf gar keinem anderen Wege zur Konstruktion einer Gewährpflicht gelangen, als derart, daß man den auf einer Seite nicht ordnungsgemäß vollzogenen Vertrag mit dem auf einer Seite nicht vollzogenen und daher nicht bindenden Kontrakt gleichstellte. Denn der formlose Vertrag, auch der realisierte, erzeugte ohne Beifügung von Stipulationen keine Garantieverbindlichkeit; eine auf den Vertrag sich stützende Klage wie die *actio empti*, die man entsprechend hätte erweitern können, fehlte vorläufig. Beim Darlehen hat sie immer gefehlt; die Entscheidung ist dort auch immer analog der des Pedius geblieben: *si non fiat tuum, non nascitur obligatio* (D. [12, 1] 2, 2; [44, 7] 3, 1, Paulus). Bei dieser Auffassung des Pedius ist natürlich von einer Verpflichtung des „*dare*" im bekannten technischen Sinne keine Rede. Seine Worte stützen sich lediglich auf die Auslegung des Erfordernisses der „*res*", und er gebraucht im Gegenteile „*dare*" zur Bezeichnung der Hingabe der fremden Sache.

Ein ähnliches Resultat erzielt Celsus bei Besprechung der Vereinbarung *do tibi pecuniam ut mihi Stichum des:*

---

[1] Van der Pfordten, Abh. S. 294; Hofmann, Periculum S. 59; Bechmann, Kauf II S. 176.

[2] Die ältere Litteratur ist in dieser Lehre fast vollständig unverwendbar geworden. Die neuere spricht sich über unsere Frage nicht näher aus.

[3] Daß in diesem Paragraphen keine Eigentumsgewähr bestimmt wird, hat bereits vor der neuen Fundierung der Innominatkontrakte Lenel, Dogm. Jahrb. XIX S. 180, erkannt.

D. 12, 4, 16. *Dedi tibi pecuniam, ut mihi Stichum dares: utrum id contractus genus pro portione emptionis et venditionis est an nulla hic alia obligatio est quam ob rem dati re non secuta? in quod proclivior sum: et ideo, si mortuus est Stichus, repetere possum quod ideo tibi dedi, ut mihi Stichum dares. finge alienum esse Stichum, sed te tamen eum tradidisse: repetere a te pecuniam potero, quia hominem accipientis non feceris,* etc.

Doch ist die Argumentation und Entscheidung von jener beim Tausche wesentlich verschieden, und so dürfen auch beide Rechtsfälle nicht miteinander vermengt werden. Celsus setzt die fragliche Vereinbarung mit dem Kaufvertrag auseinander und sein Ziel ist dabei offenbar, den Vorleistenden gegenüber einem Käufer zu begünstigen. Darum folgen zu Gunsten des ersteren hinsichtlich der Gefahrtragung und der Wirkungen der nicht gehörig erfolgten Gegenleistung drei Konsequenzen,[1] deren beide ersten dem Käufer nicht gewährt würden. Einen Nachteil des *pecuniam dans* etwa darin, daß dieser auf den Preis im Gegensatz zum Interesse beschränkt ist, hat Celsus gewiß nur als notwendiges Übel in zweiter Linie im Auge. Daß aber der Geber des fremden Sklaven auch selbst die Nichtigkeit des Vertrages geltend machen dürfe, sagt der Jurist nicht. Seine Entscheidung ist danach richtiger bezüglich des Kaufes zu verwenden als rücksichtlich des Tausches, mit dem die Berührungspunkte erst zu suchen wären.[2]

Aus der Periode des Tausches, wo derselbe bei gänzlicher

---

[1] *repetere possum; repetere potero; non liberaberis, quominus a te pecuniam repetere possim.*

[2] Einzelne glauben noch immer mit der Glosse, das Fragment rede von *in specie* gegebenem Gelde, also Tausch. (So Accarias.) Bechmann II S. 73 meint, der Kläger müsse sich, um seinem Wunsche und dem Vertrage gemäß zum *dare* zu gelangen, statt der auf *dare facere* gehenden *actio empti* der *condictio* bedienen. Nach Girard, Manuel S. 546 N. 2 soll umgekehrt die Zuteilung einer bonae fidei-Klage eine Gunst sein, die nur die herkömmlichen Kontraktfiguren auszeichnet, was mit seiner Auffassung, die römische Haftung schreibe sich von Praktikerformularen her, zusammenhängt. Pernice, Labeo III 1 S. 303, erblickt in der Vorleistung das Entscheidende, spricht sich aber nicht näher darüber aus.

oder halber Vollziehung die Kraft gleich[1] einem synallagmatischen Vertrage gewonnen hatte, stammt der Bericht D. (19, 4) 1, es werde von der Jurisprudenz wegen Eviktion eine *actio in factum* zugebilligt (*respondetur*); daß letztere auf das Interesse ging, dürfte sich von selbst verstehen, ergibt sich auch aus der gleichfalls Eviktion und reguläre Denunziation voraussetzenden c. 29 C. 8, 44 von Diokletian. Daß die *actio in factum* bei allen auf Hingabe von Sachen abzielenden Innominatkontrakten gewährt wurde, und daß neben sie entsprechend der von Maurician und Ulpian vertretenen Ansicht die erst eigentlich auf das Synallagma gegründete *actio incerti civilis* gestellt wurde, geht aus der Verbindung von D. (19, 5) 5, 2 und D. (2, 14) 7, 2 hervor.[2] Eine scheinbar widersprechende Ordnung enthält

C. (4, 64) 1 Imp. Gordianus A. Thraseae militi a. 238. *Si, cum patruus tuus venalem possessionem haberet, pater tuus pretii nomine, licet non taxata quantitate, aliam possessionem dedit, idque quod comparavit non iniuria iudicis nec patris tui culpa evictum est, ad exemplum ex empto actionis non immerito id quod tua interest, si in patris iura successisti, consequi desideras. at enim si, cum venalis possessio non esset, permutatio facta est idque, quod ab adversario praestitum est, evictum est, quod datum est (si hoc elegeris) cum ratione restitui postulabis.*

Die Entscheidung hat Bechmann[3] den Eindruck gemacht, „als ob sie dem Anfragenden einen Vorteil einräumen wollte". Allein da die anderen Stellen die Haftung ohne Rücksicht auf das Merkmal der *venalis possessio* aussprechen und das Reskript selbst zuletzt ein Wahlrecht gibt, nahm Bechmann an, daß dem Geber einer *res venalis* hier durch die Gleichstellung mit einem Verkäufer eine Gunst zuteil werde, und zwar dadurch, daß er

---

[1] Die *actio in factum* „verneint das Dasein eines klagbaren Vertrages". Pernice, Z. Sav. St. IX S. 255.

[2] Daß die Juristen gerade den Fall besonders hervorheben: ich gebe einen (fremden) Sklaven, *ut manumittas*, hat wohl darin seinen Grund, daß der Freilassende da seine Leistung nicht rückfordern kann. Die Frage der *actio* auf das positive Interesse ist hier also am brennendsten; die Lösung ist aber, wie aus l. 7 § 2 cit. hervorgeht, überall dieselbe.

[3] II S. 177 N. 4.

den das Interesse des anderen übersteigenden Kaufpreisteil behalte. Bei der Häufigkeit der Interpolationen, namentlich in der Behandlung der Innominatkontrakte, wird es gegenwärtig einer solchen Verlegenheitserklärung vorzuziehen sein, die ohnedies eingeklammerten Worte *si hoc elegeris* — wenn sie nicht etwa Glossem sind — für Interpolation zu erachten. Dann ist der Gedanke zunächst in sich geschlossen. Der Besitzer einer *possessio venalis* wird thatsächlich bevorzugt; ihm allein steht die Klage auf das Interesse zu. Das Verhältnis der Stelle zu den übrigen hängt aber davon ab, wie man das Wort „*venalis*" versteht. Nimmt man es in der gewöhnlichen Bedeutung als „feil" im Hinblicke auf die Absicht des Inhabers der Sache, sie zu verkaufen,[1] so bleibt die Auslegung von Accarias[2] die einzig mögliche. Gordianus, hinter Paulus zurückbleibend und auf die Theorie der Sabinianer vom Tausch (D. [18, 1] 1, 1) zurückgreifend, hätte lediglich denjenigen Tauschenden, der sich durch erkennbare Verkaufsabsicht selber als Quasiverkäufer erklärt hat, mit der *actio ad exemplum ex empto actionis* verfolgen lassen. Diese Auffassung ist jedoch wenig anziehend.[3] Obgleich noch einige klassische Juristen die *condictio ob rem* anwendeten, so hat doch kein Späterer den Empfänger auf diese Klage beschränkt. Die *actio in factum* wegen Eviktion aber war ja nur eine Abart der gerade von namhaften Sabinianern[4] gewährten *actio in factum* wegen Nichterfüllung überhaupt. Vielleicht empfiehlt sich also eine andere Interpretation der „Verkäuflichkeit". Es könnten objektiv verkäufliche Sachen gemeint sein, am ehesten Erbpachtgrundstücke,[5] z. B. da der Anfragende Soldat ist, in der Nähe eines Kastells gelegene *agri limitrophi*, wobei sich folgendes denken ließe. Ist

---

[1] Z. B. D. (50, 4) 18, 7; (50, 16) 17, 1; *mancipia* D. (39, 4) 16, 3; *venalem habere* = Feil halten D. (12, 1) 11 pr., cf. D. (19, 5) 17, 1; Paul. sent. II 4, 4.

[2] Accarias, Théorie des contrats innommés S. 125 f. Über die Worte *si hoc elegeris* äußert sich derselbe allerdings gar nicht.

[3] Freilich wird sie von den Basiliken (Heimb. II S. 378) geteilt.

[4] Julian nach Bericht von D. (2, 14) 7, 2; (19, 5) 5, 2; 13, 1; 24 i. f.; Gaius D. (19, 5) 22; cf. Javolen. eod. 10.

[5] Vgl. über dieselben Mitteis, Zur Gesch. der Erbpacht im Altertum, Abh. der sächs. Ges. d. Wiss. phil.-hist. Cl. XX 1901 n. 4.

ein ohne Zustimmung des Obereigentümers veräußerliches Erbpachtgrundstück vertauscht, so erhält der Evinzierte die Interesseklage *ad exemplum emptionis actionis* (eine *actio in factum civilis?*). Sonst aber wäre ein Interesse, streng genommen, gar nicht liquidierbar, überdies würde der Mangel des Objekts gegen die Gültigkeit des Geschäfts bedenklich machen. Daher verweist der Schlußsatz den Erwerber eines nicht venalen Grundstücks auf die Rückforderung des Hingegebenen.

Wie sich die Interesseklage zu der einstigen Condictio stellte, wäre aus der Interpolation der drei Worte in c. 1 cit., wenn eine solche vorliegt, zu erkennen. Auch aus der sonstigen Tauschbehandlung[1] folgt die Beibehaltung der Wahl zwischen beiden Klagen. Wie sich aber die Vertragsnatur des Tausches in Anlehnung an den Kauf ausbildete,[2] so hat nach Gordian auch die Gewährpflicht das Kaufrecht nachgeahmt.

In der That hatte somit der Tauschende in Rom bei Nichtverschaffung des Rechts in der Kondiktion ein bedeutsames Mittel. Aber dasselbe ging nicht aus einer höheren, sondern vielmehr aus einer niedrigeren Organisation des Tausches gegenüber dem Kauf hervor, und seine Beibehaltung in der Kompilation mußte, wenn ihr anders dogmatischer Wert beigelegt wurde, der Hebung des Kaufrechtes mit zugute kommen; umsomehr als die Kompilatoren im Schema der Innominatkontrakte *„dare“* ohne streng kunstmäßige Bedeutung verwenden.

Die nicht endgültige Sachüberlassung anstrebenden Verträge[3] sind hier von geringerem Interesse. Wo jedoch die Sache zwar nicht zu dauerndem, aber doch zum Sachgenusse überhaupt zu gewähren

---

[1] C. (4, 64) 4; 5; 7 und die Kompilatoren (Gradenwitz, Interp. S. 132) in D. (19, 5) 5, 1.

[2] D. (19, 4) 2 Aristo, Paulus; D. (44, 4) 4, 31; (42, 4) 15, Ulpian; C. (4, 64) 2, Dioklet.

[3] Über die Geschichte der Verpfändung fremder Sachen vgl. Dernburg, Pfandr. I S. 234 ff. Auch abgesehen von dieser eigentümlichen Entwicklung konnte man bei einer derartigen beschränkten und zu bestimmten Zwecken erfolgenden Hingabe füglich nicht Eviktion verlangen. D. (13, 7) 9 pr.; 32; 16 § 1; 36 § 1. — Unrichtigerweise spricht Bekker, Jahrb. VI S. 242 nur von der Klage, sobald die Sache evinziert wird. Vgl. noch Mot. II S. 685.

war, mußte sich immerhin die Haftung analog derjenigen des *habere licere* gestalten. Und dies ist denn auch rücksichtlich der Miete bestätigt.[1]

Wenden wir uns schließlich zu der Vergleichung des Kaufvertrages mit den typischen Dareobligationen aus Rechtsgeschäften, der Stipulation des Dare und dem Damnationslegat, so ist daran zu erinnern, daß nach Bekker's[2] Ausführungen der Begriff des *dare* in der ältesten Zeit noch wenig präzisiert war; daß Voigt[3] den ursprünglichen Sinn des Wortes definiert als: Zuweisen zu rechtsbegründetem Haben; endlich daß Erman alles Gewicht auf den Ausspruch Seneca's[4] legt: *Dare aliquid: a se dimittere est et id quod tenueris habendum alteri tradere,* und ausführt, wie das Habere-Bekenntnis in den römischen Quittungen neben dem des *accipere* oder ohne dasselbe „die Dare-Verpflichtung vollkommen deckt".[5] Hat man, entsprechend letzterer Wahrnehmung und gemäß der oben (S. 32 f., 46 N. 3, 50 f.) dargelegten Bedeutung des *habere,* für die ältere Zeit *dare* als „Hingeben zu unbeschränktem Haben" zu definieren, so erweist sich diese Begriffsbestimmung für die Entwicklung des Inhaltes der

---

[1] Ulp. (D. (19, 2) 9 pr.: *praestetur frui quod conduxit licere.* Eine Unterscheidung vom Kaufe dahin, daß der Vermiether das Gebrauchsrecht, der Verkäufer nur das Haben prästiere (Müller, Evikt. S. 123 f.), geht fehl. Aber auch die praktischen Verschiedenheiten, an die Bekker S. 243 ff. glaubt, müßten bei dem anfangs analogen inneren Aufbau beider Obligationen nur späterhin entstanden sein. L. 9 pr. spricht sich darüber gar nicht näher aus. (Windscheid II § 392 N. 3.)

[2] Bekker, Aktionen I S. 105. Vgl. Bechmann, Studie im Gebiete der l. a. sacr. (1880) S. 14.

[3] Voigt, 12 Tafeln (1880) II S. 105 N. 9 mit reichlichem Material.

[4] Seneca de beneficiis V 10. Vgl. die übrigen, bei Marezoll, Ztschr. f. Civilrecht und Prozeß X S. 226 f. für einen weiteren Begriff des *dare* aufgeführten Stellen. Nur fragt es sich vielleicht, ob die Ausdrücke *utendum dare* J. (3, 14) 2 für *commodare,* und *custodiendum datum* für *depositum* (D. [16, 3] 1 pr.), nicht einem bei der *fiducia cum amico* erwachsenden Sprachgebrauch entstammen. Inwiefern von dem Dare-Begriff aus ein Licht auf die Begriffe des *dominium* (Cato de agric. c. 146) und der *bona* (Lange, Röm. Altertümer I S. 153) fällt, bleibe dahingestellt.

[5] Erman, Gesch. d. röm. Quittungen (1883) S. 21 f.; Z. Sav. St. XX S. 206 („Geben ist machen daß der andere hat"). Vgl. oben S. 46 N. 3.

Darepflicht von maßgebender Bedeutung. Mit ihr motivieren noch die Digesten die Erstreckung der Dare-Schuld auf die Garantie wegen Eviktion überhaupt:

Labeo in Javol. epit., D. 32, 29, 3. *Si heres tibi servo generaliter legato Stichum tradiderit isque a te evictus fuisset, posse te ex testamento agere Labeo scribit, quia non videtur heres dedisse, quod ita dederat, ut habere non possis: et hoc verum puto.*

Javolen. D. (21, 2) 58. *Heres servum non nominatim legatum tradidit et de dolo repromisit: postea servus evictus est. agere cum herede legatarius ex testamento poterit, quamvis heres alienum esse servum ignoraverit.*

Man braucht nicht mittels des historischen *argumentum a contrario,* das diese Stellen sehr nahe legen, anzunehmen, es habe bis Labeo die Meinung bestanden, die Obligation aus dem *damnas esto* gehe selbst beim Gattungsvermächtnis nur auf körperliche Hingabe; aber wortdeutlich wird die Gewährpflicht wegen Eviktion damit begründet, daß die Obligation auf *dare ut habere possis* gerichtet sei. Dasselbe Argument ist von den Juristen benutzt worden, um successive eine über die Gewährleistung wegen Eigentumsmangels hinausgehende Haftung des Dare-Schuldners herzustellen. So für die Abwesenheit von Pfandrechten, für das *furtis noxisque solutum* und *fugitivum esse,* für die Statulibertät.[1] Der

---

[1] Pomponius D. (46, 3) 20 *Si rem meam, quae pignoris nomine alii esset obligata, debitam tibi solvero, non liberabor quia avocari res tibi possit ab eo, qui pignori accepisset.*

Die Stelle steht unter der Rubrik *de condictionibus*, sie wird auch stets von der Verpflichtung zum Dare verstanden. Das Gleiche wie sie drückt wohl auch rücksichtlich der Gewähr für Pfandrechte die Darlegung des Pomponius aus, die zugleich das Grundprinzip unzweideutig weiter anwendet:

Pompon. D. 30, 45, 1. *Heres generaliter dare damnatus sanum eum esse promittere non debet, sed furtis et noxiis solutum esse promittere debebit, quia ita dare debet, ut eum habere liceat: sanitas autem servi ad proprietatem eius nihil pertinet: sed ob id, quod furtum fecit servus aut noxam nocuit, evenit, quo minus eum habere domino liceat, sicuti ob id, quod obligatus est fundus, accidere possit, ut eum habere domino non liceat. Si vero certus homo legatus est, talis dari debet, qualis est.*

Kompilation nach wären sogar Stellen vorhanden, die, gleichwie D. (30) 45, 1 nur erst die Stipulatio *furtis noxisque solutum esse* verlangt, statt einer unmittelbaren Haftung lediglich den Zwang zu Entwehrungs-Stipulationen anerkennen.[1] Jedenfalls ist es also nicht richtig, daß *dare oportere* mehr war als die Pflicht des *habere licere praestare,* aber auch nicht, daß es mit letzterer Pflicht eine Verbindung einging.[2] Die Juristen erweitern nicht etwa den Begriff des *dare* in jenen Aussprüchen, um im besonderen Fall irgend welchen anderweitigen Grundsätzen zu genügen, z. B. demjenigen, daß der Erbe beim Genuslegat Mittelgut zu liefern hat.[3] Warum hätte er dann nicht auch *sanum esse turpem non esse* prästieren sollen? Sie leiten bloß allmählich die Konsequenzen aus dem Begriffe ab.

Die schließliche begriffliche Ausgestaltung des Dare[4] und der Dareschuld[5] ist bekannt, ihre Anwendung auf die *datio in*

---

46. Quae de legato dicta sunt, eadem transferre licebit ad eum, qui vel Stichum vel hominem dari promiserit.

Marcellus D. (46, 3) 72, 5. *Qui hominem debebat, Stichum, cui libertas ex causa fideicommissi praestanda est, solvit: non videtur liberatus: nam vel minus hic servum dedit quam ille, qui servum dedit nondum noxa solutum. num ergo et si vispellionem aut alias turpem dederit hominem, idem sit? et sane datum negare non possumus et differt haec species a prioribus: habet enim servum, qui ei auferri non possit.*

[1] So verhielte es sich auch nach der Lenel'schen Textkritik. In D. (46, 3) 27, Lenel, Ulp. f. 800 wird das ursprüngliche Recht auf *dare* nach der Tradition (Lenel: Manzipation) aufrecht erhalten, *si ius quoddam cautionis supererit;* und in D. (45, 1) 131, 1, Len. Scaev. f. 174, geschieht dasselbe, *ut sibi de evictione promittatur.* Indessen liegt es näher, wie es Lenel selbst, Cels. fr. 73, und Pernice, Labeo III 1 S. 303 N. 1 in D. (12, 4) 16, versuchten, den ursprünglichen Text statt von der Abgabe der Eviktionsstipulation von der Manzipation zu verstehen, und daher „*traditus*" in l. 131, 1 nicht zu verdächtigen. In l. 27 könnte an andere als Eviktions-Kautionen gedacht werden.

[2] So Römer, Leistung an Zahlungsstatt S. 61 f.

[3] So Bekker, Jahrb. VI S. 258.

[4] Bes. Gai. IV 4. Vgl. Lenel, Ed. perp. deutsche Ausgabe S. 190; Karlowa, Röm. Rechtsgesch. II S. 709.

[5] D. (45, 1) 75, 10; (18, 1) 25, 2; (30) 71, 1, sämmtlich von Ulpian. Ob D. (31) 66, 6 von Papinian hierher gehört, ist fraglich, vgl. Bekker, Jahrb. VI S. 260.

solutum[1] wurde schon erwähnt (oben S. 115) Aber wie in seinem Ursprung, so berührt sich wieder zu Ende der Begriff des Dare mit der Kaufobligation. Dafür könnte man sich vielleicht auf Paulus berufen, der auf Grund einer durch formlosen Kaufabschluß veranlaßten Stipulation *certo loco se traditurum* (oder *mancipio daturum*?) die *condictio* auf *dare oportere* zu geben scheint.[2] Sicher ist der Gegensatz charakteristisch, in den die Kompilatoren mit dem oben erörterten Celsusfragment getreten sind. Auch dieses selbst ist interessant, da es wieder zeigt, wie frühzeitig man in einem wichtigen Falle den Weg zu finden wußte, dem Käufer zu helfen — in dem Falle, daß er das Geld vorauszahlte, und das Eviktionsprinzip ihn auf das Belieben des Verkäufers oder doch die Nachweisbarkeit des schon beim Kaufe gehegten Dolus gewiesen hätte. In D. (19, 5) 5, 1 wird dieser Vertrag aber geradezu ein Kauf genannt.[3]

Eilen wir nun zum Schlusse. Die dargelegten Wahrnehmungen lassen sich noch um einen positiven Beweisgrund vermehren. An keiner Stelle ist das Eviktionssystem auf den Kauf von Forderungen und Erbschaften[4] angewendet, vielmehr zielt der Ausdruck *debitorem esse praestare, heredem se esse praestare*[5] unzweideutig auf das Einstehen für die objektive Richtigkeit der Thatsache hin. Man hat dies, zumal früher, ignoriert.[6] Die Ursache der Abweichung ist freilich nicht ohne Berechtigung in

---

[1] D. (46, 3) 46 erst von Marcian.

[2] D. (13, 4) 7, 1. Die Stelle ist bei Lenel, Paul. f. 436 nicht beanstandet; übrigens ist *mancipio dare* ein ebensolches *facere* wie das *tradere*, und sachlich sind im speziellen Fall beide als mit dem Gegenstande der Leistung *ex empto* identisch gedacht.

[3] Daß das Fragment nicht von Paulus ist: Gradenwitz, Interp. S. 132 ff.

[4] Forderungskauf: D. (18, 4) 4; 5; (21, 2) 74, 3; Kauf einer fremden Erbschaft: (18, 4) 8; 13.

[5] L. 4; 13 cf. 74, 3 („*ut sit*") cit.

[6] Schliemann, Haftung des Cedenten S. 73 machte die Analogie des Verkäufers einer körperlichen Sache geltend; Römer, Leistung an Zahlungsstatt S. 105, daß der Cessionar in Rom nur den Genuß des Forderungsrechtes zu bekommen gehabt habe. Unrichtig noch Bechmann II S. 438.

der Unmöglichkeit des sachlichen Habens zu suchen.[1] Inwiefern jedoch? Nicht einzusehen wäre, warum der der unangefochtenen Innehabung eines Rechtes entsprechende faktische Zustand nicht ebenso gute innere Gründe für das Eviktionssystem hätte abgeben können, als der Besitz körperlicher Sachen — wenn eben der letztere das System innerlich gerechtfertigt hätte. Der Unterschied muß darauf beruhen, daß jene Geschäfte über unkörperliche Dinge später aufkamen und durch die klassische Jurisprudenz unbeirrt von den für die Gewähr des sachlichen Habens hergebrachten Regeln sofort im neuen Geiste ausgebildet werden durften.

Schließlich ist es zweifellos, daß sich ein beträchtlicher Teil aller Kaufgeschäfte eben in einer die Stipulation auf *dare* verwendenden Form abgewickelt hat, ein anderer zur Novation der Verkaufsobligation in Stipulationsschuld führte. Und fragt man nach alledem um den Grund, warum für den Rest der Kaufverträge an der hergebrachten Form so sehr festgehalten wurde, daß Ulpian noch beiderlei Obligationen einander entgegenstellen konnte, so wird man noch stärkeren Einfluß als Eck dem sehr formalen Momente beimessen, daß „den Römern ein Rechtsbegriff fehlte, welcher die verschiedenen Formen des Eigentums, des römischen, des Peregrinen- und des Provinzial-Eigentums in sich vereinigt hätte".[2] Daß die gesunkene Jurisprudenz der nachklassischen Zeit für die Verarbeitung des Fortschritts und die Umformung der Grundlage nicht mehr ausreichte, ist ja gewiß. Was Justinian abgehalten hat, hier einzugreifen, ist schwerer zu bestimmen. Das Bedürfnis des Verkehrs muß indessen hinsichtlich der Immobilien durch die klauselreichen Kaufbriefe reichlich gesättigt gewesen sein; die Mobilien aber

[1] Ist nicht bereits hiergegen geltend zu machen, daß auf die Rustikalservituten das Recht der *auctoritas* bedenkenlos erstreckt wurde? Nein, denn es ist nicht ausgeschlossen, daß die Alten dabei thatsächlich an Sachbesitz dachten.

[2] Eck S. 21. Dagegen ist es unrichtig, wenn man seit altersher das Habere licere mit dem bonitarischen Eigentum in Zusammenhang brachte, so Caillet, Nov. Thes. Meermann II S. 318 ff.; und noch Bernhöft, Dogm. Jahrb. XIV S. 110. Denn auch letzteres hatte der Verkäufer ja nach der Schulformel nicht zu leisten.

unterstanden zum größten Teile dem Ausnahmsrechte des *furtum*.

Die Folgerung für das gemeine Recht kann danach nicht die Windscheid's sein. Auf die praktischen Mängel seiner Formel[1] und deren theoretische Ungenauigkeit[2] braucht nicht näher hingewiesen zu werden. Man hätte vielmehr den Weg zu beschreiten gehabt, den die klassischen Römer gingen.[3] Sie haben mit sicherem Griff in der Dareobligation das Muster ausgebildet, das noch heute nicht überflügelt ist, und sie haben dessen Verwendung für den Kauf teilweise unmittelbar unternommen, teilweise äußerst nahegelegt.

---

[1] Kohler, S. 257, hat dieses „Stück- und Flickwerk" genügend kritisiert.

[2] Soll man annehmen, daß durch die *mala fides superveniens* das Interesse das Käufers ausgelöst ist? Wenn ja (dafür Dernburg, P. II § 99 b. N. 31), so ist der Unterschied von der Darepflicht nicht mehr zu sehen.

[3] Der Rechtsleistungspflicht hat sich Regelsberger sofort bei Rezension der Eck'schen Schrift ohne neue Gründe geneigt erwiesen (Kr. Vjschr. XVII S. 274); auch Eck selbst ist (Holtzendorff 3. Aufl. II S. 439) radikaler geworden. Ferner ist von Früheren namentlich Fick, Arch. f. Wechselr. VIII S. 85 zu nennen, der empfahl, den Quantitätskauf nicht mit den Regeln des Kaufs, sondern denjenigen der Stipulation zu messen. Die übrigen Förderer der Idee der Eigentumsverschaffung sind bekannt, wie Ziebarth, Keller, Schliemann, Bekker. Von Neuesten hat sich Wendt, Pand. § 252 S. 613, angeschlossen.

Zweiter Abschnitt.

Die Höhe der Haftung.

A. Das Duplum. Die Klage wegen nicht gewährter *auctoritas* ging auf das Doppelte des zugewogenen, später des in *mancipio* erklärten[1] Preises. Das einzige Mittel, bei Manzipation die Haftung zu vermeiden, war die Nennung eines *nummus unus* als Preises.[2]

Der doppelte Kaufpreis ist auch der Gegenstand der *satisdatio sec. mancipium* und der *stipulatio duplae* gewesen,[3] welch letztere sich bis ins justinianische Recht und weit darüber hinaus erhalten hat; er begegnet ebenso im indischen Recht,[4] in den germanischen Quellen, die wir noch kennen lernen werden, unter den gehäuften Strafversprechen der ägyptischen Urkunden[5] u. s. w. Die Allgemeinheit dieses Maßstabs ist in seiner Einfachheit und der Leichtigkeit seiner Handhabung[6] vollauf begründet. Der Kauf wird *ex nunc* aufgehoben, und dem Käufer neben dem

---

[1] Die siebenbürg. Kaufvertr.; vgl. Bechmann, Kauf I S. 92. 187 ff.; Girard, N. rev. 1882, S. 204.

[2] Tab. Baet.; Degenkolb, Z. f. R.G. IX S. 128 f., Rudorff ebd. XI S. 91 f.

[3] Bezüglich der ersteren ergibt dies ihr bei Cic. ad Att. V 1 und in der baet. Fiduciartafel überlieferter Name. Für die *duplae stipulatio* lehren es bereits deren erhaltene Beispiele, siehe oben S. 72 N. 1; überdies wird häufig seit Huschke, Nexum S. 206 N. 323 das 1. *S. C. de aedificiis non diruendis* (Bruns n. 51) angeführt: *duplam pecuniam, qua mercatus eam rem esset.*

[4] Kohler, Ztschr. f. vergl. Rechtswiss. III S. 167.

[5] Nach Gradenwitz, Einführung S. 59. 66, die ursprüngliche Form.

[6] Gradenwitz a. a. O. S. 103.

Kaufgeld wegen des an ihm begangenen Delikts als Genugthuung und zur Abschreckung, später gleichzeitig auch zur Entschädigung,[1] ebensoviel zugebilligt, als der Verkäufer an ihm gewinnen wollte.[2]

Bisweilen wurde das *duplum* zum *triplum* oder *quadruplum*,[3] in den orientalischen Provinzen noch stärker verschärft.[4]

Eine Abschwächung[5] dagegen stellt nach richtiger Ansicht[6] das griechische[7] *ἡμιόλιον* dar, welches infolge seiner Verwendung im hellenistischen Osten des Kaiserreiches immerhin auch hier interessiert. Der Verkäufer verspricht *τὴν τιμὴν μεθ' ἡμιολίας*, *σὺν ἡμιολίᾳ* oder ähnlich, d. i. den Kaufpreis mit 50 % Zuschlag. Kombinationen dieser Straffolge betrachten wir gleichzeitig mit der analogen Ausbildung des Simplum.

B. Das Simplum. Diesbezüglich ist sehr vieles unklar, und doch nur von Girard[8] genauerer Betrachtung gewürdigt worden. Der meistverbreiteten Meinung, die „*stipulatio simplae*" sei mit der *stipulatio habere licere* identisch, verschafft erst dieser Schriftsteller eine Begründung. In den Quellen, welche *stip. duplae* und *stip. simplae* allein gegenüber stellen, könne nicht an die *stip.*

---

[1] Jhering, Dogm. Jahrb. XVI S. 302.

[2] Buonamici, Arch. giurid. XXIX (1882) S. 91.

[3] D. h. t. (21, 2) 56 pr.; D. (49, 14) 5.

[4] Für Ägypten s. Gradenwitz a. a. O. S. 105. Vgl. oben S. 39 N. 1.

[5] Mitteis, Reichsrecht S. 512; zu den Nachw. das. vgl. denselben, Hermes XXX S. 607.

[6] Billeter, Gesch. des Zinsfußes im griech.-röm. Altertume (1898) S. 260 ff. gelangt bei eingehender Untersuchung zu dem Resultat, daß das Hemiolion zwar sprachlich bald $^1/_2$, bald $1^1/_2$ bedeutet, die Verwendung des Wortes aber fast ausnahmslos auf einen Zuschlag von nur 50 % hinausläuft.

[7] Vgl. freilich Leist, Z. Sav. St. XIII S. 383.

[8] Girard, Nouv. rev. hist. 1883, S. 556 ff. Auch diese seine Ausführungen erscheinen im Manuel, 1901, S. 550 N. 1, 553, 559 N. 3 ausdrücklich aufrechterhalten, so daß auch bezüglich des Inhalts der Stip. simplae durch die abgesonderte Erwähnung der *stip. habere licere* und *simplae* offenbar keine Sinnesänderung bekundet sein soll.

habere licere vergessen sein. Da nun die letztere Stipulation nach allgemeinen Grundsätzen auf das Interesse abgezielt habe, so sei unter *simplum* oder *simpla* das Interesse verstanden. Wir erinnern uns, daß dieser Gedankengang für Girard einer der Anlässe ist, die *stip. habere licere* für den unmittelbaren Vorläufer der *actio empti* zu erklären. Das letztere Ergebnis ist oben widerlegt worden und darf daher nicht mehr in Betracht kommen, wiewohl das Nachstehende in einer anderen Weise wieder das Ziel der *stip. habere licere* und das der *a°. empti* vereinheitlicht.

Der gedachten, derzeit einzigen greifbaren Theorie will ich nämlich versuchen, folgende Sätze entgegen zu stellen:

a) Die Identität der *stip. simplae* und der *stip. habere licere* ist nicht bewiesen, und höchst wahrscheinlich zu verneinen.

b) Desgleichen ist es nicht ausgemacht, daß die *stip. habere licere* das Interesse zum Gegenstand hatte.

c) Nachweisbar wurde unter dem *simplum* der Stipulation der einfache Kaufpreis verstanden.

d) Auch die *actio empti* bezielte zu Anfang nicht das Interesse, wahrscheinlich das Simplum des Kaufpreises.

Ad a) Form der *stip. simplae.* Nichts beweist, daß die *stipulatio „habere licere spondes?"* noch zur Zeit der klassischen Jurisprudenz derart in Übung gewesen ist, daß sie, wenn von *simpla* und *dupla* die Rede ist, eine von beiden sein muß. V. O. 38 pr.—§ 2 spricht bekanntlich, auch nach Girard, eher dagegen. Davon wollen wir aber ganz absehen. Varro empfiehlt[1] für *oves, caprae, sues,* vermutlich auch *canes,* die *stip. habere (recte) licere*; an einer andern Stelle (II 10, 5) berichtet er: Wenn man Sklaven manzipiere, schließe man die Stipulation *„sanum esse furtis noxaque solutum";* unterlasse man die Manzipation, so wähle man meist die *„dupla"*, bei besonderem Belieben die *„simpla"* (*„solet dupla promitti, aut si ita pacti, simpla"*). Ich glaube, daraus läßt sich für das Verhältnis der beiden fraglichen Stipulationen gar nichts schließen.[2] Warum sollte von den in II 10, 5 erwähnten, mit der *stip. habere licere* nicht in Beziehung gestellten

[1] Varro, R. R. II 2, 6; 3, 5; 4, 4; cf. 9, 7.

[2] Vgl. Degenkolb, Z. f. R.G. IX S. 160 N. 92.

Verbalkontrakten derjenige, den Varro *„dupla“* nennt, der *stipulatio habere licere* entgegengesetzt, den er *„simpla“* nennt, mit ihr identisch sein? Nicht einmal das ist aus dem Text zu beweisen, daß die *dupla* den *res mancipi* vorbehalten war. Ich möchte es selbst vermuten, aber für die spätere Zeit bezeugt D. h. t. 4, 1 das Gegenteil und zwar gewiß auch den Gebrauch für die *oves caprae, sues.*[1] Ebenso war ja gewiß die *„simpla“* nicht ausschließlich bei *res mancipi* im Gebrauch, obwohl der gelehrte Sammler auch davon nur bei Sklaven spricht. — Ebensowenig ausreichende Schlüsse erlauben die Digesten.[2] Festeren Boden aber betreten wir, wenn wir an die erhaltenen Stipulationsformulare herantreten. Freilich gibt es auch da Zweifel zu überwinden.

Sicher zu erweisen ist nunmehr die übrigens wohl recht selbstverständliche Thatsache, daß es eine *stipulatio simplae* in der konditionalen Form der *dupla* gegeben hat.[3]

Pap. Brit. Mus. 229 v. J. 166 n. Chr.[4] Z. 7 . . *et si quis eum puerum partemve quam eius evicerit, simplam pecuniam sine denuntiatione recte dari stipulatus est.* . . .

Unbefangene Beobachtung dürfte darin mehr finden: daß eine *simpla pecunia,* die man gar nicht näher bezeichnet, nur der Kaufpreis sein kann. Und das erfährt noch dadurch eine eklatante Bestätigung, daß die eine fast wörtliche Übersetzung dieses Formulars darstellende Urkunde aus dem pamphylischen Side vom Jahre 151 n. Chr., B.G.U. III n. 887 einfach an Stelle der *simpla* die *διπλῆ τιμή*, den doppelten Kaufpreis, einsetzt. Jeden-

[1] Denn sie sind sicher nicht *res contemptibiles;* hat sich doch, weil sie zu den wertvollsten Vermögensobjekten gehören, die Sanktion der *lex Aquilia* auf alle *quadrupedes, quae pecudum numero sunt vel gregatim habentur,* erstreckt (Karlowa, R.G. II S. 359).

[2] In D. h. t. (21, 2) 27 verbietet die negative Fassung das Argument, es seien mit der *dupla* und *simpla* Stipulationen verschiedenen Systems gemeint. Eher für meine als für die gegenteilige Auffassung könnten aber sprechen D. h. t. 11, 1: *duplae vel simplae,* D. (14, 3) 17 pr. *ex stipulatu duplae simplaeve;* D. h. t. 37, 2 *simplam pro dupla per errorem stipulatus.* Vgl. auch l. 56 pr.

[3] S. jetzt auch Girard, Manuel S. 554 N. 1.

[4] Scholten, Hermes XXXII S. 273; Wessely, Schrifttafeln zur älteren lateinischen Paläographie 1898 n. 7; Gradenwitz, Einf. S. 64. Vgl. oben S. 72 N. 1.

falls aber spricht danach alle Wahrscheinlichkeit dafür, daß wir die *simpla* vor uns haben.

Aber auch zwei von den vier siebenbürgischen Kaufverträgen gehören hierher. Die betreffenden Klauseln lauten:

1. *quantum id erit, quod ita ex eo evictum fuerit, tantam pecuniam duplam . . . dari*

2. *quanti ea puella empta est, [tan]tam pecuniam et alterum tantum . . .*

3. *quantum id erit, quot ita ex ea (quit) evictum ablatumve fuerit, sive quot ita licitum non erit, tantam pecuniam . . .*

4. 1. Exemplar: *qu[o]d ita licitum n[o]n erit, tantam pecuniam;* 2. Exemplar: *quantum id erit, qu[od ita habere possidere licitum non erit,] tantam pecuniam.*

Der zweite Vertrag entspricht der *stipulatio duplae.* Von den andern lautet die führende Meinung, es werde der Wert der Sache einfach (3 und 4) oder doppelt (1) versprochen.[1] Allein diese Annahme ist nicht notwendig. Wie hätte sich der Promittent kurz ausdrücken sollen, wenn er auf die Eviktion eines Teiles der Sache Rücksicht nehmen wollte? Auf diese Eventualität aber bezieht sich der Bedingungssatz der Eviktionsstipulation mit den Worten:

si quis eum hominem qu. d. a. partemve quam ex eo quis evicerit.

Auf sie muß sich auch der Kondemnationssatz irgendwie beziehen, und wie der Wortlaut zeigt, geschieht es regelmäßig mit deutlichem Anklang an die *partis adjectio.* Der Inhalt der Klausel ist dann vollends dadurch klargelegt, daß die Partialeviktion bei der *duplae stipulatio* nach dem tribonianischen Wortlaut der l. 64 h. t. den doppelten Kaufpreis mindern läßt. Die Formel *quantum id erit* als allgemeine Bezeichnung der etwa entwehrten Sache und des etwa entwehrten Teils, daher das korrelate „*tantum*" als Hindeutung auf den Kaufpreis und dessen

---

[1] **Karlowa**, R.R.G. I S. 797; **Gradenwitz**, Einführung S. 59, 66; **Czyhlarz**, Instit. 5.—6. Aufl. 1901, S. 194; **Girard** scheint öfters von derselben Auffassung auszugehen; dagegen vertritt er offenbar N. rev. 1883 S. 576 ff. und im Manuel die hier verteidigte Ansicht. Vollständig glaube ich mich auf **Bechmann**, Kauf I S. 381 N. 2, sodann nach dem dortigen Zusammenhange auf **Lenel**, Edict. S. 445 N. 8 berufen zu dürfen.

jeweilig auf den entzogenen Teil entfallende Quote sind gewiß nicht auffallend. Sie zeigen mindestens nicht deutlicher als die Wendung *quanti ea res erit* einen reinen Wertersatz an, und es sagte z. B. die Condemnatio der Redhibitoria:[1] *quanti ea res erit, et quidem continet condemnatio pretium accessionesque.* [D. de aed. ed. (21, 1) 29, 2.] Der erste Vertrag könnte sonach eine *stip. duplae* mit Rücksichtnahme auf Partialeviktion, die beiden letzten eine ebensolche *stip. simplae* darstellen. Eine derartige Auslegung jener Verträge stimmt ungleich besser zu der zweiten Urkunde, aber auch zu der so viel häufigeren Erwähnung der *simpla* als der *stipulatio quanti intersit*[2] in den Quellen, nebenbei zu der erdrückenden Mehrzahl der ägyptischen Urkunden.[3]

Ad b) Ziel der *stip. habere licere.* Allgemein glaubt man, die *stip. habere licere* müsse auf das Interesse abgezielt haben, wie jede Stipulation, die keine Bezifferung einer Konventionalstrafe enthält.[4] Vielleicht darf nun einmal darauf aufmerksam gemacht werden, daß keine einzige Stelle[5] die Anwendung jener Regel auf unseren Verbalkontrakt bezeugt.

Allerdings zweifelt auch niemand, daß, wenn die Stipulationen wegen ädilitischer Mängel lediglich die Versicherung aus-

---

[1] Vgl. auch Lenel, Edict. S. 442 N. 2.

[2] Sie kommt nur einmal vor: V. O. 102 pr.; möglich ist sie natürlich, V. O. 38, 2, wo übrigens auch nur von *poena vel quanti ea res sit* gesprochen wird.

[3] Nicht berufen will ich mich auf die an sich ganz klaren ravennatischen Urkunden, wo es heißt (Marini n. 115, Z. 10, 120, Z. 46 = Spang. n. 50. 54): *tunc quanti ea res erit, quae evicta fuerint duplum pretium;* man könnte germanistischen Einfluß einwenden. Eine komische Konfusion begegnet bei Mar. n. 118 (Sp. n. 52a.): *Quodsi ss. quatuor uncias* [*fundi!* Nominativ] *vel quod interest* ... *inquietati fuerint vel evictae* ..., sei der Kaufpreis doppelt zurückzustellen!

[4] Girard N. rev. 1883, S. 560.

[5] Kein Beleg wäre auch D. (19, 1) 11, 9, die Girard (N. rev. 1884, S. 427) so auffaßt: Der Verkäufer *sera immédiatement condamné à des dommages-intérêts équivalents au plus grand préjudice que l'acheteur puisse craindre.* Die richtige Lesart ist nicht *emptorem* (wie auch Hanausek, Haftung des Verkäufers f. d. Beschaffenheit der Ware I S. 35, annimmt) sondern *auctorem periclitari.* Damit soll ausdrücklich ein Gegensatz zum Interesse aufgestellt werden, und es könnte gerade das *duplum* oder *simplum* gemeint sein.

sprachen: *furem non esse, sanum esse* u. s. w., ihre Folge die Interessenkondemnation war; und diese Redaktion steht heute in der That fest.[1]

Ich verkenne nun nicht, daß die Zeugnisse, welche man für diese Art der Abfassung beigebracht hat, auch für die Frage, wie die Verurteilung ausfiel, von großem Gewicht sind. Es sind dies D. (21, 2) 16, 2 und D. (21, 1) 44, 2. Sie beschäftigen sich mit der Konkurrenz der Rechtsmittel wegen Eviktion und ädilitischer Fehler und laufen darauf hinaus, daß neben dem Schaden, den die Eviktion bewirkt, auch die vorher infolge des Vorhandenseins des Mangels bestandene Vermögensverminderung berücksichtigt wird. Allein beide Stellen sind im einzelnen mehr oder minder stark verdorben;[2] ferner ist ihre Hauptfrage nicht, auf wieviel der Anspruch gerichtet sei, sondern ob die *redhibitoria* bezw. *actio ex stipulatu* zustehe, und die Hauptentscheidung, daß ein Interesse des Käufers hierfür vorhanden sei, nicht daß das Interesse gefordert werden könne. Erst am Schlusse beider Fragmente scheint sich das Letztere erwähnt zu finden, in beiden Fällen aber nicht, ohne daß lebhafte Zweifel an der Echtheit des Wortlautes und überdies an der Richtigkeit der Auslegung[3] übrig bleiben.

In D. (21, 2) 31 wird „die Frage nach der Gültigkeit und Bedeutung der ädilitischen Garantiestipulationen" aufgeworfen,[4] und beantwortet: *„hoc continere, quod interest horum quid esse vel horum quid non esse"*. Ulpian macht kein Hehl daraus, daß er damit die vermeintlich zweifelhafte Gültigkeit der Stipulationen retten will; er gibt den Versuch (*puto verius*) einer Konstruktion, nicht eine feststehende Juristenwahrheit. Erinnert man sich an seine überflüssigen Skrupel hinsichtlich der Gültigkeit der analogen *stipulatio habere licere,* so wird man den Gründen seiner

---

[1] S. statt aller Eck, Beiträge z. Lehre von den ädilit. Klagen (in Jurist. Abh., Festgabe für Beseler) S. 33.

[2] S. Huschke, Pand. Krit. S. 59; Lenel Pomp. fr. 559, Paul. fr. 845.

[3] Vgl. bes. Hanausek a. a. O. I S. 37. 177.

[4] Hanausek I S. 37.

Entscheidung, vollends was die vorklassische Zeit betrifft, keinerlei Bedeutung beimessen können.[1]

Aber wir besitzen ja auch Belege für eine ganz andere Auffassung. Ich möchte nicht einmal für die Vollständigkeit der folgenden einstehen. Sofort D. (21, 2) 32 erörtert die Folgen der Stipulation „*fugitivum non esse, erronem non esse et cetera quae ex edicto aedilium curulium promittuntur*" bei Konkurrenz mehrerer dieser Klauseln infolge mehrerer Fehler, und es wird sehr genau auseinandergesetzt, daß *propter fugam, propter morbum* jeweils geschuldet wird, *quanti minoris empturus esset, si fugitivum esse scisset emptor, si de morbo non ignorasset.*

Dies stimmt mit der Wirkung sowohl der „*aestimatoria*" (und zwar auch in den Details der l. 32: D. (21, 1) 31, 16) als auch der *actio empti* als Hülle des ädilitischen Rechts [D. (19, 1) 13 pr. § 1] überein, während die materielle Zusage allerdings die *actio empti* auf das volle Interesse herbeiführt [D. (19, 1) 6, 4; 13, 3]. Von besonderer Merkwürdigkeit ist es aber, daß die *actio empti* wegen Fugitivität des Sklaven ohne entsprechende Zusicherung damit begründet wird, daß

> *fugitivum quidem habere non licet et quasi evictionis nomine tenetur venditor*[2] auf *quanti minoris empturus esset, si eum esse fugitivum scisset.*[3]

Bereits dies alles läßt sich nur verstehen, wenn die Stipulationen sowohl wegen ädilitischer Mängel als auf *habere licere* und die *actio empti* wegen ädilitischer und Rechtsmängel grundsätzlich den Entgang des Käufers zu dem Kaufpreis in ein festes Verhältnis bringen.

---

[1] Noch weniger hierher gehört, wie gegen Eck a. a. O. S. 34 N. 3 zu bemerken ist, D. (19, 1) 11, 12, wonach der *noxali iudicio* verurteilte Käufer bloß (*tantum id*) verlangen kann, *quanti minimo defungi potuit.* Der Käufer kann sich vom Noxalanspruche, wenn die Forderung des Dritten kleiner war als der Wert des Sklaven, durch Zahlung der ersteren befreien und daher nur den Forderungsbetrag vom Verkäufer holen. Die Stelle hat also einen Ausnahmefall im Auge und sagt über die Regel gar nichts.

[2] A. E. (19, 1) 13, 1; vgl. die Anwendung des gleichen Gesichtspunktes auch für das *furtis noxisque solutum* (bei Dare-Obligation) D. 30, 45, 1; (46, 3) 72, 5 und oben S. 126 f.

[3] l. 13 § 1 cit.

Dann aber findet sich auch wieder eine auf die Folgen der *fuga* bezügliche Stelle, welche, so unsicher ihr Verständnis im übrigen sein mag, die unzweideutige Sentenz enthält:

Paulus D. (21, 1) 58, 1 ... *Paulus respondit de pretio servi repetendo competere actionem etiam ex duplae stipulatione.*

Mit der *actio* aus der Klausel *fugitivum non esse* der ädilitischen Stipulation (der *stip. duplae* im weiteren Sinne) kann man den Kaufpreis schlechtweg zurückholen, ebenso wie mit der *redhibitoria* (*pr. eod.*)!

Ich muß mich hinsichtlich der ädilitischen Garantiestipulationen für körperliche Mängel damit begnügen, die Frage zu stellen, ob man in ihnen nicht in noch ganz anderem Sinne als man es gewohnt ist, die Quelle der *redhibitoria* und *quanti minoris actio* zu erblicken hat, ob nämlich nicht bloß der Zwang zu ihrer Eingehung der Vorläufer des unmittelbaren ädilitischen Zwanges zur Fehlervergütung war, sondern auch die Verurteilung im letzteren Falle mittels Fiktion der Stipulation geschah;[1] und ich kehre zur *stipulatio habere licere* zurück. Es gibt für die Ermittlung ihres Inhalts noch eine direkt oder indirekt zuführende Spur.

D. (21, 2) 60. Javolenus. *Si in venditione dictum non sit, quantum venditorem pro evictione praestare oporteat, nihil venditor praestabit praeter simplam evictionis nomine et ex natura ex empto actionis hoc quod interest.*

Der Schluß *et ex natura ... interest*, ist so deutlicher Zusatz, daß es verwunderlich ist, wie er bisher[2] unbeanstandet bleiben konnte. Dem Sinne nach und grammatikalisch ist der Satz vor-

---

[1] Diese Ansicht fand bisher meines Wissens keine Vertreter. Doch konnte ich oben S. 76 auf ein Analogon in der Geschichte der zivilrechtlichen Haftung für Mängel hinweisen, das Pernice, Labeo II 2 S. 243 beleuchtet hat. (Die Worte des Textes oben a. a. O. bitte ich zu berichtigen; es sollte von zivilrechtlicher, nicht von ädilitischer Haftung gesprochen werden.) Pernice führt aus, der Verkäufer habe wegen Kenntnis des Mangels und Zusage einzustehen gehabt, überdies aber sei die Haftung wegen gewisser Fehler dadurch vermittelt worden, daß man die stillschweigende Übernahme der Haftung als selbstverständlich ansah.

[2] Auch noch neuestens von Bremer, Jurispr. antehadr. II 2 (1901) S. 462 Z. 14.

her abgeschlossen. Der Gegensatz von Simplum + Interesse zum Duplum würde auch dem Juristen schwerlich genügen, die Gegenüberstellung mit *nihil praeter* zu wählen; verdächtig ist „*natura*", *hoc* statt *id*, die ganze unlateinische Fügung. Für das momentan zu Erörternde fällt übrigens der Schluß der Stelle als von *actio empti* handelnd jedenfalls weg. Der Rest könnte freilich ebenfalls von der *actio empti* bei Fehlen einer Stipulation handeln;[1] wäre dies richtig, so hätten wir hier ein unwiderlegliches Zeugnis für die unter d) zu vertretende These. Aber abgesehen davon, daß die Interpolation des Endsatzes dann auch noch ungeschickt wäre, scheint an eine Vereinbarung gedacht zu sein, in welcher zwar nicht das Quantum der Haftung, aber diese selbst bedungen ist. Vielleicht darf man also geradezu an die *stip. habere licere* denken,[2] andernfalls aber an ein *pactum adjectum* ähnlich der in Vat. fr. 8 berührten *lex contractus*, und dem in Vat. fr. 17 besprochenen Abkommen *(convenit)*. Der die Stipulation und das Paktum wörtlich treffende Wortlaut dürfte aber wohl auf die erstere wenigstens analog anwendbar sein.

Nach einer oben versuchten Deutung würde auch D. h. t. 16 pr. dasselbe besagen.[3]

Ad c) Ziel der *stip. simplae*. Daß die Quellen ständig vom einfachen Gelde reden und das Interesse meinen sollten, dafür gibt es keinen Beweis.[4] Das Gegenteil ist aber leicht darzuthun.

---

[1] So Rudorff, Z. f. gesch. Rw. XIV S. 446. Das fr. behandle die verschiedenen mit der *actio empti* geltend zu machenden Ansprüche auf das Kaufgeld und das Interesse. Leider ohne nähere Ausführung. Ferner Girard, N. rev. 1884, S. 434, nach welchem Javolenus der *actio empti* die *stip. hab. licere*, d. i. nach Girard zugleich die *stip. „simplae"*, auf das Interesse, nicht aber die *stip. duplae* unterlegen wollte. Nach Huschke, Nexum S. 188 ist von der *actio auctoritatis* die Rede; diese Meinung hätte jetzt in den Worten *evictionis nomine*, die Lenel an anderen Stellen öfters als interpoliert für *auctoritatis nomine* nachgewiesen hat, eine Stütze.

[2] Dafür darf ich mich auf Eck, Verpfl. S. 10 berufen!

[3] In Verbindung mit D. (19, 1) 11, 17: *accessurum quid dicere* verpflichte gleich der *stip. habere licere* auf das *simplum*. Oben S. 75 N. 3.

[4] D. h. t. 16 pr. (Girard 1883, S. 557 Note) wurde soeben berührt. Girard selbst führt nicht an, daß in D. (44, 7) 34, 2 unter *simplum* die *litis aestimatio* als Sachwert verstanden wird; die *lex Aquilia* vervielfacht eben

1. Pap. Brit. Mus. 229 verspricht die *simpla pecunia*, die nur der Kaufpreis sein kann; unzweifelhaft ist in Vat. fr. 17 = D. (22, 1) 18 pr. und in C. h. t. 12 die Restitution des einfachen Kaufpreises zugesagt. Unglaublich ist es schon hiernach, daß nicht an diese gewiß sehr häufige Verabredung gedacht sei, wenn von der *stipulatio simplae* die Rede ist; umsomehr aber, wenn *simplum, triplum, quadruplum* im Gegensatz zum *duplum* (D. h. t. 56 pr.), *duplum vel triplum* im Gegensatz zum *simplum* (D. [49, 14] 5 pr.) genannt sind.

2. Wieder begegnen wir der l. 60 h. t. Die Ungeschicklichkeit Tribonian's wächst ins Riesengroße, wenn er das Interesse besonders beifügen zu müssen glaubte, wo es ohnedies zugebilligt war.

3. Für die *stipulatio duplae* ist bei der Berechnung des Ersatzbetrages der Zeitpunkt des Kaufs maßgebend, Verbesserung und Verschlechterung nach diesem Zeitpunkt gleichgültig.[1] Nirgends ist für die *stip. simplae* etwas anderes ausgesprochen.

4. Das *simplum* der Redhibition (D. 21, 1, 45) ist der Kaufpreis (samt Accessionen), nicht das Interesse. Die Haftung auf Kaufpreisrückstellung hat vermutlich eine ähnliche uralte Geschichte hinter sich, wie die auf das *duplum*. Im indischen Recht findet sich beides nebeneinander, wobei freilich das Duplum die Urform sein könnte,[2] in den ältesten deutschen Volksrechten, den fränkischen, ist immer nur der einfache Kaufpreis zugesprochen.[3]

Girard bemerkt, in der *époche grossière*, wo die Stipulation entstand, sei ihr Name von dem gewöhnlichen praktischen Effekte hergenommen worden. Ist es nicht natürlicher, daß jene Epoche

---

diesen. Der Vindikant einer *inter virum et uxorem* geschenkten Sache hat dem Besitzer für die *litis aestimatio simpli, quanti ea res sit, de evictione* zu kavieren [D. (24, 1) 36 pr.], aber gerade die *litis aestimatio* mußte dabei analog dem Kaufpreis behandelt werden.

[1] Hiervon sind höchstens betreffs der Partialeviktion Vorbehalte zu machen.

[2] Weil es die Strafe des bösgläubigen Verkäufers (Kohler, Ztschr. f. vergl. Rechtswissensch. III S. 192) ist, und das älteste Recht *dolus* nach dem Erfolge supponiert.

[3] S. Kap. 2, II.

nur für den gewöhnlich praktischen — um einstweilen gar nicht zu betonen: den durchschnittlich angemessensten — Effekt zu sorgen pflegte?

Nach dem unter a) bis c) Angeführten und unter Beziehung auf das im ersten Abschnitt Bemerkte möchte ich annehmen: Neben den verschiedenen Haftungen mit Defensionspflicht und Folge des *duplum* ist, und zwar vornehmlich für *res nec mancipi,*[1] die *stip. habere licere* aufgekommen, die ohne Strafzusatz eine *actio ex stipulatu* mit der vom Iudex in die entsprechende Kaufpreisquote aufzulösenden *condemnatio incerta* bewirkte. Ihre neuere Form[2] in konditionaler Fassung wurde bei wertvolleren Gegenständen, bei denen sie die Auktoritätshaftungen ablöste, meist auf das *duplum (stip. duplae),* sonst auf das *simplum (stip. simplae)* des Kaufpreises abgestellt.

Ad d) Ziel der *actio empti.* Es wäre begreiflich, wenn die *actio empti* wegen Eviktion sich eng an die gebräuchlichen Haftungsstipulationen angeschlossen hätte, enger als selbst an die wegen unterlassener Tradition zustehende Klage, deren ursprüngliches Ziel übrigens noch zu untersuchen wäre. Dem entspricht nun eine Reihe von Symptomen.

1. D. 19, 1, 43 Paulus. *(empti iudicium) — non enim pretium continet tantum, sed omne quod interest emptoris servum non evinci.*

D. h. t. 70 Paulus. *Evicta re ex empto actio non ad pretium dumtaxat recipiendum, sed ad id quod interest competit;* der Schluß kann, da er mit *ergo* eingeleitet ist, vorläufig beiseite gelassen werden.

Vom Kaufpreis wird ausgegangen, um das Interesse zu gewinnen. Der Kaufpreis wird regelmäßig als das Geringere gedacht (auch in D. h. t. 74, 1 *pretio dumtaxat,* für die Klage auf Tradition D. (19, 1) 1 pr., und für die *actio empti* (?) wegen Nichtbestandes einer *hereditas* D. (18, 4) 8. Diese Anschauung führt bis dahin, bei *stipulatio per se* oder bei *pactum de non praestanda evictione* zwar nicht die *utilitas* aber das *pretium* zu gewähren.

---

[1] Oben S. 59.

[2] Auch Varro dürfte in II 10, 5 schon diese modernisierte Redaktion meinen; die Sitte der Stipulation bei Sklaven, *res mancipi,* ist natürlich erst später entstanden, als die bei *res nec mancipi.*

D. (19, 1) 11, 18. Sie ist keineswegs durch die Natur der Sache nahe gelegt, wie manche zu glauben scheinen. Für die Gegenstände des Hausgebrauches ist natürlich regelmäßig von Verbesserung nach dem Kauf keine Rede, für Grundstücke und Sklaven die Deterioration ebenso wahrscheinlich und von den Juristen ebenso oft behandelt wie die Melioration.

2. Im folgenden werden wir zunächst Stellen kennen lernen, die geradezu den Kaufpreis als den Gegenstand der *actio empti* betrachten. Mit allem Nachdruck ist wiederholt hinzuweisen auf

D. 30, 84, 5 Julian. *actione ex empto pretium reciperabit quemadmodum reciperaret, si homo evictus fuisset.*

Am meisten Beachtung verdient:

D. de A. E. (19, 1) 13, 9. Ulp. . . . *si pars sit pretii soluta et res tradita postea evicta sit, utrum eius rei consequetur pretium integrum ex empto agens an vero quod numeravit? et puto magis id quod numeravit propter doli exceptionem.*

Vom Standpunkt der herrschenden Theorie ist die Stelle unerklärbar. „Wer mochte zu Ulpian's Zeiten meinen,“ fragt Bekker,[1] „daß, wenn der Käufer $^1/_{12}$ des Preises ausgezahlt hätte, er nach geschehener Eviktion den ganzen Kaufpreis, das Zwölffache von dem was er gezahlt, vom Verkäufer fordern könnte? Und was soll schließlich die Berufung auf die *exceptio doli?*“ Ich glaube, darauf gibt es nur eine Antwort: Nach dem Rechte der älteren Zeit — das aber bei dem tralatizischen Charakter der von den Juristen, namentlich von Ulpian übermittelten Entscheidungen nicht bis auf diesen gedauert haben muß — ging die *actio empti* auf das *pretium* als das gemäß der fingierten *stipulatio simplae* nach *jus strictum* Geschuldete. Die *bona fides* erschöpfte sich zunächst in der Vornahme der Fiktion und schritt dann erst zur Verbesserung des Ergebnisses nach verschiedenen Richtungen. Unwiderleglich aber erscheint in dieser Stelle das *pretium* als einzig denkbarer Gegenstand der *actio empti*; hätte man eine Verpflichtung des Schadensersatzes vor Augen, so wäre die ganze Frage sinnlos.

Ungewiß ist, ob hierher gehört:

---

[1] Bekker, Jahrb. VI S. 331.

D. h. t. 74 Hermogen. pr. *Si plus vel minus, quam pretii nomine datum est, evictione secuta dari convenerit, placitum custodiendum est.*

§ 2. *Mota quaestione interim non ad pretium restituendum, sed ad rem defendendam venditor conveniri potest.*

Die anderen Paragraphen des Fragments sprechen unzweifelhaft von der *actio empti*. Die im *princ.* als Gegensatz gedachte Pflicht der Preisrückstellung dürfte daher eher auf der gesetzlichen Haftung als auf einer Stipulatio simplae beruhen. § 2 scheint mit der Klage des Pfandkäufers (§ 1) nicht im Zusammenhang zu stehen. Jedoch auf die gewöhnliche *actio empti* bezogen, wäre die Erwähnung der Defensionspflicht ebensowenig verständlich, als es der Zweifel des *princ.* angesichts der *duplae stipulatio* ist. Und daß noch Hermogenian als das Ziel der *actio empti* regelmäßig den Preis hätte bezeichnen dürfen, scheint auch mir unmöglich. Das Fragment mag also aus mehreren Bruchstücken zusammengestellt sein, § 2 könnte sich auf eine *stipulatio auctoritatis* oder *per neminem fieri, quominus habere liceat* mit einfacher Kondemnation beziehen. Immerhin weist auch dieses Fragment auf die praktische Wichtigkeit der Kaufpreisforderung hin.

Nur nebenbei erwähnt sei die merkwürdige Zusammenstellung, welche in einer ebenfalls sehr späten Quelle, einer Diokletianischen Konstitution vorkommt. (Vgl. oben S. 114.)

C. (7, 45) 8, 1 .. *si mota quaestione, praemissa denuntiatione ei, qui auctor huius mulieris fuit, iudicatum processit, quanti tua interest, empti, si emisti, vel ob debitum reddendum, si in solutum data est, repetere non prohiberis.*

Im Falle der *datio in solutum* wird hiernach die zu tilgen gewesene Forderung kondiziert; für den Fall des Kaufes ist offenbar ebenfalls an die Zurückholung des Hingegebenen gedacht.

Erst wenn man an die ursprüngliche Richtung der *actio empti* auf den Kaufpreis glaubt, ist die Entwicklung derselben von der Stipulation her eine geschlossene. Der Prätor zwang zur Eingehung, dann wurde diese fingiert und der Iudex verurteilte, wie wenn sie eingegangen worden wäre. Von unmittelbaren Quellenzeugnissen für dieses Verhältnis zur Stipulation mag freilich nicht viel vorhanden sein, obgleich wörtlich D. h. t. 2,[1] Vat. fr. 8,[2] D. h. t. 37, 2[3] und Paul. S. II 17, 2 mehr oder minder deutlich für die Fiktion zu sprechen scheinen. Am wenigsten anfechtbar dürfte der letzterwähnte Beleg sein:

Si res simpliciter traditae evincantur, tanto venditor emptori condemnandus est, quanto si stipulatione pro evictione cavisset.

Welche Stipulation abzuschließen war und demnach unterlegt wurde, hing von den lokalen Gewohnheiten (D. h. t. 6),[4] in Rom davon ab, ob die Sachen *pretiosiores* oder *contemptibiles* waren, D. h. t. 37, 1.[5] Und hierauf hat Paulus möglicherweise angespielt. Man könnte ihn übrigens auch dahin verstehen, daß er von *res nec mancipi* und der *stipulatio habere licere* und daher nur vom Simplum handelt.

Aufgeklärt ist, wie ich zugeben muß, was aber auch für Girard's Lehre zutrifft, das Verhältnis des Duplum zum Simplum in den Anfängen der *actio empti* nicht. Da aber überhaupt nur Änderungen in der Berechnung der *litis aestimatio* in Frage stehen, die in der auf *quicquid dare facere oportet (ex fide bona)* gestellten Formel gar nicht zum Ausdrucke kamen, so ist das Schweigen der Quellen hierüber begreiflich.

3. Daran schließt sich nun ein Fortschritt in der richterlichen Zumessung, der seinen Weg von der Kaufpreiszuerkennung zur Interesseberechnung nimmt, also von dem durch die Vertragschließenden selbst festgestellten Wert zu dem konkreten Einfluß auf das Vermögen des Käufers überleitet. Dies Verlassen des objektiven Maßstabes zu Gunsten eines subjektiven entspricht wohl der römischen Rechtsentwicklung überhaupt. Zugleich ist aber der größere Zug der Gewährleistungsgeschichte zu beachten. In

---

[1] Dieses Fragment könnte sich auf den Fall beziehen, daß vor der Eviktion die Stipulation gefordert wird, Girard 1884, S. 433.

[2] fr. 8 dürfte ein *pactum adjectum* im Auge haben, Girard ebd.

[3] Diese Stelle halte ich gegen Girard a. a. O. für nicht hierhergehörig, weil daselbst ein bei der Stipulation unterlaufener Irrtum unschädlich gemacht werden soll, überdies vielleicht (so auch Girard) eine Vereinbarung auf Ablegung der *dupla* vorausgesetzt ist, eine Verallgemeinerung daher gewagt wäre.

[4] Voigt, Rechtsgesch. II S. 923 N. 12.

[5] Voigt a. a. O., Girard 1884 S. 422.

Rom richtet sich von altersher die Haftung auf das Doppelte oder Einfache des Kaufpreises. Das erstere stellt den Höchstbetrag, das letztere den Mindestbetrag des Haftungserfolges dar. Und wenn daraus die verfeinerte Auffassung den Schadensersatz, und zwar vor allem in der Form eines dem einzelnen Falle angepaßten Zuschlags zum Kaufpreise, herausbildete, so ist dies nur wiederum ein in den Volksrechten überaus häufig wahrnehmbarer Gedankengang.

An die Grundform der Folgen des Gewährbruches, an den Kaufpreis oder ein Vielfaches desselben, schließen sich in den verschiedenen Rechten mannigfaltige Zusätze. Aus ihnen entwickelt sich meistens, hier rascher dort langsamer, der Zuschlag des den Kaufpreis übersteigenden Interesses. Das zweite Kapitel wird hiefür zahlreiche Beweise aus dem Mittelalter und der Neuzeit bringen, um schließlich § 161 I 11 des preußischen Landrechts, § 932 des österreichischen Gesetzes zu beleuchten.

Aus den dem römischen Rechte nächststehenden Quellen sei folgendes hervorgehoben.

Nach dem Gortyner Stadtrecht (VI 22ff., 42ff., IX 13ff.) hat der Verkäufer (Verpfänder, Promittent) einer der dort erwähnten fremden Sachen dem Erwerber im Eviktionsfalle zu zahlen: das Duplum des Erwerbspreises καἴ τι κ'ἄλλ' ἄτας ἶι, τὸ ἁπλόον (und wenn der Erwerber noch überdies einen Schaden leidet, denselben einfach).

Nach klassischem attischen Recht ist der Kaufpreis und der Schaden zu ersetzen.[1]

Die Strafen der ägyptischen Vertragsurkunden überhaupt bestanden in der ptolemäischen Zeit vielleicht regelmäßig in dem Hemiolion (weniger wahrscheinlich dem Duplum) des Entgelts in Verbindung mit einer Konventionalstrafe fixen Betrags zu Gunsten des nichtschuldigen Kontrahenten und einer Mult zu Gunsten des königlichen Fiskus.[2] Dann wäre es erst eine spätere Form, daß

[1] Meier und Schömann-Lipsius, Att. Proz. II S. 721. Beauchet, Hist. du droit privé de la rep. ath. IV S. 136.

[2] In dieser hypothetischen Form nehme ich vorläufig die Resultate Wessely's (Corp. Pap. Rain. I S. 15) an. Nach ihm ist dieselbe Straffolge des Hemiolion mit ἐπίτιμον auch in dem stark verbreiteten, nach der Kon-

namentlich beim Kaufgeschäfte hierzu noch der Ersatz des Schadens und der Kosten (βλάβη καὶ ἀναλώματα oder δαπανήματα) tritt.[1] Bisweilen wird diese Art überschießenden Interesses selbst verdoppelt.[2] Ein solches Anwachsen des Formulars durch die neu

stitution von Caracalla aufgekommenen Formular gemeint, in welchem lediglich „die gegen Vertragswidrigkeiten vorgeschriebene Strafe" angedroht ist; siehe z. B. für den Kauf ebd. n. 64. 89. 103. 108. 129. 130. 133. 138. 141. 142. 143. 144. 153. 203. Freilich ist dabei auf folgendes aufmerksam zu machen. 1. In der Kaiserzeit tritt das ὡρισμένον ἐπίτιμον auch neben dem Hemiolion (und den βλάβη) auf, z. B. Kaufurk. C.P.R. I n. 5 Z. 19 (a. 168); B. G. U. I n. 282 Z. 40 (nach a. 175), II n. 542 Z. 20 (a. 165). Auch fehlt der Schädenersatz neben dem ausdrücklich versprochenen Duplum niemals, neben dem Hemiolion nur in den an der entscheidenden Stelle lückenhaften Urk. C.P.R. 175. 179. 186. 2. Für die Ptolemäerzeit ist eine Kontrolle über die Höhe der Strafen beim Kaufe gar nicht zu gewinnen. Eine Strafe findet sich in den bisher veröffentlichten ptol. Papyri nur bei der παραχώρησις Grenf. I n. 27 (s. nächste Seite N. 1), wo ein fixer Betrag gegeben erscheint. (In Grenf. II n. 16 ist das Hemiolion lediglich als Strafe in einem Kreditgeschäft zwischen den beiden Verkäufern bestimmt.) Die Ursache des sonstigen Fehlens der Straffolgen liegt darin, daß die publizierten Urkunden, mit Ausnahme von Grenf. I n. 27, solchen Arten der Kaufprotokollierung angehören, welche die ausführliche Feststellung der Bebaiosis-Klausel und der Konventionalstrafe der Vollzugsurkunde überlassen. — Alles dies schlägt aber gegenüber der Behauptung Wessely's umsoweniger durch, als sie die Wahrscheinlichkeit für sich hat. W. lehrt ja auch, daß die Strafklauseln in den Kaufurkunden durch andere Verträge beeinflußt wurden, was ich nicht verfolgen kann. Vgl. noch über das ἐπίτιμον Wilcken, Ostraka I S. 366 ff.

[1] Kombinationen a) mit dem Hemiolion (die damit noch überdies verbundenen Strafen in fixem Betrage bleiben hier außer Betracht): Oxyrrh. II n. 264 Z. 12 (a. 54); C.P.R. I n. 5 Z. 19 (a. 168), n. 204 Z. 12 (2. Jahrh.; mit Ergänzung von Wessely); Berl. Gr. Urk. II n. 542 Z. 20 (a. 165), III n. 901 Z. 6 (2./3. Jahrh.), II n. 667 Z. 17 (a. 221); dahin (oder zur folgenden Note a) gehört offenbar auch C.P.R. I n. 191 Z. 4 (etwa 2. Jahrh.);

b) mit dem doppelten Kaufpreis: Berl. Gr. Urk. III n. 859 Z. 16 (2. Jahrh.); C.P.R. I n. 9 Z. 16 (a. 271), n. 10 (a. 321).

[2] Kombinationen a) mit dem Hemiolion: Berl. Gr. Urk. III n. 906 Z. 10 (ca. a. 36), I n. 193 c. 2 Z. 25 (a. 136); C.P.R. I n. 1 Z. 21 (a. 83/84), n. 187 Z. 15 (1./2. Jahrh.), n. 223 Z. 24 (Hadrian), n. 198 Z. 8 (a. 139);

b) mit dem Duplum: Berl. Gr. Urk. I n. 350 Z. 16 (Trajan); Denkschriften d. Ak. d. Wiss. Wien 1889, II, S. 123, Pap. 26, Fragm. B (byz.);

mit einem im Pap. nicht mehr erkennbaren Betrage: C.P.R. I n. 206 Z. 15 (röm.). Bisweilen, z. B. in der παραχώρησις B.G.U. III 906, geht die Bestimmung nur gegen Vertragswidrigkeit, nicht auch Entwehrung.

aufgenommene Schadensersatzpflicht ist ja nicht unwahrscheinlich. Offenkundig aber zeigt sich, und dies ist hier gerade das Wichtige, daß die Schadenserstattung zur Preisrestitution hinzutritt, nicht dieselbe ersetzt. Der bei Bruns abgedruckte stark romanistische Kaufvertrag vom Jahre 359 setzt bloß neben den Kaufpreis und die *βλάβη* an Stelle der *ἀναλώματα* das „Interesse", *ὅσον ἂν αὐτῷ διαδόχοις τε αὐτοῦ διαφέρῃ*. Nur ausnahmsweise und da wohl nur scheinbar fehlt der Kaufpreis in den Straffolgen,[1] und erst seit dem Ende des 3. Jahrhunderts wird manchmal der Schadensersatz vorausgestellt und das *duplum* als Strafe bezeichnet.[2]

Die Lex Romana Burgundionum aus dem Ausgang des 5. Jahrhunderts verordnet[3]

tit. 35, 3. *Quod si quis male vindedisse fuerit adprobatus, empturi in duplum et melioratae rei teneatur obnoxius.*

Sie begründet zwar diese Regelung mit der Haftbarkeit des *malae fidei possessor* nach der Litiskontestation auf die doppelten Früchte,[4] darauf ist aber gewiß wenig Gewicht zu legen. Dieselbe Figur des Duplum von Kaufpreis und höherem Interesse, wobei letzteres in seiner primitivsten Form, den Verbesserungen erscheint, hat ihren Weg in die westgothische und longobardische Gesetzgebung gefunden, und ist auch der Gegenstand der Straf-

---

[1] In Kenyon II n. 154 S. 179 Z. 16 (a. 68) sind schon als *ἐπίτιμον* bei einem Kaufpreis von 200 Drachmen 1000 Drachmen stipuliert; bei Grenfell I n. 27 c. 3 Z. 4 (a. 109 v. Chr.) eine Strafe von 10 Talenten bei einem Werte der Kaufsache, den Grenfell und Hunt (N. 11) mit 1 Talent Minimum schätzen. Ebenso dürfte es sich mit C.P.R. I n. 4 (a. 52) verhalten, wo $^1/_8$ einer Baustelle, die im ganzen eine „Elle" im Quadrat mißt, um einen nicht angegebenen Preis verkauft wird und die Konventionalstrafe 500 Drachmen beträgt. Nicht hierher gehört es natürlich, wenn für jeden Fall der Vertragswidrigkeit (*καθ' ἑκάστην ἔφοδον*) bloß *βλάβος καὶ ἐπίτιμον* stipuliert wird (Oxy. II n. 271 Z. 25 a. 56, Forderungsabtretung).

[2] C.P.R. I n. 9 (a. 271; vgl. Mitteis, Reichsr. S. 181. 528), n. 10 (a. 321). In beiden wird die in der römischen Zeit mit der Privatstrafe in gleiche Höhe gebrachte Fiskalmult thatsächlich im Betrage des Kaufpreises versprochen.

[3] Mon. Germ. Hist., Quartausg. Leg. sect. I tom. II p. 1 S. 153.

[4] Angerufen sind offenbar C. Theod. IV 18, c. 1, Paul. Sent. II 17, 2. 3, V 9, 2 (Mon. G. H. ebd.)

androhungen in den ravennatischen Urkunden.[1] Eine Anzahl dieser Urkunden[2] fügt noch, wohl aus einem anderen, römischeren Muster hinzu: *vel quantum interfuerit inquietari, evinci aut rem menime debuisse,* und auch dieses Muster müßte dem Käufer vom Kaufpreis und Interesse das Mehrere zugesprochen haben.

Auf spätes nicht bloß west- sondern auch oströmisches Dispositiv-Recht will ich freilich beziehen

C. h. t. 23 Dioklet. et Max. . . . *quanti tua interest rem evictam non esse teneri, non quantum pretii nomine dedisti, si aliud non placuit, publice notum est.*

Das Reskript mochte aber im konkreten Fall nur sagen wollen, was die Glosse herausgelesen hat: *id est non solum ad pretium sed etiam ad interesse.* Daß übrigens auch diese Kaiser den Schaden des Käufers in den Kaufpreis und die Impensen teilen, indem sie regelmäßig letztere vom Evinzenten, ersteren vom Auktor holen lassen, zeigt C. h. t. 16.

Bei solchen Analogien läßt sich der Gedanke schwer abweisen, daß die mit c. 23 parallel laufenden, unter 1. erwähnten Äußerungen Reminiszenzen an eine Stufe darstellen, wo der Kaufpreis nebst dem höheren Interesse geschuldet wurde. Ja, es scheint mir, daß sogar das Hervorwachsen dieses Stadiums aus dem früheren in einer römischen Stelle beleuchtet ist, nämlich in der bisher unverständlichen und niemals befriedigend erklärten:[3]

L. 13. D. h. t. Paulus l. 5 ad Sabinum. *Bonitatis aestimationem faciendam, cum pars evincitur, Proculus recte putabat, quae fuisset venditionis tempore, non cum evinceretur:* l. 15. *sed si quid postea alluvione accessit, tempus quo accedit, inspiciendum.*

Gegeben wird der Kaufpreis (bezw. dessen Duplum) daher

---

[1] Marini n. 114. 115. 118. 119. 120. 121. 122. (= Spang. n. 49. 50. 52a. 53. 54. 55. 56), vermutlich auch n. 123 (57), vgl. Marini S. 357 N. 12. Über die bisweilen zweifelhafte Auslegung in diesem Sinn Dens. S. 333 c. II.

[2] Marini n. 114 Z. 67; 118; 120 Z. 51 (= Spang. n. 49. 52a. 54).

[3] Über die verschiedenen mißglückten Erklärungs- und Emendationsversuche seit der Glosse s. Scialoja, Arch. giur. XXX (1883) S. 157 ff. 179. Auch er hat nur eine höchst widerspruchsvolle Deutung gefunden.

bei Partialeviktion die Quote desselben (x),[1] die sich zu ihm (P) verhält, wie der Wert *(bonitas)* des entwehrten Teiles (b) zu dem des Ganzen im Moment des Kaufes (B). Aber von irgend einem Zeitpunkt angefangen, sei es seit Proculus oder Sabinus, vor oder nach ihnen, wurde bei dem Ersatze der Teilentwehrung auch die Verbesserung und Vermehrung[2] des Grundstücks berücksichtigt, und daher in der aufzustellenden Proportion der Wert zur Zeit des Kaufes durch jenen zur Zeit der Vermehrung ersetzt; man darf annehmen, sowohl was das Ganze (B) als was den Teil (b) betrifft. Nicht auf den ersten Blick zu erkennen ist freilich, ob auch in dem ersten Gliede jener Proportion statt des einfachen Kaufpreises (P) dessen um den Wert der Verbesserung erhöhter Betrag eingesetzt wurde. Dies hängt mit der weiteren Frage zusammen, auf welche Haftungsform die Entscheidung gerichtet ist. Nach der soeben gegebenen Auslegung, die allein ich mit den Worten der Stelle verträglich ansehe, kann sich nun dieselbe nicht auf die *auctoritas* oder die *duplae stipulatio* beziehen. Denn für beide lehrt die berühmte l. 64 h. t. — für die eine nach ihrem ursprünglichen, von Lenel hergestellten Wortlaut, für die andere durch ihre ungenierte Interpolation[3] —, daß dort der Zuwachs, als nicht mitverkauft und vom Verkäufer nicht zu gewähren, gar nicht in Rechnung kam. Eine umstürzende Änderung der Theorie in der Zeit zwischen Papinian und Paulus ist aber rücksichtlich der älteren Garantieformen schwer denkbar. Bezieht man demnach das Fragment auf die *actio empti*, so bleibt der Kaufpreis nicht als fixe Größe in der obigen Verhältnisgleichung stehen. Denn nach unserer Stelle ist derjenige Betrag zu ersetzen, der sich zu dem bei Totaleviktion zu zahlenden verhält, wie der Wert des evinzierten Teils zum Werte der ganzen Sache im Zeitpunkt der Vermehrung; bei Totaleviktion ist aber

---

[1] Dafür Näheres sub D.

[2] Diese Generalisierung der in der Stelle behandelten Alluvion ist wohl die nächstliegende Auffassung.

[3] Wenn die in der Stelle ausgesprochenen Grundsätze nicht auch für die *stip. duplae* gegolten hätten, so hätten sich die Kompilatoren vorsichtiger ausgedrückt, z. B. von einer *stipulatio de evictione* gesprochen.

gemäß der oben zu 1. angeführten Stellen der Kaufpreis mit dem Werte der Vermehrung zu erstatten.

Ein Bedenken erübrigt, das nicht schwer wiegt. Es wäre füglich doch anzunehmen, daß eben der bei Totalentwehrung geschuldete Betrag nicht wie die Glieder der zweiten Proportionshälfte nach dem Werte des *tempus quo acceditur* berechnet wird, sondern nach der Eviktionszeit. Allein der Jurist spricht in dem uns überlieferten Ausschnitt seiner Schrift lediglich von der „*bonitatis aestimatio*“, also nur von dem zweiten Verhältnis der Gleichung.

Übrigens ist die ganze genauere Auslegung der Entscheidung für das hier unmittelbar zu Zeigende von untergeordneter Bedeutung. Bewiesen scheint mir damit in jedem Falle die Art, wie man von der Pflicht der Preiserstattung zur Einbeziehung des Wertes von Vermehrungen gelangte.

4. Die Rücksichtnahme auf Deteriorationen und Wertverminderungen erachtet Paulus durchaus nicht als etwas Selbstverständliches. Er folgert sie erst daraus, daß auch die Verbesserungen ersetzt werden:

D. h. t. 70 . . . *ergo et, si minor esse coepit, damnum emptoris erit.*

Dieselbe Folgerung mit entgegengesetztem Ausgangspunkt und daher auch anderem Resultat unternimmt Papinian für die *actio auctoritatis.*

D. h. t. 64 pr. . . . *si totus fundus quem flumen deminuerat evictus sit, iure non deminuetur evictionis (auctoritatis) obligatio . . . nam et e contrario non augetur quantitas evictionis (auctoritatis), si res melior fuerit effecta.*

Wie man noch im mittelalterlichen Byzanz hierüber dachte, lehrt ein Scholium zur l. 70 cit., wonach sich der Käufer die Deterioration anrechnen lassen muß,[1] wo also immer noch vom Kaufpreis ausgegangen wird.

---

[1] Basil. (19, 11) 69 Schol. Stephanos ad v. *ergo* (Heimbach, Suppl. I S. 285 n. 443 = II S. 326) *τοιγαροῦν εἰ χεῖρον ἔτυχε τὸ πρᾶγμα πρὸ τῆς ἐκνικήσεως γεγονός, τοῦτο τὸν ἀγοραστὴν ὁρᾷ καὶ ἀναγκάζει οὗτος* (l. *ἀναγκάζεται οὕτως*) *τὴν ἀπομείωσιν λογίζεσθαι τῷ πεπρακότι.*

5. Nicht ganz ausgeschlossen ist, daß in D. h. t. 74, 1 Hermogenian dem Pfandersteher gegen den Pfandschuldner mit innerer Berechtigung die *actio ex empto* erteilt. Er spricht dem Ersteher das *pretium cum usuris habita ratione fructuum* zu. Wenn man sich damit befreundet, daß der Bereicherungsanspruch, der hier gegeben erachtet wird,[1] die Verzinslichkeit der Pfandforderung in *concreto* voraussetzt, so ist es doch auffällig, daß der Jurist den Käufer ausdrücklich auf den Kaufpreis beschränkt, demselben das höhere Interesse abspricht, während der Schuldner um den Wert der Früchte der ihm nicht gehörigen Sache bereichert bleiben kann. Es wäre möglich, daß diesem Käufer der alte Anspruch *ex empto* auf den Kaufpreis als den Schaden gegeben, das höhere Interesse jedoch gegenüber dem exekutiv gepfändeten Schuldner, einem sehr unfreiwilligen Quasi-Verkäufer, abgeschnitten wurde. Dann erklärt sich die Ausgestaltung des Anspruchs sehr wohl. Er wäre als gemäßigte Schadensersatzforderung gedacht; die ungefähre Schadensberechnung, die der Klage auf den Kaufpreis zu Grunde liegt, wäre hier lediglich zu einer vollen Restitution des Hingegebenen durchgebildet, statt zum Ersatze des vollen Interesse.

In einem ähnlichen Sinne versteht man bisweilen

---

[1] Darin stimmen Windscheid, Zwei Fragen aus der Lehre von der Verpflichtung wegen ungerechtfertigter Bereicherung S. 31, und Dernburg, Pfandrecht II S. 196 überein; auch Moreau, Über Haftung wegen Eviktion der verkauften Pfandsache S. 28. Dagegen sah Mommsen, Beitr. II S. 77 N. 10 das Geschäft als rückgängig gemacht an. In D. (20, 5) 12, 1 ist bekanntlich nicht gesagt, welche *actio utilis* gemeint sei. Wie wenig es paßt, daß die Klage zugebilligt wird, *ne ex aliena iactura sibi lucrum adquirat* (*debitor*), hat auch von seinem Standpunkt aus Windscheid a. a. O. S. 8 N. 38 hervorgehoben, und er hat den Verdacht der Korrumpierung oder Interpolierung ausgesprochen. Jedenfalls sind aber Motiv und Fundierung der Klage auseinander zu halten. Daß die Erfindung des Regresses durch die ungerechtfertigte Bereicherung des Pfandschuldners veranlaßt wird, ist ja zweifellos s. C. 8, 44, 13; der Rückgriff wird aber so konstruiert, daß der Zwangsverkauf „als namens und für Rechnung des Schuldners erfolgend betrachtet“ (Jacobi, Ersatzpflicht des Gläubigers u. s. w., Berliner Festgabe für Gneist, 1888, S. 156) und danach die Analogie des Kaufes herangezogen wird.

C. h. t. 9 Anton. a. 222. *consequeris, quanti tua interest: in quo continetur etiam eorum persecutio, quae in rem emptam a te, ut melior fieret, erogata sunt.*

Es sei der Kaufpreis mit den Verwendungen zuerkannt, anstatt daß die den Effekt der Impensen einschließende Sachschätzung verordnet wäre.[1] Ich möchte aber nicht behaupten, daß die Stelle vollständig wörtlich zu nehmen[2] und statt des positiven wirklich eine Art negativen Interesses gemeint sei. Freilich werden wohl auch hier Reste ehemaliger gröberer Schadensberechnung vorliegen.

C. Das Interesse. Die Kombinierung der Kaufpreisforderung mit dem höheren Interesse wurde gewiß ungesäumt unternommen, sobald nur die *actio empti* wegen Eviktion überhaupt hervorkam. Und da man diese Kombination kurz als „*id quod interest*" bezeichnet haben kann, so ist die außerordentlich häufige Erwähnung des Interesse[3] nicht gerade auffallend.

Die Verminderungen dürften nicht vor der Zeit Papinian's in Rechnung gekommen sein. So viel ich sehe, lautet wenigstens in diesem Sinne keine frühere als die dem Papinian in D. h. t. 66, 3 zugeschriebene Entscheidung, deren Echtheit überdies zweifelhaft erscheint.[4] Ihr folgen zwei Aussprüche des Paulus,

---

[1] Ziegler, Betrug, Diss. 1870 S. 69 N. 113 nennt daher die Stelle ungenau. Ebenso betrachtete sie schon J. Sam. Frid. Boehmer (Dissert. Wunderlich) *de computatione pretii in evictionis praestatione*, Hal. 1745 S. 18, indem er, wie auch andere in früheren Jahrhunderten, sich mühte, den quellenmäßigen Nachweis, daß die *actio empti* mindestens den Preis umspannte, zu führen. Über diese gänzlich unhistorisch und offensichtlich gewaltsam operierende Richtung wird Näheres im 2. Kapitel Abschnitt 2 mitgeteilt.

[2] Auch A. E. 45, 1 spricht ähnlich und vgl. C. h. t. 16, wo ganz dieselbe Redewendung für die Vergütungspflicht des Eigentümers gebraucht wird. Die Beschränkung auf nützliche Verwendungen ist aus D. 6, 1, 38 zu entnehmen: *usque eo dumtaxat, quo pretiosior factus est.*

[3] Angeführt seien D. (21, 2) 8. 60. 67; (19, 1) 43. 45 pr.; Frag. Vat. 17; C. (8, 44) 9. 21. 23. 25. 29; (7, 45) 8. Forderungskauf D. (18, 4) 5. — C. h. t. 17 spricht nur vom Ersatz der *damna, quae te tolerasse meministi,* ebenso D. 44, 4, 15. — Wie bereits erwähnt, wurde bisweilen auch die Garantiestipulation auf das Interesse gestellt, V. O. 102, vgl. 38, 2.

[4] Siehe oben S. 117 ff. Ohne Bedeutung wäre hier, daß die Stelle nicht die *actio empti* behandelt; denn die sinngemäße Anwendung drängt sich auf. Nicht sicher verwertbar ist D. (18, 4) 5.

D. (19, 1) 45 pr. und D. h. t. 70, und zwar beide in demselben Buche der erst nach dem Tode Severs herausgegebenen Quästionen. Diese Sentenzen decken sich nun, wie bereits oben bemerkt wurde,[1] äußerlich mit den Konsequenzen der Interesseberechnung auf Grund des Eviktionssystems, und ein anderes Motiv lassen die zitierten Stellen in der That nicht erkennen. Bis dahin hatte die anscheinend grobe Schadenskomputation doch den naturwüchsigen Grundsatz verkörpert, daß der eine Kontrahent nicht behalten solle, wenn der andere nicht habe. Dieser Grundsatz hatte, wie bei den anderen Völkern, nicht erst im Bereiche der *bona fides* (A. E. 11, 18) sondern gerade bei der Auktoritäts- und Stipulationshaftung, und am allermeisten im ältesten, im Deliktsrecht, die ethische Grundlage gebildet. Von ihm abzuweichen, konnte aber nunmehr durch die äußere Folgerichtigkeit gerade so gerechtfertigt scheinen, wie schon vordem der Anspruch wegfiel, wenn infolge Untergangs der Sache die Eviktion unmöglich wurde.[2] Haftet der Verkäufer nur für den Verlust der Sache als für eine Entziehungsfolge, so kann das Interesse frühestens nach der Zeit der Entziehung als der erst eintretenden Nichterfüllung berechnet werden, und ist die Sache untergegangen, so fehlt die zum Ersatze verpflichtende Thatsache überhaupt.[3]

Heute denken und bestimmen wir anders. Die dem Vollrecht zugewandte Obligation ist bei Nichtverschaffung des Rechtes nicht erfüllt. Als Mindestfolge des Rechtsmangels oder auch nur der Eviktion wird in den Gesetzgebungen von Preußen, Frankreich, Österreich, jetzt dem Deutschen Reiche u. s. w. wieder die Erstattung des Kaufpreises verfügt. Wie geht es zu, daß in Rom jene Konsequenz aus dem Eviktionsprinzip gerade erst zu einer

---

[1] Oben S. 88.

[2] *actio auct.* D. h. t. 64 pr. § 2; *stip. duplae:* D. h. t. 21 pr.; *actio empti:* C. h. t. 26. (Würde sich letztere Stelle, wie Mommsen II S. 151 N. 9 annimmt, auf die Stip. duplae beziehen, so würde seine ganze Auseinandersetzung hinfällig. Zu dieser Annahme sehe ich indessen keinen Grund.)

[3] Diesen Gesichtspunkt kehren wirklich Mommsen, Beitr. zum Obl. R. II S. 151; Windscheid P. § 391 N. 4 und 34; Kohler, Abh. S. 270 u. a. hervor.

Zeit gezogen sein sollte, wo das Prinzip selbst von Grund aus erschüttert war? Oder soll man doch annehmen, daß die Neuerung im Systeme nicht gar tief ging? Die Lösung liegt, wie ich glaube, darin, daß die allerdings aus der gewohnten Auffassung ableitbare und vielleicht auch durch sie zunächst eingegebene Entscheidung durch ein anderweitiges Moment aufrecht erhalten wurde, während es zu der Ausbildung eines vom Interesse unabhängigen neuen Anspruchs auf ungekürzte Preiserstattung nicht mehr gekommen ist.

Das Moment, das man zunächst hereinzuziehen geneigt wäre, meine ich dabei nicht. Allerdings traf den Käufer in Rom die Gefahr, und konnte er vor der Tradition vom *periculum* verletzt werden, so scheint es, daß er umsoweniger die bei ihm selbst eingetretenen Schäden abwälzen durfte.[1] Indessen ist es bekanntlich eine äußerst bestrittene Frage, ob der Sinn des *periculum emptoris* wirklich soweit geht, dem Verkäufer einer fremden Sache Nutzen zu verschaffen. Es genügt darauf hinzuweisen, daß keine einzige Entscheidung der Gefahrordnung diese Auslegung gibt.[2] Und aus kasuistischen Erörterungen der römischen Juristen zuerst ein Prinzip mit mehr oder weniger Fehlerquellen zu erschließen, um dann aus diesem deduktiv eine offensichtlich abseits liegende Frage zu entscheiden, ist ein recht bedenkliches Unternehmen. Die Erörterung hat sich auch meistens zu weit vom Grundproblem entfernt. Über die Gefahrtragung verfügen heißt anordnen,

---

[1] Donellus, De evict., op. omn. IX c. 1508 n. 6; von Neueren begegnen sich in ähnlichen Ansichten Hofmann, Periculum beim Kaufe S. 149; Römer in Goldschmidt's Ztschr. XXIII S. 31; Vangerow, Pand. § 635 III; Kohler a. a. O.; Oesterlen, Der mehrfache Verkauf derselben Sache, Diss. 1883, S. 31 ff. u. a.

[2] Daß D. (18, 4) 21 nicht hierher gehört, ist anerkannt. Jhering, Dogm. Jahrb. III S. 454; Windscheid, P. § 390 N. 17. — Nicht zu verwenden ist auch D. (18, 1) 35, 4 von Gaius. Denn während sonst allerdings gesagt wird, daß der trotz Diligenz um die Sache bestohlene Verkäufer die Gefahr nicht trägt und demnach nur die Aktionen zu leisten hat (Ulp. D. (47, 2) 14 pr.; J. 3, 23, 3a; auch D. 18, 4, 21; [19, 1] 31, pr.), geht für den Fall des Nichteigentums des Verkäufers aus § 4 cit. nur hervor, daß der letztere haftet, weil dem Käufer die Klage und daher die *poena furti* nicht zugute kommt. Ob das einfache Interesse, bei Vermögenslosigkeit des Diebes, nicht überdies berücksichtigt werden konnte, ist in der Stelle nicht gesagt.

welchen der beiden Teile der unmittelbar dem Verkäufer zugegangene Schade treffen soll. So hat es Jhering,[1] der Urheber der ganzen Diskussion, sofort klar hingestellt; auch Hofmann[2] hat diesen Gedanken, freilich in barocker Form, wiedergegeben. Gehörte die Sache nicht dem Verkäufer, so ist er zunächst, d. h. wenn die allfällige, erst auf seine Bereicherung gestützte Klage des Eigentümers außer Betracht bleibt, um den Kaufpreis bereichert. Das kann man nicht mehr Schadensverteilung nennen. Welches der Grund des *periculum emptoris*, zumal im klassischen Recht war, wissen wir derzeit nicht. Mag es aber welcher immer gewesen sein, so mußte der Ausnahmefall die Ausnahmeregel finden. Derart von allen guten Geistern verlassen waren die römischen Juristen nicht, daß der des Eigentums entbehrende oder dasselbe nachträglich verlierende Verkäufer den Preis oder ein zweifacher Verkäufer beide Kaufpreise gerade nur infolge des Untergangs der Sache fordern durfte.[3] Unter

---

[1] Jhering, Dogm. Jahrb. III S. 449, bes. S. 467. In der Motivierung, warum die Römer zu gunsten des Verkäufers entschieden, hat er allerdings geirrt. Eine fingierte Schuld des Käufers kann der Grund nicht gewesen sein.

[2] Hofmann, Periculum beim Kaufe. Man hat ihm mit Recht seine dingliche Auffassung des *periculum* vorgeworfen (Oesterlen, Mehrfacher Verkauf derselben Sache S. 65). Er verkennt, daß die Schadensverteilung eine interne Frage des einzelnen Schuldverhältnisses ist.

[3] Ich glaube nicht einmal, daß, wie Vangerow und Windscheid annehmen, eine besondere Anspannung der *bona fides* nötig war, um der Rechtskonsequenz zu begegnen. Es ist vielleicht die Frage, ob nicht die ganze Erörterung einen falschen Ausgangspunkt nahm. Bekannt ist die Vieldeutigkeit des Casus in den Quellen. Liegt nun wirklich eine unverschuldete Unmöglichkeit der Tradition vor, wenn der Verkäufer auch ohne das Ereignis, das jetzt die Unmöglichkeit herbeiführte, z. B. den Untergang der Sache, nicht hätte tradieren können? Und wenn er es z. B. durch Ankauf gekonnt hätte — was von ihm, der er ja zweifellos seine Befreiung nachweisen muß, zu beweisen wäre — sollte er sich nicht seine Ersparnis am Erwerbspreis anrechnen müssen? Da wäre die Analogie aus D. (19, 2) 19, 9 am ehesten zu verwerten. — Der aktive Anspruch des Käufers würde allerdings und zwar an der Inhaltslosigkeit der Litisästimation scheitern, und dadurch erklärt sich nicht bloß D. 18, 4, 21 sondern auch die von Jhering, S. 460 N. 12, berührte l. 45 D. 44, 7. Die Culpa liegt vor, nur der Kausalzusammenhang zum Schaden fehlt. (Diese Ansicht über die genannten Stellen hat bereits Mommsen, Beitr. I S. 230 N. 2, II S. 153, vgl.

allen Umständen aber müssen wir es vermeiden, mit einer so zweifelvollen Frage unser Problem in Verbindung zu bringen. Ein innerer Zusammenhang beider besteht nicht.[1]

Es ist denn auch ein drittes Moment vorhanden, das den inneren Grund zu der nachteiligen Lage des Käufers noch in der spätesten Zeit abgeben konnte. Es ist die sogenannte Unterbrechung des Kausalzusammenhangs zwischen dem Rechtsmangel und dem Schaden. Selbst wenn die zum Ersatz verpflichtende Thatsache nicht mehr in der Eviktion, sondern im Rechtsmangel gesucht worden wäre, hätte es doch in dem Schulfall des Untergangs der Sache beim Käufer an dem durch den Mangel verursachten Schaden gefehlt. Eine Perpetuation der Schuld durch Mora bleibt dabei nämlich außer Betracht. Den Schritt in der Entwicklung der *actio empti* hat das klassische Recht nicht gethan,

---

III S. 66 ff. 413 als besser quellenmäßig bevorzugt.) Ferner ist zu beachten, daß der Verkäufer durch einen zweiten Verkauf handelt, *quominus emptori habere non liceat*, und zwar jedenfalls indem er die fremden Angriffe beiden Käufern gegenüber veranlaßt, durch Eigentumsübertragung an den einen aber, indem er den andern sogar in objektiv wirksamer Weise schädigt. Auf eine nicht vollständig den Käufer beraubende, aber immerhin empfindliche Vertragsverletzung, die Ausfolgung der Grundstücksurkunden an einen anderen Käufer (Mitteis, Reichsrecht S. 515), bezieht sich auch die Diokletianische Konstitution C. (3, 32) 15, 2, die weder Martinius, Der mehrfache Verkauf derselben Sache, Diss. 1873, S. 17 ff., noch Oesterlen a. a. O. S. 51 erklären können, und in welcher Windscheid, II § 396 N. 11, willkürlich *recipere pretium quod dedisti* auf das Nehmen vom zweiten Käufer bezieht. Die Berechnung des Anspruchs geschieht wie in D. h. t. 74, 1 (Hermog.). Seine juristische Qualität erscheint allerdings fraglich. — Endlich ist zu erinnern, daß die Redhibitoria auch wegen kasuell untergegangener und evinzierter Sachen zustand, die Römer dort also geradeso dachten wie wir.

[1] Es ist möglich, daß der Käufer normal die Gefahr der Sache trägt und trotzdem infolge Mangels in der Erfüllung den Regreß in irgend einem Maße hat; Beispiele: Redhibitoria und wegen Rechtsmangels nach dem richtig verstandenen B.G.B. § 440 (Planck II S. 237 lit. β; unrichtig insbesondere Martinius, Arch. f. bürg. R. XVII S. 53 ff.). Es ist umgekehrt denkbar, daß der Verkäufer die Gefahr der Sache trägt, der Verlust des Rechts aber den Käufer trifft. Beispiel: Vindikationszession unter Mora des Verkäufers in der Besitzverschaffung (nach B.G.B. § 446 I bei beweglichen Sachen auch ohne Mora) und folgende Expropriation.

den gutgläubigen Verkäufer nach der Tradition ohne Mahnung als mit der Rechtsleistung im Verzuge befindlich anzusehen; es kommt also nicht einmal zu der weiteren Erwägung, daß die zwischentretenden Ereignisse den Käufer, dem tradiert wurde, unmittelbar trafen, und daß regelmäßig (anders z. B. bei erfolgter oder durch den Rechtsmangel vereitelter Weiterveräußerung) dadurch erwiesen ist, sie hätten ihn bei Eigentumsverschaffung ebenso getroffen. Ja, für die theoretische Regel werden wir auch im heutigen Recht, was den Schadensersatzanspruch angeht, aus gleichen Gründen nicht anders zu entscheiden vermögen, als Paulus und Diokletian. — Keinen Widerspruch hiezu schließt D. h. t. 21 pr. ein; die Kompilatoren lassen dort gegen den dolosen Verkäufer wohl nur das negative Interesse einfordern, es sei denn, daß vor dem Untergang der Anspruch auf Schadensersatz, z. B. durch Urteil, fixiert war.[1]

Was die Interesseberechnung in normalen Fällen anbelangt, so wird auf die quellenmäßige Formulierung der schädigenden Thatsache nicht allzuviel Gewicht zu legen sein. Meist wird nur von der Verurteilung *quanti interest* gesprochen; in A. E. 43 vom Interesse, *servum non evinci*, C. h. t. 23: *rem evictam non esse*. Dagegen geht Julian D. h. t. 8 von der Verpflichtung aus, zu leisten, *quanti eius interest hominem venditoris fuisse*. Ebenso soll der dolose Verkäufer prästieren, *etiam priusquam evincatur, quanti mea intersit (rem) meam esse factam*, A. E. 30, 1. Eine Anerkennung des Eviktionsprinzipes ist nach den obigen Darlegungen in diesen Stellen nicht zu finden. Umgekehrt wäre ein Schluß aus dem letztangeführten Fragmente l. 30 § 1 darauf, daß auch schon Julian l. 8 cit. eine Haftung auf Rechtsverschaffung ohne Rücksicht auf Entwehrung im Auge hat, zu gewagt. Die Juristen bewegen sich, da sie durch den Wortlaut der Edikts-Formel nicht gebunden sind, im Ausdrucke bezüglich der Ersatzleistung

---

[1] Mommsen, Beitr. II S. 151 N. 9; Jhering, Dogm. Jahrb. III S. 460 N. 11. 13 arg. D. (4, 3) 1, 5; (2, 5) 2, 1. — Hofmann a. a. O. S. 142 f. will dagegen in den Quellen das Prinzip erkennen, daß die Wirkungen des *dolus* nicht hinterher durch einen Zufall aufgehoben werden. Aber er hat nicht bewiesen, daß der Gegner des Dolosen berechtigt ist, willkürlich irgend einen Zeitpunkt der Schadensberechnung zu Grunde zu legen.

ziemlich frei.[1] Julian wählt jene These, um zu motivieren, warum man auf das Habere, bezw. wegen der Eviktion des *partus ancillae* oder einer vom Sklaven angetretenen *hereditas* hafte, während er bei dieser Eviktion nicht sagen konnte, die *ancilla,* der *servus* sei evinziert.

Daß der *dolus* zur Forderung des negativen Interesse berechtige ist nach dem Untergang der Sache, D. h. t. 21 pr., notwendig;[2] ob das negative Interesse sonst wahlweise zustand, läßt sich nur nach allgemeiner Stellungnahme zu den in diesem Punkte dürftigen Quellen beurteilen.

Weiteres, namentlich über die Beschränkung des Interessezuspruches durch A. E. 43—45 und über die Rechtsverhältnisse nach Weiterveräußerung der Sache durch den Käufer, ist in den dogmatischen Ausführungen zu sagen.

Mit der *stipulatio simplae* konkurrierte nach justinianischem Recht die *actio empti* derart, daß sie das überschießende Interesse erwirkte. (D. h. t. 60.)

In betreff der erübrigenden Fragen der Interesseberechnung hat wohl im gemeinen Recht kein Anlaß vorgelegen, den allgemeinen Regeln der Schadenersatzlehre die Geltung zu versagen. Es war daher die Meinung vorzuziehen, die wie überall den Zeitpunkt des Urteils, nicht den der Eviktion, als maßgebend betrachtete.[3] Windscheid, der das Gegenteil lehrt, hat ferner wegen der oben erörterten l. 74 § 1 h. t. das Interesse um das kürzen wollen, „was der Käufer seinerseits von der Sache gewonnen hat“.[4]

---

[1] Nebst C. h. t. 9 cit. wird auch D. (19, 1) 13, 1. 2 als ungenau gerügt, weil mit *quanti interfuit non decipi* das positive Interesse gemeint ist. (Mommsen, Beitr. II S. 141 N. 5.) Aber die Worte sind nicht ungenau — denn nicht betrogen sein heißt auch vertragsmäßig befriedigt sein — sondern nur vieldeutig. Und eben dies war beabsichtigt, § 2 eod.

[2] Vgl. Hofmann, Periculum S. 149 N. 2.

[3] Dernburg, P. II § 99 N. 26; König, Inhaberpapiere S. 29; dagegen Bekker, Jahrb. VI S. 307; Treitschke, Kaufvertrag S. 253; Sintenis, P. N. 168; Windscheid, P. § 391 N. 34, sächs. G.B. § 941. Die beiderseits angeführten Quellen (Eviktion: A. E. 45 pr.; D. h. t. 66, 2; Urteil: D. h. t. 8; C. h. t. 25. 29) sind nach keiner Richtung beweiskräftig.

[4] Windscheid, ebd. N. 35. Dagegen mit Grund Porta, Die Haftung des Verkäufers einer fremden Sache. Züricher Diss. 1890, S. 55 ff.

Aber unter allen Umständen enthält l. 74, 1 eine im Rahmen des klassischen Rechts singuläre Vorschrift. Der Ankauf einer Sache geschieht nicht zu einem so lange währenden Genusse, bis die Nutzungen den Preis amortisiert haben, sondern für die Zeit auch darüber hinaus.

D. Teilentwehrung. Die vorstehenden, das Ziel der Garantie betreffenden Darlegungen kommen darin überein, für alle Haftungsformen dem Kaufpreise eine erhöhte Bedeutung beizumessen. Im Einklange damit erscheint nun, soweit die Behandlung der Partialeviktion aus den Quellen ersichtlich ist, deren pekuniäre Folge auf Grundlage des Kaufpreises proportionell berechnet:

Die Entschädigung verhält sich zum Kaufpreis, wie der Teil zum Ganzen.

Den Vergleich des Teiles mit dem Ganzen vermittelt, wenn die Sache nach gromatischen Maßeinheiten (z. B. 100 iugera zu je 100 Sesterzen) gekauft wurde, natürlich die Maßeinheit. Dies gilt für die *actio de modo agri* (D. 19, 1, 42) genau analog, und ist mindestens für die *actio auctoritatis* in D. h. t. 53 pr. bezeugt.[1]

Ist der Preis für die ganze Sache ausgeworfen, so ist der gemeinsame Nenner, wie die Juristen darlegen, nicht die Größe, sondern die *bonitas*, und zwar zunächst natürlich diejenige zur Zeit des Kaufs. Man findet diese Quanti-minoris-Berechnung vollständig bei der ästimatorischen ädilitischen Klage wieder [D. (21, 1) 36; 64 pr.] und zwar, indem Labeo für die Redhibition einer von mehreren um einen Gesamtpreis gekauften Sachen die *actio auctoritatis* zum Muster nimmt: *atque ut fieret in aestimationem bonitatis agri, cum ob evictam partem fundi agatur* (l. 64 pr. cit.)[2] Anwendungen sind bezeugt bei der *actio auctoritatis*

[1] Nicht widersprechend (wie Voigt, XII Taf. II S. 504 N. 9 meint) D. h. t. 64, 3, wo nicht *certo pretio*, sondern nur *certus numerus* verkauft ist, Gegensatz z. B. *fundus Sempronianus* schlechtweg. Dies hat schon Bekker, Jahrb. VI S. 314 zum Nachteil seiner sonstigen Auffassung eingesehen.

[2] Sind mehrere Sachen gemeinsam, aber nur unter Addierung der einzeln festgestellten Preise verkauft, so sind analog D. (21, 1) 36 die Einzelpreise maßgebend. Die Zulässigkeit der Eviktionsklage wegen einer von mehreren gemeinsam verkauften Sachen ist in D. h. t. 47, A. E. 33, h. t. 72 ausgesprochen; s. dazu Kniep, Präscriptio und pactum S. 46 ff.

wegen Eviktion einer *pars pro indiviso* (D. h. t. 64 pr.) und *pro diviso* (eod. 64, 3), bei der Stipulatio duplae und simplae nach dem interpolierten Text der l. 64 und nach der oben versuchten Auslegung der siebenbürgischen Kaufverträge.

Dieselbe Rechnung verfügt ferner D. (21, 1) 61 in betreff von Passivservituten, D. h. t. 15, 1 bezüglich eines vom Dritten an der Sache ersiegten Ususfructus, und bezüglich eines „*servus*“ (Florentina) oder einer „*servitus*“ (Peira und Tipuc.); bei der letzteren Lesart ist es ungewiß, ob eine Aktiv- oder eine Passivservitut gemeint ist,[1] die Lösung dürfte aber auf beide Fälle anwendbar sein. Zweifelhaft ist auch, auf welche Klagen diese Stellen berechnet sind. L. 61 scheint an *auctoritas*,[2] l. 15 an die *actio empti*[3] zu denken. Mit größerer Sicherheit ist für die *actio empti* allerdings nur das Argument anzurufen, daß in D. (19, 1) 13, 1 die Haftung aus der *emptio venditio* für Fugitivität durch Quasi-Eviktion begründet, das Ausmaß aber mit *quanti minoris* festgestellt wird.[4] Allgemein vom „*regressus*“[5] redet Ulp. D. h. t. 1, und er läßt ihn „*pro quantitate evictae partis*“ platzgreifen, wenn es eine *pars pro indiviso;* „*pro bonitate loci*“, wenn es eine *pars pro diviso* ist. Welche Größe dieser Teilberechnung unterliegt, ist nicht ausgesprochen; aber das „Interesse“ im heutigen Sinne kann es nicht gewesen sein, denn von diesem wäre allenfalls die Proportionalitätsberechnung für den ersteren Fall, nicht aber die Berechnung *pro bonitate* verständlich.[6] Offenbar wird also wiederum das Verhältnis zum Kaufpreis gesucht,

---

[1] Nach dem Beispiel des *usus fructus* wird es wohl eine Passivservitut sein; vgl. oben S. 75 N. 3.

[2] Vgl. S. 8 N. 1; Lenel, Ed. S. 427. Das Subjekt des Wortes *victus* könnte z. B. *is qui mancipio dedit* gewesen sein.

[3] Siehe oben S. 150.

[4] Siehe oben S. 138.

[5] Gradenwitz, Interpol. S. 82, hält das Wort für tribon., dagegen Lenel, Sav. Z. IX S. 179. — Nicht herstellbar ist die Zugehörigkeit von D. h. t. 14: *non in dimidiam quantitatem pretii.* — Gar nicht hierher gehört D. h. t. 39, 2.

[6] Gleicher Ansicht vielleicht Lenel, vgl. Pal. Ulp. 2719 n. 2. Unrichtig Bekker, Jahrb. VI S. 312 f.; Windscheid, P. § 391 N. 36. Man kann sogar sagen, daß bei Interesseberechnung für Teile deren *bonitas*

was nach dem Gesagten auch auf die *actio empti* passen würde, oder aber, falls der Jurist mit dem *regressus* sogar ausschließlich die *actio empti* meinen sollte, das Verhältnis zu dem durch die Verbesserung vermehrten Sachwert.

Ein Bedenken dagegen, daß es sich überall wirklich um relative Berechnung gehandelt habe, wird hier[1] wohl gar nicht auftauchen können.

Treten nun nach dem Kauf Veränderungen im Werte der Sache ein, so werden dieselben von der *actio auctoritatis* zuerst grundsätzlich gar nicht berücksichtigt. Dieses Prinzip in Verbindung mit der geschilderten Proportionalitätsberechnung führt zu teilweise auffälligen Resultaten, die Papinian D. h. t. 64 mit logischer Schärfe herausstellt. Irgend ein innerer Widerspruch

---

ganz nebenher in Betracht käme, in erster Linie vielmehr die Entwertung des gesamten Besitzes, während es sich hinsichtlich der Proportionalberechnung umgekehrt verhält.

[1] Mit größtem Unrecht hat man einst rücksichtlich der ästimatorischen Klage den Römern die absolute Berechnung zugemutet; aber noch Brinz, P. 1. Aufl. I S. 494 vgl. 2. Aufl. II S. 728 N. 62, nennt die Quellen unvollständig; man billigt dies allgemein und müht sich mit rechnerischen Nachweisen ab. (Vgl. Coste, Über die Methode der Berechnung des Minderwerts bei der *actio qu. min.*, Diss. Greifsw., 1895, S. 13.) Daß indessen *quanti minoris rem empturus essem* füglich auf nichts anderes deutet, als auf die Berechnung mit subjektiver Färbung, aber Berücksichtigung des im Kauf festgestellten Wertverhältnisses, hat schon Bähr, Arch. f. prakt. Rechtsw. VII S. 69 gezeigt. Sodann ist die Rechenmethode in den Quellen so deutlich wie nur möglich zu lesen. „Die" ädilitische Klage, von der D. de aed. ed. (21, 1) 36 Pompon. ad Sab. 23 (ad edict. aedil. curul.) redet, und welche D. eod. 64 pr. höchstens mittels der *actio empti* nachahmt, vermutlich aber ebenso behandelt (vgl. § 1), ist keine andere als die *actio aestimatoria*. Deren Ableitung aus der Redhibitoria (ein *iudicium*, vgl. D. (21, 1) 23, 7; Lenel, Ed. perp. S. 436) ist aus diesen beiden beiseite gebliebenen Stellen ebenso zu ersehen, wie die Analogie mit der Berechnung der Kondemnation wegen Auktoritätsbruches. Ihre Berechnung aber stellt der Maßstab *„pro bonitate"* in Verbindung mit der Voraussetzung des *unum pretium* außer Zweifel. Dadurch erledigt sich auch die von der Glosse und Bartolus ad l. 13 de aed. ed. vertretene, von Herrmann, Ztschr. f. Civilr. u. Proz. N. F. VIII S. 109 hervorgeholte Ansicht, zu der sich nunmehr wieder Karlowa, R.R.G. II S. 627 bekennt, die ädilitische Klage im Gegensatz zur *actio empti* meine ihr *quanti minoris res fuit* im Sinne des absoluten Anschlags.

ist aber in dieser viel mißhandelten [1] Stelle nicht zu entdecken; auch nicht einmal der Vorwurf ist gerechtfertigt, es sei die für die Partialeviktion angewendete Lösung für die Totaleviktion beseitigt worden. [2] Bei Totaleviktion wird einfach der Kaufpreis (doppelt) erstattet. Sind aber von 1000 Joch 200 weggeschwemmt, so ist die Eviktion der übrigen 800 nach Papinian's und wohl nach jeder Beurteilung noch Totaleviktion. [3] Anders, wenn erst das Verhältnis des „Evinzierten" zum „Gekauften" erforscht werden muß, weil hiefür zu untersuchen ist, was evinziert, nicht zu Grunde gegangen, und was gekauft, nicht zugewachsen ist. [4]

Späterhin, und zwar, wenn die oben S. 149ff. gegebene Erklärung richtig ist, erst bei der *actio empti*, wurde die zweite Hälfte der Proportion mit Rücksicht auf Verbesserungen (D. h. t. 15 pr.) abgeändert. Schließlich muß der reine Interessebegriff auch auf die Teileviktion angewendet worden sein. Aber merkwürdig genug, ausgesprochen ist dies in den Quellen nicht, und zu folgern ist es aus ihnen nur mittelbar, wie etwa aus D. h. t. 8 (Julian).

---

[1] Eine treffliche Zusammenstellung der Literatur bei Scialoja, Archivio giuridico XXX, 1883, S. 156 ff. Er selbst (S. 190 ff.) will aber nichts weniger als nachweisen, daß unter dem *pro indiviso* der l. 64 pr. — *pro diviso* gemeint sei.

[2] Girard, N. rev. 1883 S. 587.

[3] Insofern übereinstimmend Vangerow, P. III S. 312 f.

[4] Vgl. auch Enault, Des conséquences de la vente, Thèse 1891 S. 40 f. Man rechnet bei Eviktion einer *pars pro indiviso* x: Kaufpreis = pars: totus. Totus kann als fixe Größe, 1000, angenommen werden. Dann wird die Größe der pars wie folgt ermittelt. Pars: evincierte Anzahl *jugera* = gekaufter Fundus: vorhandener Fundus. Auf diese Art sind sämtliche Entscheidungen pr. — § 2 erklärbar. Eine evinzierte *pars pro diviso* muß nicht erst rechnerisch ermittelt werden, dagegen ist dabei wieder die verschiedene *bonitas* zu berücksichtigen; auf letzteres weist § 3 hin.

Zweites Kapitel.

Zum Rechte der Neuzeit, insbesondere der Kodifikationen von Preussen und Österreich.

In gleicher Weise, wie es rücksichtlich des römischen Rechts geschah, ist nunmehr im Rahmen der deutschen, namentlich der österreichischen und preußischen neueren Geschichte der primäre Inhalt und das schließliche Ziel der Gewährleistung für Rechtsmängel zu untersuchen. Vorauf muß jeweilig eine Orientierung im fränkischen und deutschen Rechte bezüglich der Grundzüge erfolgen. Oft begegnet die Behauptung,[1] die Verpflichtung der Rechtsverschaffung sei den germanischen Anschauungen entsprossen, während sich die Römer mit einem kaum jemals völlig begreiflich gewordenen Systeme begnügten. Die über das Habere-licere-System gangbaren Meinungen zu berichtigen, hat eine der Aufgaben des ersten Kapitels gebildet. Was von dem anderen Teile jener Gegenüberstellung zu halten ist, wird sich bald ergeben. Die Betrachtung sowohl des Inhalts als der Höhe der Haftung zeigt eine zeitlich langgedehnte Entwicklung aus denselben Grundanschauungen heraus und zu denselben Zielen hin, welche

[1] Z. B. Dernburg, Preuß. Priv.-R. 5. Aufl. (1897) II S. 344; Kuhlenbeck, Von den Pandekten zum B.G.B. II S. 251 — Foerster-Eccius, Preuß. Priv.-R. 7I § 84 v. N. 24 glaubt, das deutsche Recht habe „Vorschriften über Entwehrung nicht ausgebildet". Von den Ansichten Amira's wird später die Rede sein. Eckstein, Die Intervention nach österr. Recht (1893) erkennt, daß das deutsche Recht von der Defensionshaftung ausgeht; allein er stellt deshalb wieder das deutsche Recht mit dem römischen in Gegensatz (S. 3 f. 66. 69).

den Weg der Haftungsgeschichte in der römischen Kaiserzeit begrenzen. Und hat zu der rascheren Fortbewegung gegen diese Ziele hin auf beiden zu schildernden Wegstrecken der römische Einfluß, je mehr er erstarkte, beigetragen, so fand die Ausgestaltung der Lehre im letzten Jahrhundert da in unmittelbarer Nutzbarmachung überlieferter römischer Schöpfungen, dort mittels selbstschaffender, dem römischen Rechte aber nicht unähnlicher Bildung ihren Abschluß.

Erster Abschnitt.

Der Inhalt der Haftung.

A. Das deutsche Recht.

Über Ursprung und Charakter der Währschaft in den alten Rechten hat sich bereits das erste Kapitel hinreichend verbreitet. Mit besonderer Deutlichkeit folgt in dem Rechte der fränkischen Zeit und, soweit es aus Rückschlüssen rekonstruierbar ist, dem Rechte der germanischen Urzeit die Pflicht zur Gewährschaft[1] notwendig aus der Anlage des dinglichen Prozesses, sowohl des Verfahrens um Fahrhabe, als des ihm nachgebildeten Immobiliarprozesses. Der Anefangskläger behauptet unfreiwilligen Verlust der Sache aus seiner rechtlichen Gewahrsame, ähnlich der Kläger im ordentlichen Liegenschaftsprozeß *malo ordine possidere* des Beklagten; der letztere muß darauf motiviert antworten, und behauptet er derivativen Erwerb, so ist die Stellung des Gewährsmannes der regelmäßige[2] Weg zu vollwirksamer Verteidigung. Der Zug auf den Gewähren hat sich, wie schon — gerade mit Benützung der deutschrechtlichen Forschung — bemerkt wurde, dem alten Rechte als einfaches Mittel geboten, den Bedürfnissen aller Beteiligten, des Dritten, des Käufers und des Verkäufers gerecht zu werden.[3] Ursprünglich dürfte dies

---

[1] Über den Deliktscharakter des Gewährbruches, der nur das konstruktive Mittel zur Befriedigung des Bedürfnisses nach Währschaft ist, s. oben S. 8—11.

[2] So weit auch Schwind, Göttinger Gelehrte Anzeigen 1894, S. 436.

[3] Darüber oben S. 11 u. N. 1,. S. 17 f. Ich rekapituliere: Das Interesse des Käufers bezielt die Erhaltung der Sache ohne Gefahr, Mühe und Kosten,

auch die einzig zulässige Art überhaupt gewesen sein, wie der Käufer seinen Erwerb rechtfertigen konnte.[1] Sicher aber war es durch sehr lange Zeit die einzige Art in der Mehrzahl der denkbaren rechtlichen Konstellationen.[2]

Die ältesten Quellen sehen denn auch, wo sie von der Verteidigung des Besitzers gegen dingliche Ansprüche reden, die Gewährpflicht aller Vormänner als etwas Selbstverständliches an, und sie ordnen dabei nur im Vorübergehen die Folgen des Ge-

---

das des Verkäufers die Vermeidung der Regreßpflicht und daher dasjenige beider die Anwendung der Prozeßmittel des Verkäufers. Von den letzteren dürften namentlich die Beweismittel des Eides und der Ordale in betreff des Erwerbes des Auktors nur diesem offen gestanden haben; denkbar wären freilich unmittelbar auf das Recht des Käufers gerichtete Beweise (vgl. Brunner, Rechtsgesch. II S. 375), die auch er selbst erbringen könnte. Aber sogar von den übrigen und zugleich späteren Beweismitteln, wie Zeugen, Urkunden u. s. w., wird man annehmen dürfen, daß der Verkäufer, zu dessen Gunsten sie ursprünglich bestimmt waren, als nächster zu ihrer Verwendung galt, vgl. Schwind's ang. Rezension. (Denselben ausgenommen, streift kaum ein Schriftsteller diese wichtigen Fragen des Zusammenhanges zwischen dem Beweismittelrecht und dem Gewährenzuge; ihre eingehendere Untersuchung von germanistischer Seite wäre überaus wünschenswert. Was ich aus der bisherigen Literatur herauslese, stelle ich hier zur Andeutung der mutmaßlichen Ausgangspunkte, unten S. 185 ff. zur Skizzierung der weiteren Entwicklung zusammen. So wenig es ist, überschreitet es vielleicht schon das Maß, in welchem verstreute Bemerkungen verwertet werden dürfen.) Dem Dritten endlich liegt daran, den Delinquenten zu fassen. Auch dieses Moment ist nicht gering zu achten. Die Erben des Verkäufers, die dem Dritten nicht haften, Sachs.-Sp. I 6, 2 brauchen sich vielleicht schon darum auch dem Käufer nicht zu stellen, III 83, 3.

[1] Vgl. oben S. 11 N. 1, S. 55 f. Hübner, Immobiliarprozeß S. 108 ff. Insoferne derselbe freilich das Fortbestehen dieses Zustandes bis zu Ende des 6. Jahrhunderts folgert, mit Recht gegen ihn Schwind a. a. O., dem ich mich nach dem Gesagten auch darin anschließen kann, daß der Gewährenzug mit der Zulässigkeit wahrer derivativer Eigentumsübertragung nicht unvereinbar sei.

[2] Dies trifft noch für das spätmittelalterliche Recht zu; ausführlich für die sächs. Quellen Planck, Gerichtsverfahren I S. 542 ff.; für das österr. Recht Hasenöhrl, Die Beweiszuteilung im österr. Recht des Mittelalters. Sitzungsber. der Wiener Ak. d. W., phil.-hist. Kl. CXXXIX (1898) N. VII S. 107 ff. 142 f. 145.

währbruches.[1] Spätere stellen die gesetzliche Verbindlichkeit der Gewähr ausdrücklich auf.[2] Und auf das gesamte deutsch-mittelalterliche Recht ist der Satz der französischen Coutumes anwendbar: *Tous vendères doit varandir.*[3] Erst sehr spät traten hierin unter der Einwirkung gewisser Eigentümlichkeiten des Immobilienverkehrs Beirrungen ein, welche am Ende des 16. Jahrhunderts die österreichische Praxis zu der Meinung führten, daß die Gewährschaft bei Immobilien nur auf Grund ausdrücklicher Verschreibung geschuldet werde. Davon wird in der Einleitung des nächsten, der Rezeptionszeit gewidmeten Teilabschnitts zu sprechen sein.[4]

Die Gewähr ist von jedem Vormann, auch dem Schenker, zu leisten.[5] Nichtsdestoweniger scheint mir von Anfang an als Quelle der Pflicht nicht die Tradition als solche, sondern der Kauf, das ist auch im deutschen Recht die kausale Tradition, angesehen worden zu sein.[6]

---

[1] Lex Salica 47, Lex Ribuaria 33 und 59, 2 (eingeschobenes Gesetz kurz vor 600), Lex Bajuwar. 16, 5, Edictus Rothari c. 231.

[2] L. Rib. 59, 6 testamentum virire debent aut multam incurrere. Liutprandi leges c. 116: Hoc autem de his causis dicimus, unde cartulam inter se non faciunt. Daß es im bayrischen Volksrecht heißt: XVI, 12. Si se firmare promiserit emptori . . ., bedeutet, so bestritten sonst die Stelle ist, keinesfalls eine Ausnahme; denn man hat nur die Wahl, darin eine bloße ausdrückliche Erklärung der gesetzlichen Verbindlichkeit beim Kauf oder eine Übereinkunft zur Ausführung dieser Pflicht angesichts des bereits erwachsenen Eviktionsprozesses zu erblicken. Die Legalverpflichtung galt natürlich auch im altschwedischen Recht (Amira, Nordgermanisches Obligationenrecht I S. 558), und im norwegisch-isländischen (Amira ebd. II S. 692).

[3] Ancien cout. de Picardie (Marnier S. 113), freilich mit dem Zusatz: espécialement quant il s'i est obligiés par chirographe ou par serment; Beaumanoir, Cout. du Beauvoisis XXXIV 9 ff., des Fontaines XV 10, siehe Warnkönig, Franz. Staats- u. Rechtsgesch. 2. Ausg. II (1875) S. 565 u. N. 9.

[4] Unten, B. AA.

[5] L. Rib. 59, 7. L. Bajuw. 16, 13. Liutpr. c. 43.

[6] L. Sal. 47, 1 qui caballo ipso aut venderit aut cambiaverit aut fortasse in solutionem dederit . . . And. Meinung, wie es scheint, Loening, Der Vertragsbruch im deutschen Recht S. 113; mit Rücksicht auf das Placitum a. 828 (Meichelbeck, Hist. Frising I 2, Nr. 530 S. 278).

Der trotz aller Anfechtungen gegenwärtig wohl endgültig festgestellte Beweisvorzug des Beklagten im germanischen und älteren deutschen Recht[1] läßt vor allem diesen gewährsbedürftig erscheinen. Überdies verschafft der lange Zeit allein zulässige, noch länger regelmäßig gepflogene Barkauf dem Käufer den Besitz, und solange ihm dieser zuerkannt wird, ist ihm die dingliche Klage durch das deutsche Klagensystem versagt.[2] So viel Ausnahmen diese beiden Sätze namentlich im späteren Mittelalter leiden, so erklärt sich mit ihnen doch die nahezu ausschließliche Berücksichtigung der dem Beklagten zu leistenden Währschaft.[3]

Die Gewährleistung besteht nach altgermanischem ganz so wie nach dem altrömischen Recht in der Verteidigung des Käufers gegenüber Angriffen Dritter auf das überlassene Recht, und setzt sich aus den gleichen drei Bestandteilen zusammen wie die *auctoritas*. Der Verkäufer hat:

1. nach den meisten Rechten auf förmliche Ladung *(mannitio)* seitens des beklagten Käufers bei Gericht zu erscheinen;[4]

---

[1] Man sehe neuestens Brunner, D.R.G. II 370 ff.; Hasenöhrl, Beweiszuteilung S. 4 ff. und Brunner, Grundzüge der D.R.G. (1901) S. 20 f.

[2] Heusler, Gewere S. 221. Gegen Laband, Vermögensrechtl. Klagen S. 403 s. Hasenöhrl a. a. O. S. 165.

[3] Anders wurde es natürlich im Stadtrecht und mit der Rezeption. Aber die Partikulargesetze (wie Trendelenburg, Diss. de litisdenuntiatione 1774 § 17 bemerkte) hatten, und noch § 931 des geltenden österr. Gesetzbuches hat ausschließlich den Fall der sogenannten positiven Eviktion im Auge („Besitzer", „Einwendungen") und es muß extensive Interpretation platzgreifen. Die gleiche Lücke im böhm. Landrecht hebt Neumann de Puchholtz, Tract. jur. pract. de abusibus quibusdam praxeos Boemiae etc., Ausgabe Norimberg. 1733 S. 147 f. hervor; besser der Cod. Theresianus III 9, n. 196. Auch im Digestenrecht ist der Käufer überwiegend als Beklagter gedacht. Aber auch dies muß darauf beruhen, daß man sich den Käufer regelmäßig besitzend vorstellt. Bechmann (Kauf I S. 390) glaubt freilich an einen spezifisch römischen Grund; der Käufer, der den Besitz verloren hat, finde regelmäßig seinen Schutz in der Publiciana, während der Besitzende bei Mangel des quiritischen Eigentums auf den Auktor angewiesen bleibe. Es ist jedoch nicht anzunehmen, daß der Prätor dem Nichtbesitzenden so viel früher die Publiciana, als dem Besitzenden gleichwertige Hilfsmittel verlieh.

[4] L. Sal. 47; L. Rib. 33; L. Baj. 9, 7; Aethelred II, 8 pr. c. 3; L. Wisig. VII 2, 8; L. Burg. 83, 1. Für Liegenschaften: Form. Andecav. 47 M.G.F. S. 21; Thévenin n. 114; vgl. Brunner, R.G. II 515 N. 20.

nur bei den Longobarden und Sachsen, anfangs auch bei den Angelsachsen folgen im Mobiliarprozeß der Anefangende und der Käufer zum Auktor;[1]

2. sich zur Auktorschaft zu bekennen und die Verteidigung des Beklagten im Prozesse zu übernehmen; das Verfahren wird sodann gegen den Gewährsmann allein gerichtet;[2]
3. endlich diesen Prozeß siegreich durchzuführen und dadurch den Käufer im Besitze zu erhalten.[3]

Bleibt der Auktor aus, so reinigt sich der Beklagte von der in der Klage liegenden peinlichen Anschuldigung[4] anderweitig, im Anefangsverfahren nach fränkischem Recht durch den Formalbeweis der Ladung des Geweren[5] und der von letzterem geschehenen Tradition.[6] Als *fur et latro* gilt der Ausgebliebene; dieser hat dem Kläger die Diebstahlsbuße, dem Käufer den Kaufpreis[7] zu zahlen.[8] Weniger sicher bezeugt ist die Regelung

---

[1] Schröder, D.R.G. S. 374 N. 110.

[2] Schröder, D.R.G. S. 375 N. 111 f.; Laband, Verm. Kl. S. 125. „Die Berufung auf den Gewähren ist nicht Antwort im technischen Sinne, sondern eine die Antwort weigernde Einrede“, Brunner, D.R.G. II S. 505 N. 68. Ebenso das mittelalt. franz. Recht (vgl. Glasson an d. unten S. 222 N. 2 ang. O.), und das engl., Glanvilla III Kap. 1 (vgl. Gundermann, Engl. Privatrecht S. 452). Es ist bemerkenswert, daß der Auktor infolgedessen auch zu Ungunsten des Käufers den Prozeß in der Hand hat; dies wurde später im englischen common law benützt, um mit Aufstellung eines Strohmannes als Auktor durch einen Scheinprozeß ein Fideikommißgut in ein *fee simple* zu verwandeln; s. Brunner, Rechtsgeschichte der Urk. S. 287; Wertheim, Wörterbuch des engl. Rechts (1899) Art. Recovery S. 475.

[3] Vgl. vorläufig Brunner, D.R.G. II S. 506; Loening S. 104 N. 4.

[4] Denn, „wo der Gewähre fehlt, fehlt nicht der Strick“, dänisches Sprichwort, Amira in Paul's Grundriß, 2. Aufl. S. 130. Die Anschuldigung richtet sich alternativ gegen den Angesprochenen und dessen Auktor. Laband, Verm. Kl. S. 102. (Daß ursprünglich jede Klage Deliktsklage war, steht nunmehr bekanntlich fest, vgl. Brunner, R.G. II S. 328 u. ö.)

[5] Nur diese erwähnt Hermann, Die Grundelemente der altgermanischen Mobiliarvindikation, (Gierke, Untersuchungen Heft 20) S. 61 Z. 1.

[6] Sohm, Der Prozeß der Lex Salica S. 108; Brunner, Rechtsgesch. II S. 504; Geffcken, Lex Sal. (1898) S. 188 betont, daß nach salischem Recht der öffentliche Erwerb beschworen wird.

[7] Hierüber folgt unten, zweiter Abschnitt Näheres.

[8] Ausführlich Jobbé-Duval, Nouv. rev. hist. 1880 S. 544 f.

in dem Falle, als eine der ad 2 und 3 erwähnten Verpflichtungen verletzt wurde. Nach L. Rib. 33, 3[1] scheint es, daß, wenn der Auktor erschien aber die Gewährleistung verweigerte, der Beklagte gegenüber dem Anefangenden sofort und vollständig sachfällig wurde; und für das Volksrecht dürfte dies wohl auch anzunehmen sein.[2] Seit wann es dann einen Weg gegeben hat, auf dem der Käufer wie in der ersten Alternative die Bußfälligkeit ersparte, ist ungewiß. Manche nehmen an, der Beklagte habe zu diesem Ende zunächst den Zeugenbeweis gegen den Geweren führen dürfen.[3] Nach einer anderen Hypothese soll bereits in einer früheren Periode dasselbe gegolten haben, was ein Capitulare v. 803 verordnete.[4] Nach diesem wurde über die Ableugnung der Auktorschaft durch gerichtlichen Zweikampf oder Kreuzprobe entschieden.[5] Auch das longobardische Recht erwähnt ein Zwischenverfahren gegen den Auktor erst in den Formularen der Glosse des Liber Papiensis.[6] So viel aber scheint mir nicht nur für die fränkische Zeit, sondern für das Mittelalter überhaupt

---

[1] Quod si auctor suos venerit et rem interciatam recipere rennuerit, tunc illi super quem interciata est, capitale et dilatura adque texaga solvere studeat.

[2] Brunner, Rechtsgesch. II 506; dagegen setzen die in den folgenden Noten Genannten ihre Annahmen schon für die Zeit der fränkischen Volksrechte.

[3] Siegel, Gerichtsverfahren I S. 255; Sohm, Prozeß S. 111 N. 33; Schröder, Rechtsgesch. S. 375.

[4] Dies hat in Anknüpfung an Bethmann-Hollweg, Germ.-röm. Civilpr. IV S. 485, welchem zufolge die Ableugnung der Auktorschaft eidlich geschehen mußte, Hermann a. a. O. S. 63 ausgeführt und für die wessexische Gesetzgebung zu belegen versucht.

[5] Karoling. Capitulare legi Rib. addendum a. 803 c. 7, Mon. Germ. Leg. Sect. II tom. I S. 118: Si auctor venerit et rem interciatam recipere rennuerit campo (vel cruce) contendatur; Brunner, Rechtsgesch. II S. 506 N. 76.

[6] Form. der Glosse zu Liutprand c. 116 (Liber Pap. c. 115) Mon. Germ. Leg. IV S. 456: Si auctor venerit et negaverit, ipse qui fuit appellatus, probet, und Form. zu Ed. Roth, c. 231 (Pertz IV 357): Vendidisti tu michi ipsam ancillam? — Non feci. — Aut probet, quod sibi vendidit, aut bellum adardiat de terciata aut perdat ipsam ancillam. Ausführlich Form. und Expos. zu Otto I c. 7 (ebd. S. 578). — Über die durch Otto I 7 eingeführten Einschränkungen des Gewährenzuges s. Jobbé-Duval a. a. O. S. 558.

festzustehen, daß, wo ein direkter Zwang zur Verteidigung geübt wurde, er doch immer nur der Reinigung des Beklagten einerseits, dem Präjudize gegen den Auktor andererseits diente, und seine Durchsetzung dementsprechend beschränkt wurde, daß aber der Versuch einer Zwangsvollstreckung mit dem Zwecke, die Prozeßführung auf den Auktor abzuwälzen, erst eine Schöpfung der römisch-rechtlich gebildeten Juristen ist. — Die Übernahme des Prozesses durch den Verkäufer ward durch provisorische Rücknahme der Sache seitens des Verkäufers eingeleitet; nicht anzunehmen ist jedoch nach richtiger Meinung, er habe den Kaufpreis sofort zurückzuzahlen gehabt.[1] — Dafür endlich, daß der Verkäufer auf günstigen Ausgang des Prozesses haftete, läßt sich ein unmittelbarer Beweis aus den Volksrechten, die longobardischen ausgenommen, nicht erbringen. Dennoch wird niemand mehr daran zweifeln.

Dies ist der Inhalt der Garantiepflicht nach altem deutschen Recht in den allerknappsten Grundzügen. Der Bau ist bis zur Rezeption derselbe geblieben und namentlich für die in den sächsischen Rechtsbüchern erreichte Blüte des deutschen Rechts oft dargestellt worden. Im folgenden sollen nur einige für die dogmengeschichtliche Erkenntnis besonders interessante Einzelheiten des entworfenen Bildes näher beleuchtet werden.

a. Terminologie. Höchst lehrreich für die ausschließliche Beherrschung der Haftung durch den Gedanken der Defension ist der Sprachgebrauch. Die prozessuale Hervorrufung der Währschaftsleistung kennzeichnet der althochdeutsche Name des Gewährsmannes: *fordro*, Vordermann[2] (L. Rib. 33, 4), er heißt mhd. auch

---

[1] Siegel, Gerichtsverf. S. 254 f.; Bethmann-Hollweg a. a. O. IV S. 47 N. 31 und, wie es scheint, noch Schröder, Rechtsgesch. III S. 375. Dagegen siehe Loening S. 118 ff.; Hermann S. 66 f.; Brunner II S. 505 N. 70; ausdrücklich L. Bajuw. XVI 12 (so auch Siegel S. 253 N. 4) und die nordgerm. Rechte (Amira, Nordgerm. Obl.R. I S. 559, 561); für den Immobiliarprozeß ist bezüglich aller Rechte sichergestellt, daß die Überlassung an den Verkäufer nur zu treuer Hand geschah. Brunner II S. 516 N. 24; Schröder, R.G., S. 378; Schwind a. a. O.

[2] Sohm, Mon. Germ. Leg. V S. 227 N. 58.

selbst *schub*,[1] angelsächsisch *geteama*, *team*.[2] Der latein. Ausdruck der fränkischen Zeit ist meistens in teils bewußt teils unbewußt treffender Verwendung *auctor;* wovon *auctoritas* = Gewährleistung; *auctoricare*, *auctorisare* = Gewähr leisten; *auctoricium*, *aucterícium* = Verfahren, in welchem Gewähr zu leisten ist, abgeleitet wurden. Ebenso wird *defendere*, *defensare* für die vom Auktor geschuldete Thätigkeit verwendet, vielleicht aber mit vornehmlicher Beziehung auf die ihm obliegende Erhärtung der Kaufurkunde, falls sie gescholten würde; so in L. Rib. 59, 6[3] und in den meisten Formularen.

Mit *augere*, *βεβαιοῦν*, stimmt,[4] sei es dem Wortsinne, sei es dem letzten Gedanken nach, *firmare* in der L. Baj. überein. Zweifelhaft ist nämlich, ob dieses Wort in L. Baj. XVI 11. 12 und Appendix c. IV geradezu in der Bedeutung von gewährleisten verwendet ist[5] oder, wie sonst im bayrischen Recht, die Wiederholung der Tradition an den Erwerber mittels symbolischen Aktes bezeichnet.[6] Auch bei der letzteren Auffassung geschieht die Traditionsbestärkung doch im Zuge der Gewährschaftsleistung

---

[1] So auch steiermärk. Landesr. a. 226 (Bischoff S. 165). Auf Anefang soll der Käufer „den Geschuben" bringen.

[2] Amira in Paul's Grundriß S. 130.

[3] Die Bedeutung des in den älteren Hss. für defendere erscheinenden *vuerire*, *virire* u. ähnl. ist nicht ganz sicher; Brunner, Rechtsgesch. II S. 421 N. 6 setzt es gleich werjan, wehren; Loening, Vertragsbruch S. 108 N. 11 hält es für die Bezeichnung „eines weiteren (?) Begriffs: geweren".

[4] Genau stimmt damit nach Zöpfl, D.R.G. 4. Aufl. III S. 162 N. 40, nach Behrend, L. Sal. 1. Aufl. S. 159 und Hübner S. 114 auch *sterchire* = *firmare* in Extravagante B. VII z. L. Sal. überein. — Zur Übersetzung von *βεβαιοῦν* gibt es kein besseres Wort als firmare; so übersetzen daher auch Mommsen-Gradenwitz bei Bruns, Fontes[6] n. 134 S. 324.

[5] So Loening S. 110. Derselbe muß aber N. 16 die Anrede des Käufers zu Beginn des Prozesses, App. c. IV, Injuste ... *firmasti* vom Beginn der Firmationsthätigkeit verstehen.

[6] So Siegel, Ger.Verf. I 263. Nunmehr Brunner, Rechtsgesch. II S. 511. 517 in einer neuen Auffassung aller jener Stellen. Den bisher unverständlichen Satz in L. Baj. XVI 11 *si campio quaesitoris vicerit* (Merkel, Z. f. R.G. II S. 113; Heusler, Gewere S. 32) erklärt er damit, daß auch die unrechtmäßig vorgenommene wiederholte Tradition von Fahrnis den Käufer im Besitze erhalte, da der siegende Kläger nur vom Verkäufer Schadenersatz verlangen dürfe.

und zum Zwecke der Erfüllung der Gewährschaftspflicht; der Ausdruck würde also zwar zunächst die „besondere rechtsformale Art, in der der Auktor sich seiner Gewährschaftspflicht unterzieht“,[1] in zweiter Linie aber die mittels des Aktes zu erreichende materielle Aufrechthaltung der Tradition, die Abwendung der Ansprache vom Käufer, treffen.[2]

Die wichtigste Wortfamilie gruppiert sich um das althochdeutsche Partizip wërênto, warantus.[3] Der Auktor heißt mittellat. *guarens, garens, guirentus, guirens;*[4] altfries. *werand;* sächs. *warend;* angelsächs. *gwarant*; niederländ. *waerande;* die romanischen Sprachen sagen ital. *warento*, altfranz. *guarant*, provençal. *guiren*. Das Verbum ist althochd. *giwëren*;[5] in den Rechtsquellen latein. *warandare, warandizare, warentare;*[6] (franz. *garantir*, engl. *granter*). Die Thätig-

---

[1] Hübner, Imm.Proz. S. 118.

[2] So verspricht der Verkäufer nach App. IV lediglich: *firmare volo, firmabo*, während doch bei Liegenschaften nicht bloß die Tradition, sondern auch der Prozeßgewinn zum Schutze des Käufers notwendig ist. So ist auch: *Si firmare . . . non potuerit* in L. Baj. XVI 12 zwar in dem Sinne zu verstehen, daß der Verkäufer es nicht wagt, sich durch Wiederholung der Tradition der Verurteilung wegen illicita venditio auszusetzen; aber es ist doch hier und gleicherweise in dem Placitum a. 828 Meichelbeck, Hist. Fris. I 2 n. 530: quod illam traditionem ad ipsa casa Dei *firmare nequiverat* dasselbe gemeint, wie ebd. vorher: *firmare et stabilire non potuit* und wie z. B. in Ed. Roth. c. 231: auctor si *vindicare non potuerit,* Liutpr. c. 116: et eum ille qui dedit *defendere non potuerit*, Urk. a. 862 bei Vaiset: eam (scripturam) legibus *auctoricare non possum,* Urk. a. 940 Cod. Cavens. I n. 168 S. 216: *si autem noluerimus aut non potuerimus vobis eos defensare* etc.

[3] Brunner, Rechtsgesch. II S. 501; Du Cange-Henschel, Glossarium VIII S. 403.

[4] Du Cange IV S. 136.

[5] Kluge, Etymol. W.B., 6. Aufl. vb. gewähren: „der Zusammenhang des altgermanisch-schwedischen Verbalstammes *wërai* = zugestehen mit außergermanischen Worten ist noch nicht ermittelt“. Auch das gotische Grundwort scheint noch nicht festzustehen; Grimm, Rechtsaltertümer (4. Aufl., 1899, II S. 144) supponierte eine Form *vairan;* daß es nicht *verjan* = *tueri* gewesen ist, scheint allerdings sicher. S. Du Cange VIII S. 403, welcher die Ableitung von *warantus* aus *creantare* versucht, *garire* dagegen = *tueri* stellt.

[6] Mit unzähligen Varianten, als *warendare, werendare, warentizare, varantisare;* der lateinische Ssp. hat daher *warendator, varanda.* Du Cange VIII

keit, zu welcher der Auktor verpflichtet ist, und ebenso die Verpflichtung selbst bezeichnet man daher als *warandia*, *warandatio*, *guarimentum* und ähnlich.[1]

Ende des zwölften Jahrhunderts taucht der deutsche Ausdruck hochd. *gewëren*, niederd. *waren* in der Rechtssprache auf, im dreizehnten finden wir ihn als gewöhnlichen Terminus bezeugt.[2] Sein ursprünglicher Sinn in der hier besprochenen Verwendung scheint mir weder „thun, leisten, gewähren", noch „verbürgen, *cavere*",[3] sondern vielmehr geradezu identisch mit *defendere*, also jenem andern wern, got. varjan, mit dem es nach dem Zeugnisse der Sprachforscher etymologisch nicht verwandt ist, und das lediglich unjuristisch gebraucht wurde.[4] Das beweist der tausendfältig nachweisbare Sprachgebrauch, von dem auch das Nachfolgende zahlreiche Proben bringen wird.

Die mittelalterliche Rechtssprache ist aber sehr reich an noch prägnanteren Ausdrücken für die Defensionsthätigkeit,

---

S. 403 ff. Man beachte besonders die Definition von Bracton de legibus et consuetudinibus Angliae fol. 380b (ed. Twiss, vol. VI, 1883, S. 4) *warantizare* = defendere et acquietare tenentem, qui warrantum vocavit, in seysina sua.

[1] Du Cange IV 33, 125.

[2] Bayr. Landfrieden vom Jahre 1255/6 a. 74; Ried, Cod. diplom. n. 461 a. 1253 auctorem quod vulgariter dicitur gwer; und andere bei Merkel, Z. f. R.G. II S. 161 angeführte bayr. Belege. (Urk. a. 1284, Mon. Boic. V S. 391 N. 39 in vera legitima defensione quod gwerschafft dicitur; a. 1295 Ried n. 707 warandiam quod gwerschaft vulgariter dicitur etc., s. auch S. 150 N. 151; ferner bspw. Urk. Frisach a. 1243 Steiermärk. U.B. n. 424 S. 537 auctor quod gwer vulgariter appelatur; Brixen a. 1295, Acta Tirolensia I n. 672 constituentes se auctores donacionis huiusmodi qui vulgo dicuntur gewern, u. a., s. Register S. 344, etc. — Nachweise über das Vorkommen von *Geware, Gewarer* bei Brinckmeier, Gloss. dipl. h. v.

[3] Grimm, Rechtsalt. II 144, stellt beide Übersetzungen nebeneinander.

[4] Grimm a. a. O. Die verschiedenen Glossare haben regelmäßig zwar die richtige Bedeutung „verteidigen", aber sie stellen die als „Gewähr leisten' daneben, wie wenn sie davon grundsätzlich verschieden wäre. Auch andere Mißverständnisse kommen vor. Z. B. in Urk. Hildesheim III n. 324 S. 135 (a. 1407) hat jemand vor dem Rat verkauft und „er unde syne erven wyllen und schullen (den Käufer und dessen Erben) des erves unde gudes rechtleken unde redeleken gheweren". Also die gewöhnliche Schirmung. Brandes, Glossar übersetzt aber *gheweren* mit „überlassen".

Termini, die teilweise dem *ἐξίστασθαι*, *ἀφίστασθαι*, *ἐκδικεῖν* der ägyptischen Papyri genau entsprechen. So:

Den Käufer „in der Begründung des rechtlich geschützten Besitzes vertreten".[1]

Ssp. I 9, 5: he sal ine in der gewere (= *possessio*)[2] vorstan, dewile he't ime nicht upgelaten ne hevet, svenne he siner werscap bedarf.

II 42, 2: of ime sin gewere afweke dut to rechter werscap, deste het selve vor sta na sime rechte etc.

Stadtr. München a. 167 (Auer S. 65): Ist daz ain erber man dem andern leut ze chauffen geit si sein aigen oder lehen, die sol er im mit der gewerschaft vertreten als recht ist.

Die österreichischen Quellen sprechen mit Vorliebe von schirmen, Scherm, Vertreter des Käufers, wofür ebenfalls Belege folgen werden.[3]

Stäten, stätigen.

Münchner Stadtr. a. 31: Wie man aigen bestaeten sol . . . jar und tach, . . . zechen iar und ain tag.[4]

Oder fertigen für unbekümmert Gut, ein von der gerichtlichen Fertigung mit Präklusion der Drittansprüche hergenommener Ausdruck,[5] der demnach die Richtung der Gewährschaft auf Beseitigung dieser Ansprüche bezeichnet.[6]

---

[1] Planck, Ger.Verf. I S. 543.

[2] Grimm a. a. O.: got. *vasjan*.

[3] Daher gilt umgekehrt ein Erwerber für formell geschirmt, versichert, wenn er über einen Gewährbrief verfügt, der nicht ihm, sondern nur dem ausstellenden Grundherrn gegenüber angefochten werden kann; Suttinger, Consuetudines Austriae vb. Gewöhr; Greneck, Theatrum jurisdictionis S. 324; vgl. Sachs.-Sp. II 42, 2; und unten S. 209 f. N. 2.

[4] Ebenso sagt die ständige Augsburger Formel: und sol im daz selb aigen staeten nâh des landes rêht für alle rehte widersprake. Z. B. Urk. 1283, Urk.B. I n. 89. S. Loening S. 111 N. 18, der auf die Verwandtschaft dieses bayrisch-schwäbischen Ausdruckes mit dem *firmare* des bayr. Volksrechts hinweist.

[5] Heusler, Inst. II S. 114 bei N. 8: der Ausdruck ist im alemannischen Gebiete im 14. Jahrhundert gebräuchlich.

[6] Daher heißt wieder das Vornehmen der gerichtlichen Auffassung, weil dies von Drittrechten befreit, Währschaft (Schwab.-Sp. Glossar Gengler's S. 263; Loening S. 103 N. 2), Stätigung (bayr. L.R. v. 1346,

Eine andere Gruppe von Ausdrücken betont die Befreiung des Gutes von der Ansprache. So das in den Hansastädten ebenso oft als in den Sudetenländern gebrauchte (ent)freyen, (ent)ledigen und ähnlich. Daher sagt eine Variante[1] des lübischen Kodex III (Hach III n. 14 S. 383) statt: „Issz yemant deme anderen gud verkopet, welkerhande dat sy, he schal deme anderen des *waren* vor alsweme —"

„de scal dat dem anderen *frig waren* vor alsweme".

Lübeck Urk. B. IX n. 154 S. 154 f.: „vnde wil . . . dat schipp *entvrijen* alse wontlik vnde recht is schepe te *vrjende* vor alle ansprake enes jewelken".

Schöffenspruch Iglau von 1416, Tomaschek, Der Oberhof Iglau S. 80 n. 93: Wer dem andern bekennet, daß her im eyn ros hab vorkawfet, der muß im das selb ros *vreyen* sam landes recht ist.[2]

Oder das im Augsburger Stadtrecht gebrauchte entloesen.[3]

Disbrigare oder *exbrigare* = *extra brigam ponere, lite et jurgio liberare,*[4] ist der in Böhmen und Mähren gangbarste Ausdruck:

Schöffenspruch Iglau ebd. S. 120 n. 223: *filia exbriget partem suam viro venditam.*

---

art. 200, Münchner Stadtr. art. 31) leisten. Loening sieht freilich den Grund dieses Sprachgebrauches darin, daß das Gewährversprechen mit der Auflassung verbunden wurde.

[1] Ein Kodex in Cronhelm's Corpus statutorum Holsaticorum; siehe Behrmann, Skra v. Naugarden S. 19.

[2] Vgl. z. B. noch die bei Brinckmeier cit. Urk. a. 1377 Westphalen III 519: Also dat wy und unse Erfnamen eme dat schölen vrigen, und alle de Jennen de dar mit Rechte upspreken willen, Also dat se dat schölen hebben vrig und unbeworren; ferner s. die bei Loening S. 104 N. 4 zit. Urk. Lübeck IV n. 565 S. 633: Ok so schal ik — en des — gutes waren — unde entledighen unde entfryen van ansprake enes jewelken, de vor recht komen wil.

[3] a. 75 Nachtrag 3, s. Loening S. 443 N. 1; vgl. österr. Landrecht a. 1237, Schwind und Dopsch, Ausgew. Urk. n. 33 S. 63: daz er im das gut erlöse und ledige.

[4] Du Cange III 341. Siehe auch die unten S. 185 N. 1 zit. Urk. Bremen.

Formae literarum apud tabulas (Landtafel) confici solitarum, Handschrift aus dem 14. Jahrhundert, Codex jur. Bohemici II 2 n. 39 S. 295 u. folg.: *(eandemque hereditatem) ei debent et fideiubent disbrigare — a quolibet homine — jure terrae;* häufig mit dem Zusatz: *et specialiter a dotibus et orphanis, ut juris est terre* (z. B. Emler, Reliquiae I S. 110 n. 10, a. 1455.

Eintragungen der Brünner Cuda, Landtafel des Markgrafentums Mähren I, z. B. S. 2 n. 23 a. 1349: *promittens sibi dicta bona ac suis heredibus seu successoribus ab omni impeticione — secundum ius terre inviolabiliter disbrigare.*

Entwerren, nicht zu verwechseln mit entwërn (= nicht gewährleisten) noch mit entwern (= evinzieren).

So Lübeck a. 1465 Urk. B. X n. 684 S. 690: Ik unde myne eruen scholen unde willen ok ... rechte waren unde vrigh to allen tyden beschermen unde *entweren* oppe myne unde myner eruen kost unde arbeyd vor aller ansprake unde bewernisse enes juwelken, de vor recht komen wil, geystlik unde werlik.[1]

Durch andere Ausdrücke wird die Entfernung der Ansprache hervorgehoben. So sprechen die italienischen Formulare und deren Nachahmungen von *expedire impedimenta laboribus et expensis* des Verkäufers,[2] und die österreichischen Urkunden übersetzen dies z. B.:

Urk. B. Seitenstetten n. 158 S. 170 a. 1320: ... und ob in (den Abt) oder sein Gotshaus chain chrieg dar umb angienge, das schol ich fur seu sten und schol in daz an allen iren schaden auz pringen.

Ebd. n. 233 S. 254 a. 1370: ... in der beschaidn, daz wir im alln chrieg, der im dar umb mag czusten und geschehn, mit recht, an alle widerred, und gevar, trewlich sulln auzrichtn, und auztragen, also daz ez (das Stift) dar

---

[1] Ebenso „entweren und entfrigen mit rechte" Urk. a. 1366 Westphalen 188, Brinckmeyer v° freyen; unttweren mit rechte, also dat se bleven sunder schaden", Urk.B. Stadt Lüneburg a. 1348 n. 440.

[2] Voltelini, Acta Tirol. II S. LXXVII f.; ebenso zahlreiche der lat. geschriebenen österr. Urk.; noch aus dem 14. Jahrh. z. B. Heiligenkreuz II n. 171 a. 1338.

umb chain mue sol habn, und sol das auch chainen schadn nemmen.[1]

Nur aus den jetzigen österreichischen Ländergebieten seien noch weitere Beispiele angereiht:

Schenkungsurk. Brixen a. 1075—1090, Acta Tirolensia I n. 335 S. 117: *retineat et stabiliat.*

Heiligenkreuz a. 1270 U.B. I n. 185 S. 172: *Et ut silvam domui sancte crucis* (Käufer) *tueri, conservare et absolvere debeamus ab impetitionibus quibuscumque vel a quocumque emergentibus.*

Ältester rechtsgeschäftlicher Eintrag der Prager Landtafel a. 1287, Emler Reliquiae I S. 3 *debet — easdem villas ab quolibet inpeditore sive affini vel non affini per triennium secundum ius terre emendare.*[2]

Urk. a. 1321, Regesta Bohemiae et Moraviae III n. 715 S. 294: *Nos — emendacionem et disbrigacionem — et (l. contra?)*[3] *omnes (emptores) impedire attemptantes promittimus . . .*

Urk. Chotiessow a. 1343, ebd. IV n. 1209 S. 482 *libertare seu libera facere juxta consuetudinem et jus terre infallibiliter exbrigare.*

Urk. Belyna a. 1322 ebd. III, n. 757 S. 309: *libertare, ratificare et disbrigare secundum exigenciam juris terre a quolibet impetente.*

Landtafeleintrag a. 1415, Emler Rel. II S. 117: *habent expurgatores (= disbrigatores).*[4]

---

[1] Ähnlich Oberösterr. Urk. B. VIII n. 693 S. 489 a. 1370. Die Klauseln in dieser Reinheit sind verhältnismäßig sehr selten. Vgl. unten 2. Abschnitt, B, III.

[2] Emendare, wörtlich bessern, scheint in älterer Zeit in Böhmen häufiger gebraucht zu sein, als disbrigare. Die Glossarien tragen dem juristischtechnischen Sinn aller dieser Ausdrücke zu wenig Rechnung.

[3] Es steht wohl *ct.*; die Ausgabe hat *et.*

[4] Irrtümlich ist es hingegen, wenn im Register zu Acta Tirolensia I S. 347 manutenere mit „Gewere sein" übersetzt wird. Das Wort geht in n. 572 nur auf das versprochene Unterlassen der Veräußerung, wohl aber defendere et waretare (= warentare) auf die Verteidigung des Lehens seitens des Lehensherren.

Natürlich schließen alle diese Ausdrücke, sowie die damit bezeichnete Gewährpflicht auch die pekuniäre[1] Abfindung des Gewährberechtigten bei erfolgtem Prozeßverlust ein. Erfüllte der Verpflichtete keine seiner Verbindlichkeiten, so sprach man von entwërn, Ungewähr,[2] *indisbrigatio*[3] u. s. w.

In ganz demselben Sinne lauten die Kunstausdrücke der czechisch geschriebenen Rechtsquellen,[4] der englischen Siegelurkunden[5] u. s. w.

Im wesentlichen übereinstimmend schildert endlich Amira[6] das alte nordische Recht und dessen Terminologie. Der Verkäufer hat dem Käufer die Ware *„heimisch zu machen* oder *zu halten"*; schwed. *hemult goera, hemult halda, hemula,* norweg. *heimilt gera;* seine Verpflichtung besteht im *hemult, heimild,* Verteidigen. Er hat dem Käufer in die *hemult* zu „treten", sie ihm zu „halten".

---

[1] So erläßt, offenbar nachdem bereits der Prozeßverlust erfolgt ist, in Urk. Prag a. 1319 Reg. Boh. et Morav. III n. 551 S. 231 der König, da er zum *disbrigare* seines Lehensmannes verpflichtet sei, an bestimmte Beamte den Auftrag, ut eandem villam — cum aliis bonis nostris per commutationem aut parata pecunia *disbrigent et exsolvant.*

[2] Böhm. Vernewerte Landesordnung, deutsche Ausgabe, K VIII: nit-Gewöhr, K XI ff. Ungewöhr.

[3] Urk. a. 1358, Brünner Cuda (Mähr. Landt. II) S. 29 n. 194; Urk. 1383, Emler Rel. I S. 483.

[4] Der Verkäufer soll von allen Ansprüchen das Gut reinigen (očistiti) Všehrd (um 1495) IV 11, 1, den Käufer deshalb vertreten (zastoupiti) Všehrd III 13, 24; Vernewerte Landesordnung (1627) K VII, das Gut befreien (osvoboditi, Vern. Landesordnung ebd.). Auf die erhaltene Streitverkündigung schreibt der Verkäufer in die Landtafel ein, daß er den Prozeß auf sich nehme (při na se bráti) und vor Gericht erfolgreich verteidigen (obrániti) werde, Všehrd III 13, 24. Der allgemeinste Ausdruck für gewähren ist zpraviti, Ungewähr = nezprava, Vern. Landeso. a. a. O.

[5] Der Verkäufer verspricht für sich und seine Erben, dem Käufer quiet enjoyment free from incumbrances; . . . and shall so remain, continue and be, free and clear, and freely and clearly acquitted, exonerated and discharged, or otherwise, by the (vendor, heirs, executors etc.) well and sufficiently saved, defended, kept harmless and indemnified of, from and against all former and other gifts . . . made . . . by the vendor or his ancestors. S. die bei Blackstone, Komment. (5. Aufl. 1809) als modernes Formular gegebene Urkunde II Rights of things, Appendix S. XI.

[6] Amira, Nordgerm. Obl.R. I 558, II 692.

Er heißt selbst *hemulsman, hemuli, heimildmadr* oder *skuli (skoli)*, Schützer. Der verklagte Käufer spricht den Verkäufer um die Verteidigung an, „bindet" ihn daran, begehrt sie mit Ladung und Verfolgung. Der Zweck der *hemult* ist, wie westnordische Quellen geradezu sagen, das Freimachen des Kaufschatzes von Ansprache Dritter. „Daher steht im norwegischen Sprachgebrauch *fryálsa* (= frei machen) synonym mit und tautologisch neben *heimilt gera.*"

b. Abzuwehrende Ansprüche. Die Drittrechte, gegen welche der Auktor aufzutreten hat, sind grundsätzlich alle dinglichen Ansprüche im weitesten Sinne, alle, die sich durch Klagen um Gut äußern.[1] Das Kaufgut ist frei von jeder Ansprache zu halten, möge sie aus welchem Titel immer fließen, so daß auch die mannigfachen Wart-, Einstands- und Beschlagsrechte prinzipiell zum Regreß führen,[2] und möge sie totale oder partielle Beeinträchtigung zur Folge haben.[3] Aus letzterem Umstande dürfte es sich auch erklären, daß im Gegensatz zum Stile der ägyptischen und der ravennatischen Urkunden die deutschen Kaufbriefe in der Regel keine Haftungserklärung des Verkäufers für die Freiheit von privaten und öffentlichen Lasten enthalten,[4]

[1] Im Sinne von Heusler, Instit. I §§ 76 und 78, bes. S. 378, 387. — Von einem selbständigen Besitzprozeß hat das deutsche Recht erst seit dem 13. Jahrhundert „vereinzelte Ansätze" gezeitigt (Brunner, Grundzüge S. 169) von denen hier abgesehen werden kann.

[2] Die Ausdehnung der Pflicht gegenüber dem römischen Recht betont auch Glasson, Histoire du droit de la France VII S. 618.

[3] Wenn O.A.G. Lübeck, Seuffert, Arch. VII n. 161 S. 190 f., in der Vorschrift der Frankfurter Reformation, „Jahr und Tag Währschaft zu leisten", nur die Vertretung gegen Ansprüche auf das Eigentum aufgetragen fand, so dürfte dies durch das gemeine Recht, wo für Servituten nicht gehaftet wurde, beeinflußt sein. Dasselbe gilt von gelegentlichen ähnlichen Äußerungen in den niederösterr. Entw. — Ausdrücklich verordnet Magdeb.-Bresl. system. Schöff.R. IV 1 c. 25 (Laband, S. 134) die Gewährleistung wegen verschwiegener Realschulden.

[4] Natürlich finden sich aber auch hie und da solche Klauseln, z. B. Urk. Frankfurt a. 1264 (Böhmer 132; Loersch-Schroeder[2] n. 139 und die Frankf. Urk. bei Franck, Geschichtliche Darstellung des Währschafts- u. s. w. Wesens (1824) S. 21 ff., wo Defension für Zinsfreiheit versprochen wird, oder Prag a. 1325 Regesta Boh. et Mor. III n. 1103 S. 431: volentes domum liberam sine omni exaccione, dacione seu quolibet onere servitutis...

sondern nur die besonderen Lasten angeben. Eine natürliche Ausnahme von der Haftung machen dabei einerseits die allgemeinen öffentlichen Lasten,[1] andererseits ergibt sich eine Begrenzung durch die rechtliche Beschaffenheit des Kaufgegenstandes, bei einem liegenden Gute also, je nachdem es als Lehen, als Zinsgut, als dem Bergrecht u. s. w. unterworfen verkauft wurde. Auf diese beiden Beschränkungen scheint es mir mit hinzuweisen, wenn die stereotype Schirmklausel der österreichischen Urkunden im 13.—15. Jahrhundert die Währschaft nach Landrecht einerseits, nach dem Sonderrecht, unter welchem das Gut steht, andererseits verspricht. Durch ersteres, eine auf alte Vorbilder[2] zurückzuführende Klausel, werden die Fälle und die Art der zu vollziehenden Währschaft unter den allgemeinen Landesbrauch gestellt; der letztere Hinweis[3] gibt die dingliche Rechtslage des Käufers an, denn er hat nicht etwa seine Berechtigung in irgendwelchen grundsätzlichen Verschiedenheiten der Währschaft in den einzelnen Rechtskreisen; Währschaft zu leisten

> ist aller gewern recht, die da gwern werdent, umb welcherlei sach daz ist, es sei purchrecht oder perchrecht, geraubtes oder verstollens gut. (Wiener Stadtrb. a. 82, Schuster S. 83.)

Man findet z. B. die aus allen Rechtsgebieten bekannte Konstituierung des Verkäufers als *auctor legitimus,*[4] Rechtem Gewern und

---

[1] Ausdrücklich Urk. Wien a. 1375 Schuster Stdrb. S. 142 f. Mit der beschaidenhait, das si (Käufer) und alle, die dasselb hous ynne habent und besitzent, mit der vorgenanten Stat ze Wienne Douon Leiden und dulden sollen, als ander mitpurger daselbs (hier sind wohl nicht bloß die grundherrlichen Rechte gemeint) und pin ouch ich ... Rechter gewer und scherm fur alle ansprach alz purkrechts recht ist und der Stat recht ze Wienne. Ebenso die Urk. bei Schuster, Rechtsleben, Verf. u. Verw. S. 35 N. 1. Die Klausel ist in Wien in späteren Jahrhunderten häufig („des bürgerlichen mitleidens unvergriften, unvergessen" u. ähnl.), z. B. Wiener Gewährbuch 1670—1698 (Grundb. Wien 26), fol. 39. 43. 63. 287. 643.

[2] S. dafür die Beispiele bei Merkel, Zeitschr. f. Rechtsg. II S. 160 ff.

[3] Ebenso Böhmen z. B. die Formel der in die Landtafel einverleibten Kaufverträge bei Všehrd IV 3, 7 „als frei vererbliches Gut (dědictvé dědicky postupil) überlassen".

[4] Urk. a. 1218 Steierm. U.B. I n. 152 S. 225; a. 1284 Mon. Boic. V S. 391 n. 39; a. 1298 UB. Kremsmünster n. 135 S. 153 (vgl. z. B. Form. Andecav. n 47 (Mon. Germ Hist. Form. S. 21) etc.

Scherm;[1] nach Landes Sitt und Gewohnheit u. ähnl.,[2] mit Vorliebe aber z. B.

Ze rehtem scherme fur alle Ansprache als Aigens reht ist und des landes gewonhait ze Osterreiche,[3] oder
als recht ist in Oesterreich und man aigen ze recht scherm schol,[4]
als lehens un des landes recht ist in Österreich,[5]
als Purkhrechtcz recht ist ym lannt ze Österreich,[6]
als purchrehtes reht ist und der stat reht ze Wienne,[7]
als Gruntrechts Recht ist und der Stat recht ze Wienn,[8]
als solichs Kauffs perckrechts und des lanndes ze Österreich Recht ist[9] etc.

c. **Abwehr vor Gericht.** Das Verfahren gegen den Gewährsmann ist schon in fränkischer Zeit gerichtlich.[10] Und seine Verpflichtung besteht seit jeher nur in 1. der gerichtlichen Vertei-

[1] Beispiele hier und in den folgenden Noten aufs Geratewohl. Wien a. 1343 U.B. St. Pölten n. 300; Wien a. 1413 U.B. Herzogenburg n. 311 S. 380, und unzählige weitere.

[2] nach des landes sit und nach gemainem reht, Urk. a. 1301 U.B. Heiligenkreuz II (Fontes rerum Austr. Dipl. XVI) n. 6 S. 5; nach landes sit und gewonhait in Österriche Urk. a. 1307 U.B. Herzogenburg n. 37 S. 31; nach landes sit ob der Enns Urk. a. 1378 U.B. Kremsmünster n. 265 S. 278; im 15. Jahrh.: als dann solichs Kawffs In dem lannd zu Osterrich recht ist U.B. Herzogenburg n. 366. 369. 372 etc. (vgl. Urk. a. 862 Vaissete 1840 II n. 88 legibus auctoricare debeat; die Frankfurter Formel: secundum consuetudinem civitatis Frankenvordensis facere warandiam justam, debitam et consuetam, z. B. Loersch-Schroeder 2. Aufl. n. 156. 162. 168.

[3] Wien a. 1303 Urk.B. Herzogenburg n. 33 S. 27, ebenso z. B. Wien a. 1331 ebd. n. 110 S. 118; St. Pölten a. 1367 U.B. St. Pölten I n. 572 S. 707 etc.

[4] Herzogenburg a. 1334 U.B. n. 122 S. 133.

[5] St. Pölten a. 1367 U.B. St. Pölten I n. 571 S. 706.

[6] a. 1416 ohne Ort, U.B. Herzogenburg n. 309 S. 378.

[7] Wien a. 1310 U.B. des Wiener Schottenstiftes (Fontes rerum Austr. XVIII) n. 116 S. 136.

[8] Wien ebd. a. 1400 n. 387 S. 474, ebenso a. 1417 n. 450 S. 557 etc.

[9] a. 1441 ohne Ort, U.B. Herzogenburg n. 361 S. 453.

[10] Schröder, Rechtsg. S. 376.

digung des Erwerbers gegen 2. prozessuale Angriffe; daß die Gewährschaft nach den Regeln des Prozesses zu geschehen hat, liegt wiederum in der mittelalterlichen Bezeichnung des Auktors als „Rechten Geweren“;[1] daß nur gegen gerichtliche Ansprache Schutz zu leisten ist, drücken die Rechtsbücher und Urkunden dahin aus, daß zu geweren sei „vor rechter Ansprache“, „mit dem Rechten“, u. ähnl.[2]

Von beidem aber kommen Ausnahmen vor. In Urkunden wurde die Verpflichtung aufgestellt, erhobene Ansprüche sofort, demnach ohne Abwarten des Rechtsganges[3] zu beseitigen; mit welchen Mitteln der Verkäufer dabei den Angriff aufheben mochte, war seine Sache. Aber ob solchen Beredungen eine juristische Erheblichkeit überhaupt beigemessen wurde, ist fraglich.[4]

Auf der andern Seite hatte die Unsicherheit des Besitzes im Mittelalter zur Folge, daß der Käufer sich Schutz vor jeder Ansprache zusagen ließ, ähnlich wie der Lehensmann vom Feudalherrn. „*Dum inter Martios furores publice privatimque affligimur*“, sagt noch Mevius,[5] werde häufig *praegnantibus verbis cautum, ut*

---

[1] Vgl. noch z. B. Kl. Keyserrecht II c. 106, Endemann S. 144, Überschrift „Von rechter werung“.

[2] Nachweise bei Loening S. 450 N. 13, dazu für Österreich z. B. für all Rechtleich ansprach, U. B. Herzogenburg n. 376 S. 462, a. 1443; Mähr. Landt. II (Brünner Cuda) S. 73 n. 296, a. 1370: disbrigare — secundum ius terre Moravie contra quemcumque ipsa bona Jure impetentem. Dies besagt schon, daß die meist kürzer gefaßten Urkunden stets im gleichen Sinne zu verstehen sind.

[3] Loening S. 453 N. 16. Ob aber Mühler, Rechtshandschr., Schöffenspruch n. 16 S. 78 hierher gehört, weil danach der Verkäufer „myt frundschaft adir mit rechte“ die Ansprache zu erledigen hat, wäre zu bezweifeln. Dagegen ist auf die Erweiterung noch in der niederösterr. Landesordnung, also in der zweiten Hälfte des 17. Jahrhunderts, in der trefflich charakterisierenden Weise des dort auch allegierten Schriftstellers und Redaktors Suttinger, Bezug genommen. Es heißt dort (II. Buch 19. Titel § 7), außergerichtliche Ansprache genüge nicht, den Verkäufer zur Abwehr haftbar zu machen, der Käufer solle bis zu rechtlicher Klage bei dem, so ihm verkauft worden, selbst handhaben, es sei denn, daß sich der Verkäufer zur Schirmung auch außer Gerichts verbunden hätte.

[4] Loening a. a. O.

[5] Mevius, Comm. in jus Lubecense III 6, 4 n. 9.

evictio vel indemnitas praestetur contra quemcunque, tam de facto, quam de jure, tam in judicio, quam extra judicium, sive de jure, sive vi et per injuriam res eripiatur.[1] Zu Mevius' Zeiten stand aber bereits in der Praxis fest, daß solchen Beredungen keine juristische Folge zu geben sei.[2]

Das häufige Vorkommen und der Charakter der Einlagerberedung zur Sicherung dieser Verpflichtung ist bereits von Loening eingehend geschildert.[3]

d. Unveränderter Charakter der Gewährpflicht. Es wurde gesagt, die Währschaftspflicht sei sich während des ungeschmäler-

---

[1] Zahlreiche Beispiele bei Loening S. 451. Es muß nur davor gewarnt werden, diese Erweiterungen der gesetzlichen Gewährpflicht allzu oft anzunehmen. So ist in der Urk. a. 1296 Bremen U.B. I. n. 512 vgl. Loening S. 453: „plenam warandiam prestabimus ita quod, si procedente tempore eadem bona in brigam venire contigerit, nos ea disbrigabimus et faciemus ab omni impedimento libera pariter et soluta" nichts zu entdecken, das eine Gewähr gegen außergerichtliche Angriffe enthielte. Jedenfalls ist der Ausdruck *disbrigare* dafür nicht entscheidend, und für das böhmische Recht möchte ich, wie oben S. 177 geschehen, behaupten, daß das Wort im Sinne der gesetzlich obliegenden Thätigkeit gang und gäbe war. Stringente Beweise dafür liegen in Schöff.Spr. Iglau n. 223 (oben S. 177), Altprager Statutarr. n. 106 (Rössler I S. 66) Überschrift: Quando aliquis domum vendit, quam non potest disbrigare u. a.

[2] Bartolus ad l. 38 pr. V.O. strebte zu diesem Ziele mehr im Sinne von restriktiven Auslegungsregeln, die Späteren entwickelten einen zwingenden Rechtssatz; Mynsinger, Sing. observ. Bas. 1576 Centuria I observ. 54 S. 171; Mevius a. a. O.; Lauterbach, Collegium theoretico-practicum II 1 ad Pand. tit. 21, 2 n. 25 (3. Aufl. 1723 S. 169) und die bei demselben zitierten Cothmann, Consil. 25; Berlich, Decis. 130. Dementsprechend durch Vermittlung von Schneidewin die ostpreuß. Landrechte von 1620, 1685 und 1721, p. 2, IV 6, 18 § 9: Die Klausel, schadlos zu halten für Gewaltthat, Entsetzung und Spoliation, solle doch nur darauf bezogen werden, was dem Käufer mit Recht und nicht was mit Gewalt außerhalb Rechts abgedrungen werde. Im späteren Mittelalter begegnet man aber auch wohl ausdrücklicher Verwahrung: Codex Diplomaticus et epistolaris Moraviae XIII n. 498 S. 536 a. 1407: Insuper — promittimus — a quolibet homine impetente sive impediente quocumque jure spirituali sive seculari, tirannica tamen crudelitate ac potencia dumtaxat excepta — disbrigare, exbrigare et libertare nostris propriis sumptibus, laboribus et impensis.

[3] a. a. O. S. 451.

ten Bestandes des deutschen Rechtes wesentlich gleich geblieben.[1] Die Wahrung ihres Charakters, den die Rechtsbücher, voran die sächsischen, vollständig im alten Sinne beschreiben, erstreckt sich bis auf Einzelheiten, wie die Bestimmung der Fristen zur Stellung des Geweren je nach der Entfernung desselben vom Gerichtssitze[2] und die verschiedene Regelung der Volksrechte dafür, ob der Kläger um Fahrnis zum Geweren zu folgen habe oder dieser zum Gerichtsstand des Besitzers.[3] Die Vertretungspflicht hat aus dem Grunde ihre Natur nicht verändert, weil auch ihr Gegenstück sich aufrecht erhalten hat, die Gewährenstellung zur Behauptung gegenüber der Ansprache notwendig blieb.[4] Freilich sind zu Gunsten des Käufers[5] oder auch des Ver-

---

[1] Sachs.Sp. III 83, 2. Svie en gut liet oder let enem anderen, die sal is im geweren jar unde dach. § 3. Svie egen oder varende have verkoft, des sal he gewere sin die wile he levet etc.

[2] L. Sal. 47, 1; L. Rib. 33, 1; Aethelr. 2, 8, c. 1, 3. — Wiener Stadtrechtsb. a. 75; Münchner Stadtr. (Auer) a. 174; Steiermärk. L.R. (Bischoff) a. 226; für Würtemb. s. Lauterbach a. a. O. n. 33; Lübisches R. s. Mevius jus Lubec. a. a. O. n. 17 S. 567. Die längere Frist von dreien vierzehn Tagen des Wiener und Münchner Stadtr. (vgl. Schwab.Sp. Lassb. 298) galt weiter in Niederösterreich, Gerichtsproceß und Ordnung des Landrechtens ditz Hochlöbl. Ertzh. Oesterr. vnder der Enns von 1557 (Ausg. 1579 fol. XXV).

[3] Den oben S. 169 Z. 1 erwähnten Gruppen entsprechen einerseits Sachs.-Sp. II 36, 5 So mut eme jene volgen over virtein nacht svar he tiüt, ane over sceprike water, andererseits Schwab.Sp. Lassb. 298, 317, 4. 5. Andere Belege bei Laband, Verm.Kl. S. 127. Einen Fall der Kollision beider Rechte behandelt die Brünner Oberhofsentscheidung Schöffenbuch c. 105, Rössler II S. 55.

[4] Sachs.Sp. II 36, 5: Seget aver jene, it si ime gegeven oder he hebbe't gekoft, so mut he benomen sinen geweren weder den he't gekoft hebbe — So mut ene jene volgen — Wirt he's gewert alse recht is, die gewere mut antwerden an siner stat vor it gut. Wert aver ime burst an 'me geweren, he mut dat gut mit gewedde unde mit bute laten. § 6. Man mut wol tien uppe mangen geweren, die ene uppe den anderen, also lange went man kome uppe den, de 't in sime stalle getogen hebbe of it ve is, oder it selve getiücht hebbe of it gewand is etc.

[5] Insbes. die Gestattung, daß Käufer als prozessualer Stellvertreter des Verkäufers auftreten und dessen Beweismittel benützen dürfe, durch fränkische königliche Privilegien, und die analoge Gestattung seitens des

käufers [1] mannigfaltige Ausnahmen eingetreten, in denen Selbstverteidigung des ersteren gestattet war, und die zunehmende Kraft der Urkunde unterstützte diese Richtung, indem die Vorzeigung der Schrift die Herbeiholung des Gewähren ersparte. Ferner mehrte sich die Anzahl der Konstellationen, in denen von der Gewährenstellung aus Gründen der Prozeßökonomik abgesehen wurde. [2] Endlich hätte sich ein die anfänglichen Ausnahmen verallgemeinerndes Auskunftsmittel dadurch ergeben können, daß die prozessuale Stellvertretung zulässig wurde und die Führung des Prozesses durch den Erwerber an Stelle des Rechtsvorgängers ermöglichte. [3] Allein zur Stützung der Regel dem gegenüber gereichte, wie mit Schwind zu erkennen ist, die Haltung, welche das Prozeßrecht anläßlich der Anwendung der Beweismittel beobachtete. Man blieb grundsätzlich abgeneigt, die letzteren durch andere Personen, als denen sie unmittelbar zustanden, geltend machen zu lassen. Ist übrigens der Gewere einmal angeboten, so erkennt sich damit der Beklagte als zur Selbsterbringung des Beweises nicht berechtigt; Ausbleiben und Verweigerung der Prozeßübernahme seitens des gerufenen Auktors ist daher immer gleichbedeutend mit dem Verluste der Sache, allenfalls hat der Kläger nur einen wenig umständlichen Legitimationsnachweis zu erstatten. [4] Daneben bestand das Interesse des Dritten fort, dem Urheber der Rechtskränkung gegenüberzutreten, nicht bloß im Falle Diebstahls oder Raubes, sondern auch sonst, wenn der Auktor ein dem Dritten an der Sache zustehendes Recht verletzt hatte (dieser z. B. das Obereigentum oder ein die Veräußerung nichtig machendes Einspruchsrecht besaß oder vom Auktor die Sache zuerst gekauft hatte u. s. w.). [5] Das Interesse des Käufers daran, daß ihm der Prozeß abgenommen werde,

---

Auktors zum stare vice auctoris in den italienischen Erwerbsurkunden, s. statt aller Brunner, R.G. II S. 516.

[1] Z. B. Ssp. II 42, 3.

[2] S. die oben S. 167 N. 2 Cit.

[3] Hübner, Imm. Pr. S. 108; Schwind, Gött. gel. Ang. 1894 S. 436.

[4] Planck, Ger.Vf. I S. 547.

[5] Hasenöhrl, Beweiszuteilung S. 142, vgl. Laband, Vermög. Klagen S. 262 ff.

blieb ein besonders hohes in einer Zeit, in welcher sich zu den Kosten und Mühen so mannigfaltige Gefahren des Rechtsganges gesellten. Und nehmen wir schließlich hinzu, daß es statt der Information durch den Auktor immer einfacher ist, wenn dieser selbst gegenüber dem Dritten seine Berechtigung nachweist,[1] und daß der Auktor selbst durch die Stellung als Partei sicherer als durch jede Kontrolle fremder Streitführung dem Regreßanspruche ausweicht, so ist es unter andauernd schlichten Verkehrsverhältnissen nicht unbegreiflich, wenn die Gewährpflicht sich auch über die Grenzen des prozessual Unumgänglichen hinaus erhielt.

Fassen wir alles zusammen, so dürfte kein Hindernis für die Behauptung bestehen, daß die deutsche Gewährpflicht grundsätzlich nichts anderes bezweckt, als zur Erhaltung des Käufers in seinem Besitze das Supplement zu liefern. Dieses Prinzip findet sich auch ausgesprochen; z. B. für einen speziellen Fall im Sachsenspiegel I 9, 5

> he sal ine in der gewere vorstan ... swenne he siner werscap bedarf,[2]

oder in einer oberösterreichischen Urkunde vom Jahre 1396:

> vnd sein — wir — ier recht Gewern vnd fůrstant für all Krig vnd ansprach an aller stat wa in des mit recht nôt vnd dúrft geschicht als rechtes freys aigenlichs gůt — vnd landes ob der Ens recht ist.[3]

Im altschwedischen Recht sind wichtige Konsequenzen des gleichen Grundsatzes anerkannt:

> „Nicht für hemuld haftbar kann der Verkäufer oder sein Erbe gemacht werden, wenn der Käufer sein Eigentum selbständig verteidigen kann“.[4]

So, wenn er die Umfahrt *(umfærþ)* erlangt hat, nach westgotischem Recht; der Landkäufer nach ostgotischem, wenn der Verkäufer

---

[1] Vgl. Planck, Ger.Verf. S. 546.

[2] Von niederd. Urk. z. B. Lübeck IV n. 565 a. 1392 (S. 633): wanne unde wo dicke en des behuf is unde wi darto eschet werden.

[3] Kremsmünster U.B. n. 332 S. 356; ebenso z. B. n. 165 a. 1312 u. a.

[4] Amira, Nordgerm. Obl.R. I. S. 564.

gestorben ist und bis zu dessen Tod der Käufer unangefochtenen Besitz gehabt hat.[1]

Nach deutschem Recht ist allerdings die Gewährpflicht aus anderen Gründen unvererblich gewesen;[2] ursprünglich deshalb, weil alle Verbindlichkeiten mit dem Tode erloschen,[3] und es blieb dabei nach dem Sachsenspiegel III 83, 3 — wenn nicht schon diese Bestimmung einschränkend zu interpretieren ist —, weil Schulden aus Diebstahl und Raub aus dem Nachlasse ausschieden.[4] Nur umgekehrt muß daher der Käufer zur Selbstverteidigung instand gesetzt worden sein.[5]

---

[1] Amira, ebd.; ein Satz des heidnischen Rechts.

[2] Die abweichende Bestimmung der L. Ribuaria 59, 6 (oben S. 168 N. 2) könnte römisches Vulgarrecht wiedergeben. Vielleicht ist sie aber dadurch zu erklären, daß eine Urkunde vorausgesetzt ist, in welcher die Erben die Währschaft mitversprochen haben. Denn dies ist nicht bloß die Regel, wenigstens in der späteren Zeit, gewesen, sondern der Zusammenhang von c. 59, 6 mit § 5 scheint ja zu besagen: An Stelle des verstorbenen Cancellarius kann der Verkäufer die Erhärtung der gescholtenen Urkunde durchführen, sind aber der Aussteller oder seine Erben noch am Leben, so sollen diese für die Echtheit eintreten. (So Brunner, R.G. II S. 423.) Da also ein Zeugnis für die Echtheit der Urkunde zu erbringen ist — worin sich aber selbstverständlich die Defensionsthätigkeit nicht erschöpft —; und da überdies irgendwelche Erben des Verkäufers doch fast immer existieren, so dürften solche Erben gemeint sein, die beim Verkaufe intervenierten.

[3] Vgl. Heusler, Instit. II S. 546 ff.

[4] Planck, Ger.Verf. I S. 547 u. oben S. 166 N. 3 a. E. Die eventuelle Ersatzpflicht dürfte aber mit allen Erbschaftsschulden, sei es bereits nach dem Sachs.Sp., sei es später, von der passiven Unvererblichkeit zur verschiedenartig beschränkten Haftung des Erben vorgeschritten sein. Ob man den Grundsatz des Sachs.Sp. I 6, 2, daß der Erbe hafte, wenn der Erblasser wedderstadinge empfieng, als Bedingung oder als Grenze der Haftung auffaßt, bleibt hier, da der Verkäufer nebst Buße und Gewedde nur den Kaufpreis zu leisten hat, gleichgültig. Er hätte also nach Ssp. I 6, 2 nur auf die wedderstadinge, auf diese aber wohl ohne Rücksicht auf die vorhandene Bereicherung, bis zum Belauf der fahrenden Habe gehaftet. Dies nimmt auch Planck, Ger.V. S. 547. 401 an.

[5] Über diesen Punkt ist mir keine Notiz bekannt. Zwei Gegenstücke des ostgötischen Satzes wären aber heranzuziehen. Nach Extravag. B. VII zur Lex Sal. (nach 850) hat der Käufer nach dem Tode des Verkäufers zu beweisen, daß der Auktor am Tage des Verkaufs [*in sua*] *proprietate habebat quieto ordine,* und daß er gestorben ist, vgl. Zöpfl, D.R.G. 4. Aufl. III

e. **Ende der Pflicht durch Zeitablauf.** Aus dem Zwecke der Gewährverbindlichkeit, Angriffe vom Käufer abzuhalten, folgt, daß die Pflicht mit dem Eintritt der rechten Gewere, die, was immer sonst ihre Wirkungen seien, den Käufer zur Selbstverteidigung instand setzt,[1] regelmäßig[2] erlischt.[3]

Nicht der Zeitablauf an sich begrenzt sie,[4] sondern sie wird

---

S. 162 N. 41; Hübner, Immobiliarprozeß S. 115. Eine Gewährpflicht der Erben des Verkäufers wird nicht erwähnt. Frappierend aber erinnert an jenen ostgötischen Satz das Beweisurteil von Lucca aus dem Jahre 815, Muratori I col. 537, das den Käufer zum Nachweise zuläßt, daß der Verkäufer gestorben sei und ihm tradiert habe, ohne sich darum zu kümmern, ob der Auktor selbst das Recht besessen habe, was Hübner a. a. O. S. 125 als sehr auffallend bezeichnet. (In Ed. Roth. c. 231 ist Kaduzität der Erbschaft, in Jne c. 53 Unauffindbarkeit der Erben vorausgesetzt.) Eng verwandt damit ist die Gestaltung der rechten Gewere im sächsischen Recht; der Besitzer wird zur Beschwörung des Erwerbes und des Titels zugelassen und hat nicht Eigentumserwerb zu beeiden (Heusler, Inst. II S. 107).

[1] Heusler, ebd.

[2] Die genaue Durchführung der Parallele zwischen dem Ende der Gewährpflicht und dem Eintritte der rechten Gewere ist, da größtenteils bei der Unvollständigkeit der Quellen bloß von dem einen auf das andere geschlossen werden kann, nicht möglich. Z. B. nach den Goslarer Statuten 26, 25 verschweigen sich nur diejenigen, deren Zustimmung die Rechtsgültigkeit der Gabe bedingt, nicht die Inhaber eines von dem Auktor unabhängigen Rechtes, Planck I S. 630, 636 ff.; Heusler, Inst. II S. 108 f., und daher nimmt man an, daß die Beschränkung der Gewährpflicht 26, 20 sich nur auf die gewöhnlichen Ansprecher (die adfines!) beziehe, Planck S. 638 N. 13, indem man aber zugeben muß, daß dies nur Hypothese ist.

[3] Näheres Loening S. 444; weitere Beispiele bei Brinckmeier, Gloss. v° Gewere, und an Urk., die die Gewähr auf die Verschweigungs-, bezw. Ersitzungszeit abstellen, etwa noch Urk. Oberrhein a. 1303, Loersch u. Schröder 2. Aufl. n. 144: obligo me — ad prestacionem warandie et ad cavendum de evictione contra presentes quoscumque per annum et diem, contra absentes vero per decennium; aus Niederösterreich Urk. Beheimkirchen a. 1297 U.B. St. Pölten I n. 153 S. 188: und sol im den schermen dreissikch jarr und ein jar und ainen tach, als aigens recht ist. — Interessant die Schweizerischen Weisthümer: Wer Güter kauft und sie gewisse Zeit inne hat, den soll ein Gewer (= rechte Gewere) dabei schirmen. Heusler, Gewere S. 128.

[4] Wie es nach dem Zwölftafelsatz *usus auctoritas fundi biennium est* wenigstens scheinbar der Fall ist (vgl. Klein, Sachbesitz S. 234) — vielleicht aber nur scheinbar, indem nicht der Rechtssatz starr, sondern nur

unnötig, und ihre Funktion ist es eben nur, die dingliche Rechtslage des Käufers zu ergänzen. So wurde auch in den süddeutschen Quellen, in denen infolge früher Rezeption der romanistischen Verjährung und Ersitzung kompliziertere Regeln über Erwerb durch Zeitablauf herrschten, die Gewährschaftsdauer geradezu abgestellt auf die Zeit „bis zur Ersitzung".

Bair. L.R. in der Erdinger Revision a. 1487, art. 248:
Wer dem andern etwas verkauft, der ist ihm gewehrschaft schuldig als lange bis der käufer nutz und gewehr nach des buches sage ersessen. Und dazu soll der richter den verkäuffer halten, ob es gleich mit sondern worten in dem kauf nicht ausgedingt wäre.

Wie sofort bemerkt sei, hat sich dieser Zustand, da er im Ergebnis mit der romanistischen (im wesentlichen auch dem Corpus Juris angemessenen) Lehre [2] übereinstimmte, späterhin

---

seine Fassung unbeholfen ist. Mangels der Auflassung ist die Gewährpflicht an keine Zeitgrenze gebunden, vgl. freilich Laband, Verm.-Kl. S. 305; und danach muß man eben die deutschen Rechtssätze verstehen, die die Gewährpflicht schlechtweg auf eine Frist, z. B. Jahr und Tag, beschränken. — Nur eine zugleich überflüssige und wirkungslose Notariatsklausel dürfte es auch sein, wenn in Urkunden die Haftung auf immerwährende Zeit übernommen ist, es sei denn, daß der außergerichtliche Schutz versprochen wird, wie wohl z. B. in Urk. 1282, Gudenus Cod. dipl. III S. 1162: „plenam warandiam — omni contradictione vel subterfugio postposito, non solum ad Annum vel ad tempus, sed in perpetuum — Testes huic rei, nec non fideiussores warandie annualis sunt. . . .

[2] S. z. B. Voët h. t. n. 29. — Von den Quellen sagt D. h. t. 54 pr. deutlich, daß die Usucapion die Haftung „de evictione" aufhebt; die Kompilatoren haben der ersteren die longi temporis praescriptio gleichgestellt. Entsprechend ergänzt Lenel, Ulp. fr. 2730 D. 41, 3, 26 Numquam superficies sine solo capi longo tempore potest — ungefähr: perpetuo igitur venditor de evictione tenetur. Wie C. h. t. 21 pr. von Diokl. aufzufassen ist, könnte zweifelhaft erscheinen da die *longi temporis praescriptio,* die danach der actio empti nicht entgegenwirkt, dem Sinne nach keine Ersitzung ist, und an Klageverjährung (Verj. der Klage von der Eviktion ab) zwar für das Corpus Juris, aber nicht für die Diokletianische Zeit gedacht werden kann. Der Sinn ist ursprünglich wohl wieder gewesen, daß die Kaufklage mangels Ersitzung (cf. § 1; C. 7, 22, 3) nicht erlischt. Vielleicht hat statt *longi t. pr.* ein farbloserer Ausdruck dagestanden, *temporis longinquitas, vetustas* oder dgl. Folgerungen aus dem Grundgedanken sind in Rom z. B.:

erhalten, allenfalls mit der naturgemäßen Ergänzung, daß die 30- bis 40jährige Klageverjährung auf die Klage wegen bereits erfolgter Entwehrung angewendet wurde.[1] Insbesondere dauerte er mit der durch die öffentlichen Bücher gegebenen Abwandlung in Böhmen,[2] ferner in Mähren[3] und Niederösterreich[4] bis zum

---

die Haftung erlischt nicht durch den Zeitablauf, während der Zwölftafelsatz das Gegenteil auszudrücken scheint; die Haftung endet dagegen, wenn der Käufer schuldbar nicht ersitzt, u. s. w.

[1] Carpzov, Constitutio 3, def. 18; Stryk, De litisdenuntiatione S. 32.

[2] Die Gewährpflicht dauert nach Stadtrecht wie in den Städten Deutschlands, namentlich auch Nürnberg, für die in der Stadt belegenen Grundstücke Jahr und Tag, für die dem Hofrecht unterworfenen länger (in Nürnberg schließlich 4 Jahre), in der Altstadt Prag 3 Jahre und 6 Wochen, n. 146 ebd. (ang. unten S. 204 N. 2), Altprager Rechtsb. n. 145, (Rössler I S. 142), Böhm. Stadtrechte F. 33 (unter Betonung des Zusammenhangs mit der Ersitzungszeit), G. 47, 1. Vom Landrecht, dem Immobiliarrecht der höheren Stände, sagt Všehrd, daß, bevor jemand auf das Gut durch Prozeß oder durch sonstige gerichtliche Einführung Anspruch erhebe, „niemals bis in Ewigkeit" die Gewährleistung verjähre, IV 11, 23 a. E., und daß die Gewährleistung von hundert Jahren herkommen könne, wenn immer einer vom andern gekauft hat, IV 11, 5. a. E. Nach dem im Text Gesagten ist dies ganz richtig. Das natürliche Ende findet die Pflicht dennoch, namentlich bereits zu Všehrd's Zeit mit dem wirksamen Ablauf der landrechtlichen Verschweigungsfrist von drei Jahren und sechs, schließlich achtzehn Wochen (vgl. über diese Werunsky, Z. Sav. St., Germ. Abt. X S. 149; Czyhlarz in Grünhut's Ztschr. X S. 293 Note). Daher wurde die Pflicht auch in den Urkunden bisweilen auf diese Zeit übernommen (Všehrd IV 11, 8); häufiger ist es, daß die gegen Legalhypotheken der Witwen und Waisen speziell übernommene Gewähr auf deren Geltungszeit, 3 Jahre und 6 (18) Wochen vom Tode des Ehemanns bezw. der Volljährigkeit beschränkt ward, z. B. Urk. a. 1382, Emler, Reliquiae I S. 471 disbrigare ab omni homine iure terre et specialiter ab omnibus dotibus et orfanis, si vel quae sunt in dictis hereditatibus, tribus annis et sex septimanis post mortem maritorum, si eos previxerint, et annos ipsorum orfaniles; wegen der eigenen Witwe a. 1371, Brünner Landt. VI 3 S. 97: tribus annis post. decursum nostrum a predictis uxoribus nostris. Nach der Eviktion verjährt die Klage nach dem Landrecht, das hierin allgemein durchdrang, abermals in 3 Jahren und 18 Wochen, Všehrd IV 11, 23, Wladisl. L.O. (1500) n. 195, L.O. 1549, E. 42; Vern. L.O. K. XII; P. 27. Kyblin v. Waffenburg, Tractatus novus de differentiis iuris comm. et Boem., Pragae 1663, pars II diff. X S. 141 (s. darüber Ott, Rezeptionsgeschichte S. 275 f.) verwechselte die beiden gleichlangen Fristen und behauptete daher, die Landgewähr dauere nur 3 Jahre und 18 Wochen

a. b. G.B. fort. Die Zeitbefristung des § 933 a. b. G.B. erinnert zwar an eine zeitweise in Böhmen aufgetauchte irrige Ansicht (N. 2),

---

nach dem Kauf. Diese Meinung kehrt in den Anführungen von Weingarten, Auszug der kgl. Stadtr. G. 48 wieder und noch bei Luksche, Das alte Recht Mährens und Schlesiens, Auszug bei d'Elvert, Beitr. z. österr. Rechtsg. I (1888) S. 60. Von der gleichen Ansicht geht auch Neumann v. Puchholtz, Annotationes ad H. Zoesii Comm., Norimb. 1732, h. t. n. 34 S. 228 aus, verbessert sie aber dahin, daß die Gewähr ad simplum, d. i. der Anspruch auf den Kaufpreis ohne Drittelzuschlag und ohne Hypothekarsicherung, bis zu der von der Eviktion laufenden Klageverjährung erhalten bleibe. Vgl. denselben, de abusibus S. 149 f. Etwas angemessener ist die Darstellung in den Adnotationes theoretico-practicae usibus Boemiae accom. ad J. Ortw. Westenbergii princ. juris, pars I, Vetero Pragae 1776 (nach Fischer, Streitsverk. S. 24 N. 6 ist der Verfasser der k. böhm. Appellations-, nachher Hofrat v. Kronenfels, der Herausgeber App.-Rat v. Ebenfeld) S. 629: im Stadtr. ist die Ersitzungszeit (F. 21. 33) Jahr und Tag, et sic defensione venditoris ultra opus non habet, bei Dominikalgütern nach Vern.L.O. P. 27 3 Jahre und 18 Wochen, und die Gewährzeit daher ebensolange, wenn aber die Ersitzung länger brauche, länger. Der Wortlaut von Vern. L.O. K. XII und P. 27 ist so deutlich, daß alle diese Lehren nicht recht begreiflich erscheinen.

[3] S. die vorige Note. In seinem Referate über das in Mähren geltende Recht, einer Vorarbeit des Cod. Theres., bemerkte Waldstetten, die Gewährleistung dauere so lange, als die Verjährungszeit in Ansehung der gegen den Käufer zu erhebenden Ansprüche betrage. „Sie erlösche demnach in der Regel für städtische Liegenschaften in 1 Jahre und 6 Wochen, für landtäfliche Liegenschaften aber in 3 Jahren und 18 Wochen vom Tage der bücherlichen Eintragung an gerechnet." Harrasowsky, Der Codex Theresianus und seine Umarbeitungen III S. 159 N. 10.

[4] Nach der Landtafel v. 1573, II 4, 30 besteht für die Gewährschaft „keine bestimmte Zeit"; L.O. Strein-Linsmayr II 4, 13 u. Landesordn. II 19, 11 nehmen den Fall aus, daß schon so viel Jahre, als zur Verjährung nötig, ohne Anspruch ruhig besessen wurde, und letztere denjenigen, daß gemäß der Verordnung K. Ferdinand II v. 17./8. 1635 ein Ediktalverfahren zur Präklusion von Ansprüchen auf die gekaufte Liegenschaft (landständische Güter oder Freihäuser) durchgeführt wurde. Diese Verordnung wurde wohl gerade deshalb „Schermungsedict" genannt, weil sie den Käufer bei dem Gute sicherte. (Cod. Austriacus II f. 280 mit Nachtrag vom 24./4. 1713 Cod. Austr. III f. 684 f., abgedruckt auch bei Burckhardt, Österr. Priv.-R. III 1 S. 159 N. 39). Suttinger, Consuet. Austr. (Ausg. 1716) v° Schirm S. 485 erwähnt nur den Grundsatz der ewigen Schirmpflicht und modifiziert ihn nach einem Urteil v. 1615 durch Anwendung der 30—40jährigen Prä-

besitzt aber mindestens, wie sie sich äußerlich gibt, als für alle Mängel geltende, vom Kaufe oder von der Mängelkenntnis ab laufende Frist, in den erwähnten älteren Rechten[1] keine historischen Grundlagen.

Bekannt ist die Befristung der Gewährpflicht, wenn ein Vormund verkaufte, auf die Revokationsfrist der Mündel.[2]

f. Das Verhältnis der Gewährpflicht zur Eigentumsverschaffung. Wir fanden die fränkische und deutsche Gewährpflicht der altrömischen und der griechisch-ägyptischen durchaus analog, ja wir sahen bei ihr den gemeinsamen archaischen Charakter schärfer und dauernder ausgeprägt, als irgend anderswo. Es versteht sich danach fast von selbst, daß eine Verpflichtung des Verkäufers zur Verschaffung des Eigentums, wie sie das römische Recht der Kaiserzeit erst in harter logischer Arbeit ausgebildet hat, ohne doch zur vollständigen Durchdringung der Lehre mit den neuen Rechtsgedanken zu gelangen, dem Abstraktionen feindlichen deutschen Rechte fremd geblieben ist. Wird nichtsdestoweniger so häufig das Gegenteil gelehrt, so dürfte das im ersten Kapitel (S. 34 ff.) rücksichtlich der relativen Wirkung des Kaufes Gesagte zur Aufklärung beitragen.

Die dort versuchten Ausführungen will ich nicht weiter verfolgen: daß sich die Urkundenklausel, die den Käufer vor Anfechtungen seines Besitzes durch den Verkäufer und dessen Erben

---

skription; Cod. Ther. III 9 § XII n. 220: die Gewährsverbindlichkeit ... dauert so lang, als sich das Gut bei dem Besitzer ... nicht verjähret hat; Horten III 9, 104.

[1] Vorläufer des § 933 sind aber Cod. Ther. III 9, 402 ff.; Horten III 9, 80; A.L.R. I 5, 344.

[2] Vgl. Heusler, Inst. II S. 496 f. 505; Loersch-Schröder[2] n. 160; für Böhmen s. die oben S. 178 cit. Formae literarum, n. 39 forma venditionis hereditatum per commissarium paternum: disbrigare et nominatim ab ipsis orphanis usque ad annos ipsorum orphaniles, et postquam ad annos ipsorum legitimos pervenerint, post hoc per tres annos et VI septimanas jure terrae. Für Niederösterr. Gewährversprechen mit Sicherheitsstellung „alslang" der Minderjährige „zu seinen volligen jarn chumpt und sich des guts verzeicht", z. B. Wiener Kaufbücher (Quellen z. Geschichte d. Stadt Wien III 1) n. 1054 a. 1378, n. 1334 a. 1381, n. 1654 u. s. w., U.B. Seitenstetten n. 150 a. 1318 u. a.

als solche zu sichern beabsichtigt (woran sich naturgemäß die Klausel bezüglich der Warteberechtigten anschließt), in die Formulare der fränkisch-karolingischen Zeit fortsetzt; daß zwar diese Formel, wie nach der Wahrnehmung Brunner's und anderer Forscher die mittelalterliche Urkunde überhaupt an den weströmischen Vulgärstil äußerlich anknüpft und sogar noch ältere morgenländische Vorbilder bestehen; daß jedoch zugleich der Beharrlichkeit der Urkundenschreiber gerade in diesem Punkte ein innerer Parallelismus der Denkweise der Völker zugrunde liegt. An dieser Stelle mag ein Hinweis auf den mannigfaltigen Widerhall, den die beregten Klauseln noch in den Urkunden des deutschen Mittelalters finden, genügen.[1] Es geht daraus wohl hervor, daß

[1] Beispiele. Loersch-Schröder, 2. Aufl., n. 268, Thatbestand einer Oppelner Oberhofsentsch. a. 1410: sô sal denne di halbe hûbe erbe dein sein und deinir Kinder, erblichen zû haben vorbaz mê, ân daz ich und di meinen vorbaz mê immir dorumb zû reden haben. Ferner nur aus österr. Quellen. Das Schema ist: Wir haben verkauft und gegeben — Objektbeschreibung, Pertinenzen, Lasten — Kaufpreisquittung — Ziel der Verkaufserklärung, der Käufer und seine Erben sollen das Gut „furbas ledkleichen und freileichen haben und allen irn frumen damit schaffen, verkaufen, versetzen und geben swem si wellent an allen irrsal", „an alle irrung"; bisweilen genauer: „an all wider red und an allen irrsal" (U.B. St. Pölten I n. 363 S. 428 a. 1351), „an all unser irrung" (ebd. II n. 843. 845 a. 1400), „an allen irresal, also daz wir und unser Pruder und alle unser erben furbaz gegen In und irm Convent und alle iren nachchomen dechainen chrieg noch dechain ansprach darauff nimmermer gehaben schullen" (U.B. Heiligenkreuz II n. 144 S. 148 a. 1332, mit darauffolgender Sicherheitsbestellung wegen der nicht vogtbaren und abwesenden Erben, ohne ausdrückliche Gewährleistung wegen Fremder; vgl. n. 169 S. 172 u. a.) U.B. Seitenstetten, n. 309 S. 358 a. 1397 Zehentverkauf: an all unser irrung. Wir verczeihen uns auch genczleich der obgenant czehent mit aller czu gehorung und wir tun uns auch des alles czu rechter furczicht mit dem offenn brief, also daz wir furbas darumb wider sew chainen chrieg und chainen czuspruch schullen habn, noch gewinnen, weder mit recht noch an recht. wir sein auch der vorgenant czehnt ir rechter scherm etc., n. 159 S. 182 a. 1326: ob das wer, das von uns oder von dhainen unser erben an dem vor genanten hof dhain chrieg oder dhain ansprach auf steund, — den schulle wir und unser erben — auz richten; Heiligenkreuz II n. 128 S. 131 a. 1330: chrieg oder ansprach — von uns oder von ieman anders, ebenso n. 131, ähnl. St. Pölten I n. 197. 300 etc. Vgl. Seitenst. n. 134 S. 136 Gerichtsbrief a. 1330, wo der eine Sohn des Verkäufers, der sich mit zum rechten Scherm gesetzt hatte, gegen

nicht bloße Gedankenlosigkeit das Fortleben einer fremdländischen Formel bewirkt, sondern die gleichartige Auffassung des Kaufes eine verständnisvolle Benützung der überkommenen Ausdrucksformen gefördert hat. Hat sich doch auch der mittelalterliche Formelstil meistens im Einklang mit dem praktischen Leben gehalten.[1] Noch im Mittelalter war also die Erinnerung an die zwischen den Parteien wirkende Kraft des Kaufes lebendig. Offenbar trug dazu das Fortbestehen der Warterechte in ihren verschiedenen Formen bei, zugleich aber sicherlich der aufrecht gebliebene Zusammenhang der Pflichten des Verkäufers, den Verkauf zu respektieren und den Käufer zu verteidigen. Dagegen hatte sich das ursprünglich aus derselben Quelle wie die fragliche Urkundenklausel, nämlich aus dem Zögern in der Anerkennung der Vertragsbindung fließende Reurecht längst zu einem vollkommen selbständigen Gebilde abgesplittert.

---

eine derartige Bestimmung gehandelt hat. Eine andere Gestaltung zeigt noch z. B. ebd. Urk. a. 1299 n. 110 S. 127: und des selben guets scholl wir (Verkäufer, Frau und Sohn) gewer sein dem selben gotshaus, di weil wir leben. Sei aver imen, der nach unserm tod auf daz vorgenant guet icht zesprechen hab oder well, der schol daz selb guet von dem gotshaus losen fur sechtzk phunt phenning (Kaufpreis 30 Pf.), vgl. n. 104. Die böhmischen Formulare sagen: renuntiavit, quibuslibet instantiis et inpetitionibus in futurum penitus procul motis (Reg. Boh. et Morav. III n. 1728 S. 677 a. 1331) u. ähnl. Sehr interessant ist es, daß in Ausnahmsfällen statt der vollen Gewährleistung nur zugesagt wurde das *disbrigare, quantum (venditor) solus intricaret et non ultra*, so bei Emler, Reliquiae I S. 110 a. 1455 (Verkauf der Rechte aus einer exekutiven Einführung an den Besitzer der Liegenschaft), II S. 169, E 26 a. 1437; S. 188 E 29 a. 1438; F 3 a. 1439; S. 205 M 29 a. 1446; S. 316 a. 1462 (Vorausbestimmung der Pflichten des Käufers für den Fall des Wiederverkaufes). Ob in dieser jedenfalls mit der französischrechtlichen Haftung für faits du vendeur parallel gehenden Klausel gemeint ist, daß der Verkäufer nur für die während seiner kurzen Besitzzeit vorgenommenen Belastungen, oder daß er für durch ihn selbst erfolgende Störungen aufzukommen habe, vermag nur ein Kenner der czechisch geschriebenen Urkunden zu entscheiden. Da Brandl, Gloss. S. 420 *intricatio = zmatek*, Verstoß gegen das Recht, setzt, vermute ich mindestens das Letztere, noch eher beides zusammen. — Ein Beispiel für den Gebrauch des mittelalt. Formulars im 16. Jahrhundert: Kauf u. Verzichtsbrief Christ. Geyer, Wiener Grundb. Fasz. S.W. 1569/70 (a. 1535?).

[1] Vgl. Czyhlarz, Grünhut's Ztschr. X S. 294 u. die dort N. 27 Cit.

Hier ist nur an einzelne praktische Folgen der relativ-dinglichen Kaufwirkung zu erinnern. Das nächste Ergebnis, daß durch das vollkommene Geschäft alles übergehe, was der Verkäufer selbst hat, ist selbstverständlich. Sodann aber wird bestätigt, daß sich der Käufer gegen den Veräußerer ohne Rücksicht auf die gegenüber Dritten vorgeschriebenen Förmlichkeiten verteidigen durfte.[1] Am wichtigsten ist: die Verpflichtung des Verkäufers zur Vornahme der Formalakte, durch welche Eigentum überging, wenn es auf seiner Seite vorhanden war, wurde im deutschen Rechte wie im römischen[2] niemals entbehrt, sobald nur der Kauf ohne diese Akte überhaupt rechtliche Erheblichkeit besaß. So verhielt es sich in der fränkischen Zeit, als die aus dem römischen Vulgarrecht rezipierte Traditio cartae den dinglichen Charakter verlor,[3] wenn sie nicht von den Investitursymbolen begleitet wurde, aber einen beschränkt obligatorischen behielt; so als umgekehrt die Sala unter Aufschub der *intra comitatum* vorzunehmenden Investitur zulässig wurde.[4] Der Käufer klagte in solchen Fällen auf Investitur, *quod reus villam — per venditionis titulum delegasset vel firmasset et pretium exinde recepisset.*[5] Und ebenso verhält es sich mit der Auflassungspflicht nach dem Sachsenspiegel,[6] analog nach den norwegischen Rechtsbüchern[7] u. s. w.[8] Praktisch reicht freilich diese Verbindlichkeit zur formalen Übertragung, da sie ohne materielles Eigentum des Verkäufers schwer erfüllt werden kann, über die relative Übereignung bereits hinaus.

Will man nun aber behaupten, das deutsche Recht verpflichte, ungleich dem römischen, geradezu zur Eigentumsverschaffung,

---

[1] Heusler, Gewere S. 30.

[2] Oben S. 103 f.

[3] Schröder, D. R.G. S. 277 N. 72.

[4] Brunner, R.Gesch. d. Urk. S. 279.

[5] Daher die Scheinprozesse im Volksgericht, s. Heusler, Gewere S. 29.

[6] Sachs.Sp. I 9, 5.

[7] Amira, Nordgerm. Obl.R. II S. 686, vgl. über Schweden I S. 546.

[8] Das Gesagte gilt insbesondere auch für die Verpflichtung zur bücherlichen Durchführung des Kaufes. Von den mittelalt. böhmischen Verkaufsurkunden wird wegen des in Böhmen ununterbrochen gebliebenen Bestandes der öffentl. Bücher unter B) gesprochen.

so muß die relative und die formale Übertragung aus dem Spiele bleiben.

Eine von Anderen im ersteren Sinne benützte gelegentliche Bemerkung Brunner's,[1] daß der deutsche Kauf begrifflich nicht schlechtweg auf das Habere licere, sondern auf Rechtsübertragung gerichtet sei, bezieht sich schon nach dem Zusammenhange, in dem sie vorgebracht ist, eben nur auf die Absicht der relativen Übereignung.

F. Conze[2] hat für seine weitergehende Ansicht geltend gemacht, daß nach norddeutschen Stadtrechten Einstehen des Verkäufers für „unrechten Anevang" koordiniert neben der Haftung für Hauptsiechtum, Starblindheit u. dgl. genannt wird und im Dortmunder Recht diese Norm überschrieben ist: „warumme man ein pert wandelen zal". Allein gerade diese Bestimmungen zeigen im Gegenteil, daß der physische Fehler als solcher, der rechtliche erst, wenn er zum Anefang geführt hat, die Haftung auslöst.[3] Der Name „Wandlung"[4] ist auf die Rückzahlung des Kaufpreises um so besser angewendet, als im Anefangsverfahren das Pferd dem Verkäufer zum Zwecke der Vertretung zurückgegeben wird. In diesen Rechten dürften also ohne weitergehende Absicht die Rechtsmittel des Käufers von Pferden zusammen-

---

[1] Brunner, Jenaer Literaturzeitung III (1876) n. 439, S. 498 N. 1. Auch Franken, Franz. Pfandrecht S. 81 N. 5 macht hiervon nicht den richtigen Gebrauch.

[2] Conze, Kauf nach hanseatischen Quellen, Diss. Bonn (1889) S. 81.

[3] Das von Magdeburg an Görlitz mitgeteilte Recht 1304, art. 36. Gaupp, Magdeb. R., S. 283. Braunschweig. R., § 26; Gengler, D. Stadtr. S. 38. Das Rechtsb. nach Distinkt. IV c. 42 Dist. 23, vgl. Frommhold, D. R.G. S. 157 ist besonders bezeichnend; die Fristen der Wandlungsklage werden nicht angewendet (Dist. 24 vor anefang „wert man alleczith"), und das Verfahren in gewöhnlicher Weise wird in Dist. 25 beschrieben. Und die Bremer Stat. 1303 und 1433 ordel 55, Oldenb. 1345 (Ölrichs S. 142. 525. 798) beschränken ausdrücklich die dreitägige Mängelfrist für Pferdemängel, die sich von der L. Baj. XVI 9 herschreibt (Heise und Cropp, Jur. Abh. I 1827 S. 165 ff.), auf hovetsek unde stareblint.

[4] Dortmunder Stadtb. n. 2 (Frensdorff S. 65); dasselbe scheint freilich die 28tägige Frist für alle Mängel aufzustellen; zu weitergehenden Schlüssen kann diese vereinzelte Bestimmung aber keinesfalls berechtigen. — Über lüb. Cod. II a. 115 s. unten 2. Abschnitt, A.

gestellt sein. Eher könnte man sich, was Conze nicht gethan hat, darauf berufen, daß in anderen Rechten unter die traditionellen Hauptmängel gekaufter Pferde geradezu das Gestohlen- oder Geraubtsein des Pferdes aufgenommen wurde;[1] aber es ist dies eine partikuläre und so späte Bildung, daß an dem Einfluß der römisch-kanonistischen Doktrin über furtive Sachen nicht zu zweifeln ist. In der That ist hier, offenbar infolge der besonderen Verfänglichkeit des Besitzes und der Unmöglichkeit der Ersitzung, ein Schritt zur Eigentumsverschaffung unternommen.

Auch darin, was Amira[2] für das nordische Recht beibringt, vermag ich nur die Bestätigung des oben Gesagten zu sehen, daß der Verkäufer alles Eigentum, das er selbst besitzt, abzu-

---

[1] Die Frankfurter Reformation 1578 u. 1611 II 9, 5 (nach Orth, Frankf. Ref. [1742] S. 10 schon ein Statut v. 1417) bezeichnet als einen der 4 Hauptmängel: wenn das Pferd gestohlen oder geraubt ist, während sie II 10, 1 ff. die gewöhnliche Währschaftslehre, wie es scheint, auch für Mobilien entwickelt. Eine Wandlungsfrist ist übrigens nur für Hauptsiechtum festgesetzt, in der die Bestimmung wiederholenden Ratsverordnung von 1626 für die drei physischen Mängel (Orth II S. 10. 15). (In der Verneuten Nürnberger Reform. [1564] 16, 4 war das Geraubt- oder Gestohlensein neben den Hauptmängeln erwähnt, vgl. dazu Casp. Schmid, Comm. ad jus munic. bavar. II [1695] S. 413.) Ähnlich die württemberg. Praxis (Lauterbach, Colleg. ht. n. 14 S. 146). Für das ebenfalls sehr späte Aufkommen der analogen Erscheinung im sächs. R. vgl. Jus Saxonicum discrepans h. e. diff. juris Sax. etc., 1682, pars II diff. 44 S. 82. Ebenso findet sie sich erst in den böhm. Stadtr. Koldin, H. 13, nachdem das Altprager Recht n. 132 (Rössler I S. 139) nur physische Hauptmängel erwähnt hatte. Nach Ablauf der dreitägigen Mängelfrist trat in Böhmen das gewöhnliche Schirmungsrecht in Kraft. Kyblin v. Waffenburg, Tract. novus 1663 II diff. 1 S. 133. Das letztere dürfte analog auch für Niederösterreich gelten, wo im 18. Jahrhundert ebenfalls „gestohlen" einer der fünf Hauptmängel von Pferden war, wegen deren der Käufer, wenn sie binnen 4 Wochen und 3 Tagen seit dem Abschlusse des Vertrages dargethan wurden, vor dem Handgrafenamt Redhibition (sonst auch Preisminderung) fordern konnte. Donner, Österr. Rechte S. 430; Voss, Collatio ad Tit. 21, 1 § 516; Mitteilung Holger's, Harrasowsky III S. 190 N. 20.

[2] a. a. O. I S. 546 ff., II S. 681 f.; auch das möchte ich bezweifeln, daß (II S. 681) die Wendung „gefreit und zuständig gegenüber jedermann zu machen", eine Umschreibung für „das Eigentum verschaffen" sei. S. dagegen das deutsche freyen oben S. 177.

treten hat. Manche der aufgeführten Urkunden scheinen mir darin ganz deutlich zu sein; [1] sämtliche mit den fränkischen die nächste Verwandtschaft zu zeigen. Amira meint sogar, daß „selbst dann die Verpflichtung zum Übereignen ausdrücklich erklärt ist, wenn der Fall ins Auge gefaßt wird, daß dem Verkäufer selbst Eigentum möglicherweise nicht zustehen könnte". Aber die zum Beweise gebrachte Urkunde

a. 1325: *assignavi ... transferens ... omne jus proprietatis, possessionis ac dominii, quod mihi aut heredibus meis competierat vel competere videbatur in prediis memoratis,*

stimmt in der hervorgehobenen Klausel mit unzähligen fränkisch-karolingischen und deutschen Urkunden ganz überein; und diese Klausel dürfte gleich vielen ähnlichen in alter Zeit [2] sowie heutzutage vorkommenden [3] nur den Umfang des verkauften Grundstückes und der Pertinenzen, höchstens den Umfang nicht den Inhalt des verkauften Rechtes bezeichnen. — Daß der Verkauf eine Übereignung genannt wird, ferner daß er als Erwerbstitel des Eigentums gilt und daher auch besitzrechtliche Vorteile verschafft, das sind nur Ausflüsse der relativen Übertragung. Ist nicht in Rom, gegen dessen *habere licere*-System Amira's Polemik sich offenbar richtet, ebenfalls der *titulus pro emptore* ein Ersitzungstitel gewesen? [4]

Aber aus dem von Amira Mitgeteilten läßt sich sogar der direkte Gegenbeweis gegen seine Behauptung erbringen. Hat der

[1] Sicherlich darf man keine weitergehende Verpflichtung darin erblicken, daß der Verkäufer das Eigentum „transferiert". Urk. a. 1278 transferendo, a. 1300—1310 translato.

[2] Z. B. die Kaufurkunde a. 504 b. Marini n. 113 Z. 12, Spangenberg n. 48 S. 236 ... finibus, terminis, spatiis ... etc. ... limitibusque suis omnibus omnique jure proprietateque sua sicuti a ss. venditore possessus est adque [usque in hodiernum diem possidetur], worauf das pactum de ingrediendo folgt, wie in der Urkunde a. 539, Marini 114 Z. 24, Spangenberg n. 49 S. 238. Vgl. auch D. (19, 1) 39 a. A.; (18, 1) 81, 1.

[3] In Österreich wird meistens verkauft „wie Verkäufer selbst besitzt und zu besitzen das Recht hat", z. B. Glaser-Unger, Sammlung Nr. 7463.

[4] Allerdings führt Eck S. 24 dies als Argument für die Verpflichtung zur Eigentumsverschaffung an, aber s. dagegen Bernhöft, Dogmat. Jahrb. XIV S. 181.

Verkäufer genug gethan, wenn er auf Ansprache den Käufer schützt,[1] ja kann ihn der Käufer „nur dann wegen Nichtleistung der *hemuld* in Anspruch nehmen, wenn er es auf eine Klage des Entwerers hat ankommen lassen, sich ihr gegenüber auf die *hemuld* berufen, den Verkäufer gehörig geladen und gleichwohl die *hemuld* in dem hiefür angesetzten Termin nicht erlangt hat" (I S. 563),[2] so kann von der Annahme des Systems der Eigentumsverschaffung nicht entfernt die Rede sein.

Rücksichtlich des deutschen Rechtes scheint mir nur ein beträchtlicher Zweifel zu erübrigen. Er betrifft die Bedeutung der in die Urkunden teilweise mitgewanderten Bestimmungen, aus denen für den Geschäftsverkehr der römischen Kaiserzeit eine Fortbildung der alten Grundsätze gefolgert werden konnte. Diesbezüglich ist aber wohl eher eine bloß mechanische Übertragung anzunehmen.[3]

---

[1] Hierauf läuft auch der I S. 561 mitgeteilte Fall hinaus, in welchem ein Dritter auf dem verkauften Grundstück „ohne Ladung wirkt", ein Fall der ehemals sogenannten negativen Eviktion.

[2] Aus den ebd. abgedruckten Stellen geht zugleich deutlich hervor, was unter dem „eigentümlich machen" (hemuld) zu verstehen ist. Es soll nach der Ladung des Gewähren („in dem hierfür angesetzten Termin") erfolgen — ist also die gewöhnliche Währschaftsleistung.

[3] Das Versprechen der Lastenfreiheit fehlt, wie oben S. 181 bemerkt, regelmäßig. Geschah dies, weil die Haftung von Rechts wegen bestand, so blieb doch natürlich auch das gesetzliche System unberührt. Die übrigen Klauseln scheinen mir ihres ursprünglichen Sinnes entkleidet. Daß die Kaufsache freies, rechtes Eigen des Verkäufers sei, wird meist nicht mehr als Versicherung (professus est etc.) des subjektiven Rechts, sondern als Bestimmung der objektiven Gutsqualität gesagt, im Gegensatz zu „rechtem Lehen, Hof-, Burgrecht". Vgl. auch die oben S. 182 besprochenen korrelaten Klauseln der Schirmverpflichtung. Daß der Käufer die Sache verkaufen, versetzen dürfe, scheint lediglich die extensive Vollgewalt des Käufers weiter auszumalen; die mannigfachen Rückfalls-, Vor- und Wiederkaufsrechte u. s. w. boten hierzu genügende Veranlassung. Die zu weitergehender Bedeutung nötige Ausgestaltung der Schirmungsverpflichtung, wie in dem „sive quod ita licitum non erit", fehlt. Vgl. auch z. B. Loersch u. Schröder [2]n. 156 a. 1280: in sua vita — licitum erit ei disponere et ordinare quidquid eius placuerit voluntati, contradictione cuiuslibet non obstante. Postquam autem — ab hac luce migraverit — (bestimmte Successionsordnung); aus Österr. U.B. Seitenstetten n. 313 S. 363: innehaben, nuczzen und niessen —

B. Die Neuzeit.

AA. Excurs. Haftung ex lege in Österreich vor der Kodifikation.

Während im alten deutschen[1] und regelmäßig im gemeinen Rechte[2] die Gewährleistung als gesetzliche Verpflichtung eine Selbstverständlichkeit ist, kann die Rezeptionszeit unserer Materie hinsichtlich der österreichischen Stammländer und von Böhmen-Mähren nicht erörtert werden, ohne eigentümliche, äußerlich der englischen[3] ähnliche Gebräuche zu berühren, die zur Gewährschaft eine ausdrückliche Schirmverschreibung forderten.

---

damit schaffen etc., also auzgenumenleich, wann daz ist, oder welchs jars wir sew ermanen — so schullen si uns di vor genanten gueter herwider ze chauffen geben; U.B. St. Pölten II n. 845 S. 408 a. 1400: und damit ze tûn und ze wandelen als mit andern aigenn gûtern. — Ich möchte aber ausdrücklich betonen, daß dies nur vorläufige Ansichten sind. Abweichend für die nordital. Urk. Voltelini a. a. O. S. LXXIV f. wegen der Klausel, daß der Käufer die Sache als dominium behandeln dürfe.

[1] Allerdings ist bekannt, daß bei der Auflassung in den Städten der Verkäufer feierlich die Gewährleistung zu geloben pflegte, und daß im Landrecht nicht nur schriftliches Versprechen üblich war, sondern auch eidliche Währschaftsangelobung vorkam. Die letztere wird von manchen mit früherer Wadiation der Währschaft in Zusammenhang gebracht.

[2] Nur beispielsweise sei aus der Praxis des Reichskammergerichts die Entsch. 7./7. 1668 Gail, Pract. obs. 106 n. 7 (1708 S. 146) angeführt.

[3] Mit dem *statute quia emptores* (18 Edw. I c. 1) wurde die freie Veräußerung von Lehensgütern (und in solchen bestand der gesamte englische Boden), möglich. Die Veräußerung erfolgte weiter durch feoffment wie bis dahin die Lehensverleihung; während aber der Lehensherr und seine Erben wegen des *homagium* (Bracton f. 380 b, Twiss VI S. 4) zu defendieren hatten, erstreckte sich die Gewährspflicht des an einen Ebenbürtigen Veräußernden nur auf letzteren selbst, weil die Zinsen und Dienste des Erwerbers nicht den Erben des Veräußerers, sondern dem Lehensherrn zu gute kämen. (Blackstone, Komm. II S. 300; vgl. auch Gundermann, Engl. Privatr. [1864] S. 451 f.) Dieser Zustand dauerte bis auf 8 u. 9 Vict. c. 106 s. 4 (1./10. 1845). Bei anderen Veräußerungsformen, wie sie sich allmählich herausbildeten, erfolgte aber überhaupt keine gesetzliche Haftung *(implied warranty)*, they bearing no sort of analogy to the original feodal donation (Blackstone a. a. O.), ein Beispiel der ungeheuerlichen Wortkleberei des englischen jus strictum. Die Haftung mußte auch mit den Worten *warran-*

In den bayrisch-österreichischen Quellen des Mittelalters hatte diese Meinung keine Wurzeln. Allerdings mögen mit der Zeit Zweifel aufgetaucht sein, die, wie vorgreifend bemerkt sei, durch die Sitte der urkundlichen Zusicherung hervorgerufen wurden. Die Beantwortung erfolgte aber stets unzweideutig im alten Sinne:

Bayr. Landrechtbuch 1346 (Freyberg, Sammlung hist. Schriften u. Urk. IV S. 452) art. 192: Swer dem andern sein guot ze chauffen geit, ez sey aigen oder lehen, der sol dez sein gewer sein und im ez vertigen und vertreten mit dem rechten, ob ez anspraech wurd, alz dez landes recht ist und der grafschaft, da ez inne gelegen ist: er hab ims gehaizzen oder nicht und naem er sein icht schaden, den sol er im gaenczlich abtuon,

bestätigt bei der Erdinger Revision a. 1487, und ebenso insbesondere das Wiener Stadtrechtsbuch (vor dem Jahre 1360) art. 74 für den Verkauf von Pferden [1] und mit einem auf alle Sachen gemünzten Schluß art. 82 (S. 82 f.):

Derselb gewer mues denn für in antwurten, und wiert er selb ledig, und alles, daz dann dem gewern angehabt wirt mit gezeugen — an dem erib, den schaden mues der dem pidermann

---

tizo oder *warrant* übernommen werden. Zu berücksichtigen ist dabei freilich, daß in die Abgabe der *express warranty* in einer auch dem deutschen Recht nicht fremden Weise der Sinn gelegt wurde, daß dieselbe erst den entgeltlichen Charakter der Veräußerung feststellt; sie vernichtet nämlich das Einstandsrecht der Erben, ja verpflichtet diese selbst zur Gewährschaft (s. schon Bracton fol. 380b, Twiss S. 6 Die Erben haften propter verba in chartis contenta: Ego et haeredes mei warrantizabimus): das Gesetz nimmt nicht an, daß der Erblasser das Gut seinen Erben entzogen habe, ohne ihnen ein entsprechendes Äquivalent zuzuführen. (Blackstone S. 301.) Die *implied warranty* ist heute noch theoretisch die Ausnahme, die man auf alle denkbare Weise, namentlich wie in Rom durch die Dolushaftung im Gebrauche auszudehnen sucht. Übrigens soll auch in früheren Zeiten niemals ein Fall nach der Regel entschieden worden sein, Beach, Modern law of contracts I S. 456.

[1] Schuster S. 77: Es musz auch ein islaich mann, er sei rostauscher oder nicht, seinen ros schermen, die er verchaufet, als des landes recht (fehlt in anderen Handschriften) recht ist, es sei dann, das der chaufer chains schermens von im beger.

ablegen, dem er es da ze chaufen hat geben, wann daz ist aller gewern recht, die da gwern werdent, umb welcherlei sach daz ist, es sei purchrecht oder perchrecht, geraubtes oder verstollens guet.[1]

Auf dem gleichen Standpunkt standen auch die mittelalterlichen böhmisch-mährischen Rechtsaufzeichnungen.[2]

Für die Neuzeit ist nun von den beiden zu betrachtenden Rechtsgebieten abgesondert zu sprechen, zunächst von Nieder- und Oberösterreich. Ende des 16. Jahrhunderts trat in Niederösterreich ein Umschwung ein. Zwar lesen wir nach dem Muster von C. h. t. 6 wie im Zeiger in das Landrecht (Institutum Ferdinandi I), einem 1528 vollendeten Entwurf, es sei

III. Buch, 8. Titel § 8 gweerschaft cu thuen und ob das nicht beredt wierdet,

so auch in dem Entwurfe Dr. Püdler's zu einer Niederösterr. Landtafel v. 1573

II. Buch, 4. Titel, § 1: Welcher ainem andern sein haab und guet verkauft, der solle seinen kaufer darumben zu schutzen und zu schermen schuldig sein, und obgleich bei der kaufsabredt die schermung nit begehrt noch in dem kaufbrief verleibt worden, so gebueret dennoch dem

---

[1] Vgl. a. 75. 78. 80. 82. Freilich läßt wieder a. 115 Schuster S. 110 unter den Voraussetzungen der Gewährleistung den Käufer sich darauf berufen, der Verkäufer habe „im auch den Weingarten gelobt ze scherm, als perchtrechts recht ist", aber dies ist vereinzelt, der Verfasser denkt an die allgemeine Gewohnheit und vielleicht an einen konkreten Rechtsfall.

[2] Altprager Rechtsbuch n. 97 Rössler, Deutsche Rechtsdenkmäler I S. 129. Wer kouffes bekennet, der schol des recht gewer sein, das er vorkauft hat etc., entspricht Sachs.Sp. III 4, 2; für Immobilien n. 145 S. 142: Wer aigen oder erb vorkauffet, daz der stat zugehort, der schol des gewer sein von aller ansprach mit jar vnd tag (Koldins Stadtr. F. 33, G. 47); n. 146: Leyt abir das erb auf dem lande, so muz er sein gewer sein drei jar vnd drei wierzehen tag. Ebenso Brünner Schöffenspruch n. 276 Rössler, D. Rechtsdenkm. II S. 127: . . . venditor equi, vaccae vel alterius rei tenetur rem eandem emtori, quamvis etiam hoc in emendo non exceperit vel specialem mentionem de hoc non fecerit, ab impetoribus disbrigare, und ebd. n. 282 S. 129 si vendam tibi rem aliquam et evincatur, teneor de evictis etiam si non promissi.

verkaufer einen weeg den anderen wann er umb solches guet wie recht ist angesprochen wirdt, bei gericht zu vertretten und ihne ohn nachtl und schaden zu halten.[1]

Der oberösterr. Landtafelentwurf (1609) aber setzt die fast volkstümliche Parömie an die Spitze der Materie:

III, 21 § 1. Ein ieder kauf tregt die gewehrschaft und schermung auf dem ruckhen.

Offenbar nach dem Vorbild der langobardischen Urkundenpraxis[2] kam es jedoch häufig vor, daß der Käufer auf die Schermung verzichtete, um nach römisch-kanonischem Prozesse sein eigner Gewere zu sein;[3] in welchem Falle, wie die Landtafelentwürfe[4] sagen,

der verkaufer alle brifliche uhrkundenscheine und behelf zu könftiger defension dienstlich, seinem Kaufer ubergeben, ihme auch mit aller habenden notturft armiren solle, es kann sich auch[5] nachmals der kaufer aller und ieder behelf gebrauchen so dem verkaufer wider ainem kunftigen clager bevorgestanden.

---

[1] Allerdings findet sich gelegentlich doch schon in auffallender Weise verschriebener Scherm vorausgesetzt, so für die Befolgung des Forum des Käufers; in I 3 § 32, oder bei Aufzählung der Gründe der Schermsverbindung in II 4 § 9 Z. 1.

[2] Der Käufer wurde in der Kaufurkunde zum Stellvertreter des Verkäufers bestellt, wobei man pflegte „die ganze Reihe der vom ersten Veräußerer, von sämtlichen Zwischenerwerbern bis auf die Gegenwart ausgestellten Urkunden zu behändigen“, Kannengießer, Prozeßhind. Einr. S. 58. Vgl. oben S. 186 N. 5.

[3] Ein Beispiel bietet die von Dr. Schwanser, Berichte n. 1473 (Autographie der Chorinsky-Sammlung, Bd. VI n. 320 S. 232) vom Jahre 1604 angezogene Urkunde, nach welcher sich der Käufer „selbst zu schermen und auf seine cost in richtigkeit zu bringen hat“. Andere Beispiele, wo gleichzeitig der Abtretung der Urkunden zum Zwecke der Selbstdefension gedacht ist, weist der „landrechtliche Vertragsfaszikel“, den das Landesgericht Wien an das niederösterr. Landesarchiv abgegeben hat, sehr häufig auf.

[4] Niederösterr. Landt. (Püdler) II 4, 10; Oberösterr. III 21, 6; Strein-Linsmayr II 4, 3.

[5] Es wird also noch ausdrücklich die Benützung der fremden Beweismittel gestattet.

Der Verzicht war hier noch Ursache, die Überantwortung der Instrumente Folge; die Schirmung wurde geschuldet,

„wenn sich der kaufer des schermbs austrücklich in des kaufes beschluss nit begeben.[1]

Dieses Verhältnis kehrte sich aber, und zwar eben um die Zeit der Entstehung jener Entwürfe in sein Gegenteil um, nämlich dahin daß, wer sich die Schermbung beim Kaufe nicht bedinge, „derselben gleichsamb tacite renunciere“,[2] und auf die Forderung der über das Gut bestehenden Instrumente beschränkt sei.

In der zweiten Hälfte des 17. Jahrhunderts nahm der unter Suttinger's Mitwirkung verfaßte Landesordnungsentwurf (die von Motloch so genannte Kompilation der vier Doktoren) noch beide Prinzipien nebeneinander auf:

Einerseits: II. Buch, 19. Titel, § 1. Jeder verkaufer und dessen erben sind schuldig zu schermen, eß sei gleich dessen in der fürgegangenen kaufshandlung gedacht oder nicht.

§ 2. Wenn der kaufer die schermung über sich nimmt, so ist der verkaufer alle zu schutz des verkauften Gutes nothwendigen briefliche urkunden zuzustellen schuldig.[3]

Andererseits: I. Buch, 16. Titel § 4.[4] Doch seint Etliche fäll, in welchen der namhaft gemachte scherm zu schermen nicht schuldig ist. Nämlich 1. Wann Er sich hierzu nicht austrucklich verschrieben (Es wär dann Ein Erbschaffts-sache . . .)

In Wahrheit wird für unbewegliche Sachen der erste Grundsatz durch den zweiten aufgehoben. Zuerst lehrte den neuen Rechtssatz Schwarzenthaler, der im Jahre 1592 berichtet, es bestehe eine Verschiedenheit zwischen dem römischen Recht, nach welchem alle entgeltlichen Geschäfte die *praestatio evictionis* in sich schließen,

---

[1] Landtafel des Schönkirchnerbuches (der auf den Püdler'schen zunächst folgende Entwurf) II. Teil, I. Buch, 1. Tit. § 29.

[2] Joh. Bapt. Suttinger, Observationes practicae, Wien 1651, Obs. 33 n. 1.

[3] Cf. II 10, 22.

[4] Manuskript der Wiener Univ.-Bibl. n. 508 fol. 27 verso.

und der *judiciaria huius provinciae consuetudo,* welche ein ausdrückliches Versprechen des Verkäufers zu schermben verlange; in diesem Sinne sei im Jahre 1588 von der niederösterreichischen Regierung in einem Prozesse entschieden worden.[1] Diese Praxis hat sich in nieder- und oberösterreichischen Gerichten von da ab ständig erhalten, wie Suttinger,[2] hier noch einflußreicher als sonst,[3] und nach ihm die Schriftsteller des 17.[4] und 18.[5] Jahrhunderts bezeugen. Doch machte sich mehr oder weniger bei allen Schriftstellern ein bemerkenswerter Widerstand gegen den sonderbaren Grundsatz geltend. Suttinger selbst hat ihm die Spitze abgebrochen, indem er, sich auf D. de A.E. 11, 18 und ein ergangenes Urteil stützend, es der natürlichen Billigkeit widersprechend fand, daß der Verkäufer nach Eviktion den Kaufpreis behalten solle. Er sprach demnach diesen zu und machte

---

[1] Schwarzenthaler, Tractatus judiciarii ordinis Francof. 1592, lib. I, actus 5, cap. 5, S. 110.

[2] Suttinger, Observat. pract., Obs. 33 S. 56 Überschrift: „wo kein Schermb verschrieben ist, kan man dem Landsbrauch nach auch Keinen begehren"; ebenso Consuetudines austriacae Nürnberg 1716 vbo. Schirmung S. 681, Verneuerte obs. pract. Nürnberg 1723, obs. 33 S. 92; in beiden ist noch eine Entscheidung der niederösterr. Regierung aus derselben „jüngstem Motivenbuch p. 72" allegiert.

[3] Peez schreibt in seinem Entwurf einer Gerichtsordnung 1731, III. T., 2. Tit. im wesentlichen Suttinger ab und bemerkt nach einem Zitat desselben: „NB. In diesen Schermungs-Sachen ist vorhero auch noch nichts sicheres statuirt gewesen".

[4] Niederösterreich: Joh. Hein. Reutter, XXV tabulae juridicae, 1674, ad tab. 19 n. 18 ff. Oberösterreich: Ben. Finsterwalder, Practicae observationes, Salisburg. 1687, Obs. 88 n. 2 S. 482; Weingärtler, Con- et Discordantia Juris consuetudinarii (1674) hatte nur die Legalhaftung des römischen Rechts dargestellt und einfach beigefügt: aliud dicit Schwartzenthaler. Wahrscheinlich sprechen auch die bei ihm zitierten Urteile des Landshaubtm.Ger. vom 19./6. 1578 u. 15./1. 1579 noch die Legalhaftung aus. Vgl. auch Weingarten, Fascic. divers. jurium I p. 2 const. 33 S. 355.

[5] Peez, Gerichtsordnung 1731, III 2 § 3; Joh. Georg Kees, Comm. ad Justin. Inst. (Ingolstadt 1746) S. 106 N. 7; L. Fr. Vossius, Legum et consuetudinum Austriacarum collatio § 67 S. 350, 2. Aufl. 1772 § 517; Joh. Udalr. Donner, Die österr. Rechte 1777 I S. 424; ebenso der Redaktor des Cod. Ther. Holger, Harrasowsky III S. 159; Patruban, Gewährleistung (1809) S. 12 ff.

nur den Ersatz des überschießenden Interesse vom Vorhandensein einer ausdrücklichen Vereinbarung der Vertretung abhängig.[1] Er hat auch hierin zahlreiche Nachfolge gefunden;[2] die steirischen Gerichte lehnten aber den ganzen Satz als *bonae fidei contrarium* ab, mit einer gewissen Verachtung, wie bei Beckmann unschwer erkennbar ist.[3] In den Erzherzogtümern ist er auf *res immobiles* beschränkt geblieben.[4]

Die in Rede stehende Praxis ging, wie wir sahen, von der Verzichtsvermutung gegen den Käufer aus, der sich keine Schermbsverschreibung hatte geben lassen. Warum, darüber erhält man keinen rechten Aufschluß, denn nur eine Wiederholung des Satzes, keine Erklärung ist es, wenn Suttinger sagt: es sei zu erachten, jener Käufer habe „den Weg, sich mit den Instrumenten selbst zu schermen, gewählt". Danach müßte man glauben, daß wenigstens dann zu schirmen war, wenn die Übertragung ohne Ausfolgung der das verkaufte Recht bescheinigenden Urkunden geschah.[5] Der wahre Untergrund der Praxis muß die allgemeine Gebräuchlichkeit der Verschreibung bei Immobilien gewesen sein; fehlte das Versprechen, so ließ dies auf besondere Intentionen schließen. Damit mag jenes Urteil der niederösterreichischen Regierung vom Jahre 1588 operiert haben; und in der Folge, gerade durch Schwarzenthaler's und Suttinger's unvorsichtige Generalisierung, erstarrte der Auslegungssatz zu jener ergänzenden Norm.

Zur „Schermbverschreibung", die hier gefordert wurde, genügte offenbar die gewöhnliche aus dem Mittelalter überkommene Gewährklausel der Kaufbriefe.[6] Übrigens sind, ebenfalls seit dem

---

[1] Suttinger, Consuet. austr. v° Schirmung S. 682.

[2] Donner S. 424; Holger a. a. O.

[3] Nicolaus de Beckmann, Idea juris statutarii, Graecii 1688, v° Evictio S. 140 f., v° Scherm S. 432.

[4] So auch Patruban, Gewährleistung S. 12 ff., der ihn sogar an einer Stelle mit unhaltbaren Gründen auf ständische Gülten beschränken will. Das Schermungsedikt vom Jahre 1635 hat mit der Gewährpflicht direkt überhaupt nichts zu thun.

[5] Klar verneint dies Suttinger selbst, Consu. S. 681.

[6] Für die österreichische stereotype Gewährklausel des 13.—15. Jahrh. sind ausführliche Beispiele äußerst zahlreich in den U.B. St. Pölten, Heiligenkreuz und Seitenstetten (14. Jahrh.); s. noch z. B. Schuster, Stadtrb. S. 138;

14. Jahrhundert,[1] separate Gewährbriefe nachweisbar, die ausgefertigt wurden, während die Kaufurkunde bereits eine bezügliche Klausel enthielt. Der besondere Brief diente wohl nur prozessualer Bequemlichkeit und hatte vielleicht andere der in der vielfältigsten Verwendung üblichen „Schirmbriefe" zum Vorbild.[2]

U.B. Schottenstift, n. 450 a. 1417. Außer Betracht kann hier der unaufgeklärte Zusammenhang der Gewährklausel mit derjenigen des Landschadenbundes (s. die bei Chorinsky, Exekutivprozeß S. 20 f. mitgeteilte Ansicht Luschin's und z. B. Landesordn. Strein-Linsmayr II 1, 24 „die artikel der kaufberedung mit der schermbs- und gemainen landschadenpundsverpindung", vgl. auch Pfaff-Hofmann, Excurse I S. 398 N. 58, S. 399 N. 68 S. 400) bleiben, denn unter allen Umständen hätte nur die erstere auf die letztere gewirkt, nicht diese in die festgegründeten Grundsätze der Gewährleistung eingegriffen.

[1] z. B. nach der umfangreichen Kaufurk. Wien, 20./12. 1367 Urk.B. St. Pölten I n. 576 der Gewährsbrief vom 21./12. n. 577 S. 717: Ich — und mein erben vergehen und tun chunt offenlich mit dem brief — daz wir uns gen in verpunden haben und verhaizzen mit dem brief, ob das wêr daz iñ icht furwas chrieg und ansprach darumb auf erstunden, von wem das wêr und in welihen wegen das wêr, daz wir darumb an aller stat fur seu sten sullen und in di schirmen. Wêr aber daz seu des furwas icht schaden nêmen mit nachraisen oder mit potschaft, daz sullen wir in auch genzlich widerchern.

[2] Etwa die vom Herzog ausgestellten Schirmbriefe über verliehene Lehen u. dgl. Zu den interessantesten der mit der Kaufgarantie in näherem oder weiterem Grade verwandten Gestaltungen des Scherm und des Schermbriefes gehört die in Wien häufig vorgekommene Schermerklärung an den Bürgermeister und Rat oder an das von diesen abhängige Grundbuchsamt, die Grundbuchshändler oder Sigillatores (vgl. darüber Krasnopolski, Grünhut's Ztschr. XI S. 553) wegen künftiger Ansprüche der durch die Eintragung verletzten Personen. Z. B. Schermbrief, nachdem der Aussteller als Erbe nach seinem Vater eingetragen worden war, obwohl der letztere noch nicht Jahr und Tag besessen hatte, a. 1444, Quellen z. Gesch. d. St. Wien II 2 n. 3013; eines ohne glaubwürdigen Schein und Zeugen Eingetragenen v. 1./7. 1569, Wiener Grundbuchsamt Fasz. S. W. 1569—1570, vgl. den Schermbrief von Martha Mathesen Heypergers Hawsffraw a. 1498 ebd Fasz. Universität W. O. 1386—1571; ferner sehr häufig Schermerklärung des die Eintragung bewilligenden und von der Buchbehörde erbittenden Veräußerers, so aus der Neuzeit Verkaufsbrief 8./5. 1540 cit. Fasz. W. O. 1386—1571 fol. 108 n. 2; Aufsandungserklärung 2./8. 1635 Fasz. S. W. 1635/6, und viele andere, noch Abtretungsinstrument 5./3. 1792, Beilage des

Erwähnenswert als partikuläre, obwohl nicht bloß Österreich eigentümliche[1] Rechtsbildung ist an dieser Stelle noch die aus einer üblichen zu einer gesetzlich heischbaren gewordene Sicherheitsleistung für Gewährbruch. So verfügt schon das Wiener Stadtrechtsbuch a. 81 (Schuster S. 82): der Käufer eines unbeweglichen Gutes solle dem Verkäufer „scherm haizzen setzen, ee das er die werung (= Preis) aus der hant geb, und sol derselb scherm innerlandes sein und lediges guet, daz getailt sei,[2] und nicht lechen sei." Der Ausdruck Scherm wird dabei für die Sicherheitsleistung selbst gebraucht, gleichbedeutend mit ebenteuer.[3] Auch dieses Recht hat im Stadt- und Landrecht die Rezeption überdauert.[4]

Ähnlich, aber doch verschieden lagen die Verhältnisse in Böhmen und Mähren. An dem Grundsatze, daß die Defension

---

Grundbuch-Berichtes de praes. 3./4. 1792 n. 112/1792. Entsprechend findet man die Ausweisurkunden „zu Scherm" nicht bloß des Käufers sondern auch der Stadt erlegt, z. B. Quellen cit. n. 2170. 2330. 3278. Vgl. zu alledem die Wiener Grundbuchsordg. v. 1566, Tomaschek, Rechte u. Freih. II S. 169 ff.

Etwas anderes als die hier interessierenden sind natürlich die von der Auflassungsbehörde ausgestellten „Gewährbriefe", die allerdings den gesamten Text des Vertrages enthalten konnten, z. B. die Frankfurter Währschaftsbriefe bei Franck, Geschichtl. Darstellung des Währschafts-, Transkriptions- u. s. w. Wesens, 1824, S. 21 ff. Da aber der Bewerber durch sie „geschirmt" erschien (s. oben S. 176 N. 3), so blieb es nicht bei dem doppelten Sinne der „Gewähr", sondern der Sprachgebrauch warf, namentlich in Österreich, die genannten Urkundengattungen vollends durcheinander und nannte beide: Gewöhrbrief, Schermung, Guarandia, ja Evictio, s. außer Suttinger und Greneck auch Beckmann Idea j. st. S. 179.

[1] Für das nächstliegende bayr. Landrecht s. Heusler, Inst. II S. 114.

[2] d. h. infolge Erbteilung von Ansprüchen frei.

[3] Urk. Wien a. 1351, bei Schuster, W. Stadtrb. S. 138: Über dazselb haus haben wir ... gesatzt ze rechter ebentewer nach des landes Recht In Österreich unsern weingarten gelegen ze ...; a. 1382 Quellen z. Gesch. d. St. Wien III 1 n. 1458. u. a. m.

[4] Landtafelentw. II 4, 9: Zunächst sei mit Bürgen, mangels dieser „vermöge geschriebener Rechten", also des röm. Rechts, mit Pfanden Sicherheit zu leisten; Landt. im Schönkirchnerbuch II 1, 2, 26. Ebenso Weingärtler, Con- et Discordantia S. 196 und ein bei Finsterwalder, Prakt. obs. O. 89 n. 2 S. 484 mitget. Erk. der oberösterr. Regierung v. 13./11. 1593.

von Rechts wegen geschuldet werde, scheint man dort im allgemeinen festgehalten zu haben. Allein im Güterverkehr des Landadels war der Gebrauch, die Gewährleistung beim Kaufabschlusse zu ordnen, womöglich noch stärker als im Süden, und daraus ergaben sich unter der Einwirkung des Landtafelinstitutes eigenartige Rechtszustände.[1] Wie die bis an das Ende des 14. Jahrhunderts zurückreichenden Anführungen bei Všehrd im Zusammenhalt mit seinen und den späteren Darstellungen zeigen, haben sich diese Zustände spätestens von jener Zeit[2] ab durchaus kontinuierlich entwickelt, und sind sie, seit Všehrd selbst sie am Ausgang des 15. Jahrhunderts gezeichnet hat, nahezu unverändert geblieben.

Man pflegte zu dieser Zeit im Kaufvertrage zu bestimmen; ob der Verkäufer allein oder mit Bürgen — was das regelmäßige war[3] — die Defension zu leisten habe, und welche liegenden

[1] Kyblin v. Waffenburg, diff. IX S. 140: Der Verkäufer hafte „de Jure Communi ad evictionem praestandam, etsi nihil convenerit. De Jure Bohemico: Etsi quoad eam evictionem idem videatur obtinere Jure Regio, Königl. Landsordnung K 7, tamen quoad evictionem provincialem, vulgo die Land Gewehr, ut mox ex sequentibus apparebit, aliud obtinet". In Wahrheit enthält L.O. K. VII, wo freilich ungeschickterweise die den Pandektenschriftstellern geläufige Phrase der „aus dem Kontrakt entspringenden Pflicht" verwendet ist, nur die Gewährpflicht nach Landrecht und setzt voraus, daß „mit der Gewöhr" verkauft ist; sie unterscheidet nur innerhalb dieses Rahmens die gewöhnliche, die „Landgewöhr", von der „verbrieften und schlechten Gewöhr", worunter Luksche (D'Elvert, Beiträge z. österr. R.G. I S. 60) die nicht mit Hypotheken gesicherte Gewährklausel versteht, worunter ich aber (arg. Rubrik zu K XXI) jede und nur die nicht intabulierte Gewähr verstehen möchte.

[2] Eben seit dieser Zeit findet sich der Satz, daß die Landtafel unwiderleglichen Beweis schaffe. Zur Beurkundung von Rechtsgeschäften wurde sie aber schon seit dem Ende des 13. Jahrhunderts verwendet, Krasnopolski in Grünhut's Ztschr. X S. 474, XI S. 530 ff.

[3] Dies geht aus den zahlreichen bei Emler, Reliquiae tab. abgedruckten Kaufeinträgen hervor. Wenn der Verkäufer allein Gewähr verspricht (disbrigare debet ipsemet vendens tantum), so ist gewöhnlich ein besonderer Grund anzunehmen. Die Bürgenstellung war auch wohl der ältere Gebrauch, wie im Altertum; daher wird die nachträgliche Forderung derselben noch ausdrücklich untersagt, L.O. 1530 n. 138; L.O. 1549, G 8; Vern. L.O. K VIII. Im Mittelalter hatten die Urkunden meistens Bürgen-

Güter des oder der Gewährpflichtigen zur Befriedigung des dem Erwerber erwachsenden Anspruches dienen sollen. Die Hypothek wurde entweder an einem einzelnen oder an mehreren individuell bezeichneten landtäflichen („Erb"-, Allod-) Gütern, in Ermangelung solcher an Lehengütern bestellt, oder unter subsidiärer Heranziehung aller Liegenschaften des Gewährleisters, oder aber sofort an „allem" (scil. liegenden Gute), was der Pflichtige „hat oder haben wird".[1] Im Jahre 1500 war bereits die letzterwähnte Anordnung einer Generalhypothek die übliche und die stillschweigend verstandene, wenn nur der Kauf mit der Klausel der „Gewähr nach Landrecht" in das öffentliche Buch eingelegt wurde.[2] Mit Sicherheit geht aus den Quellen hervor, daß sich der Käufer in der fraglichen Periode ausschließlich an die ihm verschriebenen Objekte zu halten hatte; sie waren ihm verhaftet, auch wenn sie an Dritte übergingen, nur sie hafteten ihm aber überhaupt.[3] Unter ihnen selbst waren zuerst die vom Verkäufer verschriebenen

---

stellung mit Einlagerberedung enthalten. — Interessantes Beispiel einer Schadloshaltungs-Verpflichtung des Schuldners an den Disbrigator: Emler, Rel. I S. 575, E 2, 24./12. 1397.

[1] Dies setzt Všehrd IV 5, 1; IV 11, 8 ausführlich auseinander, und besonders charakteristisch ist die Bemerkung: Mancher leistet gar nicht selbst Gewähr, sondern stellt nur Bürgen, namentlich wenn er selbst keine weiteren Liegenschaften als die verkaufte besitzt. Die subsidiäre Generalhypothek behandelt L.O. 1530 n. 139; 1549, G 9; Vern. L.O. K IX.

[2] Schon die L.O. von 1530, n. 138. 157 legt der Klausel: „zu gewähren wie im Lande das Recht gilt", der „Landgewähr" *(zpráva zemská)*, die Wirkung bei, daß der Verkäufer gewährleisten solle „mit dem, was er hat oder was er haben wird" *(čímz má neb míti bude)*. Ebenso L.O. 1549 G 8. 22; Vernew. L.O. K VIII.

[3] Všehrd IV 11, 1: Die *zpráva* ist nichts anderes, als die Bestellung des eigenen oder fremden Erbgutes für die Verpflichtung, das verkaufte, verpfändete oder verschriebene Erbgut von den Ansprüchen — zu reinigen. ‚Ein jeder sol sich an der Gewöhr, die er im Kauffs-Contract angenommen, benügen lassen", L.O. 1530 n. 138; 1549 G 8; Vern. L.O. K VIII. Die eine Art Mahnbefehl darstellende Denunziation *(úmluva)* wird gegen den Besitzer der Güter, nicht gegen den Gewährpflichtigen als solchen erteilt, „weil die Landgewähr nicht auf den Personen lastet sondern ganz auf den Grundstücken". Všehrd IV 13, 11; L.O. 1549, C 22; Vern. L.O. K XVI. Daher wird dem Käufer dringend geraten, vor dem Kontraktabschlusse die Landtafel wegen des Lastenstandes der verschriebenen Güter einzusehen, Všehrd

heranzuziehen, sodann die der Bürgen;[1] im einzelnen war die Reihenfolge noch genauer festgesetzt.[2]

So hat sich in Böhmen und nach seinem Beispiel in dem politisch und sozial mit ihm verbundenen Mähren die Gewährleistungspflicht grundschuldartig gestaltet. Nehmen wir von später folgenden Ausführungen hier vorweg, daß diese Verbindlichkeit durch einen wirksamen, wenngleich langwierigen Exekutivprozeß durchsetzbar war, so wird es klar, daß die ganze Einrichtung im eigensten Interesse des Käufers geschaffen war, daß sie eben an die Stelle des Personalkredits den durch die publica fides geschützten, mit strengen Prozeßmitteln ausgestatteten Realkredit setzte. Was daraus zu Ungunsten des Käufers folgte, erschien als einfaches Gebot der Billigkeit. Da er seine Sicherheit beim Vertragsschlusse abwog, so mußte er sich an derselben auch weiterhin genügen lassen, selbst wenn sie unzureichend war.[3] Versäumte der Käufer ferner die Eintragung des Kaufvertrages in die Landtafel während der Lebenszeit des Gewährpflichtigen, so ging er seiner Rechte verlustig.[4] Ein nicht eingetragenes

IV 5, 15; 11, 19. Daß der eingetragene Gewähranspruch die Priorität vor den später eingetragenen Rechten genießt, sprechen alle diese Stellen aus, s. noch Vs. IV 11, 19, Wlad. L.O. (1500) n. 194, L.O. 1530 n. 157, 1549 G 22; die Wlad. L.O. führt es auf Wenc. Andr. K 1 (a. 1454) zurück.

[1] Všehrd IV 11, 13; 14, 22; Wlad. L.O. n. 179. Wenn der Hauptschuldner (jistec) nichts hat, kann sofort gegen die Bürgen vorgegangen werden, Vs. IV 11, 14, näheres Verfahren ebd. n. 20. 21. Mißverständlich faßt Ruber, Streifzüge durch die Rechtsgesch. Mährens, I. Abt. Gesch. d. landrechtl. Verfahrens, 2. Heft S. 13 N. 36 — eine sonst verdienstliche Untersuchung, auf die rücksichtlich der hier nicht herangezogenen czechischen Quellen verwiesen sei — „jistec“ als den „unmittelbar die Verpflichtung Eingehenden“ im Gegensatze zu den „Besitznachfolgern“ auf. *Jistec* heißt an diesen Stellen der „principalis debitor“ (s. lat. Wlad. L.O. n. 179, Palacky's Arch. český V S. 108: principalis debitoris vel venditoris; Jungmann, Wb. *jistec* n. 3), Gegensatz *spoluzpravci,* Mitgewährleistende, *fideiussores.* Damit stimmen die übrigen bei Ruber cit. Stellen überein. Mehreren Bürgen stand das Beneficium divisionis zu, Ruber, S. 8 N. 20, dazu Vern. L.O. K XVIII.

[2] Wlad. L.O. n. 176. 178.

[3] Oben N. 3.

[4] Vern. L.O. K XXIII.

Versprechen konnte selbstverständlich auch nicht zu der das Exekutionsverfahren einleitenden monitorischen Streitverkündung führen.[1] Und ward endlich verkauft „ohne Gewöhr, und die andre Partey ließe sich daran begnügen und neme es also an“ — denn daß je ein Käufer, zumal aus den höheren Ständen daran vergessen würde, durfte der Gesetzgeber für ausgeschlossen halten —, so fand die Vernewerte Landesordnung K XIV es nur für nötig, eigens anzuordnen, daß auch ein solcher anomaler Vertrag in die Kaufs-Landtafel einverleibt werden dürfe; daß der Käufer dennoch daraus Gewähransprüche ableiten könnte, war undenkbar.

Aus gleichen Gründen erforderte die Übertragung des Anspruchs auf Gewähr, wiewohl die Erben und andere Personen von Rechts wegen succedierten, bei Einzelnachfolge im verkauften Gut, daß der Käufer die Worte intabulieren lasse: „in demselben Rechte, wie er selbst die Güter hatte und besaß“.[2]

In dieser Weise ist es zu verstehen, wenn aus dem 18. Jahrhundert berichtet wird, nach böhmisch-mährischem Recht werde nur aus dem Versprechen und Dolus gehaftet.[3]

BB. Inhalt der Haftung.

Wie schon das eben Gesagte erkennen läßt, ist das alte Recht der Schirmung mit der Rezeption nicht ausgestorben. Die

---

[1] L.O. 1549, C 17; Vern. L.O. K XXII, Abs. 2.

[2] Všehrd IV 11, 18 vgl. IV 5, 7, Wlad. L.O. n. 175. Vš. sagt, wenn diese Worte nicht in der Landtafel stehen, so sollen die Gewährpflichtigen der Gewährleistung ledig sein. Später wird nur von demjenigen Erfolg der Eintragung gesprochen, daß der Gewähranspruch an den mittelbaren Vormann dadurch übergehe, jedoch gleichzeitig der Anspruch gegen den unmittelbaren erlösche, L.O. 1530, n. 143; L.O. 1549, G 18. Ebenso ist wohl Vern. L.O. K XV zu verstehen. Der Forderungsübergang auf Grund jener Klausel entspricht der Kommentatorenlehre, s. unten S. 244 f.

[3] Neumann de Puchholtz, Tract. de abusibus, tract. 2 p. X c. V n. 19 S. 149; Annot. ad. H. Zoes. Comm. h. t. n. 2, wo der Sachverhalt übrigens recht klar auseinandergesetzt ist; Waldstetten bei Harrasowsky III, S. 159 N. 10 a. A. — Es ist offenbar eine Konzession an Kyblin und an die romanistische Vorlage (Zoesius), wenn Neumann, Annot. a. a. O. schließlich zugibt, der Käufer könne eine „einfache“ Denunziation ohne Exekutivkraft auch ohne Gewährversprechen erteilen. Die Berufung auf L.O. K VII ist wieder verfehlt.

spärlichen Reste der Auctoritas in den römischen Rechtsbüchern hatten bereits der italienischen Schule genügt, um die Verpflichtung zur Defension weiter anzuerkennen.[1] In Frankreich hat man dann frühzeitig den Gegensatz zum römischen Recht bewußt erfaßt und unbekümmert um die elegante Jurisprudenz ausgebildet;[2] der alte Aufbau der Lehre besteht dort heute noch.

In Deutschland versteckte sich die Volksanschauung tiefer hinter einer auf der Postglosse fußenden Lehre, die ohne Widerstand Geltung errang und behauptete. Ein stärkerer Widerstreit zwischen dem einheimischen und dem Gelehrtenrechte wurde nicht fühlbar, auch die Gebiete, welche sich sonst gegenüber den fremden Rechtssätzen spröde verhielten, nahmen hier ohne weiteres die italienische Doktrin im wesentlichen an. Was jedoch von der letzteren gilt, daß sie das germanische Institut auf äußerliche Weise mit den Quellen in Übereinstimmung brachte, das gilt eben von der deutschen Literatur und Rechtsprechung in noch viel höherem Maße. Wie gewöhnlich, entfernten sich die Deutschen noch weiter von den Quellen, paßten sie ihrerseits die Lehre noch weiter an die einheimischen Vorstellungen an. Die Art, wie unsere Materie in Deutschland behandelt wurde, hat mit dem Geiste des spätklassischen Rechtes wenig gemein. Das Ergebnis ist nichts anderes als die Durchbildung der Währschaft mit den neugewonnenen juristischen Mitteln. Und je mehr der Hang am Hergebrachten das Recht eines Territoriums beherrschte, desto schärfer erfolgte diese Durchbildung, so daß der Gegensatz der Territorien nach ihrem Verhältnis zum Romanismus doch auch hier in gewissem Maße in Erscheinung tritt.

Die solcherart aufgekommene Ordnung ist von dem Habere licere-Systeme der modernen Pandektenlehrbücher natürlich weit verschieden. Das genannte System ist freilich von den großen französischen Juristen begründet worden, und manche Anhänger hat es stets gehabt. Allein wie so oft ist auch hier den Lehren der Cuiaz und Donell in Frankreich der Einfluß auf die Rechtsanwendung überhaupt versagt geblieben, in Deutschland

---

[1] Wach, Handb. S. 656 u. N. 9.

[2] Wach N. 13 und unten 1, c.

erst von den Humanisten des 18. Jahrhunderts entschiedenere Anerkennung und erst von der historischen Schule die Beherrschung der Praxis verschafft worden.

Bewegt sich diese Entwicklung im Ganzen in den Richtungen, die aus der Rezeptionsgeschichte bisher überhaupt bekannt geworden sind, so ist doch der besonders zähe Widerstand des Rechtsgedankens der Währschaft einigermaßen auffallend, da seine prozessualen Grundlagen weggefallen waren, und da die scholastische Weitläufigkeit der ganzen Lehre mit ihrem praktischen Wert in unseren Augen in argem Mißverhältnis stand. (Vgl. unten sub III.) Die Erklärung liegt großenteils darin, daß die Auslegung der römischen Quellen in der Eviktionslehre auf ganz besondere Schwierigkeiten stieß. Auctoritas, Stipulationen, *actio empti*, jede dieser Formen selbst wieder in mehreren Ausbildungen und Stadien, liegen im Justinianischen Gesetze neben einander und gerade die älteren Gestaltungen sind dort vorzugsweise vertreten. Kein Wunder daher, wenn nahezu alle Schriftsteller über die Undurchdringlichkeit dieses Dickichts klagen, und wenn sie schon deshalb gerne die auf Auctoritas bezüglichen, von Defension redenden Quellen herausgreifen, um mit ihnen das hergebrachte Recht zu stützen. Das überkommene Rechtsmaterial war zu umfangreich, als daß es zu Neuschöpfungen angeregt hätte; es war zu verwickelt, als daß man bei seiner zugleich oberflächlichen und spitzfindigen Bearbeitung Zeit gefunden hätte, sich die Unangemessenheit des Grundprinzipes, des Prinzipes der Defensionshaftung, zum Bewußtsein zu bringen. Der Quellenstand aber allein wäre nicht ausschlaggebend gewesen. Der Sieg jener Lehre wäre nicht so leicht und vollständig ausgefallen, die vielfältig gespaltene und überwiegend der Defensionspflicht nicht sehr günstige Doktrin der Postglossatoren wäre nicht so konsequent im Sinne einer der Defensionspflicht huldigenden Systematik benutzt worden, hätte dies nicht eben den einheimischen und eingewurzelten Vorstellungen entsprochen. Die analoge, aber noch viel konservativere Entwicklung des französischen Rechtes erweist dies auf das sicherste. Offenbar konnte man mit der angenommenen Rechtsgestaltung leidlich bestehen; Gleiches lehrt ja der nicht schwache Verkehr so vieler Völker des Altertums, während erst im römischen Weltreich die gewaltigste Ausdehnung der Handelsbeziehungen mit der höchsten Begabung der Juristen zusammentraf. Dann aber haben wir es mit einer der ältesten und weitest verbreiteten Ideen der indogermanischen Völker zu thun. Die mit der Manzipationsidee übereinstimmende Vorstellung des die Währschaft begreifenden Kaufes dauerte fort, ohne daß ihre Geltung noch mit wirtschaftlichen oder juristischen Gründen voll zu rechtfertigen wäre. Die Kraft der urwüchsigen Volksanschauungen und Sitten ist so unendlich groß, daß sie in der Regel ihre Zeit überleben.

Dagegen werden wir sehen, daß sich von moraltheologischer Seite Widerspruch gegen die römisch-rechtliche Gültigkeit des Kaufes fremder Sachen erhob. Man verfehlte Angriffsobjekt und Argumente. Indessen wurde dadurch unter Hinzutritt anderer Umstände der Boden für einen neuen Rechtsgedanken vorbereitet, der aber wiederum erst in der zweiten Hälfte des 18. Jahrhunderts und zunächst in dunkeln Umrissen wahrnehmbar wurde. Während das gemeine Recht erst um die Wende des 18. Jahrhunderts praktisch die Verpflichtung des Verkäufers, das Habere licere zu gewähren, aufstellte, wurde dieses System in den Kodifikationen jener Zeit sofort — in verschiedenem Maße — durch jenes andere bestritten, welches den Verkäufer zur Verschaffung des Rechtes verbindet.

Danach bestimmt sich die Anordnung des folgenden Abschnittes. Wir haben die Wirksamkeit und das Ende des Schirmungsrechtes im gemeinen Recht und in dessen Übergängen zum Partikularrecht zu verfolgen, und hierauf die historischen Wurzeln der modernen Rechtsverschaffungspflicht — deren Herleitung aus dem letzten römischen Recht ja unversucht blieb — zu erforschen.

Daß die Praxis des Reichs-Kammergerichtes und der sächsichen Gerichte sich in der Defensionslehre mittels verwandter Verfahrensweisen treffen, ist bereits aus einer vor fünfzig Jahren von Fuchs [1] gegebenen Untersuchung zu ersehen. Die richtige

[1] Fuchs, Lehre von der Litisdenuntiation, Arch. f. prakt. Rechtswiss. II S. 321 ff., III S. 1 ff. Von Wert sind nur noch die erwähnten rechtsgeschichtlichen Darlegungen, besonders III S. 22—30.

Anknüpfung der ganzen Lehre an den Gewährenzug lieferte erst in neuerer Zeit Wach's Handbuch in einer Darstellung der Litisdenuntiation, an welche, so knapp sie ist, hier fast in allen Punkten angeknüpft werden kann. In der nachstehenden Darlegung soll vorzügliche Beachtung denjenigen österreichischen Ländern geschenkt werden, deren Rechtszustand für die Kodifikation maßgebend geworden ist; daneben sollen diejenigen Länder der preußischen Monarchie berücksichtigt werden, die in gleicher Weise hervorragen. Es sind dies bekanntermaßen in Österreich die Erzherzogtümer unter und ob der Enns, und Böhmen-Mähren.[1] Für Preußen wird neben dem französischen Recht dasjenige der Provinzen Brandenburg, West- und Ostpreußen, und des in enger Fühlung mit dem sächsischen Recht verbliebenen Herzogtums Magdeburg herangezogen. Gerade in diesen Gebieten zeigt sich aber die Fortdauer des alten Rechtes in romanistischer Einkleidung besonders deutlich, am schärfsten in Österreich, wo denn noch der 1766 vollendete Entwurf des Codex Theresianus und der Entwurf Horten's, sowie die beiden Gerichtsordnungen vom Ende des 18. Jahrhunderts — die für diese Materie bis 1897 subsidiäre Geltung hatten — den Stempel des Währschaftsrechtes tragen.

Die gemeinrechtliche Lehre der Litisdenuntiation und des auf sie folgenden Verfahrens ist an der Eviktionslehre, deren Paradigma das Recht des Käufers blieb, emporgewachsen.[2] Die Würdigung der altertümlichen Struktur des Kaufes wird daher zugleich die Behandlung der Litisdenuntiation seitens der deutschen Juristen minder verwildert erscheinen lassen, als gewöhn-

---

[1] Chorinsky, Das Notariat und die Verlassenschaftsabhandlung in Österreich (1877) S. 74. — Für Böhmen und Mähren genügt es aus demselben Grunde, den durch die Vernewerten Landesordnungen festgelegten Rechtszustand zu betrachten; wir haben aber bereits die kontinuierliche Entwicklung des böhmischen Landrechts bemerkt, und es erscheint daher gelegentliches Zurückgehen auf ältere Quellen nicht unsystematisch.

[2] Fuchs II S. 346 f.; Wach a. a. O. S. 656; diesen Ursprung zeigt noch österr. a. G.O., Eckstein, Die Intervention nach österr. Recht 1893, S. 82. 186; und die preuß. a. G.O. 1815, I Tit. 17, §§ 1—4, Grävell, Komm. III (1827) S. 175.

lich geurteilt wird.[1] Für die Entwehrungslehre aber folgte aus der innigen Verbindung, in welche die Rechtsquellen sie mit der Streitverkündigung setzten, eine Verallgemeinerung der Gewährleistungsregeln unter dem Vorbild des Kaufrechtes, die mit den deutschrechtlichen Grundsätzen wohl übereinstimmte. Daraus ergibt sich auch für die Darstellung bisweilen die Notwendigkeit, an die Stelle des Anspruchs aus dem Kaufvertrag das Recht gegen Gewährsmänner überhaupt zu setzen.

I. Fortdauer des alten Systems, zumal in Frankreich und Österreich.

1. a) Die Garantieverpflichtung des Verkäufers in Ansehung von Rechtsmängeln wird von vielen Juristen und in Frankreich seit dem 17. Jahrhundert nahezu ständig in vollständig korrekter Weise nach dem alten Standpunkt definiert.

Duo sunt membra evictionis, unum spectat ad defensionem, alterum ad praestandum id quod interest re evicta.[2]

---

[1] Die Urteile sind häufig ungerecht. Bes. ist dies Wetzell, Civ.-Proz. § 76 N. 37; Fuchs in der cit. Abhandlung III S. 22, und neuestens Eckstein S. 75 ff. zum Vorwurf zu machen. Vor allem fehlt der rechtsgeschichtliche Einblick in die konsequente Entwicklung des ganzen Instituts. Zuzugeben ist nur einerseits, daß die Versöhnung des deutschen Rechts mit dem Corpus juris keine in unseren Augen glückliche war und andererseits, daß die litis denuntiatio requisitoria mit ihrer Aufforderung zur Defension als einer Schuldigkeit schließlich, wo sie nur noch verständigend wirken sollte, eine Form ohne Wesen wurde und zu Unklarheiten führen mußte. Aber ihre Anlage wurde nicht bloß durch das germanische Verfahren veranlaßt, sondern entsprach auch zunächst dem deutschen Rechtsgedanken, gleichwie dem der römischen auctoritas, wo die Pflicht bis zur Aufforderung, postulatio (actio in auctorem praesentem) und denuntiatio ad defensionem (βεβαίωσις, C. 8, 44, 29) aber nicht weiter führte.

[2] Voët ad Pand. h. t. n. 25; Lauterbach, Collegium theoretico-pract. h. t. n. 38 S. 177; ebenso Sam. Stryk, Op. omnia (Francof. et Lips. 1744) II Disp. 21, cap. 11 § 24, S. 552 col. 2, es folge aus der Natur des Kaufvertrages, daß der Verkäufer den Käufer adversus supervenientem et rem suam vindicantem defendat aut defendi curet. Auf ähnliche Anschauungen mag es zurückzuführen sein, daß selbst Cuiac. bekanntlich in die Restitution der duplae stipulatio die Defensionspflicht aufnahm.

L'object immédiat et primitif de l'action de garantie est la prise de fait et cause pour l'acheteur.[1]

Die *obligation principale,* so lehrt man immer noch im französischen Recht,[2] ist die Pflicht zur *défense;* aus ihrer Nichterfüllung entspringt als *obligation secondaire* die zur *indemnisation.* Mit größter Deutlichkeit schließt sich der Codex Theresianus diesen Grundsätzen an:[3]

III 9 § XII n. 191 (S. 163). Die Gewährsverbindlichkeit hat zweierlei Wirkungen, als erstens, daß der Gewährsmann den Besitzer wider die Ansprüche eines Dritten bei Gericht auf eigene Unkosten vertreten, schirmen und verteidigen müsse und zweitens, dass derselbe, wann ohnerachtet seiner vorgebrachten Behelfen die angestrittene Sache einem Dritten zugesprochen würde, den Besitzer schadlos zu halten schuldig seie. n. 196. (Ebenso ist,) wann die Verteidigung auf keine andere Art, als durch die Notwendigkeit zu klagen bewirket werden kann — (n. 197) der Kaufer — befugt — den Beistand anzubegehren.

Auch sonst fehlt höchst selten die Erwähnung der Vertretung unter den Verbindlichkeiten des Verkäufers, wenngleich die gemeine Meinung theoretisch lautet, derselbe sei zur Defension

---

[1] Pothier, Vente I n. 103, der, wiewohl er dem ancien droit angehört, noch gegenwärtig die Literatur beherrscht; er selbst nach Dumoulin, Extricatio labyrinthi dividui et individui (p. II n. 490, op. omnia 1638 tom. II col. 343. Vgl. auch des letzteren bei Fuchs a. a. O. III S. 23 N. 44 wiedergegebenen, die l. 74 § 2, h. t. paraphrasierenden Ausspruch.

[2] So in ständiger Formel alle älteren Schriftsteller, von neueren z. B. Laurent XXIV n. 212 und Cours élém. III n. 723 (der sonst gegen Pothier's Einfluß die Kraft des Code civil hervorkehrt); Guillouard, Vente I n. 340 u. s. w.

[3] „Offenbar in Anlehnung an die alteinheimische Terminologie" bemerkt schon Pfaff, Jur. Blätter 1885, S. 255. Vgl. auch Beckmann, Idea juris stat. Stiriaci S. 142. Den n. 191. 196. 197 cit. entspricht der Entwurf Horten III 9, 87 (S. 392); and. Meing. freilich Pfaff, Jurist. Bl. 1887, S. 477. Ein spätes urkundliches Beispiel Wiener Grundbuchsamt Stadt, I. Fasz. 1791 n. 15, Kaufvertrag vom 5. Nov. 1789: . . . verbindet sich der Verkäufer vor jenes zu haften, was die Gewöhren enthält, und falls das eine oder das andere in Anspruch genommen werden sollte, die Käufer wo immer nöthig, zu vertretten.

nicht „absolut" verpflichtet.[1] Insbesondere findet sie sich in den Gesetzen der jetzigen östlichen preußischen Provinzen und, worauf zurückzukommen ist, noch im preuß. allg. Landrecht.[2]

b) Nahezu überall aber gelangt in mehr oder minder scharfer Weise die Defensionspflicht hinsichtlich der Ausgestaltung der Litisdenunziation zum Ausdruck. Schon innerhalb der italienischen Juristenschriften des Mittelalters ist auf Grund einiger im ersten Kapitel besprochener römischer Gesetzesstellen von einer allerdings „nicht zur *communis opinio* gewordenen" Lehre der Denunziation die Form einer Aufforderung zur Defension gegeben worden.[3] Bei den Rezeptionsjuristen hat dies, und zwar, was die Quellen begreifen lassen, auch bei strengen Romanisten[4], nachhaltigen Eindruck gemacht. Selbst noch die preußische allgemeine Gerichtsordnung von 1815 zeigt sich davon beeinflußt.[5]

---

[1] Fuchs III S. 21.

[2] Nur beispielsweise s. jus culmense revisum IV 5 c. 12; das ostpreuß. Landrecht 1620, revid. 1685, Verb. Preuß. L.R. 1721, p. 2, IV 6, 18 § 4: „Der Verkäufer ist schuldig zu vertretten und zu beschirmen". (Alle drei Redaktionen sind im Folg. cit. als „Ostpreuß. L.R."). — A.L.R. I 11, 136.

[3] Vgl. Jason de Mayno ad l. non solum § morte n. 38 (8, 6) D 39, 1; Caballinus, Tract. de evict. (tractatus tractatuum illustr., Venet. 1584, VI 1) § III n. 21; Wach a. a. O. Zu jener Lehre gehört aber Bartolus bes. ad l. qui absentem n. 2 ff. (75) D. de procurat. (3, 3), ad c. emptor (8) C. h. t. (8, 44); und vgl. selbst die Glosse ad c. auctore (7) und si cum quaestio (17) C. eod: denuntiare ut defenderet. Formel bei Rolandinus p. I c. 6, rubr. instrumentum denunciationis (bei Wach N. 10): debeat ei defendere, authorizare et disbrigare. Formel bei Durantis spec. IV p. 3. rubr. de evict. n. 1: debeat sibi defendere, autorizare et expedire. In der kanonist. Literatur gilt das Erfordernis der lit. den. requisitoria sogar als communis opinio doctorum, Molina de justitia et jure tit. III p. 2 disp. 380 n. 9. Daher z. B. auch die Praxis der Rota Romana: „interpellatio venditoris debet esse requisitoria ad defendendum causam", Card. de Luca, Mantissa decisionum dec. 16, n. 4, lit. 7.

[4] Vgl. Cuiac. ad l. 5 C. h. t., recit. solemn. S. 978: non tenetur venditor, nisi lite mota emptor ei denuntiavit ut de ea re agenda adesset, ut negotium defenderet, ut liti subsisteret vel adsisteret.

[5] I 17, §§ 2. 4. Grävell, Komm. III S. 191: Der Litisdenunziat werde „unter der gesetzlichen Verwarnung angewiesen, sich in dem .... Termine bei dem Instruenten der Hauptsache zu melden". Dem entsprechen natürlich die älteren Gesetze; z. B. Ostpr. u. verb. L.R. a. a. O. n. 3.

Über den Untergrund dieser Praxis wird man nicht im Zweifel sein, wenn man an die förmliche Ladung des Gewähren in den Volksrechten zurückdenkt und rücksichtlich der spätmittelalterlichen Gestaltung neben den Formeln des Liber Papiensis [1] insbesondere beachtet, wie jene germanische Ladung in Frankreich und England ausgebildet wurde. [2]

---

[1] Daß die Ansicht des Bartolus in der norditalienischen Praxis wurzelt, dürfte nach dem Angeführten sicher sein. Besonders interessant sind die neuestens publizierten Beispiele requisitorischer Verkündigung aus Trient, Acta Tirolensia II n. 223 (gerichtlich), 130. 131. 204 (beurkundet), vgl. Voltelini ebd. S. CLIV.

[2] Nach den französ. Coutumes und Rechtsbüchern, deren bezügliche Vorschriften die innigste Anknüpfung an das fränkische Recht ergeben (vgl. die Zusammenfassung bei Glasson, Hist. du droit de l'Angleterre III S. 491—494; Hist. du droit de la France VI S. 510—513; VII S. 618 f.), wurde der Garant vom Richter auf den Termin geladen. Erschien er, so sprach ihn der Käufer mit förmlicher „dénonciation" (die beurkundet wurde) an, z. B. nach Bouteiller, Somme rurale, ca. 1400, tit. 33 (Ausg. 1603, S. 212), wie folgt: Je vous ay fait convenir en ceste Cour pour ce que verité est que tel N. si me suit pour cause de l'héritage N. que i'ai acheté de vous et dit que ... et vous sçavez qu'au marché qui se fit d'entre moy et vous pour ledit héritage, vous n'en fistes aucune mention ... et pour ce ie vous somme en presence de loy instamment que vous soiez audit iour contre tel N. pour emprendre par vous la charge du plait et la defense de la cause tandis qu'elle est entiere et en estat de defendre par toutes voies deuës. Et si ce ne voulez, ie fais protestation desorendroit que si pers aucune chose en vostre deffante, de la recouvrer sur vous ... Vgl. Glasson, France VI S. 512 N. 3. Daran, daß selbst der dem einheimischen Recht sonst feindliche Bouteiller (vgl. Tardif, Hist. des sources d'origine romaine, S. 450) diesen Gebrauch aufnahm, kann man ermessen, wie kräftig derselbe gewesen ist. Ähnlich muß es bei Ausbleiben des Gewähren gehalten worden sein.

In England, dessen mittelalterliches Verfahren wiederum in engster Verbindung mit dem Volksrecht blieb (vgl. namentlich Bracton, fol. 151), erging, wie Glanvilla, Tract. de legibus et consuetud. regni Angliae III c. 2. 3. berichtet, weil manchmal der Gerufene nicht kommen wolle, das folgende Requisitionsschreiben. „Rex Vicecomiti salutem. summone per bonos summonitores N. quod sit coram me vel Iusticiis meis ibi eo die ad warrentizandum R. unam hidam terrae in villa illa quem clamat de dono eius vel de dono M. patris sui si eam illi warrantizare voluerit: vel ad ostendendum quare illi eam warrantizare non debet, et habeas ibi summo-

c) Man ging aber weiter. Hie und da wurde in der Kommentatoren-Literatur die Streitverkündung einer Klage genähert.[1] Ein Zwischenverfahren gegen den die Schirmpflicht bestreitenden Auktor kannte ja, ebenso wie das französische Recht spätestens seit dem Karolingischen Kapitulare v. 803, auch die Schule von Pavia.[2]

Hieraus erwuchs nun der in der Neuzeit verbreitete Vorgang, daß man dem Käufer neben der — zwar bisweilen immer noch requisitorisch gefaßten, aber in diesem Falle nur als Streitverständigung fungierenden — Denunziation (auch sog. *l. d. incidenter facta*) wahlweise eine förmliche Klage *(denuntiatio separata)*[3] mit folgender Verurteilung auf Vertretungsleistung zur Verfügung stellte. Derart erscheint das Verfahren in Frankreich zu Anfang des 17. Jahrhunderts im Gegensatz zum römischen Recht beschrieben.[4] *Mota proprietatis quaestione* dürfe anstatt der einfachen Denuntiation an den Verkäufer die *requête formelle* erlassen werden: *qu'il face cesser le Procès, autrement et à faulte de ce, qu'il soit condamné ès dommages et intérêts.* Darauf wird er eventuell „*condamné de garantir ou de faire cesser la poursuite ou à faulte de ce est condamné en tous les despans, dommages et intérèts du demandeur en garement* (= Garantiekläger), *eux soufferts et soutenus qu'il aura et souffrira à l'advenir.*" Ähnlich gestaltet waren der friesische Gerichtsbrauch[5] und die Regelung bei

---

nitores, et hoc breve T. Ranulpho etc." Nach peinlicher Klage strenger: X c. 16. Die Anrufung des Garanten hieß *voucher* (= *vocatio*, Pollock & Maitland, Hist. II S. 659) *to warranty.*

[1] Wach N. 11.

[2] Vgl. oben S. 171. Über das mittelalt. franz. Recht Glasson a. a. O., die gleiche Regelung galt im englischen.

[3] Vgl. über diesen Unterschied im deutsch-partikulären Recht bes. Berger, Electa disceptationum forensium 1706, S. 430 ff. im Anschlusse an den sächs. Proz.O.-Entwurf von 1699.

[4] Imbertus, Institutiones forenses Galliae (1539, Ausg. 1546 S. 37), übers. als „Practique civile et criminelle" 1548, [3]1606 von Guenois, I c. 20 S. 137; Calletius ad C. 45, 8 nachmals abgedruckt bei Meermann Thesaurus 1724, II S. 328); vgl. den älteren Dernburg in Linde's Zeitschrift f. Civilr. u. Proz. N. F. II (1846) S. 41.

[5] Huber, Praelectiones jur. civ. III ad P. h.t. n. 17 (Lips. 1707 S. 59 col. 1) mit scharfer Polemik dagegen; vgl. Fuchs a. a. O. III S. 25.

vielen Gerichten Deutschlands, besonders ähnlich der französischen die Praxis des Reichskammergerichts,[1] die chursächsische und magdeburgische Praxis, die aber gegen den Auktor summarisch verhandeln ließ,[2] und die des Reichshofrats, wo bei bescheinigter Regreßpflicht ein dem sächsischen analoges Verfahren platzgriff.[3] Bisweilen wurde geradezu die Exekution der Urteile wie zu Gunsten anderer *obligationes faciendi* für zulässig gehalten.[4] Dies ist auch noch der Zustand der österreichischen Gerichtsordnungen gewesen.[5] Für das bestrittene Recht des österreichischen bürgerlichen Gesetzbuchs muß zunächst die Frage gelöst sein, inwiefern das Gesetz eine Gewährpflicht überhaupt kennt.

d) Die Vertretung war bekanntlich nach jüngstem gemeinem Prozeßrecht durch Nebenintervention, Parteigehilfenschaft, zu vollziehen, mit welcher sich allenfalls Sachwalterschaft des Intervenienten verband. Aber selbst die altertümliche Form der Vertretung mittels Übernahme der Parteirolle durch den Auktor — ich nannte sie primitive Intervention im Gegensatz zur kumulativen, d. i. sowohl zur „accessorischen“ (Neben-) als zur „prinzipalen“ (Haupt-) Intervention — hat sich erhalten, obwohl die prozeßhindernde Wirkung der Gewährenanrufung sich verlor. Frankreich zeigt darin wiederum große Entschiedenheit. Der Käufer

---

[1] Ausführlich Fuchs ebd. S. 27 ff., worauf hier verwiesen sei.

[2] Stryk, Diss. de litisdenuntiatione Halae 1711, §§ 20. 26.

[3] Fuchs S. 26 f. 30.

[4] Carpzov, Def. II c. 34 d. 40. Dagegen aber Huber, Prael. ad P. n. 17; Pufendorff, Obs. jur. univ. II obs. 35 S. 13, die später überall siegreiche Meinung, von der man nur eine Ausnahme für den Fall machte, daß Beistand versprochen war (unten S. 253b. N. 2).

[5] Vor dem a. b. G.B. Patruban, Gewährleistung S. 27, nachher Michel, Gewährleistung S. 43; Menger in Grünhut's Ztschr. VII S. 699. Dagegen O.G.H. in Gl.U. 14973, trotzdem er (im Falle des § 931) die Klage zulassen will. Fischer, Streitverk. S. 132 und wohl auch Larcher, Jurist. Bl. 1883 S. 51 nehmen die wg. G.O. aus; ersterer weil nach § 50 wg. G.O. mangels Einigung über die Frage der Beteiligung am Eviktionsprozeß der Vertretungswerber ihn führen soll; allein diese Bestimmung ist teils im Interesse des Dritten, teils in dem des Vertretungswerbers getroffen.

durfte[1] das Begehren an den Garanten so stellen, „*qu'il aye à prendre le gariment formel, que quand à luy il soit mis hors de cause.*[2] Die Verurteilung in die Kosten erfolgte ausschließlich gegen den prozeßführenden Garanten.[3]

In allen bisher angeführten Beziehungen ist das Institut gegenwärtig im französisch-belgischen Recht wesentlich ebenso geregelt.[4]

In der deutschen Prozeßpraxis wollte man den Dritten nicht

---

[1] Unrichtig ist die Behauptung von Jobbé-Duval, Nouvelle revue historique 1880 S. 547 N. 1, die Außerstreitsetzung sei bis zum Ende des 18. Jhdts. in Frankreich obligatorisch gewesen. Ich verweise auf Callet. S. 316. Anders freilich, wie es scheint, noch im späten Mittelalter, siehe Glasson, Anglet. III S. 492; analog Parteiwechsel nach Glanvilla III 1 und Bracton fol. 387b.

[2] Calletius a. a. O. S. 315. Ebenso schon Duarenus ad Cod. 45, 8 (op. omnia Francof. 1592 S. 1216) defendere id est litem omnino suscipere. Mit dieser Entlassung aus dem Streit beschäftigt sich die Ordonnance vom April 1667 Tit. VIII a. 9—11 (abgedruckt in den Ausgaben des Code procéd. bei a. 182). Vgl. Pothier I. n. 113. Nahezu vollständig stimmt mit ihr die preuß. Prozeß-Ordnung f. d. „Frantzösischen Gerichte" vom 14./4. 1699 (Mylius, Comp. Const. March. II 1, n. XCVI col. 275 ff.) tit. VII überein.

[3] Pothier I n. 114; Ordonnance cit. a. 11.

[4] Der belangte Käufer kann nach der Eviktion klagen (action principale); er kann aber auch sofort den Auktor vor dem Forum des Hauptprozesses belangen (action incidente); und zwar auf prendre fait et cause de l'acheteur et se charger de la défense totale de la cause, 2. eventuell auf indemnité réparatrice (Pothier, Vente I n. 103 f. vor dem C. Civ.; nach diesem Duvergier I n. 322; Troplong n. 433). Der interventionswillige Garant „se met au premier rang et relègue le garanti au second plan". Der Denunziant kann, wenn er will, Streitgenosse sein. Beide Prozesse werden sodann zusammengelegt und wenn sie zugleich spruchreif sind, so ergeht ein einziges Urteil, das eventuell beiden Klagen stattgibt. Für die (ohne sein Verschulden aufgelaufenen) Kosten haftet der Garantierte, wenn er aus dem Streit entlassen ist, bei Insolvenz des Garanten. (Garsonnet, Traité de proc. II S. 708 ff.; Camuzet, Manuel de proc. civ. 14. Aufl. S. 187). — Dem franz. Recht ist bayr. C.P.O. a. 79 ff. nachgebildet. Wach, Hdb. S. 657 N. 16, dessen anschließende Bemerkung aber: „Wo sich die französische Garantieklage neuerdings fand, da war sie von Frankreich eingewandert" nach Obigem nicht auf das österreichische Recht erweitert werden darf.

seines Prozeßgegners berauben,[1] während umgekehrt die französischen Juristen finden, daß bei dinglichen Klagen der Kläger keinen Anspruch auf einen bestimmten Beklagten habe.[2] Praktisch sah man aber doch auch in Deutschland bis ins 18. Jahrhundert nur darauf, daß der Käufer formell *in lite* bleibe, um das Urteil mit dem Kostenerkenntnis und die Exekution gegen ihn richten zu können;[3] was die Franzosen auch ohnedies, nur

---

[1] So Bartolus folgend Carpzov, Definit., const. 3 d. 28; Mevius, Comm. in jus Lubec. S. 568 n. 4; Lauterbach, Coll. theor.-pract. h. t. n. 34 S. 174.

[2] Garsonnet II S. 717; Camuzet a. a. O. Im Ergebnis ähnlich aber auch z. B. Leyser spec. 241 med. 3; Gönner, Handb. I n. 17 § 6 n. 8 S. 360; J. Dernburg a. a. O. S. 9 (umgekehrt von der Einflußlosigkeit der Nebenintervention auf die Rechtslage des Dritten ausgehend).

[3] Zugrunde liegt die Lehre von Cinus, Bartolus und Baldus ad C. Ubi in rem actio (3, 19) l. 1 u. ad l. solutionem (D. 46, 3, 23), welche in Erläuterung und Berichtigung der Glosse dem Garanten gestatten, als „simplex procurator" oder als „procurator in rem suam" auch gegen den Willen des Dritten aufzutreten (et sic etiam iurabit de calumnia et totum iudicium in se suscipiet, Baldus), dagegen bemerken, daß er „invito actore potest suscipere iudicium animo novandi, ut sibi emptor ulterius non teneatur". Während dies aber einhellige Meinung der Postglosse ist, erscheint es dort sehr bestritten, ob gegen den Käufer, für welchen der Verkäufer als procurator in rem suam prozessierte, die Exekution erteilt wird. Die deutsche Praxis löste diese Frage einfach dadurch, daß der Käufer stets formell in lite blieb, außer, wenn der Dritte mit der „Novation" einverstanden war. So denn in Österr.: Landrechtszeiger III 8, 2; Schwarzenthaler I act. 5 c. 6 n. 6 S. 114; Suttinger obs. 34; Beckmann v° Scherm S. 431; in Chursachsen Proz.O. 1622 tit. 14 § 3, erläut. Proz.O. 1724 tit. 14 § 1, Carpzov, Processus in foro Saxoniae, tit. 4, art. 4, n. 8 ff., Gothofred Fibig, Processus, Lipsiae 1668, § X S. 66 n. 111; magdeburg. Prozeßordgn. 1686 und 1696 (Mylius C.C. Magd. II n. 1 u. 2) cap. 24 § 3; Cammerg.O. f. d. Chur- und Marck Brandenburg 1./3. 1709 tit. 28 §§ 12 f. (Mylius C.C.March. II 1 col. 418) Projekt des Cod. Frider. March. 1748, Teil III tit. 12 §§ 15 f.; Corp. jur. Frid. 1781, I 17, §§ 23 f.; a. G.O. 1795 und 1815 I 17 §§ 28 f., welch letztere dem Kläger „alle Rechte gegen den Beklagten" vorbehalten, indessen doch nur mit Hervorhebung der Exekution und des Urteils. — Hingegen soll in Böhmen das Urteil gegen den Intervenienten ergangen sein, Ruber a. a. O. S. 16 N. 48. Eine dementsprechende Formel mit Streitentlassung des Käufers proponiert auch Ludovici, Einl. in den Civilproz. (1707), XXXIX Note P.; die brandenburg. G.O., auf die er sich im Gegensatz zur sächs. beruft, sagt dies aber nicht.

mit einer Einschränkung hinsichtlich der Prozeßkosten, für zulässig erachten.[1] Dagegen hat der Nebenintervenient im gesamten gemeinen Recht eine viel unabhängigere Stellung bei Übernahme und Führung des Prozesses besessen, als nach heutigem Recht.[2] Sodann ist die Form der Prozeßbeteiligung des Gewähren, welche neben der Assistenz möglich war, beachtenswert. Bekanntlich erklärt man sie, und so drückt sich schon die sächsische Prozeßordnung von 1622 aus,[3] für „Procuratur", worunter man die mit der Parteigehilfenschaft im eigenen Interesse und Namen verbundene Vertretung der Interessen des Denunzianten in dessen Namen versteht; entgegengesetzt ist neuerdings die Vermutung ausgesprochen worden, als „*procurator*" und besonders „*procurator in rem suam*", wie man in Nachahmung der Quellen sagte, habe der Auktor die Parteirolle wie im alten deutschen Recht übernommen.[4] Die Wahrheit, die freilich bei der Unklarheit der Juristen über diesen Punkt schwer zu ermitteln ist, dürfte wohl in der Mitte liegen. Nach der mindestens in Österreich, Sachsen, Preußen gangbaren und dort nahezu übereinstimmend kundgegebenen Meinung dürfte von wahrem Parteiwechsel regelmäßig keine Rede sein. Auch das römische *dominium litis* des Vertreters, das bei den zum Muster genommenen italienischen Juristen noch eine Rolle spielt, entfällt in Deutschland, da, wie wir sahen, das Urteil stets gegen den Käufer erging. Allein es dürfte zwischen dem vom Urteil ab bestehenden Rechtsverhältnisse und demjenigen *durante lite* zu unterscheiden sein. Was das Verhältnis zum Dritten anbelangt, so kehrt sehr häufig die Bemerkung wieder, er sei gezwungen, *litem cum auctore potius consequi* und müsse

---

[1] Code proc. a. 185; Garsonnet S. 710; französ. Ger.O. cit. n. 11.

[2] Wach, Hdb. S. 637 N. 3 u. ö. Bisweilen ist der Intervenient Streitgenosse gewesen, vgl. Wach S. 638 N. 10, so auch nach österr. w.G.O. § 50.

[3] tit. 14 Abs. 3: Es steht dem Citaten frei, ob er dem Beklagten assistieren oder „anstadt und von wegen desselben defensorio sive procuratorio nomine die sache ausführen möge". — Die Äußerungen der gemeinrechtl. Schriftsteller im 19. Jhdt. sind freilich meist nichtssagend, z. B. Bayer, Vortr. S. 148, V; Renaud 2. Aufl. S. 116 N. 20 u. s. w.

[4] So ist wohl Eckstein, Intervention S. 171 vgl. N. 3 zu verstehen.

es sich gefallen lassen, daß der Gewähre *omnino litem in se suscipit.*[1] Ebenso aber muß der Vertretungsleister auch gegenüber dem Denunzianten unabhängig gewesen sein, sobald er einmal die Prozeßführung übernommen hatte, so daß die kontrollierende Thätigkeit dem Vertretungswerber zufiel.[2] Nur so ist es beispielsweise erklärlich, daß die Übernahme der Prozeßführung als im Belieben des zur Vertretung aufgeforderten Verkäufers stehend und nur — insolange in den angeführten Gebieten die Defensionspflicht noch galt — die Assistenz als seine Pflicht bezeichnet wurde.[3] Beanspruchte freilich der Denunziat die Alleinführung des Streites und wollte der Vertretungswerber nur den Beistand, so wurde zu Gunsten des letzteren entschieden; ausdrücklich in österr. a. G.O. § 59, wg. G.O. § 50. Daß der Verkäufer nunmehr genug mit dem Beistand leistete, entspricht in einer Zeit, die den Zwang zur Gewerenstellung im Drittinteresse nicht mehr kannte, nur dem ureigentlichen Wesen des Defensionsanspruches, der Ergänzung der Prozeßposition des Käufers.

Alles Gesagte gilt insbesondere von der Preuß. allg. G.Odg. Die böhm. Vernewerte Landesordnung setzte scheinbar an

---

[1] So in Österr. Schwarzenthaler a. a. O. S. 114, der gleichsam korrigierend beifügt, daß die Praxis des niederösterr. Regiments dagegen den Käufer mitprozessieren lasse. Suttinger a. a. O., steir. Gerichtsordnungen; Beckmann v° Scherm S. 432. Ebenso die übrigen angeführten Quellen, und preuß. a. G.O. 1815 I 17, 29: so ist der Kläger schuldig, die Sache mit dem Litisdenunciaten allein fortzusetzen. (Carpzov zieht fälschlich Caballinus § III n. 145 heran, vgl. unten S. 235 N. 2.)

Hierher gehört es auch, daß man mit Zustimmung des Gegners überall den Prozeß einfach zwischen diesem und dem Auktor fortsetzte, statt einen neuen zu beginnen; ebenso die herrschende Meinung im älteren gemeinen Prozeß, siehe Fuchs a. a. O. S. 43 N. 82, er selbst bereits dagegen.

[2] Dies dürfte Schwarzenthaler a. a. O. meinen.

[3] So besonders Carpzov, Processus tit. 4 art. 4 n. 9, aber auch nahezu alle cit. Stellen, ferner z. B. Cod. jur. bav. jud. (1753) cap. 8 § 2 Z. 3. Darum rathen Stryk, Tract. de cautel. contr., sect. 2. cap. 8 § 45, und Gruben, Compendium juris Pruthenici zu II 4 tit. 6 art. 18 § 3 dem Käufer, sich im Vertrage die Ausführung des Eviktionsprozesses durch den Verkäufer zu bedingen. Der im Text bezeichnete Lehrsatz ist festgehalten bei Glück XX S. 416 N. 10.

die Stelle des bis dahin in der vollständigsten Weise gepflogenen Überganges der Parteieigenschaft auf den Gewähren dessen bloße Assistenz.[1] Ich kann hier nicht verfolgen, ob es dennoch richtig ist, wie Harrasowsky (III S. 160) nach Anmerkungen Zencker's berichtet, daß aus dem böhmischen Recht sich die im Codex Theresianus getroffene, verblüffend altertümliche Normierung erklärte:

> Cod. Ther. III 9, § XII n. 200. Sobald der Gewährsmann die Vertretung des Beklagten auf sich genommen und sich auf die Klage eingelassen, ist der Beklagte von aller weiteren Rechtsverteidigung enthoben, und der Verkäufer allein schuldig, im eigenen Namen und auf seine Unkosten den Rechtsstritt auszuführen.

Die österr. Gerichtsordnungen a. G.O. § 59 wg. G.O. § 50 drücken sich zweideutig aus. Man betrachtete in der Folge be-

---

[1] Vern. LO. K. XXI: Bisher wurde es so gehalten, „daß der Inhaber — neben der Umluva oder Ankündigung — seinen Gewöhrsmann befragen lasse, Ob er ihne bey dem Recht vertreten wolle, und da er solches auff sich genommen, der Käuffer weiter sich in den Process nicht einlassen dörffen“ (= müssen; jedoch war er dem Denunziaten gegenüber dazu verpflichtet, bei den Terminen zu erscheinen). Nunmehr aber wurde im Zusammenhang mit der Aufhebung der Suspension des Hauptprozesses — worüber weiter unten — als Ziel der Notifikation des Käufers nur bezeichnet, daß der Verkäufer „bei der ganzen Rechtsführung und allen Terminen ihm Beistand leiste und das verkaufte Gut vertreten helfe“. Über den älteren Zustand s. Ruber, Streifz. I 2 S. 15—17, dessen Darstellung freilich mehrfach zu berichtigen ist. Namentlich geht aus dem Obigen hervor, daß der Parteiwechsel im landrechtlichen Prozeß nichts diesem ganz „eigentümliches“ war. Ferner ist es unrichtig, daß der obsiegende Kläger nach Wahl „die Exekution auf das mit der Zpráva belastete Gut des Vertretungsleisters“ richten durfte. Wie dies im Falle eines evinzierten Sachgenußrechtes bei der böhmischen Realexekution (s. Czyhlarz, Grünhut's Ztschr. X bes. S. 289) überhaupt denkbar wäre, erhellt nicht. Gleicherweise widerspricht es der Widmung der Hypothek an den Erwerber für dessen totale Regreßsumme, endlich allen Schilderungen des Verfahrens, wonach stets der Käufer sich aus dem Gute des Intervenienten seines Schadens erholt. Daß der Dritte einen besitzlosen Intervenienten nicht als neue Partei annehmen mußte, wird wohl der Ausfluß des allgemeinen, von Ruber S. 42 entwickelten Grundsatzes sein, daß vor dem Landrecht anfänglich nur der Grund und Boden Besitzende als Prozeßpartei aufzutreten fähig war.

denkenlos den Gewährsmann, wenn er die Alleinführung des Prozesses übernahm, als gewöhnlichen Prozeßstellvertreter.[1] Erst neuestens ist erkannt und unter Heranziehung zweier dadurch erst verständlicher Hofdekrete wahrscheinlich gemacht worden, daß die Gerichtsordnungen in der That an eine Art Parteiwechsel denken;[2] jedenfalls aber auch sie mit Richtung des Urteils auf den Litisdenunzianten.

e) Kaum der Erwähnung bedarf es schließlich, daß die romanistische Durchbildung des Gewähranspruches vom altdeutschen Prinzipe der Unvererblichkeit, das neben seinem Korrektiv, der Haftung nach Erhalt der wedderstadinge noch im Sachsenspiegel angewendet erscheint,[3] zur vollständigen Vererblichkeit fortgeschritten ist. In den aus dem sächsischen Recht hervorgewachsenen westpreußischen Redaktionen des Kulm läßt sich dies schrittweise verfolgen.[4]

2. Auf den in ganz Deutschland während des 17. und teilweise bis in das 18. Jahrhundert vorherrschenden Schirmungsgedanken ist es, analog den in Rom beobachteten Erscheinungen

---

[1] Fischer S. 125. Heyssler in Grünhut's Ztschr. II S. 95. Immerhin dispensierte ihn eine oberst-gerichtl. Entsch. von der Vollmacht, vgl. Ullmann, C.P.R.[3] S. 98 N. 15.

[2] Eckstein, Interv. S. 87 ff., indem er zutreffend die Hofd. vom 13./5. 1785 J.G.S. 431 und 15./1. 1787 J.G.S. 621 lit. bb anruft, wonach „ein anderer Kläger oder Beklagter" nicht mehr auftreten kann, wenn Litisdenunziant als Beklagter „selbst litem contestieret" oder die Klage überreicht hat. Mit Unrecht (unten S. 231 f. N. 2 a. E.) dürfte E. S. 88 dagegen die Befristung des Denuntiationsrechtes auf bestimmte Zeit hier hereinziehen, von der jene Hofd. auch gar nicht sprechen.

[3] Oben S. 189.

[4] Der „alte Kulm" (Ausgabe des Bürgermeisters von Thorn, Stroband, 1584; Leman 1838) III 131 läßt die Erben Gewähren sein, „ab sie wellen adir lassen ab sie wellen"; die Bestimmung des emendierten Kulm (1553) IV cap. 31 und des jus Culm. Polonicum (1580) IV cap. 35 lautet, die Erben sollten gewähren „so viel sie bekommen haben", nach Angabe des Jus culm. ultima revisione (1745 und 1761) IV 12, c. 1, das ebenso wie das vorangehende j. c. correctum (1711) III c. 106 nur noch einfach verfügt: „des todten Mannes Erben sollen des Pferdes oder des anderen Gutes Gewährer sein". Ebenso ostpreuß. Landr. p. 2 IV 6, 18 § 5; niederösterr. Landtafel II 4, 8 u. s. w.

zurückzuführen, daß viele Schriftsteller[1] und die von ihnen beeinflußte Praxis, namentlich in Nieder- und Oberösterreich, Böhmen, Brandenburg, West- und Ostpreußen und daher auch der Cod. Frid. March. und die westgal. Gerichtsordnung die Litisdenunziation für eine unumgängliche Bedingung des Regresses erklärten,[2] das gesamte deutsche gemeine Recht aber nur all-

[1] So mit der Glosse zu l. emptorem (11, 12) A. E. und Donellus entgegen der von der Postglosse vertretenen Ansicht (s. Covarruvias var. resol. II lib. 3 c. 17 n. 6, op. omnia 1610, S. 261) besonders Fachinaeus, Pufendorff, Brunnemann, Lauterbach, Leyser, s. ausführlich Fuchs, Arch. f. prakt. Rw. II S. 371 f. Viele, auch die, welche nicht Unterlassung der Denunziation ausnahmslos gleichbedeutend mit dem Verluste des Rückgriffsrechtes hielten, urgierten dennoch die l. 55, 2 D. 21, 2, die venditori praesenti denunzieren läßt, und behaupteten mit Bartolus ad l. qui absentem n. 2 ff. (75) de procurat. (D. 3, 3) gegen die Glosse ad c. ult. C. 4, 49 es müsse auch dem von der Ansprache wissenden Verkäufer denunziert werden, weil die Denunziation nicht bloß diese Kenntnis vermittelt, sondern continet . . . invitationem ad aliquid faciendum scilicet quod veniat ad defendendum, seu quod liti assistat. So Duarenus ad l. 8 C. h. t., Donellus ad C. h. t. 8 n. 11; Molina, De just. et jure III, 2 disp. 380 n. 9; Wesenbecius h. t. n. 19; Schneidewin, Inst. IV 6, S. 447 n. 48; Huber h. t. n. 14; Voet n. 22; die würt. Praxis, Lauterbach coll. 29, S. 171; niederösterr. Zeiger in das L.R. III 8, 10; vgl. auch Glück XX S. 389 N. 41; Koch, Recht d. Ford. II S. 429 m. weit. Cit.

[2] Nach österr. Recht verlor der Käufer den Regreß, wenn er sich eigenmächtig verfänglich einließ. L.T. II 4, 1 u. 11; Schwarzenthaler I 5 c. 2 u. 3 S. 108; Suttinger obs. 31 n. 1; nach einem oberösterr. Regim. Urt. von 1591 hat der die Streitverkündung Unterlassende *tacite renunciert*; Weingärtler, Con- et Discord. II S. 189. Nach dem Gerichtsordnungsentw. v. Peez (1731) III § 11 soll der Käufer, wenn der Schermer zur Zeit nicht zu betreten ist, dies zu Gericht anzeigen, damit ihm sein Anspruch vorbehalten werde. Für Böhmen ebenso Všehrd III 13, 24; IV 11, 17. 24; VII 37, 3; L.O. 1530, n. 17; 1549, C. 17. 18. 22; Vern. L.O., K. 21 a. E., böhm. Stadtr. F. 34, 2, G. 48, 3; Mähren L.O. f. 134 a. v. (LXVI 300) vgl. auch Waldstetten (Harrasowsky III S. 160); Ruber a. a. O. S. 14 N. 39. Fischer, Streitv. S. 107 N. r. glaubt irrtümlich, diese Anordnungen seien aus der bloßen Berücksichtigung des Codex gegenüber den Pandekten entstanden. Cod. Ther. III 9 § 12 n. 192. 211; wg. Ger.O. § 49 . . . widrigenfalls hätte er weder in der Hauptsache, noch in betreff der Prozeßunkosten, noch sonst eine Vergütung mehr zu suchen. In der a. G.O. heißt es § 58 . . . widrigenfalls der Dritte die Vertretung zu leisten nicht mehr schuldig sein. Man nimmt daher den Paragraph im Sinne der Nichtprä-

mählich von dieser Pflicht Ausnahmen zugab und vor 50 Jahren immer erst bei einem komplizierten Schema angelangt war, das Auskunft darüber gab, wie die Litisdenunziation beschaffen sein, wann und an wen sie geschehen müsse.[1] Die Einzelheiten sind in jedem älteren Pandektenlehrbuch zu finden.

3. Wurde derart die Litisdenunziation mit oder ohne Forderung der Vertretung fortdauernd als Ausübung des eigentlichen Rechtes des Käufers betrachtet, so galt sogar umgekehrt häufig die Versäumung der Vertretung noch als Gewährbruch und schlechthin zur Entschädigung verhaftend.[2] Darauf beruhte das vielfach

klusion des Entschädigungsrechtes. Heyssler in Grünhut's Ztschr. II S. 80, so schon der Comm. von Kees 1789 S. 78, 8; gegenteilig Eckstein, Intervention S. 93, der sich mit Recht auf § 317 a. G.O. beruft, für den Zessionar gilt die Präklusion jedenfalls.

Preuß: Brandenburg. Kammerger.O. 1709, tit. 28 § 15; jus Culmense ex ult. rev. IV 5, c. 12 a. E.; ostpreuß. Landr. 1620, 1685, 1721 Teil 2 Buch IV tit. 6 act. 18 § 3 und dazu Gruben comp. jur.; Cod. Frid. March. 1748 Th. III tit. 12 § 18 a. E. (vgl. auch Heydemann 2. Aufl. S. 257 N. 448); anders Corp. Jur. Frid. (1781) I 17 § 8, A.L.R. I 11, § 145, a. G.O. I tit. 17 § 10.

Endlich verfügen den Verlust insbesondere die bei Renaud, Lehrb. d. gem. d. C.R. 2. Aufl. § 48 N. 9 aufgeführten bayr. u. schweiz. Prozeßgesetze (Cod. Jur. bav. jud. cap. 8 § 2 Z. 8).

Ein Ausfluß dieser Richtung ist die in den Partikularrechten nahezu überall festgesetzte Befristung des Denunziationsrechtes auf 3, 8, 14 Tage u. s. w., die Hälfte der Einredefrist u. dgl. behufs Erhaltung der res integra; zugleich dient sie freilich dem Schutze des Dritten gegen eine später eintretende Aufhaltung des Streites, nach demselben Prinzip, aus welchem die prozeßhindernden Einreden vor Einlassung in die Hauptsache vorzubringen sind. (Über Maßregeln zur genaueren Beobachtung dieser Frist im Drittinteresse s. unten S. 236 N. 4.) Alles dies läßt sich auch aus dem österr. Hofd. v. 8./12. 1809 Nr. 882 recht gut entnehmen. Nicht aber hat der nur partikulär erhaltene Wechsel der Parteirolle diese Befristung hervorgerufen, wie Eckstein S. 88. 91 meint. Historisch knüpft sie unmittelbar an die Fristen zur Stellung des Geweren an.

[1] Umso merkwürdiger, als schon Alexander Tartagnus, Cons. II c. 67 das Prinzip klar formuliert hatte, der Käufer habe nur zu beweisen, daß das Urteil richtig gefällt sei.

[2] So sagt noch Westphal S. 242 § 298: Ist die Denunziation gebührend geschehen, so haftet hernach der Verkäufer des Ausgangs halber, er mag zum Beistand erschienen sein oder nicht. Gegen ihn Glück XX

ausgebildete Verfahren gegen den mit der Gewährschaft säumigen Auktor, wobei insbesondere das in den Erzherzogtümern Österreich in Geltung gestandene Exekutivverfahren[1] auf Grund beweiskräftiger („lauterer") Verschreibungen[2] und der Exekutivprozeß des böhmisch-mährischen Landrechts[3] erwähnt seien.

S. 420 N. 25. — Ähnlich drückten sich viele partikuläre Gesetze aus, wenn sie vielleicht auch nicht alle Folgen ziehen wollten (vgl. z. B. das würt. Landr. und das verbesserte preuß. Landr., unten S. 239 N. 2), nur wenig besser die churf. sächs. erläuterte Prozeß-O. v. 1724 tit. XIV, § 2. Genauer Cod. Frid. March. III 12, 14, Corp. Jur. Frid. I 17, 15 im modernen Sinne. — Bei der Beratung des Cod. Ther. wollte Mühlensdorff „den Verkäufer, welcher der Streitverkündung nicht Folge leistete, unbedingt haften lassen, ohne Rücksicht, ob der Käufer sich im Eviktionsprozeß ordnungsgemäß verteidigt hat oder nicht. Zencker dagegen betonte, daß die Haftpflicht des Verkäufers nur dann eintreten könne, wenn der Eviktionskläger wirklich im Rechte war . . ." (Harrasowsky a. a. O.)

[1] Landtafel II 4, 4: Wenn der Verkäufer nicht komme, so solle der Käufer, so oft der Dritte (Kläger) gegen ihn anrufe, gegen den Verkäufer anrufen. Ist dies dreimal geschehen, so wird Käufer dem Dritten in Verfahrung erkannt und ihm wider den Verkäufer „der beruef volgents auch auf sein verrers (ferneres) anhalten der ansatz ex primo decreto bewilliget". Näheres für die Geschichte dieser Institution bei Schwarzenthaler I act. 5 c. 8 n. 6 S. 114 f.; Landesordg. I 9 § 3 Abs. 3. Ein Beispiel in Dr. Georg Eder's Relationen n. 6 S. 47 f. Ebenso für Steiermark Beckmann v° Scherm S. 431. Seit dem 17. Jahrhundert wurde auf lautere Verschreibung sofort mit der Denunziation der Gebotsbrief (Zahlungsbefehl, Chorinsky, Exekutivprozeß S. 26 N. 7) erteilt, bei Ungehorsam des Schermers darauf der Ansatz (richterliche Pfändung) oder die Sperre bewilligt. Suttinger obs. 2 u. 3, obs. 14 n. 3; Peez, Prozeß (1731) III 2 § 3; Vossius, Supplem. zur Collatio, n. 139 ad § 519 (2. Ausg. 1772 S. 498). All dies entspricht der allgemeinen Gestaltung, das letztere der Verschärfung des Exekutivprozesses im 17. Jahrhundert (Chorinsky, Ex.-Proc., bes. S. 23 ff.), allein es setzt die Schermverpflichtung voraus, und die sofortige „Compellierung zur Schermung" zeigt die Besonderheit, daß Verzug des Exekuten weder vom Exekutionsführer zu behaupten, noch in irgend einer Weise vorausgesetzt ist; die Erklärung folgt im Text.

[2] Bekanntlich in Österreich mit Handschrift und Petschaft versehene Privaturkunden, Chorinsky a. a. O. bes. S. 27; der nähere Begriff schwankte.

[3] Všehrd IV 11, 4 schildert die Exekutivklausel der Urkunden, die in die Landtafel mit eingetragen wurde; lateinisch lautet sie: absque omni citatione tamquam in jure obtento, vgl. Ruber S. 13 N. 37. Dennoch aber

Wir müssen zwar füglich bereits meistens, auch wo es nicht ausgesprochen ist, annehmen, daß die Exekution nur zur Sicherstellung für den Fall nachfolgender Eviktion erteilt ward; allein daß das Ausbleiben des Gewährsmannes an sich schon zur Exekutionsbewilligung führte, wo noch nicht einmal für die Berechtigung des Drittanspruchs, geschweige denn für die Haftpflicht wegen des Rechtsmangels ein Anhaltspunkt vorlag, ist nur im Rahmen der alten Vorstellungen erklärlich, denen entsprechend ja die Schirmverschreibung abgefaßt war.

Der gleichen Auffassung entspringt es, daß die preußische Gesetzgebung (a. G.O. I 17, § 22) — vielleicht unter dem Vorbild der praktischen Verbindung des Eviktions- und Regreß-

und so häufig die Klausel in den Landtafeleinträgen bei Emler ist, scheint man, u. z. spätestens bereits Všehrd selbst, diese Klausel nicht für ein Erfordernis der Einleitung des Exekutivprozesses gehalten zu haben. — Wie Všehrd und die Landesordnungen das Verfahren beschreiben, soll der belangte Käufer, „jeden Widerstand beiseite lassend", sofort zu den Beamten des kleinen Landrechts gehen, die incitatorische Denunziation (Umluva) gegen den Gewährsmann in die Landtafel eintragen und amtlich durch einen Kämmerling zustellen lassen (vgl. Ruber S. 14 N. 38). Regelmäßig soll darauf der Geladene in die Landtafel einschreiben lassen, daß er den Prozeß auf sich nehme, aber auch mündliche Bereiterklärung genügt. Bei Ungehorsam desselben wird 14 Tage nach der Zustellung der Umluva die Einführung (Zvód) in die zur Zpráva verschriebenen Güter bewilligt, woran sich in den dazu bestimmten Fristen die übrigen Grade der Exekution schließen. Siehe Všehrd III 13, 24; IV 11, 24; 13, 14; VII 37, 34; L.O. 1530, n. 17. 157; 1549, C. 22, G. 22; Maximilian. L.O. 1564 („Beheimische L.O. durch Petrum Sturba" Frankf. 1614, S. 268) n. 14. Über den Zvód vgl. Pick in Grünhut's Ztschr. XXIII S. 270 ff., dessen Ausführungen aber hier nicht durchwegs passen. Die Frist, binnen welcher die Denunziation anzusuchen war, betrug schließlich wie in Sachsen 8 Tage, Vern. L.O. K. XXI.

Während in den älteren Quellen häufig erst zu ergänzen ist, daß die Zwangseintreibung Ungehorsam des Gewähren voraussetzt, sprechen L.O. 1549 C. 22 und Vern. L.O. K. XXI von der Vollstreckung nur in Anwendung auf den Fall bereits geschehener Eviktion. Ob in dieser Fassung ein materiell-rechtlicher Fortschritt liegt, vermag ich nicht zu beantworten. Es hängt dies mit der ebenfalls hier lediglich aufzuwerfenden Frage zusammen, bis zu welchem Grade die Exekution auch nach den älteren Quellen ohne Abwarten der Entwehrung getrieben wurde. Auch in dem Beispiele, welches aus Emler, Reliquiae I S. 483 ersichtlich ist, läßt sich dies nicht erkennen.

prozesses im französischen Recht — es dem Litisdenunzianten anheim gab, ob er gegen den die Vertretungspflicht nicht anerkennenden Gewährsmann „die Regreßklage sofort anstellen oder damit den Ausgang des Hauptprozesses abwarten wolle".

4. Nach altem Vorgang unterschieden unsere Quellen, ob der Gewährsmann ausblieb, ob er die Vertretung verweigerte, oder ob er zu derselben bereit war. Die beiden ersten Fälle ergeben noch in diesem Zusammenhang wichtige Bemerkungen.

Blieb der Gewähre aus, so war der Vertretungswerber zur selbständigen Streitführung nunmehr natürlich ausnahmslos befugt und in Übereinstimmung mit den hergebrachten Regeln dazu auch bei Gefahr eines Versäumnisurteils genötigt.[1] Da ferner nach römischem Recht in der Herbeiführung eines Kontumazurteils keine regreßberechtigende Eviktion lag, so verlor er in diesem Falle auch den Rückgriff.[2]

Verweigerte der Gewährsmann die Vertretung, so brachte es der Zweck des Instituts mit sich, daß der darüber eingeleitete Prozeß den Hauptstreit hemme. — Natürlich entstanden daraus bei der Langwierigkeit des schriftlichen Verfahrens die ärgsten Mißstände,[3]

---

[1] Churfürstl. Sächs. Prozeß- u. Gerichts-Ordg. v. 1622, tit. 14 § 2; Brandenb.-Magdeb.Proz.O. v. 1686 c. 24 n. 2, Brandenb. Camm.G.O. 28 § 10, vgl. Gruben, Compend. juris regni Prutenici ad L.R. IV 6, 18 § 3, Corp. Frid. March. III 12 § 13. Für Österr. s. weiter unten. Immerhin ist an die Langwierigkeit der Prozedur zu erinnern, die zur Konstatierung der Kontumaz schon gegenüber dem Gewähren nötig war und das Verfahren gegen den Denunzianten aufhielt. S. speziell für Böhmen Ruber S. 15 N. 42.

[2] Dies ist — nach den bei Caballinus § III n. 145 verzeichneten Mustern in der Kommentarliteratur — nahezu überall ausgesprochen, so daß die Aufzählung der Quellen überflüssig erscheint. Nur von den minderbekannten böhmischen sei erwähnt Všehrd III 13, 24 f.; IV 11, 16: L.O. 1549 C 22, Vern. L.O. K XXI, und zu den häufig angeführten preuß. Quellen kommt noch die brandenburg. Verbesserung und weitere Erläut. der Kammer-G.O., 1594 (Mylius, C.C. March. VI 3, n. 3) p. 2, § 18, col. 79.

[3] Einen Begriff von den Unzukömmlichkeiten, die zu einer Zeit, wo man schon Abhilfe in verschiedener Weise gesucht hatte, um die Mitte des 16. Jahrhunderts, in Niederösterreich infolge des Schermverfahrens herrschten, geben die Relationen des Kammerprokurators Eder. Vollends wenn der Scherm seinerseits einen Gewähren anrief, dieser vielleicht einen Dritten,

gegen die man sich schon seit dem 16. Jahrhundert zu schützen trachtete.[1]

Zunächst versuchte man es einerseits mit der Beschleunigung des Verfahrens gegen den Schirm,[2] anderseits damit, daß man den Vertretungswerber ebenso wie bei Ausbleiben des Gewähren auch bei Verschleppung des gegen ihn eingeleiteten Prozesses zur Fortsetzung des Hauptstreites nötigte.[3]

Radikaler verfügte man dann, daß der Hauptstreit durch die Anrufung eines Gewährsmannes, von der Fristerstreckung zur Stellung desselben abgesehen,[4] (die dilatorische sog. *exceptio lau-*

---

und die Schermen untereinander mit wenig Interesse an rascher Beendigung prozessierten, gestaltete sich das Verfahren unerträglich. In n. 13 S. 67 steht der Prozeß „zwischen Schermern und Gegenscherm", und der Prokurator beklagt sich: „Vergebens rüef ich in allen hofrechten alle rechtstag an, damit ich die scherm und gegenscherm zu verfahrung bring"; der Prozeß wird schließlich zwischen 4 Parteien geführt, „und ist im ganzen amt keine verwirrtere Sach, die mehr Müh gebracht (und dabei weniger zu hoffen als bei dieser)". (S. 77.) 1688 klagt Beckmann S. 432 aus Steiermark: „Die Schermsweigerungen machen oft großen Verzug und lange Aufenthaltung, da sich jemand auf seinen scherm beruft und dieser wieder auf den seinigen u. s. w., was zuweilen viele Jahr in rechten den Kläger aufhält." Ähnliches berichtet Patruban 1809 aus der Praxis des § 60 a. G.O.

[1] Die bezüglichen Maßnahmen gehören in dieselbe Klasse, wie in alter Zeit die Begrenzung des Gewährenzuges auf eine bestimmte Anzahl Vormänner, wie die Ermächtigung des Dritten durch das englische Reformgesetz von 1273, I. Statutes of Westminster (stat. 3 Edw. I) ch. 40, in zahlreichen Fällen „to counterplead the voucher", ihn zur Selbstverteidigung zu zwingen (vgl. Reeves, Hist. [Finlason II S. 406]); Pollock und Maitland II S. 659 f.) u. s. w.

[2] Für Österr. s. vor. Note; Cod. Ther. III 9 § XII n. 198; über das summar. Verfahren in Sachsen Fuchs S. 26 nach Stryk, de Litisdenunc. §§ 20—27.

[3] So die niederösterr. Landtafel von 1573, II 4, 3, die oberösterr. II 26, 3; Peez a. a. O. § 4. Auf den gleichen Grundsatz beruft sich auch Eder wiederholt, aber das Gericht scheint sehr langmütig, vgl. bes. n. 12 S. 62 ff.

[4] Auch diese Fristerstreckung suchte man schärfer zu handhaben, z. B. sächs. Proz.O. 1622; in Frankreich z. B. die kgl. Verordnungen v. 1363, (Warnkönig, Franz. Staats- und Rechtsg. [2] III S. 539 f.) und v. 1539, (Imbertus, Inst. for. Gall. 1545 I 20 S. 37). Für Lübeck muß Mevius S. 568 n. 7 cf. 20 sogar bereits „gewöhnlich erhobene" Zweifel darüber be-

dationis), niemals eine Hemmung erfahre. Dies beabsichtigte schon der „Gerichtsprocess und Ordnung des Landrechtens ditz Hochlöbl. Ertzhertzogthumbs Oesterreich vnnder der Enns“[1] vom Jahre 1557. Aber trotzdem sich Suttinger[2] auf dessen Normierung bezieht, ist offenbar der aufgestellte Grundsatz niemals praktisch geworden,[3] und noch die allgemeine Gerichtsordnung von 1781[4] steht auf dem vorhin bezeichneten Standpunkte, daß bei ordentlicher Betreibung des Zwischenverfahrens dieses den Hauptprozeß hemme; bloß eine Ersatzpflicht bei mutwilliger Anrufung einer Vertretung (§ 61) sollte die Interessen des Dritten wahren. Dagegen hat für Böhmen die Vern. L.O. K XXI die Suspension des Hauptprozesses abgeschafft,[5] für Chursachsen die

seitigen, ob bis zum Ablauf der Frist der Eviktionsprozeß stillstehe. Ferner s. Code de proc. a. 180 und dazu J. Dernburg a. a. O. S. 43. — Eine sehr verbreitete Gewohnheit verlangte im Immobiliarprozesse für die Terminsverlegung die Beibringung der Schirmverschreibung. Diese zum Schutze des Dritten gegen Chikane getroffene Maßregel, die auch in Steiermark gegolten zu haben scheint (vgl. Beckmann, Idea S. 141 f.), darf nicht mit dem Erfordernis des schriftlichen Versprechens gegenüber dem Auktor verwechselt werden.

[1] Ausg. Creutzer a. 1579 fol. 25: Würde sich aber, wie offtmals beschicht, der vorgewandte scherm die schermung verwidern, oder gar nicht erscheinen, so soll dadurch die hauptsache mit nichte eingestellt, sondern dem beklagten auf des klägers anrufen gegen den kläger in Rechten zu verfahren auferlegt werden. Vielleicht bezweckte dasselbe auch schon die Gerichtsordnung v. 1540 (Wiener Univ.-Bibl. II 253 504) fol. V (Chorinsky-Samml. S. 18 § 39), es solle „mit solcher verkündung dem gegenthaill sein Rechtliche notdurfft nit benommen sein“. Die gleiche Absicht äußerte endlich auch der Cod. Ther. III 9 § XII n. 199 (S. 164) Horten III, 9, 90 (S. 393).

[2] Suttinger, obs. 34 n. 4; er selbst aber spricht so wie Schwarzenthaler act. 5 c. 8 n. 6 (S. 114) nur von der Prozeßfortsetzung bei Ungehorsam des Schermers oder Verschleppung des Incidentstreites.

[3] Schon die Landtafel II 4, 2 f. spricht wieder die Hemmung aus. Für Steiermark s. Beckmann v° Evictio S. 141 ff.

[4] a. G.O. § 60: „dadurch aber der Hauptproceß nur insoweit gehemmt werden, als der Vertretungswerber auf Betreibung seines Gegners darzuthun vermag, daß er die Vertretungssache der Ordnung nach eingeleitet habe und gehörig fortsetze“.

[5] Daß die L.O. dies statuiert, ist aus dem Wortlaut sicher. Daß sie aber eine Neuerung trifft, beweist noch die Bemerkung, daß bisher „der

dann im übrigen Deutschland meist maßgebend gewordene Erläuterte Prozeßordnung von 1724, welche (tit. 14 § 1) wiederum in der typischen Weise dieser Anordnungen die Suspension verbietet, sowohl wenn Litisdenunziat ausbleibe, als auch wenn er zwar erscheine, „aber den Hauptprozeß mit fortzusetzen sich verweigert“. Auf gleichem Boden stand die französische Ordonnance von 1667.[1] Für den österreichischen Gesamtstaat haben erst die w. G.O. § 51 bezw. im Geltungsgebiete der a. G.O. ein Hofdekret vom 7./2. 1801 J.G.S. Nr. 684 „zur Beseitigung der aus dem Mißbrauche des § 60 G.O. entstandenen Justizverzögerungen“ Gleiches angeordnet.

Mit den soeben erwähnten Neuerungen war die Defensionspflicht des Verkäufers zum Absterben verurteilt;[2] denn zu den Schwierigkeiten, welche es bietet, prozessuale Unterstützung von jemandem gegen dessen Willen zu fordern, gesellte sich die regelmäßige Wirkungslosigkeit des besten Resultates des Vertretungsprozesses für den Hauptprozeß. Die sächs. erläut. Prozeßordnung erklärte auch sofort, daß der Litisdenunziat regelmäßig nicht wider Willen zur Assistenz verpflichtet sei;[3] wo dies nicht sofort geschah, hatte der entstandene Zwitterzustand keine Existenzberechtigung mehr. Doch sei, ehe das Ende des alten Systems geschildert wird, auf einige weitere bemerkenswerte Konsequenzen desselben aufmerksam gemacht.

---

schrifftliche Prozeß etwas auffgehalten wurde“, die Ruber S. 16 N. 48 a. E. mit einem Fragezeichen versieht und die sonst auch rätselhaft wäre.

[1] Für das geltende Recht Garsonnet a. a. O. II S. 709. 716 ff.

[2] Kees, Komm. z. a. G.O. § 59 S. 81, 2: „Die Gesetze würden sich widersprechen, wenn das eine forderte, daß jener den Proceß eben damals selbst fortführe, wo ein anderes Gesetz ihm das Recht einräumt, die Führung dieses Processes von einem Dritten zu verlangen.“

[3] Sie folgte damit der im Norden bereits die Überhand gewinnenden Lehre, bes. Berlich, Conclus. 25 n. 99 und den dort Zit. — Auch preuß. Corp. Jur. Frid. 1781, I 17, 17 und a. G.O. 1795 u. 1815, I 17 § 22 sprechen die Fortsetzung des Hauptprozesses aus, lassen aber auch nur noch über die Frage „ob der behauptete Regreß“ zustehe, verhandeln (vgl. österr. a. G.O. § 60: „ob die Vertretung statthabe oder nicht“); der nicht mehr die Hemmung gestattende Cod. jur. Bav. jud. 1753, c. 8 § 2 Z. 10 nennt den Separatprozeß vag auf „Gewährschaft oder Schadloshaltung“ gerichtet.

II. Einzelne Konsequenzen des Schirmungsprinzips.

1. Von typischer Bedeutung ist die Beantwortung der Frage, ob der Käufer die Kosten eines von ihm gewonnenen Eviktionsprozesses vom Gewährsmann fordern darf. Von Bartolus angefangen ist sie immer je nach der Stellungnahme zur Schirmungspflicht entschieden worden; so im gemeinen Recht,[1] in den Partikulargesetzgebungen[2] und insbesondere von den Interpreten des Code Civil.[3] Die österreichische Praxis stand natürlich

[1] Für die Haftung Bartolus ad l. emptor (1) C. h. t. und l. venditores (102) D. de V.O. (45, 1); Duarenus ad l. 1 C. h. t. Op. omn. cit. S. 1216; die bei Glück S. 382 N. 23 ang. Anton Gomez (der besonders klar alle romanistischen Gründe gegen die Kostentragung zusammenstellt und dennoch für sie entscheidet, weil der Verkäufer zwar nicht auf in se assumere litem et causam, aber causative, also materiell auf das in lite defendere hafte. Comm. variarumque resolutionum jur. civ. Venet. 1572, t. II c. 2 n. 47 f. 186), Nic. Burgundus, Andr. Fachinaeus, ferner Calletius a. a. O. S. 315 (für das „heutige" Recht im Gegensatz zum römischen, unrichtig Glück a. a. O.) nach Paulus de Castro; Kirchovius, Cons. s. resp. I c. 40 n. 96; Württ. Landr. II. T. tit. XV, Absatz 5; Lauterbach, Coll. theor. pract. n. 38 (weil der Verkäufer nicht nur für habere licere sine interpellatione hafte!); Nürnberger Vern. Reform. 16, 5; Leyser II spec. 87, med. 6. Vgl. Huber h. t. n. 17. — Dagegen vom Standpunkt der Quellen Cuiac. Rec. sol. ad l. 1 C. h. t., Donellus ad l. 1 C. h. t.; Frantzke, Wesenbecius, Schulting (Glück S. 383 N. 25) Huber n. 24; Stryk n. 49; Voet, Comm. § 17; Westphal § 249 S. 206; Glück S. 383 ff.; Treitschke, Kaufkontrakt S. 288 u. s. w.

[2] Z. B. für die Haftung das Württ. L.R. a. a. O., das bayr. Landr. v. J. 1616 Tit. VIII a., 4 a. E., Cod. jur. Bav. jud. 1753, c. 8 § 2 Z. 7 und die (Ost)preuß. Landr. 1620, 1685, 1721, p. 2 IV. Buch, VI Tit. a. 18 n. 4: der Verkäufer sei schuldig zu vertreten und zu beschirmen, und wenn er es nicht thut, solle er dem Käufer alle Kosten und Schäden ersetzen, dieser verliere oder gewinne den Eviktionsprozeß; anders brandenb. Cammer-G.O. 1709, tit. 28 § 14; vermittelnd Project des Cod. Frid. March. 1748 III 12 § 18.

[3] Unbeschränkt für die Haftpflicht die Entscheid. Cass. 25./6. 1822, Angers 18./8. 1826 u. Paris 3./8. 1531, Grenoble 3./1. 1845. Sirey 45. 2. 344 (mit dem Hinweise, der Verkäufer hätte auch ohne den Verkauf selbst die Kosten tragen müssen), und viele ältere Schriftsteller; subsidiär für den Fall, als der Dritte insolvent ist: Cass. 3. 1. 33. Sirey 33. 1. 92, Duvergier I n. 386; Laurent XXIV n. 232, Guillouard I n. 367 (woselbst auch gegenteilige Iudikatur); für Italien Cuturi S. 260.

auf dem alten Standpunkt,[1] und noch der Cod. Theresianus verfügte:

III 9 § XII n. 202. Würde der Gewährsmann ... den Käufer in Verteidigung des Guts hilflos und ohne Beistand lassen, ... (so bleibt) der Gewährsmann in der Verbindlichkeit, ... auch auf dem Fall, da er das Gut behauptete, ihme die auf den Rechtsstritt ausgelegte erweisliche Unkosten, wann deren Vergütung in der richterlichen Erkenntnus dem sachfälligen Teil nicht auferlegt worden wäre, zu ersetzen.

Sogar für das a. b. G.B. ist die gleiche Meinung vertreten worden.[2]

2. Aus dem gegen das römische Recht in Widerspruch tretenden alten Recht erklärt sich allein die fast durchgängige Ablehnung, die der Einwand der *iniuria iudicis* erfahren hat.[3] Calletius[4] machte sehr bezeichnend für die Zurückweisung geltend, daß nach modernem Recht der Verkäufer ja ohnedies den Prozeß zu führen habe. Übermäßigen Respekt vor der Autorität der Gerichte oder der entschiedenen Sache, derart, daß die Kraft der unzweideutigen Quellen dadurch besiegt werden konnte, wird man dem 16. und 17. Jahrhundert nicht gerade zutrauen.[5] Vielmehr ist jene Ablehnung ebenso wie die Not-

---

[1] Landrechtszeiger III 8, 1: nur wenn Käufer Vertretung gar nicht fordert, sondern sich mit Litisdenunziation begnügt, trägt er die Gerichtsschäden. Bes. Landesordnung II 19, 3 mit Allegat von Suttinger, obs. 30 f.: Wenn der Verkäufer auf Streitverkündung nicht schirmt, so mag der Käufer die Notdurft, so gut er kann und weiß, handeln; „sigt er hierinnen ob, ist ihm der verkaufer alle uncossten zu erstatten, wo er aber verliehrt, auch im übrigen ohne allen schaden zu halten schuldig".

[2] Fischer, Streitverk. S. 146.

[3] Die römische Regel soll nur noch gelten, wenn der Richter nullo juris ordine servato et velo levato emptorem privavit, Stryk us. mod. II h. t. n. 13. Bezeichnenderweise ist es in Österreich wohl nur das Institutum Ferd. III 8, 16, das gelegentlich die Haftung bei iniuria iudicis ausfallen läßt, aber auch nur, um die Erlöschung der Haftung mit der 30jährigen Ersitzungszeit zu begründen.

[4] Calletius, Meermann II S. 340.

[5] Voët P. (1698—1704) h. t. n. 30 ließe es glauben. Aber man sehe nur etwa Glück XX S. 275 ff., zu dessen Zeiten ein solches Motiv wohl eher

wendigkeit der Denunziation ein Gradmesser für die Stärke des Schirmungsprinzips gewesen. Die Römer hatten sich von dem letzteren in beiden Richtungen entfernt. Die Rezeptionszeit blieb beim Urgedanken. Und wenn man gegenwärtig dem Käufer dawider Schutz gewährt, daß das Vorliegen des Rechtsmangels in den beiden Prozessen gegen den Dritten und den Verkäufer eine verschiedene richterliche Beurteilung erfahre, so ist dies ein aus der Rezeptionszeit verbliebener legislativpolitischer Gewinn. Dem Verkäufer, der die Möglichkeit der Mitwirkung im Eviktionsprozeß hatte, wird die Berufung darauf verweigert, daß die Entziehung materiell nicht begründet gewesen sei — älteres klassisches System —, daß der urteilsmäßig angenommene Rechtsmangel nicht bestehe — heutiges System.[1] (C.P.O. §§ 65. 71 III alt, 68. 74 III neu.)

3. Die Unteilbarkeit der Defensions- im Gegensatz zur Er-

---

gewirkt hätte, und dem es gar nicht beifällt, an der Geltung der römischen Einrede zu zweifeln.

[1] Verfehlt ist die Konstruktion R. Schmidt's (Lehrbuch des deutschen C.P.Rechts S. 875) insofern als er noch für das moderne Recht eine Vollstreckungswirkung des im Eviktionsprozeß erfließenden Urteils behauptet und in Gegensatz zu einer Urteils-Feststellungswirkung setzt. Eviktionsurteil oder Vollstreckung eines solchen an sich wird im gemeinen Recht, geschweige denn nach B.G.B. (die Anführung von § 434 ist mir nicht verständlich), auch nach § 440 II, im Kaufrecht niemals zum Thatbestand der Regreßklage gefordert. — Die Frage, ob das Eviktionsurteil überhaupt „Rechtskrafts“wirkung, oder da eine solche denn doch im eigentlichen Sinn „nicht in Frage kommen kann“ (Wach, Handbuch I S. 629, 645; bezüglich der Gründe beziehe ich mich auf Skedl, Österr. C.P.R. I S. 363 f. und Hellwig, Wesen der Rechtskraft S. 32 b. N. 98; anderer Meinung Mendelssohn-Bartholdy, Grenzen der Rechtskraft S. 396 ff.), „Thatbestands“-wirkung besitzt, ist bekanntlich nur mit Unterscheidung zu beantworten. Regelmäßig kommt dem Urteile, wie Wach a. a. O. ausgeführt hat, überhaupt keine Wirkung im Verhältnis zum Verkäufer zu. Dagegen gehört zum Fundament des Anspruchs das Recht des Dritten, das unmittelbar oder allenfalls mit Benützung der Unterlagen des Eviktionsurteils zu erweisen ist. Ist aber Streitverkündung erfolgt oder ist interveniert worden, so ersetzt freilich der Hinweis auf die urteilsmäßige Feststellung des Rechtsmangels dessen Beweis, dies aber nur vermöge der Bestimmung des § 68 Satz 1 C.P.O., abweichend Schmidt a. a. O. Vgl. vorläufig noch Gaupp-Stein § 68 II.

satzpflicht[1] ist aus den Digesten dort in die Übung übergegangen, wo man eben in der Vertretung die Hauptaufgabe des Verkäufers sah und — in den Ländern des französischen Rechts — noch heute sieht.[2] Dieser Grundsatz hat verschiedene Konsequenzen gezeugt. Die größte Bedeutung kommt derjenigen zu, daß „unteilbar" auch die „Einrede der Garantie" erscheint, d. h. das dingliche Eviktionsrecht aller haftungspflichtigen Personen einredemäßig gänzlich abgewehrt werden kann, eine Folgerung, die von der französischen Rechtsprechung und zahlreichen Schriftstellern gezogen wird.[3]

4. Der Gerichtstand zur Vollführung der Vertretung blieb der alte; namentlich also bei unbeweglichen Sachen der Gerichtstand des Eviktionsprozesses, demnach für die gegen den Käufer angestrengten Klagen das *forum rei sitae.*[4] Regelmäßig überwand

---

[1] Das böhmische Recht glich beides durch eine bedingte Solidarität aus.

[2] Pothier, Vente I n. 104; Duranton XVI n. 277; Troplong, Vente n. 434. 438; Marcadé 1626 n. 8; Laurent 24 n. 213; Guillouart I n. 340; Cass. 18. 4. 60, Dall. 60. 1. 275. — Carpzov, Jurispr. II c. 34 def. 29; Huber n. 12; Voët n. 18; Lauterbach, Coll. II h. t. n. 21, Niederösterr. Landtafel II 4, 23, oberösterr. III 21, 3, Niederösterr. Landesordnung II 19, 10, Brandenburg. Pol.O. (1688) c. 22 § 8 (dagegen erwähnt nur die Ersatzpflicht pro rata des empfangenen Preises bezüglich der Haftung des Pfandgläubigers F. Müller, Practica Civilis Marchica Berol. et F. 1678 S. 316).

[3] Z. B. wird die Einrede gegeben gegen den Eigentümer, der nur zum Teil den Verkäufer beerbt hat, Cass. 11./8. 1830 Sir. 30. 1. 395, Dall. 30. 1. 343; 14./1. 1840 Sir. 40. 1. 569; Duvergier I n. 355; Laurent 24 n. 15; Guillouard, Vente I n. 344 und die meisten Neueren mit Henrys, Duparier u. and. Schriftstellern des droit ancien. Die gegenteilige Meinung, welcher nebst Dumoulin, Divid. et individ. n. 487 ff.; Pothier, Vente n. 173, insbes. Troplong, Vente I n. 457 und Duranton XVI n. 255 angehören, ist begreiflich, denn hier mischt sich in die Erwägung, daß die Defension nur ganz oder gar nicht geschehen kann, die andere, daß der Erbe nicht gezwungen sein könne, dingliche Rechte vollständig aufzugeben, während er für die Entschädigung nur nach seinem Anteil haftet. Die letztere steht besonders in der englischen Rechtsgeschichte im Vordergrund. Vgl. Blackstone, Comment.[5] Book II c. 20 S. 302.

[4] Siehe die bei Wach, Handb. S. 657 abg. Stelle v. Roffredus ord. jud. p. IV 346 n. 9 lit. h; Baldus ad C. 3, 19, 1; in Deutschland beson-

dieses Forum auch alle Privilegien des Gewährsmannes.[1] Regelmäßig wurde aber weiters dahin der etwa zulässige Prozeß gegen den Auktor wegen Vertretungsleistung und sogar die allfällig anschließbare Ersatzliquidierung verlegt,[2] während im Gegensatze dazu nach bloßer Streitverkündung die *actio principalis ac separata* auf Entschädigung an das Forum des Auktors verwiesen wurde. Die prozeßökonomischen Vorteile dieser zumal in Frank-

---

ders Carpzov, Jurispr. for., Const. 3 def. 28 n. 5; bayr. Landr. 1616, VIII, 2; Cod. Max. Bav. civ. (1756) IV 3 § 15 n. 7 (Danzer S. 228); brandenb. C.G.O. 1709 tit. 28 § 5 u. s. w.

[1] Caballinus § III n. 117 f.; Praxis des Reichskammergerichtes, Stryk, us. mod., II h. t. n. 21 und die dort Zitierten, in Sachsen Carpzov a. a. O. n. 6, Mecklenburg Trendelenburg (Diss. Studemund) de lit. den. (1774) § 9, f., Österr.: Zeiger i. d. Landrb. III 8, 1: und so weit dass auch die briester in disem Fall der laien gericht nicht waigern mugen; Niederösterr. Landtafel I 3, 32, II 4, 31; oberösterr. II 26, 2; Schwarzenthaler I act. 5 c. 4 S. 110; Suttinger, Consuet. v° Schirm S. 684 f., Landesordnung I 16, 6; Weingärtler, Con- et Discord. (1674) III S. 190 mit Regim. Urt. v. 1583 und 1613. — Gegenteilig war aber die Praxis in Böhmen nach Ruber S. 16 N. 46, der Eviktionsprozeß wurde unter Umständen an das Forum des Vertreters gezogen. Daß die Vorladung zunächst von dem mit der Hauptsache befaßten Gerichte ausging, sagt L.O. 1549, C. 18.

[2] Auch wo dies die Quellen nicht sagen, versteht es sich von selbst. Ausdrücklich magdeb. Proc.O. 1686 (Mylius, C. C. Magd. II n. 1) cap. 24 n. 2; die sächs. Praxis für den Fall des Ausbleibens des Auktors, Stryk, Diss. de litisdenuntiatione (1711) § 25; die mecklenburgische, Trendelenburg, Diss. cit. § 10; f. Frkr. Caballinus, De evict. § 3 n. 129; Calletius a. a. O.; Code proc. art. 59 al. 8; art. 181; Garsonnet, Traité de proc. I S. 724, 3, vgl. aber II S. 706. Dagegen opponierte Mevius, Decisiones pars VII dec. 167 bezw. das dort zit. Urteil hinsichtlich des Prozesses ob evictionem iam factam, im Gegensatz zu der auch nach ihm selbstverständlich dem Forum des Hauptprozesses folgenden actio de evictione intentata, Klage auf Erkenntnis, daß Verkäufer der Vertretung schuldig sei. Mit der Verdunklung der Defensionspflicht wurde das Forum connexitatis immer weiter eingeengt, Wissenbach, Exerc. (1653) h. t. n. 21; Struv, Syntagma II exerc. 27 n. 32; Leyser, IV spec. 238 med. 7 mit einem bereits die Klage auf Vertretung vor den Gerichtsstand des Wohnsitzes verweisenden Wittenberger Urteil von 1709; Gönner, Handb. d. gem. deut. Proz. 2. Aufl. I S. 360. Dagegen verteidigte die Konnexität aus inneren Gründen Joh. Ulr. Freih. v. Cramer, Wetzlarische Beyträge (1763) II n. VII S. 68 ff., mit Reichskammerger.-Urt. v. 1752 u. 1753.

reich elegant durchgebildeten Ordnung haben nicht zum wenigsten dazu beigetragen, das ganze Institut in Wirksamkeit zu erhalten.

In Nieder- und Oberösterreich entfalteten sich alle erwähnten Bedeutungen des *forum connexitatis*. Seinen Gerichtsstand beibehalten durfte dort nur der als Scherm angerufene Landesherr; dies hatte nur wieder zur Folge, daß der Eviktionsprozeß infolge der Schermanrufung an die Regierung gezogen wurde.[1]

Hingegen verraten die Gerichtsordnungen[2] von der gleichen Auffassung so wenig mehr, als die preuß. allg. Ger.-Ordng.[3]

5. Die italienischen, französischen, holländischen und deutschen Schriftsteller des gemeinen Rechts haben mit einem fast an sich auffallenden Eifer die römischrechtlichen Grundsätze in dem Punkt verfochten, daß der aus der Eviktion entspringende Anspruch als auf dem Kontrakt beruhend nur gegen den jeweils unmittelbaren Vormann zustehe.[4] Sieht man indessen näher zu, so stellen sich sachliche und räumliche Ausnahmen heraus.

Vor allem ist es jederzeit ausgemacht gewesen, daß vermöge der Notariatsklausel, die Sache werde „mit allen Rechten" übertragen,[5] nicht bloß die als Pertinenz betrachteten Grundstücks-

---

[1] S. die ob. Zit. Für die Ausnahme: Landtafel I 3, 6; Schwarzenthaler a. a. O. (der advocatus Caesaris könne nur vor dem Gerichte der Regierung laudiert werden); Bericht des Kammerprokurators Schwanser n. 1179 vom 14./9. 1598 II n. 79 S. 132. (Die Vertretungswerber haben recht daran gethan, daß sie sich nicht in Verfahrung eingelassen, „meines einfältigen Verstehens hätte auch das landmarschallische Gericht nicht in Antwort erkennen sollen".)

[2] Vgl. Fischer S. 99 und die dort N. a. Zitierten. Gl.-U. 633.

[3] Vgl. Grävell III S. 196.

[4] Vgl. D. h. t. 59; 39, 1; 61; 71 und die Zitate der älteren Autoren bei Fuchs a. a. O. II S. 399 N. 115, der neueren bei Windscheid II § 336 N. 3. — Für das preuß. R. Förster-Eccius I § 99 N. 112. 141; Dernburg, Pr. P.R. II § 85 N. 13; für das österr. Fischer, Streitverk. S. 39; Scheidlein, Kauf II S. 57; Michel S. 50, Entsch. Glaser-Unger 6364, und die Neueren.

[5] Voltelini, Acta Tir. II S. LXXIX meint, diese Klausel stamme aus der Urkunde, wo die Gewährleistung abgelehnt und die Erlaubnis zum stare vice auctoris erteilt wird. Ich kann aber gerade in den bezüglichen, von Voltelini selbst weiterhin ang. Urk. des Cod. Dipl. Lang. jene Klausel

servituten u. dgl., sondern auch der Gewähranspruch und die damit vertragsmäßig oder gesetzlich verbundene Hypothek zediert seien. Nur das wurde von Bartolus als zweifelhaft und strittig bezeichnet, ob nicht der entferntere Vormann das Justinianische *beneficium excussionis* genieße, vor seiner Inanspruchnahme also *discussio bonorum* des Mittelsmannes stattgefunden haben müsse.[1]

Auch einer anderen, seit dem 10. Jahrhundert in den norditalienischen Urkunden aufgekommenen Klausel ist zu gedenken, auf welche kürzlich Voltelini aufmerksam gemacht hat. Es ist eine Anwendung der damaligen Formen der Ordreklausel. Der Verkäufer pflegte die Defension und die Strafe wegen Nichtdefension zu versprechen: dem Käufer, dessen Erben *„et cui dederint"*.[2] In gleicher Weise findet sich im deutschen Mittelalter die Inhaberklausel verwendet.[3]

---

nicht finden, während dieselbe schon in den Ravennatischen Papyri auftritt, z. B. Marini n. 113: limitibusque suis omnibus, omnique jure, proprietateque sua, sicuti a venditore possessus est.

[1] Bartolus ad l. Julianum § qui fundum (131, 1) n. 6 D. de V.O. (45, 1) mit Hinblick auf die Urkundenklausel, wonach „omne ius sibi competens vel competiturum" abgetreten wird; das beneficium ordinis wird dann auch wieder ignoriert, besonders von Paulus a Castro eod. n. 3, der die Klausel „cum omnibus iuribus et actionibus" nennt. Es ist bemerkenswert, daß in Frankreich zunächst die strengere Ansicht gegen Paulus Castr. durchdrang, vgl. Imbertus, Inst. for. I c. 21 S. 99, Practique civ. et crim. (Guenois) S. 141. — Die österr. Praxis folgt der milderen Auffassung noch jetzt, s. Glaser-Unger 320. 1968. In Deutschland erhoben Widerspruch O.A.G. Cassel, Arch. f. prakt. Rechtsw. III S. 312; Hofg. u. O.A.G. Darmstadt, dasselbe Neue F. VI S. 380 ff.; Gruchot in s. Beitr. I S. 22.

[2] Acta Tirol. II S. LXXVIII f. — Hingegen muß es nicht ebenso ein „Versprechen zu Gunsten eines Dritten" bedeuten, wenn in der Aufzählung der vom Verkäufer eingeräumten Befugnisse das *potestatem habere habendi possidendi* etc. auch dem Singularsuccessor gewährt erscheint (Voltelini, ebd. S. LXXV); gleiches besagen schon die ägypt. Papyri, und es soll dort damit nur die Eigentumsgewährung, bezw. die Haftung für den Eigentumsmangel im Eviktionsfalle, umschrieben sein.

[3] Z. B. Bremen a. 1312 U.B. n. 116 S. 123: Gewährversprechen mit Unterwerfung unter die Friedlosigkeit, „donec eisdem vel qui literas super eisdem bonis confectas habuerint de impedimento et dampno plenarie sit satisfactum".

Es ist aber weiteres zu verzeichnen. Man nahm die Einreihung des Rückgriffsrechts wegen Entwehrung, wegen Unrichtigkeit oder Uneinbringlichkeit von Forderungen unter die Accessorien des Kaufgegenstandes noch ernster als die Postglossatoren und die ihnen folgende spätere Praxis und erklärte das Rückgriffsrecht von Rechts wegen in der Abtretung der Sache oder des Rechtes begriffen. Diese Auffassung herrscht seit dem Code Civil unbestritten in der französischen Literatur und Rechtsprechung.[1] Sie erzielt glückliche Ergebnisse, namentlich daß die Haftung des Verkäufers nicht verloren geht, wenn der Käufer die Sache verschenkt oder unter Wegbedingung der Gewährleistung weiterveräußert, und daß die Haftung dem späteren Rechtsnachfolger voll zu Gute kommt, auch wenn der Mittelsmann in Konkurs verfällt.[2] Angesichts der wenig fein gedachten, auch schwankenden[3] Motivierung taucht die Frage auf, ob die angegebenen Gründe nicht hinterdrein erfunden wurden. In der deutschen Praxis des 19. Jahrhunderts setzte sich dieselbe Anschauung öfters, zumal in Ansehung der Haftung für Solvenz durch, noch dadurch verschlechtert, daß diese Haftung als „eine Art Bürgschaft" betrachtet wurde.[4]

---

[1] Vgl. statt aller Troplong, Vente I n. 437; Dalloz, Répert. vo. vente n. 932 f., Suppl. eod. n. 426.

[2] Vgl. Duvergier I n. 344. Man sieht, wie die großen Schwierigkeiten beseitigt sind, die nach unserem Recht bestehen, vgl. bes. Tuhr, Actio de in rem verso, S. VII N. 1; Eigenes und fremdes Interesse, Grünhut's Ztschr. XXV S. 568 f. 573. Auf diese und andere Fragen wird im dogmatischen Teile zurückzukommen sein.

[3] Man ruft noch art. 1166 an, nach welchem in Erweiterung von C. 4, 15 die Gläubiger alle „nicht persönlichen Ansprüche der Schuldner" geltend machen dürfen. Der zit. Kodextitel wurde auch in Deutschland zu Gunsten des springenden Regresses des Fiskus benutzt, Christ. Frid. Geo. Meister, Diss. (Pringsten) de iuris vinculo quo plures pro evictione auctores tenentur, § 15 i. f. (opuscula, sylloge altera S. 121).

[4] Vgl. vorläufig die Übersicht bei Stammler, Garantievertrag, Arch. f. civ. Prax. LXIX, S. 45 N. 99. In Österreich wurde § 1394 a. B.G.B., wonach die Rechte des Zessionars mit denen des Zedenten identisch sind, von Vinz. Aug. Wagner, Krit. Handb. des . . . Wechselrechts II S. 394 N.o. herangezogen; diese Ansicht hat aber keine Zustimmung gefunden, siehe gegen ihn schon Mikolasch, Ztschr. f. Rechtsgelehrs. 1837, II S. 313 (mit ebenfalls verunglückter Motivierung).

Die Franzosen knüpfen nun lediglich an vereinzelte Schriftsteller des *droit ancien*[1] an, bei denen eine weitere Rückverweisung fehlt. Dafür ist der Sprungregreß, ohne Motivierung, in Niederösterreich am Ende des 16. Jahrhunderts nachweisbar. Der Romanist Schwarzenthaler berichtet 1592, entgegen den römisch-rechtlichen Grundsätzen dürfe man ohne Zession den Auktor seines Auktors laudieren, der Vertretungswerber müsse nur die Schirmverschreibung des in Anspruch genommenen Vormanns beibringen,[2] deren Vorzeigung aber bei Immobilien ja zu jeder Denunziation erforderlich war. Und wie nun bei den Kommentatoren der springende Regreß auf den Fall der Insolvenz des Mittelsmannes eingeschränkt wurde, wie manche alte Wechselordnungen den Sprungregreß auf denselben Fall verwiesen, so ist auch die von Schwarzenthaler referierte Praxis in dem niederösterreichischen Landesordnungsentwurf vom J. 1657 für den Fall aufgenommen worden, daß „der Scherm in Armuth geräth, also daß man sich bey demselben nichts zu erholen"; dann konnte man „den Gegen- oder noch weiteren Scherm" (auf Schermung) belangen.[3] Das preuß. allg. Landrecht aber ver-

---

[1] Pothier, Vente n. 97 ff., 147—149; Domat, Lois civiles liv. I tit. 2, sect. X n. 29. Auch D'Aguesseau wird zitiert. Pothier sprach sich (nach viel älteren Mustern) gegen den springenden Regreß des Schenknehmers aus, weil dem Vormann desselben das Interesse an der Eviktion fehle; diese Ansicht ist seit dem C. C. als Inkonsequenz aufgegeben worden.

[2] Schwarzenthaler I act. 5 c. 3: Nach jus scriptum werde der Käufer, der den Auktor seines Auktors laudieren will, nicht gehört; consuetudine autem receptum est forensi, laudari authoris authorem posse; si vel solum instrumentum promissionis aut obligationis eiusdem prolatum fuerit a reo convento laudante, qui nec cessionem actionum praedictam expectare obstringitur. Mit ihm Suttinger, consuet. vo. Schirm S. 684. Ich zweifle nicht, daß sich hierin ein Zusammenhang mit dem Mittelalter finden wird.

[3] Landesordnung I 16, 5: Wann der Scherm in Armuth geräth, also das man sich bey demselben nichts zu erholen und der beklagt seines Scherms gegen: oder noch weiteren schermb gerichtlich beklagen wolte, mag er solches wan Er den verschriebenen gegenschermb gerichtlich fürzuzaigen hat, auch mit des Schermers übergang wohl thun, und ist der gegenscherm Ihm vor dem Gericht, da der beklagte fürgenohmen worden, zu schermen schuldig.

ordnet: I 11, 159. Ist jedoch der unmittelbare Verkäufer in Konkurs versunken; oder hat er die königlichen Lande verlassen; oder ist sein Aufenthalt unbekannt; so steht dem Käufer frei, sich an dessen Vormann zu halten, und diesen zu seiner Vertretung aufzufordern. An ähnlichen Ansichten hat es auch nicht im deutschen gemeinen Recht gefehlt.[1]

Alle diese Gebräuche scheinen mir nun eine gemeinsame Wurzel zu haben. Es kann kein Zufall sein, daß der Sprungregreß gerade dort am schärfsten ausgebildet wurde, wo die Defensionspflicht am reinsten erhalten war. Das Verständnis wird aber noch durch eine Erscheinung des mittelalterlichen englischen Rechts gefördert, von deren besonderer Form leicht zu abstrahieren ist. Die Schadloshaltung fand dort nicht im Rücklaufe vom Entwehrten angefangen statt, sondern der erste Veräußerer hatte in seiner Eigenschaft als defendierender Garant, wenn er den Streit verlor, seinen Nachmann zu befriedigen, der die Ersatzsumme — und zwar nach Bracton[2] mit Auslassung aller weiteren Zwischenmänner — an den Entwehrten überlieferte. War nun der erste prozeßführende Garant insolvent, so erachtete

---

[1] Quistorp, Rechtl. Bemerkungen [2]II S. 181 ist für den Sprungregreß, „wenn der nächste Urheber verarmt oder es doch sonst offenbar sein sollte, daß damit oder wenn (sic) man sich nur an ihn halten wollte, nur Zeit und Kosten vergeblich versplittert werden, und der entferntere Urheber doch auf allem Falle den Schaden ersetzen müßte". Er denkt wohl an die Abkürzung des bei successiver Klagezession erwachsenden Verfahrens. Holzschuher, Gem. Civ.R. [2]III S. 350, der diese Ansicht „Einiger" verzeichnet, hält es selbst für „räthlich", an beide Vormänner zu denunzieren. — Die Lehre stand in Deutschland in einer wenig erquicklichen gegenseitigen Beziehung zu derjenigen vom Wechselregreß, man sehe z. B. Gottschalk, Selecta disceptationum for. cap., t. III c. 28. Noch Sachße, Ztschr. f. deut. R. XVII S. 66, motiviert den Rückgriff auf Grund der Inhaberklausel auf eine den Franzosen verwandte Art; gegenteilig hatte ein Wittenberger Urt. v. 1707 (Berger, Elect. disc. for. Suppl. II S. 132) den Sprungregreß aus dem Wechselindossament (der ja nicht durchgehends zulässig war, Grünhut, Wechselr. I S. 195) versagt, weil man nur den unmittelbaren Vormann wegen Eviktion belangen kann.

[2] Bracton, Fol. 388 (Twiss VI S. 60 ff.). Davon entfernt sich die Darstellung von Reeves, Hist. (Finlason II S. 225) aus mir unbekannten Gründen.

man es unbillig, daß der letzte Inhaber der Sache ohne *escambium* bleiben solle, daher hatte der nächste Nachmann des Defendierenden den Entwehrten sofort zu befriedigen und seinerseits den Rückgriff auf günstigere Zeiten zu versparen. Hieraus ist vielleicht auch für das kontinentale Recht deutlicher zu erkennen, wie die Ausübung der Gewährpflicht die entfernten Vormänner in Verbindung mit dem letzten Erwerber brachte. Da der Gewährenzug den originären Erwerber oder doch — z. B. wo der Zug auf den dritten Mann beschränkt war — den möglichst entfernten Vormann zur Stelle bringen sollte, empfand man es als Umweg, die Zwischenmänner zur Defension aufzurufen; „*ob evitandum circuitum*" stellte auch die Postglosse ihre erwähnte Theorie auf. Und da der unmittelbare Erfolg der Entwährung den letzten Inhaber traf, so lag es, nachdem doch die Vormänner zu seinem Schutze hatten herantreten müssen, nahe, nicht gerade ihn im Ersatze leer ausgehen zu lassen. In diesem Sinne dürften die verschiedenen Formen des Sprungregresses im Gegensatz zum klassischen römischen Recht, das auf das Vertragsverhältnis des Evinzierten zu seinem Auktor sieht, aus den durch die Defensionspflicht geschaffenen praktischen Verhältnissen hervorgegangen sein.

6. Eine nicht minder interessante Konsequenz des in Rede stehenden Prinzipes wäre es schließlich, wenn der Satz: *quem de evictione tenet actio, eundem agentem repellit exceptio* auf der Verpflichtung des Verkäufers, die Eviktion zu verhindern, beruhen würde. Bemerkenswert ist unter allen Umständen, daß der Satz thatsächlich in jener Art auf die Defensionspflicht zurückgeführt wurde[1] und seine reiche Ausbildung in der französischen Doktrin offenbar dem Bestreben verdankte, der Actio auf Schutz die entsprechende Exceptio an die Seite zu stellen. Nach dem im ersten Kapitel Ausgeführten wäre dieser Gedanke noch anders und besser zu fassen; in der Verpflichtung zur Erwirkung der Innehabung der Sache ist die zur Unterlassung eigener Angriffe ein-

---

[1] Namentlich in Frankreich, Pothier, Vente I n. 166 f.; Zachariae-Crome 8. Aufl. II § 331 N. 28. Die Regel findet sich gegenüber dem den retrait lignager ausübenden Verkäufer schon im livre de jostice et de plet (Rapatti) S. 232 § 6: Là ou il a garantie n'a point de rachat, vgl. Glasson, Hist. VII S. 619.

geschlossen, und dieselbe paralysiert ebenso den nach dem Kaufe eingetretenen dinglichen Erwerb des Verkäufers wie das dingliche Recht des neben dem Verkäufer oder statt desselben obligatorisch Verhafteten. In der That ist, wie wir sahen, die Obligation wegen der *facta venditoris* im französischen Kaufrecht lebendig geblieben, und auch hier wird auf sie angespielt.[1] Man muß jedoch zugeben, daß die römischen Quellen derselben Regel huldigen, sie aber nicht etwa erkennbarerweise auf die Pflicht der Defension oder des *per se non fieri, quominus emptorem habere liceat,* sondern allgemein auf die *exceptio doli* oder auf die *exceptio (in factum concepta) rei venditae et traditae* stützen.[2]

III. Ende des Instituts der Schirmungspflicht.

Eine größere Anzahl von Umständen vereinigte sich in den letzten Jahrhunderten, um der altherkömmlichen Auffassung der Haftung des Gewährsmannes ein Ende zu bereiten. Der exekutive Zwang zur Defension war immer ein sehr mangelhaftes Mittel zur Erreichung wirksamen Schutzes. Eben seiner Nutzlosigkeit wegen versagte man wohl auch den Zwang völlig. Beweismittel, die man nicht kennt, kann man nicht zwangsweise, sondern nur wieder in mangelhafter Weise mittels eines Manifestationsverfahrens einfordern, Eide nicht Personen zuschieben, die sich vom Prozesse fernhalten. Die Fortführung des Hauptprozesses während des Streites um die Vertretungspflicht benahm dem Ausgang des letzteren den Effekt. Die Vertretung, Defension im alten Sinne oder Assistenz, wurde auch entbehrlicher, da der Vormann als Zeuge angerufen werden konnte. Zur Erzwingung der Herausgabe bestimmter Dokumente lag es näher, das Editionsrecht auszubilden, wie es im jetzigen Recht geschehen ist.[3]

---

[1] Laurent, XXIV n. 210.

[2] D. 21, 2, 17; 73. C. 8, 44, 11; C. 3, 32, 14. D. (21, 3) 1 pr. § 1; 2; D. (6, 1) 72; D. (44, 4) 4, 32; vgl. C. 8, 44, 14. — Vgl. überhaupt H. Krüger, Exceptio doli S. 48 ff.: Die Regel gilt auch, wenn Eviktionsgarantie nicht besteht, D. 20, 5, 10; dabei könnte aber an die beschränkte Verpflichtung des per se non fieri gedacht sein, vgl. D. (19, 1) 11, 15.

[3] Nach der a. G.O. konnte man allerdings selbst vom Gegner nur mit gewöhnlicher Klage die Herausgabe fordern. Schrutka, Zeugnispflicht und Zeugniszwang (1879) S. 12.

Daß der Käufer einen Schutz gegen objektiv nicht berechtigte Angriffe beanspruchen dürfe, konnte sich, so lange das Lehenrecht in Blüte stand, allerdings vermöge der übergeordneten Stellung der meisten den Gewährenzug abschließenden Gewährsmänner erhalten; es erschien nachher mehr und mehr befremdlich. Die Haftung wurde wieder wie in Rom auf wahre oder als solche geltende Rechtsmängel eingeschränkt, weil eine weitergehende Anspannung der obligatorischen Beziehungen den Verkehr unnötig belastet. Daher kümmern jetzt die Kosten der vom Käufer gewonnenen Prozesse den Verkäufer nicht mehr. Daß ferner selbst bei Bestehen eines Rechtsmangels und vorgenommener Streitverkündigung der Käufer die einstweilige Kostenverauslagung nicht von sich abzuschütteln vermag, ist wieder wie in Rom rechtens, weil die Prozeßführung nicht als außerordentliche Last empfunden wird. Ähnlich kann sogar schließlich die moderne Gesetzgebung gleich der römischen den Käufer unter gewissen Umständen zu Diligenz derart nötigen, daß er den Prozeß mit dem Dritten bald zu vermeiden, bald mit Sorgfalt zu führen verpflichtet wird. So haben die gesicherten Rechtsverhältnisse die ökonomische Struktur des Kaufes verändert.

Den Ausschlag gibt die Annahme des Systems, wonach der Verkäufer zur Eigentumsgewährung verpflichtet ist. Der Gewährpflicht dürfte längeres Leben, als nach allem Gesagten berechtigt war, der Umstand verschafft haben, daß sie ein Mittel bot, den Veräußerer wenigstens nach erhobenem Drittanspruche sofort zu belangen[1] und die für das Verpflichtungsverhältnis wichtigste Frage, ob eine Gewährleistungspflicht für Rechtsmängel überhaupt vorliege, festzustellen.[2] Die Entschädigung bestimmte sich dann durch das Eviktionsurteil großenteils von selbst.

[1] Dies ist der Punkt, der immer am deutlichsten als Differenz zwischen römischem und einheimischem Recht empfunden wurde. S. nur Calletius S. 315.

[2] Was gegen diese Funktion der Klage in der vormärzlichen österr. Literatur gelegentlich bemerkt wird, ist unrichtig und von dem Bestreben eingegeben, die Vertretungsprozesse zu entlasten. Zutreffend diesbezüglich Eckstein S. 86. Etwas anderes ist es natürlich, daß die Vertretungsleistung nicht der Garantiepflicht präjudiziert. Canstein, Lehrbuch [2] I S. 222 bei N. 23a.

Erwägt man schließlich die gewissenhaftere und gelehrtere Anlehnung an die Quellen als formale Hilfe einerseits, den gesteigerten Verkehr als ökonomischen Impuls andererseits, so wird man das nach jahrtausendelangem Bestand verhältnismäßig sehr rasch eingetretene Ende des Instituts in Deutschland eher als seinen Bestand bis dahin begreiflich finden. Die Pflicht des Verkäufers, am Prozesse teilzunehmen, wird zu einem Rechte; die Litisdenuntiation ist nicht mehr bestimmt, Schutz gegen den fremden Angriff zu erzielen, sondern nur den Regress zu salvieren.[1] Indessen hat die alte Ordnung nicht aller Vorteile entbehrt. Die Franzosen haben dauernd die fakultative Konnexität der beiden Prozesse behalten, die Deutschen wenigstens die Wirksamkeit der Denuntiation bezw. Intervention für die Befreiung des Käufers vom Beweise des Rechtsmangels.

Den Übergang der Meinungen kennzeichnet eine ziemlich große Verwirrung,[2] die auch vorstehend einen genaueren Bericht über die Stellungnahme der Schriftsteller und Gesetze der Rezeptionszeit zur Defensionspflicht vielfach unmöglich machte. Diese Konfusion äußert sich vielfach bereits in der Terminologie. Indem man, dem merkwürdigen Sprachgebrauch der Justinianischen Kompilatoren (bes. C. 8, 45 [46]) folgend, *evictio* mit Gewährschaft oder Gewährpflicht gleichsetzte, war unter Eviktions-

[1] Vgl. Wach, Handb. S. 654 und die weiteren Ausführungen, sowie Skedl, C.P.R. S. 410 f.

[2] Bezeichnend hierfür ist, daß im Cod. Ther. zur Leistung der Schirmung sowohl als der Schadloshaltung „Erfordernussen" aufgestellt werden (n. 192), von denen nur das erste und dritte Erfordernis auf die Verteidigungspflicht passen. Der Entwurf verfällt vollständig in die damals gangbare romanistische Lehre von den „requisita evictionis" und stellt als solche auf: 1. die gerichtliche Ankündigung (n. 192), 2. „dass dem Kaufer das Gut . . . aberkannt sei" etc. (n. 204) = ut sit res evicta, 3. „aus einer vor seinem Besitz vorhergegangenen Ursache abgesprochen werde" (n. 207) = ex causa antecedente, 4. „aus dem stärkeren Recht des Klägers und nicht aus seiner selbsteigenen Schuld" (n. 210) = quia actor potius jus in ea re habuit; demnach Übereinstimmung mit dem in der „Ramistischen Methode" (Stintzing-Landsberg, Gesch. d. d. Rw. II S.143, vgl. I 357) aufgestellten Schema bei Lauterbach, Coll. Pand. theor. pract. II h. t. n. 24 ff., der auch sonst bekanntlich öfters als Muster diente. (Saxl in Grünhut's Ztschr. XXIV S. 425 ff.)

oder Gewährleistung bald die Defension, bald die Pflicht zu derselben, bald die Schadloshaltung oder die Pflicht hierzu verstanden.[1]

In den gemeinrechtlichen Kompendien der zweiten Hälfte des 18. Jahrhunderts ist die Defensionspflicht im allgemeinen verschwunden; nur in dem Falle der immer noch in Übung befindlich gewesenen Schirmverschreibung ließ man die Klage auf Ausführung der Vertretung zu.[2] Das partikuläre Recht da-

---

[1] Jener Sprachgebrauch hat sich nicht nur bei allen Alten eingewurzelt, sondern verunstaltet bis auf den heutigen Tag die meisten Lehrbücher; offenbar denkt man jetzt: wegen Eviktion leisten, früher meinte man geradezu die Eviktion leisten. Weingärtler, Con- et Discord. jur. consuet. (1674) S. 190 sagt, schon wenn die Ansprache erfolgt, könne Käufer evictionem petere. Lauterbach n. 1 S. 155 Evictio = Entwehrschafft, Gewehrschafft, Fertigung, Schadloshaltung, einem den Kauf gewähren; Beckmann S. 140 „Evictio vulgo die Gewährschaft oder Schadloshaltung eines verkauften oder ererbten Guts oder Schermung“, Verbess. Preuß. Landr. v. 1721, IV Art. 18: „Von Wehrschafften, Vertretunge und Schadloshaltunge zu Latein genannt evictio“; Hauenstein, Repertorium juris Pruthenici (1730) übersetzt Gewährer mit evictor; Cod. Max. Bav. civ. IV c. 3 § 15 (Danzer S. 228) Adelung, Gramm. Krit. Wörterb. ²II 1796 v° Gewähr, Z. 4: „Sicherheit in Ansehung ruhigen Besitzes, Evictio, Warandia“ etc.; ähnlich Greneck, Theatrum jurisd. austr. (1752) S. 323 N. a; Martini, Natürl. Privatr. II n. 233; Höpfner, Comm. (8. Aufl. 1818) § 960 S. 713. — Glück XX S. 176 definiert: „Eviktion leisten heißt einem andern den Schaden ersetzen, den er durch Entwährung erlitten hat“ und wendet sich ausdrücklich gegen den Ausdruck Gewähr leisten, weil dieser bedeute: gut sein, daß etwas vorhanden sei. Von Eviktionsleistung sprechen Müller, Eviktion S. 90; Bekker, Jahrb. VI S. 229 und unzählige andere bis zum heutigen Tag. Umgekehrt begegnet sogar Schermung in der Bedeutung von Interesse, das wegen evictio zu zahlen ist. Joh. Ud. Donner, Österr. Rechte S. 424. Das alleräußerste an verderbtem Sprachgebrauch leistete man aber mit der Anwendung von „Eviktion“ = Gewährleistung auf körperliche Mängel. So spricht Salycetus ad Tit. 21, 2 (op. om. V c. 689) von quasi evictio. Erstaunlich ist es, daß noch eine Entscheidung des österr. Ob.Ger.H. vom 4./2. 1897 (!) Z. 926 Links XIII n. 4872 erklärt, nur Krankheiten einer Kuh, nicht aber die behebbare Untugend derselben, mit Schädel und Füßen um sich zu schlagen, begründe das Recht, „Eviktion zu begehren“ (auch der Herausgeber hat dies in die Überschrift aufgenommen), und merkwürdig ähnlich die des preuß. Obertribunals vom 17./11. 1859; Striethorst 35 n. 60 S. 279.

[2] So noch Glück XX S. 420; ebenso chursächs. erläut. Prozeß-Ordg. tit. 14 § 1 und Berger, Elect. disceptat. forens. S. 439.

gegen weist in jener Zeit, wie wir sahen, zahlreiche Spuren der einstigen Regelung auf. Das allgemeine Landrecht bestimmt noch ausdrücklich:

> I 11 § 136. Der Verkäufer muß also auch den Käufer gegen alle Ansprüche eines Dritten auf die verkaufte Sache vertreten.

Die preußische Theorie und Praxis sind aber, und nach allen angeführten Gründen mit Recht,[1] über diese Stelle achtlos hinweggegangen.

Umgekehrt hat man in Österreich, von dem Gedankengang befangen, der dort so viel stärker war, die Vertretungspflicht in das allg. bürg. Gesetzbuch hineingelegt, wo sie nicht mehr statuiert ist. Zwar rezipiert scheinbar § 931 a. B.G.B. den durch die westgalizische Gerichtsordnung hergestellten Übergangszustand, da er den Gewährsberechtigten nicht nur zur Benachrichtigung des Vormannes sondern auch dazu anweist, „nach Vorschrift der Gerichtsordnung die Vertretung zu begehren". Es ist zuzugeben, daß diese Redewendung leicht zur Festhaltung so eingewurzelter und in der einen Gerichtsordnung noch voll, in der andern halb anerkannter Rechtsanschauungen verleiten konnte; die Literatur[2] und oberstgerichtliche Rechtsprechung[3] haben sich der Macht der Gewohnheit während der ganzen Geltungsdauer der alten

[1] Gegenüber Corp. Jur. Frid. I 17, 17 und a. G.O. I 17 § 22 (oben S. 238 N. 3) kann man hier und in der Verweisung darauf in der a. G.O. I 17 § 4: in welchen Fällen jemand solchergestalt von einem andern Gewährleistung, Vertretung oder Beistand fordern könne ..., nur einen Anachronismus sehen.

[2] Menger in Grünhut's Ztschr. VII (1880) S. 699; Ullmann, C.P.R.[3] (1892) S. 96. Abweichend aber nicht entschieden formulierend Canstein, Lehrb. d. C.P.R. [2]I S. 220.

[3] Glaser-Unger 9301. 10715. 11416. 14973 (4./1. 1894; die Entscheidung will nur § 931 nicht auf die Zession anwenden) 15381 (23./1. 1895). Glaser-Unger 831. 4211 wollen sogar behaupten, daß das gerichtliche Begehren um Vertretung in Form einer Klage angebracht werden müsse; dagegen Gl.-U. 4129. 5437. 10715 Canstein, C.P.R. [2]I S. 220 N. 21. Eine eingehende Darlegung der Irrtümer und Widersprüche, in denen sich diese Rechtsprechung und die ältere Literatur bewegt, liefert Eckstein, Intervention S. 97 ff. Es hat selten eine verworrenere Lehre gegeben, und auch ihre Kritiker, wie z. B. Koller, Österr. allg. Ger.-Ztg. 1861 n. 94 ff., zeigen die größte Unsicherheit mangels historischer Methode.

Gerichtsordnungen nicht zu entziehen gewußt und die Klage auf Vertretungsleistung stets zugelassen, zuletzt freilich lange Zeit bereits in vollständiger Verständnislosigkeit gegenüber den treibenden Gedanken der Gerichtsordnung. Der öfters erfolgte Hinweis auf die Sinnlosigkeit der Klage,[1] der übrigens auch nicht so ganz schrankenlos als richtig anzusehen ist,[2] mußte daran scheitern, daß man die Klage in der Gerichtsordnung gestattet fand Allein die ausschlaggebenden Gründe sind immer übersehen worden.[3] Mindestens eben für den Geltungsbereich des § 931, die Gewährleistung bei entgeltlichen Verträgen, ist zu beachten, daß dort ausdrücklich nur von einer Pflicht, nicht einem Rechte des Erwerbers die Rede ist, mehr aber noch, daß die Rechte des Erwerbers nicht in § 931, sondern in § 932 festgesetzt sind, endlich daß die ganze Lehre im Bürgerlichen Gesetzbuch auf der Gleichstellung der Rechtsmängel mit fehlenden Eigenschaften des Kaufgegenstandes beruht, die Haftung also nicht den Schutz gegen begründete oder unbegründete Ansprüche bezielt, sondern schon wegen des Vorhandenseins der Mängel und erst bei materieller Grundhaltigkeit derselben ausgelöst wird. Das Gesetzbuch meint freilich, daß der Käufer durch die Litisdenunziation die Vertretung in der herkömmlichen Art fordern soll, wie sie die Gerichtsordnung vorschreibt, aber es begehrt dies bloß, wie man die Ausübung des Rechtes eines anderen begehrt, widrigenfalls sich derselbe präjudizieren würde. Nur auf diese Weise rechtfertigt es sich denn auch, daß die Civilprozeßordnung vom 1./8. 1895, indem sie von dem Rechte des Erwerbers auf Vertretung vollständig schweigt, formulieren konnte:

---

[1] So wiederholt die unteren Instanzen in den obzitierten Entscheidungen und Larcher, Jur. Bl. 1883 S. 51.

[2] Ullmann a. a. O.: die Klage ist „angemessen, wenn bei Feststellung der Regreßpflicht [für Rechtsmängel überhaupt] eifrige Beihilfe im Prozeß zu erwarten ist oder auf Grund des Urteils die Edition von Urkunden verlangt werden kann". Die Lücken, die in diesen Beziehungen entstanden wären, hätte man übrigens ausfüllen können.

[3] Auch noch von Eckstein S. 135 f., obgleich derselbe das richtige Ergebnis, die Derogation der G.O. durch § 931 vertritt. (Er will sogar aus § 931 der G.O. entgegen ein Interventionsrecht des Dritten herleiten!)

Einf.-Ges. z. C.P.O. Art. XXXI: Die Verpflichtung, die Vertretungsleistung zu begehren, ist als Verpflichtung zur Streitverkündung anzusehen.

Damit ist auch die Bahn zu einer neuen Theorie der Streitverkündung freigelegt worden.

IV. Die Verpflichtung zur Verschaffung freien Eigentums.

1. Das im Corpus juris überlieferte Quellenmaterial hätte mannigfache Anknüpfungspunkte geboten, um neuerlich die Haftung des Verkäufers von der primitivsten Stufe weiter zu entwickeln. Einzelne, nicht immer die passendsten, hat schon die Schule von Bologna aufgegriffen, doch in einer keinen nachhaltigen Erfolg vermittelnden Weise. So wollte die Glosse des Accursius unter dem Eindruck von A. E. 52, 1 und C. h. t. 5, 1 auf Befreiung von allen Lasten klagen lassen, solange der Kaufpreis nicht gezahlt sei.[1] Die strengere Behandlung des Käufers der *nummos venditoris facere cogitur* als eine Eigentümlichkeit der Genusobligation erklärend,[2] wollte Bartolus jeden Genusverkäufer zur Eigentumsverschaffung verpflichten.[3] Die elegante Jurisprudenz ist über solche Momente hinweggeschritten; die Praktiker und die Partikulargesetzgebungen des 16. und 17. Jahrhunderts zeigten sogar, auch von der Theorie der Litisdenuntiation abgesehen, eine ganz außerordentliche Ängstlichkeit in der Wahrung der Erfordernisse der Garantieklage, häufig die Erleichte-

---

[1] Das sagt Accursius weniger deutlich ad l. creditor § praedium (52, 1) A. E. als ad l. ex iis praediis (5) C. h. t. Gegen ihn: Cuiac. recit. solemn.; Calletius S. 319; Duarenus S. 1217, sämtlich ad l. 5 C. h. t. Vielleicht haben bei der Glosse hier wie öfters germanisch-rechtliche Anschauungen mitgewirkt? Nach englisch-amerikanischem Recht hat immer noch der Verkäufer bei allgemeiner Garantieklausel, solange der Kaufpreis nicht gezahlt ist, regelmäßig die Lasten sofort zu beseitigen. Beach, Law of contract § 289 S. 362.

[2] So die Glosse des Accursius ad l. ex empto (11) § 2 de A. E. V. und mit ihr Cuiac. ad Ed. Pauli l. 1 D. 19, 4.

[3] Bartolus ad l. ex empto (11, pr. § 2) A. E. V. „nur logischerweise", Calletius S. 318. Darauf zurückgekommen sind z. B. Caballinus § n. 9; Berlich, Conclus. pract., c. 24 n. 40.

rungen, die schon das römische Recht gewährt, eben vom Standpunkt der Defensionshaftung aus übergehend.

Auch der Verkehr mit Forderungen, für welchen das Corpus juris keine Andeutungen über die Anwendbarkeit des Eviktionssystems enthält, ist, zwar nicht in Österreich,[1] wohl aber im gemeinen Recht bis in unsere Tage jenem System unterworfen worden,[2] sofern nicht der Kauf eines nicht bestehenden Rechts wegen mangelnden Objektes als nichtig angesehen wurde.[3]

[1] Von älteren Quellen ist mir nur eine Bestimmung bekannt geworden: Niederösterr. Landes-O. II 19 § 8 „in cedir- und übergebung der schulden ist man, wo man sich nicht eines andern vergleicht anderst zu keiner schermung sondern allein dis zu leisten verbunden, das die schuld richtig und der schuldner bekhandlich auch zu zeit der übergab (so viel dem übergeber bewust) solvendo seie" mit Cit. niederösterr. reg. declar. 22./8. 1625. Damit soll allerdings offenbar nicht die Schermungspflicht, sondern nur die Haftung wegen Insolvenz, vom Dolus abgesehen, abgelehnt werden. Allein gewiß schon in älterer Praxis wurzelt Cod. Ther. III 23, 70 (S. 397): die Verbindlichkeit zur Gewährleistung verstricke den Verkäufer nicht allein in der Mass, wie es von Gewährleistungen überhaupt angeordnet worden, „sondern auch, da die Unrichtigkeit der abgetretenen Forderung noch vor Belangung des Schuldners erweislich wäre solche zuruckzunehmen". Bemerkenswerterweise ist im vorangehenden n. 69 die Richtigkeit dahin verstanden, daß die Forderung auch „durch keine Einrede oder Einwendungen des Schuldners abgeleinet oder entkräftet werden möge." Endlich ist der gleiche Rechtsatz aus a. G.O. § 317 erkennbar: Der Beklagte hat für die Richtigkeit der eingeantworteten Forderung zu haften, ausgenommen wenn sie streitig gemacht worden wäre und der Kläger hätte von ihm die Vertretung nicht angesucht.

[2] Die gewöhnliche Defensions- und Garantiepflicht gilt in Frankreich nach dem Beispiel von Pothier II n. 559. Das gemeine Recht anlangend s. Paul de Castro, Cons. 207 n. 3 f. und nach ihm z. B. Caballinus, de evict. § 4 n. 54; Berlich, Conclus. pract. c. 24 n. 51; Mevius, Decisiones pars I dec. 92 bei n. 3, Consilia posthuma c. XLI n. 111; von Neueren Schweppe, R. Privatr. § 437, c; Thibaut, P. § 413; Müller, Evikt. S. 312 ff.; O.A.G. Darmstadt, Arch. f. prakt. Rechtsw. N. F. VI (1869) S. 385; Bechmann II S. 438; wohl auch Windscheid, P. § 336 N. 3; sächs. b. G.B. § 971, vgl. dazu Grützmann, kgl. sächs. Privatr. II S. 105; dresd. Entw. a. 326, D. Entwurf I § 298. Die Älteren stellten daher, wie bekannt, die Frage: num cedens de evictione teneatur, vgl. Mühlenbruch, Cession S. 623.

[3] Z. Bsp. A. D. Weber, Beiträge z. Lehre v. ger. Klagen u. Einreden Stück 1, S. 49 ff.; Glück XVI S. 448 N. 64 und die noch herrschende Mei-

Dagegen fand die ausgedehnte Haftung des dolosen Verkäufers viel Beachtung[1] und wurden die Rechtsmittel bezüglich der *praestatio rei* stark ausgebildet. Aus der Entscheidung der c. 5 C. h. t. wurde, wohl unter dem Einflusse der deutsch-rechtlichen Haftung für alle „ungewöhnlichen“ Lasten, ein Recht des Käufers, vor der Tradition oder selbst nach derselben Befreiung der Kaufsache von allen Lasten zu fordern, ein Recht, das häufig als Anspruch auf „*liberae*“, bisweilen auf „*vacuae possessionis traditio*“[2] in den meisten Gesetzen und Entwürfen anzutreffen ist.[3]

nung in Frankreich; genauer unterscheidet Schliemann, Haftung der Ced. S. 64 ff. 72, ipso jure nicht bestehende Forderungen seien kein taugliches Objekt, durch Einrede im technischen Sinn entkräftbare ständen den evinzierbaren Sachen gleich. Für letzteres kann man gesetzpolitische Gründe beibringen, vgl. vorläufig Attenhofer, Ztschr. f. schw. R. XXXI S. 305. Schliemann selbst S. 73 vertritt für das moderne Recht die sofortige Klagbarkeit.

[1] S. die bei Glück XX S. 380 ff. Zitierten.

[2] Die Postglossatoren unterschieden vacua possessio, frei von fremdem Besitz, und libera possessio, frei von Lasten, z. B. Bart. ad A. E. 2, 1.

[3] Gegen diese Ausdehnung Bekker, Jahrb. VI S. 327. Sie findet sich insbesondere im Cod. Max. Bav. civ. IV 3, 10 n. 2: „Die verkaufte Sache soll — von all fremdem Besitz-, Pfandschaftsrecht, Dienstbarkeit u. dgl. ungewöhnlichen Bürden, soviel nicht in dem Contracte hievon angezeigt und von dem Käufer übernommen worden, frei und ledig übergeben werden“, ferner in Österreich: Niederösterr. Landtafel 1573 II 1, 39: Der verkaufer ist dem kaufer ein freies lediges gueth einzuantworten schuldig, derwegen pfandschaften, dienstbarkeiten oder andere dergl. bürden und servituten mag der kaufer entweder um abledigung klagen oder an der kaufsumme einen nachlass ... begehren, ausgenommen steur, perkrecht, gruntdienst u. dgl. realische onera, welche vom grunt selbst herrüeren, dann dieselben volgen dem inhaber nach. Ähnl. Strein-Linsmayr II 1, 32, Landesordg. II 10, 25, die aber die „Bürden“ unter die Sachmängel versetzen (II 1, 31 bezw. II 10, 23), in nur scheinbarem Ausgehen vom Dolus des Verkäufers. Böhm. Stadtr. G. 47; Weingarten, Ausz.: Der Verkauffer eines Stadtgrundes sol — den kauff jahr und tag aller Ansprüche freyen und vertreten und vertheidigen, desgleichen die Verhaftungen von Grund und Boden abführen, ihm denselben freyen ... Vern. L.O. K II: Anzeigepflicht wegen aller Ansprüche Dritter. So verordnet denn auch Cod. Ther. III 9 § VIII (actio empti auf Tradition) n. 86 ff. (S. 148) die Übergabe frei von allen Mängeln und Haftungen, wobei ausdrücklich Dienstbarkeiten, versessene Steuern, Zinsen und Verpfändungen (89), die nicht leicht in Erfahrung gebracht werden konnten (90), hervorgehoben werden

Damit vertrug sich vortrefflich die der Glosse folgende[1] und in den Territorien überwiegend herrschende[2] Auffassung, welche auf Lasten der Sache mit oder ohne Einschluß der Hypotheken die wegen Sachmängel zustehende *actio quanti minoris* anwendete;[3]

---

und die Klage auf Befreiung von Hypotheken (95) auch nach der Tradition und Kaufpreiszahlung sofort gegeben wird. Ebenso Horten III 9, 37—42. 85; Martini III 6, 14 ist nach dem A.L.R. zu erörtern. — Preußen: Magdeb. Pol.O. 1688, c. 22 § 8 (Mylius, C. C. Magd. III S. 91): „Die Gewehr von allen hypothecen und Beschwerungen außer von Steuern, Unpflichten, alten Diensten und anderen (dergl.?) Beschwerungen ... ist der Verkäuffer, wenn er sich auch gleich darzu nicht ausdrücklich verbunden, dem Käuffer zu leisten schuldig." Zum ostpr. Landr. p. 2 IV 6, 18 § 10 bringt Gruben, Comp. jur., eine Entsch. vom 8./11. 1683, daß auch vor der Eviktion und post rem traditam pretio soluto vom Pfand zu befreien sei. Romanistisch ist die Behandlung der Servituten. — Aus der führenden Lit. der Zeit der Kodifikationen: Joh. Ludw. Schmidt, Klagen und Einreden (9. Ausg. S. 462 § 894): der Verkäufer soll die Sache überlassen und haftet: 1. daß die Sache von allem Besitze leer sei, 2. besonders, daß sie nicht fehlerhaft, nicht mit Dienstbarkeiten, nicht mit einem Pfandrechte, noch mit anderen ungewöhnlichen Lasten beschwert sei. Vgl. auch Glück XVI S. 123. Die von Bekker angegriffenen Entsch. Seuff. IX n. 142, XI n. 34 gehen ohnedies weniger weit.

[1] Glosse ad l. cum venderes (59) C. E. (18, 1); daß nur die a° qu. min. und nicht das Interesse zustehe, lehrte die Glosse ad. l. penult. D. de evict. und ad l. quoties (61) aed. ed.

[2] Aus Österr. s. Landtafel II 1, 39. 40; weitergehend Zeiger in das Landrb. III 7, 24 in irrtümlicher Einmischung der auf Dolus bezügl. Quellen. Böhm. Stadtr. G 38; Weingarten, Auszug der kgl. Stadtr. G 38. 47; Neumann v. Puchholtz Annot. ad Zoes., Tit. 21, 1 n. 15 S. 224. Für Preußen wichtig Schneidewin, Inst. IV 6 S. 447 n. 33. Magdeb. Pol.O. 1688 cap. 22 § 8: „Proportion des Mangels und Kauff-Geldes". Ebenso das neuere ital. gem. R. Cuturi S. 225. Das französ. droit ancien gab beide ädil. Klagen siehe Pothier, Vente I n. 201, mit dessen Lehrsatz art. 1638 C. C. wörtlich übereinstimmt; ebenso für „Bürden", worunter Servituten und Reallast-Abgaben privater und öffentlicher Natur verstanden sind, niederösterr. Entw. Strein-Linsmayr II 1, 31; Landesordnung II 10, 23, freilich indem sie wörtlich Dolus voraussetzen.

[3] Die Doktrin hielt sich an D. (21, 1) 62 und D. (21, 2) 15, 1 (mit der gangbaren Emendation servitus). Man kann von ihr aber so wenig wie von der Glosse sagen, daß man Servituten oder andere Lasten, trotzdem ihr Haften an der Sache oft betont wurde, für Sachmängel gehalten habe. Erst eine neuere Auffassung verglich den durch die Lasten geminderten Ge-

denn auf diese Weise gelangte man doppelt sicher und leicht zum Regreß ohne Eviktion.

Das wegen *quaestio dominii in limine contractus mota* gegebene Recht, den Kaufpreis bis zur Sicherstellung zurückzubehalten, wurde zu einer Sicherstellungsmaßregel gegen „drohende" Eviktion ausgedehnt und mehr oder minder large zugebilligt.[1] Das Nähere ist bekannt; hervorzuheben ist nur die gelegentliche Erweiterung, daß bei einem *certum et evidens jus* des Dritten der Kaufpreis auch trotz Sicherstellung seitens des Verkäufers zurückbehalten werden durfte.[2] In Österreich, wohl auch anderwärts, knüpfte sich an diese Praxis der Gebrauch, einen Teil des Kaufpreises (als „Schirmkapital") eine gewisse Zeit für den Fall des Hervorkommens von Lasten anstehen zu lassen. Nach dem „Schirmungsedikte" Kaiser Ferdinand's II. vom Jahre 1635,[3] das die Geltendmachung von Ansprüchen auf 3 Jahre und 18 Wochen nach Anschlagung eines Ausschluß androhenden Edictum publicum einschränkte, dauerte die Frist zur Zahlung des Kaufpreisrestes regelmäßig bis zum fruchtlosen Ablauf jenes Ediktaltermins,[4] Ende des 18. Jahr-

brauch dem durch Sachmängel beeinträchtigten, so Christ. Wolff, Jus naturae t. IV, Halae 1750 § 1178: jura in re aliena vitia rei sunt, quae eidem inhaerent ac eam usui suo minus aptam reddunt. Über den Einfluß dieser Anschauung auf die Gesetzbücher s. 3. Abschnitt. — Noch Glück XVI S. 123; XX S. 39 (der auch beide ädil. Rechtsmittel zuzulassen scheint), glaubt, das ädilitische Edikt sei auf Servituten ausgedehnt worden. Vgl. Windscheid § 389 N. 8 f.

[1] Bekker S. 326; Eck, Verpflichtung S. 36. Vgl. betr. der Praxis des Reichskammerg. J. U. Cramer, Obs. II 1, 1; IV 77. Auf den Unterschied der exc° evictionis imminentis von der exc° non adimpleti contractus in der Beweislast macht Leyser IV spec. 238 med. 3 nach einem Helmstädter Urteil aufmerksam.

[2] „Wenn das Recht des Dritten klar am Tage liegt", Glück XX S. 372. Mevius, Decis. I d. 92 n. 4, VIII d. 210 n. 1. So auch der in Brandenburg hochangesehene Pape bei Scheplitz, Consuet. 2. Teil tit. 110 S. 78.

[3] Oben S. 193 N. 4.

[4] Donner, Österr. Rechte I S. 428. Die Geltung desselben Gebrauches in Böhmen bekundet Neumann v. Puchholtz, Annot. S. 226, Abus. S. 150. — Zu Unrecht führt Hüttner, Tractatus juris varii practici X 2 d: de emptione et venditione, retractu et evictione, Autographie d. Chorinsky-Sammlung S. 230 sogar das in Wahrheit zum Schutze des Käufers und der

hunderts urkundenmäßig öfters nur bis zum Ablauf des Grundbuchtermins von 1 Jahr, 6 Wochen und 3 Tagen.[1] Offenbar auch in Anlehnung an die *exceptio evictionis imminentis* machten die niederösterr. Praxis, der Codex Theresianus und der Entwurf Horten's von dem Eviktionserfordernis die Ausnahme, daß die Sache sowie bei heimlichen Mängeln sofort zurückgestellt werden könne, wenn „bald nach dem Kontrakt *[in limine contractus!]* von einem Dritten hieran eine klar aufgelegte und unwidersprechliche Rechtsforderung gereget würde.“[2]

Eine unvergleichlich raschere Entwicklung, als die thatsächlich vor sich ging, hätte es bewirkt, wenn die nicht unbegründete, am schärfsten und in vollem Bewußtsein ihrer Tragweite von Caillet vertretene[3] Meinung Beachtung gefunden hätte, welche die Entscheidung der l. 16 D. 12, 4 *repetere a te pecuniam potero quia hominem accipientis non feceris* zum Ausgangspunkte

---

Hypothekargläubiger erlassene Schirmungsedikt auf die Intention zurück, daß auch „der im ganzen Landt üblichen Gewonheit nach das für die Eviction etwan auf dem verkaufften Gut in Handen des Kauffers vor (l. von) dem Kaufschilling hafftend bleibende Quantum nicht länger als bis nach expirirter Ediktal-Schermungszeit der 3 Jahre 18 Wochen angehalten und verpfendt seyn solle.“ Cod. Ther. III 9 § XII n. 222 (S. 167) bestimmte 3 Jahre (ebenso der Kaufvertrag vom 1./7. 1796, Wiener Landtafel, lib. Instrum. tom. LXXII fol. 230), Entw. Horten III 9, 106 (S. 395) wieder 3 Jahre 18 Wochen.

[1] Jos. Preuer, Anleit. z. prakt., in d. Gerichtshöfen d. k. k. deutschen Erbstaaten übl. Rechtsgelehrsamkeit I (Linz 1795) S. 191 lit. f. In dem S. 195 gegebenen Beispiel beträgt das Schirmkapital bei einem Kaufschilling von 76 000 fl. und Leihkauf von 1000 fl. nur 6000 fl. (auf 2 Jahre gegen 5 vom Hundert), in dem Donner'schen bei einem Kaufpreis von 100 000 fl. 8000 fl., in dem ang. Kaufvertrag von 1796: bei 30 000 fl. Kaufschilling u. 50 Dukaten Schlüsselgeld 3000 fl., ist also nur auf geringere Lasten berechnet.

[2] So Cod. Theresianus III 9, 403 (S. 192); Horten III 9, 80 (S. 392). Wesentlich ebenso niederösterr. L.O. I 16, § 3 Z. 3 (Ms. cit. fol. 27/28). Merkwürdigerweise konstruiert der Cod. Ther. diesen Fall als Sachmängelhaftung und gewähren er sowohl als Horten daher nur die wegen physischer Fehler zustehenden kurzbefristeten Rechtsmittel. Diese Konstruktion bot eben die passendste Art, über das Entwehrungserfordernis in weiterem Maße als die römischen Quellen hinwegzukommen. Vgl. unten Abschn. 3, I.

[3] Calletius S. 319 mit Anrufung von Azo bei Accurs. ad h. l.

nahm. Die Beschränkung des Arguments auf Innominatverträge hat niemals eingeleuchtet Caillet meinte nun, dasselbe müsse, da heutzutage alle Verträge auf Überlassung von Ware gegen Geld Kaufverträge seien, allgemein gelten, und da die Zulassung der *actio praescriptis verbis* auf Erfüllung sich in l. 16 von selbst verstehe, so stehe auch die *actio empti* auf Eigentumsverschaffung jedem Käufer zu.

2. Eine natürliche und unvermerkte Erweiterung von großer Wichtigkeit erwuchs aus der Fortdauer bezw. Wiederbelebung des Instituts der Auflassung und durch die Ausbildung der öffentlichen Bücher. Erlangt der Käufer die Eintragung nicht, so sind klare Verhältnisse geschaffen; erlangt er sie, so hat er mit dem Tabularbesitz das Allermeiste gewonnen. Die formale Dispositionsberechtigung über das Kaufobjekt hatte aber, wie schon mehrfach betont, der Verkäufer immer und überall (nur gerade irrtümliche Meinungen innerhalb des gemeinen Rechts ausgenommen) sogleich zu schaffen. Eine gegenteilige Regelung ist mir nicht bekannt geworden. Wenn sich nicht das erwachende Publizitätsprinzip darin äußerte, daß der Kauf bis zur gerichtlichen Mitwirkung oder Verbücherung für nicht perfekt erklärt wurde,[1] so galt wohl überall, und zwar wie es scheint, auch selbst dort wo die Eintragung in polizeilicher Weise beiden Teilen bei Strafe aufgetragen war,[2] der Verkäufer für verpflichtet — je nach dem Entwicklungsgrade der *publica fides* im betreffenden Rechtsgebiet — die zum Beweise der Übertragung, zur Legitimation des Erwerbers für weitere Übertragungen oder zur Vollgültigkeit des Rechtserwerbs erforderliche[3] Mitwirkung zu leisten und deren formale Wirksamkeit (d. h. in Hinsicht der Erlangung der formalen Dispositionsberechtigung) zu prästieren.[4] Erwähnt

---

[1] Dahin gehören allerdings die ostpreuß. Landrechte IV 6 art. 7 § 1.

[2] So Seuffert, Archiv VI S. 442, Nachschrift zu dem abweichenden, auf Grund des würt. Landr. II Tit. 13 erflossenen Erk. n. 311 Obertrib. Stuttgart 7./1. 1840.

[3] Daß nur die erforderliche, betont die mit dem hier Gesagten vollständig übereinstimmende Entscheidung O.A.G. Rostock v. 8./4. 1854 Seuffert X n. 156.

[4] Ebenso die älteren Germanisten Eichhorn, Einl. i. d. D. Priv.R. § 175 N. c; Mittermaier, D.P.R. § 161 IV Z. 4; Gerber, D.P.R. 7. Aufl.

sei von bezüglichen ausdrücklichen Vorschriften die für Süddeutschland vorbildliche und ihrerseits an alte Quellen anknüpfende Regelung in dem ober- und niederbayrischen Landrecht von 1616[1], die chursächsische Praxis, die in der Prozeßordnung von 1622 einen sehr charakteristischen Ausdruck fand,[2] die magdeburgische,[3] und die, wie es scheint, ebenfalls jederzeit konstante Praxis der österreichischen Gerichte.[4] Auch die preußische Ge-

§ 89 N. 17; Bluntschli, D.P.R. § 63, Z. 2. Weitergehend schon in Nachwirkung der Eck'schen Theorie O.A.G. Jena, Seuffert 32 (1877) n. 224 S. 285. Dagegen sieht R.G. Seuffert 37 n. 14 S. 25 in der entsprechenden Bremer Gepflogenheit, die durch die tabularrechtliche Bestimmung in § 14 der Erbe- und Handfestordnung von 1833 nur naturgemäß veranlaßt war, eine Besonderheit.

[1] VI art. 3 Verkäufer solle „dem Kauffer gebůrliche und nottůrftige fertigung, einantwortung und wehrschaft thuen, damit der Kauffer solche gekauffte Haab und Guet fůr das sein haben und gebrauchen mȏg mit der maß wie ihm solches verkaufft ist; auch mit aigenschaft, nutz und gebrauch desselben, darzu auf zeit und weil, wie dann der Kauff redlich vnd vngefårlich abgeredt vnd beschehen ist."

[2] Nach Cap. von der Hülffe in die Lehengüter (Druck v. 1622 S. 111) wird der Exekut zur Auflassung des zwangsverkauften Lehens verpflichtet betrachtet, ihm ein Termin zur Auflassung bestimmt und bei fruchtlosem Verlauf dieselbe suppliert. Umsomehr war, wie Berlich, Concl. 82 n. 53 (1739, S. 500) mit Bezug auf Lehen andeutet, der freiwillige Verkäufer zur Auflassung genötigt. Was Bauer, churfürstl. Decisiones v. J. 1746 (1794) I S. 8 bestätigt (nicht die Dec. selbst, wie Eck S. 40 N. 1 angibt). Ebenso sächs. B.G.B. § 1089.

[3] Unter Benützung der Bestimmung der sächs. Proz.O. und Berlich's trägt Bastineller, Decadem differentiar. juris magdeburgici a jure civili (Diss. Joh. Mart. Seidler, 1707) S. 7 ganz allgemein vor: quemadmodum iure Romano rei venditae dominus ad eius traditionem, actione personali, conveniri possit, ita ad iudicialem hanc traditionem parili modo nostro iure adstringi, imo recusanti resignationem, vel remoranti terminus praefigi potest, ad eam faciendam, sub comminatione, alias dominium pro abdicato et resignato habitum iri.

[4] Suttinger (nach welchem obs. pract. obs. 35, Überschrift u. n. 1, es keine Klage aus der Schermbungspflicht vor der Tradition gibt), consuet. austr. v° Kaufschilling (Nürnb. 1762 S. 328 f.) bringt zwei Urteile der niederösterr. Regierung vom 14./6. 1569 und 14./6. 1641 dafür, daß der Käufer den Kaufschilling so lange zurückhalten dürfe, bis der Verkäufer „völlige Richtigkeit gemacht". Ebenso Finsterwalder, Pract. obs., obs. 81 (1687 S. 458). Das erstere Urteil aber spricht den Verkäufer schuldig, die noch

setzgebung hat sich dieser Richtung angeschlossen,[1] als sie die Insinuation nicht mehr als Bedingung der Vertragsgültigkeit ansah. Wieder ergab sich von hier aus ein Impuls, für eingetragene

---

unrichtige gewehr alsbald richtig zu machen. Ferner wird von mehreren im gleichen Sinn ergangenen Urteilen des judicium provinciale aus dem Anfang des 17. Jahrhunderts eines d. d. 17./12. 1602 zitiert: der Verkäufer solle „die Richtigkeit machen bei dem Grundbuch und der Lehen halber“. Vom oberösterr. Landshaubtmannsger. referiert Weingärtler, Con- et Discord. ein Urteil vom 29./8. 1582, der Käufer könne „die Haubtsumme des Kaufschillings so lange und viel innen behalten biß der Verkauffer den Kauffbrief samt Gewehr- und Schirmverschreibung gibt“. Auch die niederösterr. Entwürfe geben bei Verzug des Verkäufers in der Übergabe „der Urbarien, Grundbücher oder dergl. briefliche Urkunden“ mindestens die Zurückbehaltung des Kaufgeldes und dürften, wenn sie auch ausdrücklich nur von den nach der Kaufabrede geschuldeten Dokumenten sprechen, zweifellos in obigem Sinne zu verstehen sein; vgl. Landt. I 1, 34, L. T. Schönkirchnerbuch II T. I 1, 20; Strein-Linsmayr II 1, 30, Landes-O. II 10, 22. Die Bedeutung der in diesen Stellen erwähnten Gewährbücher und Gewährinstrumente ist nicht immer die gleiche, s. Krasnopolski in Grünhut's Ztschr. XI S. 552 ff.; Randa, Eigentum 2. Aufl. § 18 N. 104.

Im böhmischen Landrecht „erscheint im 14. Jahrhundert in sehr vielen Urkunden vom Veräußerer die Verpflichtung für die Intabulatio, für das ‚ponere ad tabulas‘, ‚annotare facere‘ des Geschäftes Sorge zu tragen, übernommen“; Krasnopolski in Grünhut's Ztschr. X S. 474 (s. z. B. Cancellaria Arnesti, ed. Tadra, S. 249); ebenso natürlich in Mähren, z. B. Brünner Landt. VI n. 2 S. 97 a. 1371: Disbrigare et mox eçiam lucidius in tabulis terre imponere et intabulare. (Zum Ausdruck vgl. Demuth, Landt. I S. IV.) In jener Zeit hatte aber die Eintragung nur erst die Bedeutung, das unwiderlegliche Gerichtszeugnis zu schaffen. Ebenso enthält im 17. Jahrh. das Formular für Kaufverträge bei Kyblin, Diff. XIII S. 156 die Verpflichtung, „frey und Erbaigenthumblich in die Landtaffel einzulegen“. Ein Argument für die Legalverpflichtung ergibt Vern. L.O. K. XXIII i. f. Dafür auch Neumann v. Puchholtz, De abusibus S. 142 N. 8. — Koldin's Stadtr. G. 97: Ein jeder, der Stadtgründe verkauft, ist verpflichtet ... „dieselben Stadtgründ in das Stadtbuch einzulegen“. — Hervorzuheben ist in diesem Zusammenhang das Verbot der bücherlichen Eintragung bei Mangel des bücherlichen Besitzes des Übertragenden, Všehrd IV 4, 1—3.

Vollständig mit allem Gesagten übereinstimmend Cod. Ther. III 9 § XII n. 131—134; Horten III 9, 64 f.

[1] Entw. II 2, § 159; A. L.R. I 11, § 126; daneben steht die Gewährleistung: Entw. § 165, L.R. § 136. — Die Praxis bei Förster-Eccius, Pr.P.R. II § 125 N. 29.

Hypotheken, die die Verfügungsmöglichkeit ganz anders behindern als gewöhnliche Pfandrechte,[1] ohne Eviktion haften zu lassen.[2]

3. In der deutschen Naturrechtslehre tauchten manche der Ergebnisse auf, welche die romanisch-kanonistische Literatur des 15. und 16. Jahrhunderts in eingehender Beschäftigung mit den über fremde Sachen geschlossenen Kaufverträgen festgestellt hatte.[3]

Allein beide Schulen befaßten sich nahezu ausschließlich mit dem Verhältnis des Verkäufers und Käufers zu dem dritten Eigentümer.[4] Zu Gunsten der Erweiterung der Haftbarkeit des Ver-

---

[1] Bekker S. 335.

[2] So für das gemeine Recht Bekker a. a. O.; O.L.G. Braunschweig, Seuffert XLVIII 252 unter Heranziehung von Ziebarth, Realexec. S. 194; Windscheid II § 389 N. 8b u. a. Daher hat der Verkäufer nach der auf Grund des § 1089 sächs. B.G.B. entwickelten Praxis die nicht mit übernommenen Hypotheken zu beseitigen (Wengler-Brachmann, B.G.B. § 1089 N. 2) trotzdem das Gesetzbuch strenge am Habere licere-System festhält, „weil sie die Macht des Erwerbers über das Grundstück sowie den Kredit beeinträchtigen" (Grützmann, Lehrb. d. kgl. sächs. Priv.R. II (1889) S. 85). Von verwandten Anschauungen geht vielleicht die in ihren Entscheidungsgründen sehr konfuse vereinzelte Entsch. d. preuß. Ob.-Trib. vom 7./7. 1873 Strieth, 89 S. 163 aus, die den „Eviktionsanspruch" wegen Hypotheken schon mit dem Kaufabschluß „existent" und „liquid" erachtet. Umgekehrt aber fordert die in Preußen herrschende Praxis allerdings gerade für Hypotheken strenge die Eviktion, weil bis dahin möglicherweise der persönliche Schuldner die Forderung tilgt. Aus gleichem Grunde ist österr. allg. b. G.B. § 928 i. f. streitig. In Frankreich (vgl. vorläufig Troplong I n. 426 f.) und Italien (Cuturi S. 233 N. 1) streitet man, ob dem Käufer gestattet ist, mittels der in art. 2185 C.C. berührten Formalitäten die Versteigerung des Grundstücks durch die Hypothekare zu provozieren.

[3] Die kanonistische Doktrin ist unter dem Gesichtspunkte des Eindringens des Wucherdogmas in das Kaufrecht von Wilh. Endemann, Studien in der romanisch-kanonistischen Wirtschafts- und Rechtslehre II (1883) S. 1 ff. dargestellt.

[4] Die Vernachlässigung in den meisten Lehrbüchern des Naturrechts teilt die Materie freilich mit fast dem gesamten übrigen Kontraktrecht. Es kam aber im 18. Jahrhundert noch eine oberflächliche Erwägung hinzu, die die Bedeutung des Schutzes des „gutgläubigen" Erwerbs im modernen Recht überschätzte. So bemerkt Höpfner, Naturrecht § 80 N. 3, es be-

käufers haben sie schon deshalb in minder unmittelbarer und einschneidender Weise, als man es erwarten sollte, eingegriffen.

a) Vorneweg ist festzustellen, daß der breite Strom der Naturrechtslehre, soweit derselbe überhaupt unseren Gegenstand berührte, auf dem Boden der romanistischen Lehre verlief. Es ist merkwürdig, wie wenig Änderung daran das vom kanonischen Erfordernis der *justitia pretii* beeinflußte, nach so vielen Richtungen hin durchgeführte Prinzip *in contractibus onerosis observanda aequalitas*[1] hinsichtlich des Ausbaues der Gewährleistung bewirkte. Man glaubte einfach genug zu thun, wenn man die Regel verwendete, um nur überhaupt die Legalhaftung für Eviktion zu begründen.[2] Der naheliegende Schritt, als Gegenwert

---

stehe gar keine Eviktionsleistung mehr, denn der unredliche Besitzer habe kein Recht dazu, dem redlichen könne nicht evinziert werden. Das gleiche setzt der Cod. Ther. III 9 § XII n. 185 S. 162 hinsichtlich beweglicher Sachen und § VIII n. 94 S. 149 von Pfandrechten daran auseinander.

[1] Hugo Grotius, De jure belli ac pacis, II c. 10 n. II 1 (Ausg. Amsteld. 1735 S. 387; Sam. Pufendorf, Natur- u. Völkerrechte II 5 Cap. 3 bes. § IX (Ausg. 1711 S. 63); Christ. B. Wolf, Institutiones juris naturae et gentium, § 580 (Halae 1750, S. 321). — Über die kanonistische Lehre von der Aufrechthaltung der justitia pretii: Endemann a. a. O. S. 5. 29 ff.

[2] Damit begann (vgl. Grotius II c. 12 n. 15) schon Pufendorf a. a. O. II. Bd. V. Buch, 5. Kap. § V (S. 99): „Obgleich nun die Meinung des Käufers ist, in sich die Herrschaft eines Dinges zu erwerben, so ist es doch, weil öfters jemand eine fremde Sache anderen wissentlich oder unwissentlich verkauft, genug, wenn der Verkäufer dem Käufer den erledigten Besitz des Behandelten einräumt, mithin solchen in den Stand, die Verjährung und die Herrschaft zu erlangen, setzt, auch ihm, wenn er darüber angefochten wird, die Gewähr leistet". S. weiters Jus culm. revisum IV 5 c. 12 und den westpreuß. Schriftsteller Hauenstein, Repertorium juris (1730) v° Evictio S. 259. Bes. deutlich Sam. Cocceii, Introductio ad Grotium, Halae 1748, Diss. XII § 446 n. 4. S. 380: die „Evictio" habe aus dem Naturrecht ihren Ursprung; facto enim eius qui mihi rem alienam vendit (et quae postea evincitur) mihi aliquid abest: venditor locupletior fieret ex meo pretio, adeoque ex regula generali justitiae jus, quod mihi abest, tribuere tenetur; Stryk, Diss. Halens. tom. VI disput. XVII cap. IV § L S. 364; und, um endlich die für Österreich Wichtigsten zu nennen: Martini, Natürl. Priv.-R. II 117 n. 233: „so ist es dem Kaufe nach ganz natürlich, daß der Verkäufer Gewähr (evictio) leisten müsse," Lehrbegriff des Naturr. 1797 S. 210 § 533; und selbst Zeiller drückt sich zweideutig aus, indem er als Folge des Äquivalenzprinzips darstellt (Natürl. Priv.-R. § 131).

des sofort gezahlten Kaufpreises die wirkliche Eigentumsverschaffung zu betrachten, ist m. W. erst von Wolf, und selbst nach ihm nur vereinzelt unternommen worden (unten d).

b) Aus der kanonistischen und naturrechtlichen These, daß jeder Besitzer, also auch der schlecht- oder gutgläubige Käufer einer fremden Sache durch deren Übernahme die *obligatio restituendi* gegenüber dem Eigentümer übernehme,[1] würden wir unmittelbar die Unmöglichkeit eines Systems folgern wollen, nach welchem der Käufer mit dem *habere* zufrieden sein muß, solange ihm die Sache nicht vom Eigentümer weggenommen worden ist. Auch diese Folgerung ist keineswegs sofort und allgemein gezogen worden. Doch näherten sich derselben die Kirchenrechtler in kasuistischen Entscheidungen,[2] und dem Fortleben der dadurch in Umlauf gesetzten Ideen ist es offenbar zuzuschreiben, daß eine späte literarische Unterströmung des Naturrechts uud noch später die Gesetzgeber eine neue Grundlage für unsere Lehre zu schaffen bemüht waren.

Die Kanonisten gingen von dem Satze der Glosse[3] aus, daß

„Wäre aber der Veräußerer selbst nicht Eigentümer und die Sache würde von dem wahren Eigentümer dem Empfänger abgefordert, so wendet sich letzterer an den Veräußerer, um dasjenige zurückzuerhalten, was er unter der natürlichen Bedingung, das Eigentum der eingetauschten Sache zu erhalten, gegeben hat". (Natürliche Bedingung = stillschweigende, ohne besondere Verabredung sich verstehende, § 113.) Die letztere Wendung erinnert an Wolf (s. unten S. 273).

[1] Grotius II cap. 10 n. I, X (S. 385. 392). Unter den kirchenrechtlichen Schriftstellern z. B. Ludov. Lopez, Tract. de contractibus et negationibus lib. I c. 2 (Lugd. 1593 S. 7). Mindestens galt nach kanonischer Anschauung diese Verpflichtung, wenn der Eigentümer offenbar sonst Gefahr lief, die Sache zu verlieren. Eine moderne Schrift über „die Restitutionspflicht des Besitzers fremden Gutes" nach moraltheologischen Grundsätzen ist von Peter Josef Loenartz, Trier 1885 erschienen.

[2] Klar spricht jetzt Loenartz S. 29 diese Folgerung pro foro interno aus, was gewiß interessant ist. — Endemann S. 25 N. 77 referiert eine Ansicht des Azorius, Inst. mor. III 8 c. 1 (1612), die der oben S. 261 berührten des gleichzeitigen Callet. ähnelt. Im allgemeinen dürfte aber Endemann nicht Recht haben, wenn er behauptet, die Kirchenrechtler hätten bereits grundsätzlich die Eigentumsverschaffung postuliert.

[3] ad l. si in emptione § item si emptor (l. 34 § 3) de C. E. (18, 1) vgl. Albanensis, Note zu Bartolus ad l. rem alienam (28) eod.

der Kauf von *res furtivae* bei Kenntnis der Furtivität seitens des Käufers nichtig sei. In den gelieferten Beispielen ist bis zuletzt überwiegend von diesem Fall die Rede. Allein allmählich erfuhr derselbe eine Erweiterung, sowohl durch möglichste Ausdehnung des Begriffes der Furtivität, als insbesondere durch Verwandlung des Merkmals der Bösgläubigkeit. An die Stelle des Bewußtseins der Unrechtmäßigkeit schob sich der Mangel der *bona fides* im kanonischen Sinne,[1] teils unter Wahrung romanistischer Schranken und mit Unterscheidung des *forum exterius* vom *forum conscientiae*, teils aber in so entschiedener Weise, daß zu gültigem Vertragsbestande die positive und gegründete Überzeugung des Käufers von der Rechtmäßigkeit des Erwerbs gefordert wurde. Aus der solcherart schließlich herausgebildeten, vielzerklüfteten Doktrin ist als fast einhellige Meinung herauszuheben, daß grundsätzlich der Kauf in allen Beziehungen, also auch zwischen den Kontrahenten als nichtig galt, wenn beim Abschluß beide Teile wußten, oder nur der Käufer wußte oder wissen mußte, daß die Sache einem der Veräußerung nicht zustimmenden Dritten gehöre.[2] Diese Regeln wurden mit der Erörterung der Hindernisse der Veräußerung verbunden, die man nachmals als Lehre von den *res extra commercium* zu bezeichnen pflegte. Die *res aliena* stand damit den *res sacrae, publicae,* den *venena mala* u. s. w. zur Seite. Weniger allgemein, aber doch von dem Einflusse maßgebender Schriftsteller gefördert, war das Bestreben, auch bei „gutgläubigem" Kauf das Gewissen beider Teile zu salvieren. Das des Verkäufers schonte man erstens in der sehr bemerkenswerten Richtung, daß er nicht auf Tradition der verkauften fremden Sache belangt werden durfte;[3] zweitens insofern, als er

[1] Diesen Punkt beleuchtet Endemann a. a. O. S. 25—27. 87 f.

[2] Für Mobilien stand dies alles fester als für Immobilien, wo der Begriff des furtum nicht angewendet, aber dennoch im wesentlichen gleiche Resultate erzielt wurden. Eine abschließende kurze Übersicht gibt, worauf Endemann aufmerksam gemacht hat, Sigism. Scaccia, Tract. de commerciis et cambio, § 1 qu. 1 n. 556 (4. Aufl. Colon. 1738, S. 95) und § 1 qu. 7 p. 2, ampl. 19 n. 82 (S. 269). Überdies sehe man insbes. Lopez I c. 2 S. 63.

[3] Navarrus (Martin de Azpilcueta), Consilia et responsa I lib. 3 de empt. et vend., cons. 6 (Ven. 1603, S. 393) n. 8 lehrt (Rubrik): vendens scienter male non tenetur de evictione nec ad interesse, quando emptor

bei nachträglicher Kenntnisnahme, daß er eine fremde Sache übergeben habe, dieselbe zurückzuholen und dem Eigentümer zuzustellen veranlaßt wurde.[1] Noch mehr Beifall fand es, daß der Käufer, der nachträglich „schlechtgläubig" wurde, die Sache nicht behalten dürfe. Er hatte nicht nur beim Kaufe sondern auch nachher jeden aufsteigenden Zweifel über die Befugtheit seiner Innehabung durch Erkundigungen *„morali diligentia"* zu beheben,[2] und wenn dies nicht gelang, sei es dem Dritten sei es dem Verkäufer zu restituieren; ob das eine oder andere, darüber gingen die Meinungen weit auseinander.[3] Eine sekundäre Frage war es bei alledem, wie es mit dem Ersatze des Kaufgelds und des Schadens an den Käufer infolge der Herausgabe, *„maxime re evicta"*, stehe. Für die Entscheidung war vor allem maßgebend, daß unter Umständen der Käufer Strafe verdiene, mindestens den Kaufpreis einzubüßen habe, sodann daß der anfänglich gutgläubige Verkäufer nicht durch zu hohe Anforderungen des Käufers an der Befriedigung des Eigentümers gehindert werden dürfe, und andere, rein scholastische Erwägungen. Das Bild wechselt bei jedem Schriftsteller.[4]

---

sciebat rem esse alienam vel alienari prohibitam, immo nec tuta conscientia potest emptor petere nec rem nec interesse; und sodann: der Verkäufer begehe durch den wissentlichen Verkauf der fremden Sache eine Todsünde, nec fuit obligatus venditor ad tuendam obligationem iniustam et iniquam. Sed ex maleficio tenebatur ad interesse (emptoribus), si emissent bona fide. Die Gründung der Interesseklage auf außerkontraktliches Verschulden war dabei allerdings Besonderheit des Navarrus.

[1] Diese Kontroverse gipfelt namentlich in der unendlich verhandelten, vorzüglich von Dom. Soto, De justitia et jure, lib. IV qu. 7 (Ven. 1594, S. 379) gestellten und bejahten Frage: Ist jemand, der von einem *latro* bona fide kauft und ebenso weiter verkauft, und nachher erfährt, daß die Sache einem Dritten gehöre, gehalten, den zweiten Verkauf aufzulösen und den Kaufpreis dem Käufer, die Sache dem Eigentümer zurückzustellen? Soto bejahte dies: cum sciat nullum in eum transtulisse dominium, sed jure restituendi periclitari. Lopez S. 8 f., der mit Distinktionen Soto beitrat, sprach aber überhaupt nur von Zwang pro foro interno.

[2] Dies sind ungefähr die Worte von Lod. Molina, De justitia et jure t. III p. 2, disp. 721, n. 3 f. (Col. Agr. 1614, S. 368 ff.).

[3] Scaccia, Ampl. cit.

[4] Vgl. im allg. Molina II disp. 380 S. 570 ff. und Scaccia a. a. O. Ein unübersehbarer Streit knüpfte sich an die ebenfalls hereinspielende

Den Grundsatz, daß der Kauf fremder Sachen gültig sei, hat die bei weitem überwiegende Meinung theoretisch immer festgehalten. Aber wieviel von ihm praktisch übrig blieb, ist leicht zu ersehen. Er bildete günstigstenfalls eine von vielen Komponenten, deren Mittellinie man suchte. Einige Schriftsteller sind aber bis zur völligen Preisgebung des römischen Prinzips gelangt. Molina[1] hatte es zu tadeln, daß einige juniores theologi *„vim contractuum onerosorum non penetrantes, ignorantesque apertissimas juris civilis sanctiones"* den Kauf von fremden Sachen für nichtig erklären. Henricus de Hoitan, gegen den Medina polemisirt, dürfte dies gethan haben, indem er den unerlaubten Kaufvollzug hervorhob.[2] Lopez begründete die Nichtigkeit damit, daß auch der Kauf nichtexistierender Sachen ungültig sei, und *res aliena in potestate venditoris nunquam possit contingere;*[3] hier scheint die Unmöglichkeit der Leistung den Ausschlag gegeben zu haben. Und Navarrus lehrte kurzweg: *nemo potest emere proprium nec vendere alienum.*[4]

Frage, inwiefern der Verkäufer dem Dritten für die Herausgabe der „Bereicherung" hafte. Die Einzelheiten interessieren hier nicht, anders vielleicht für die Lehre von der Bereicherung. Erwähnt sei jedoch, daß unter den Gegnern der vorhin erwähnten, von Soto begründeten Ansicht die Meinung vorherrscht, der Verkäufer sei, wenn der Verkaufspreis nicht den Ankaufspreis übersteigt, nur um die actio de evictione bereichert und befreie sich auch dem Käufer gegenüber durch Abtretung dieser actio. So besonders Navarrus, Summa Lat. c. 17 n. 8, dagegen Liguori, Theologia moralis n. 601, s. Loenartz S. 129. Dieser durch Mißverständnis von D. (47, 2) 14 pr., 81 pr. und D. (18, 1) 35, 4 genährten Ansicht bin ich in deutschen Werken nur bei Joh. Bernh. Müller, Versuch über die Gewährsleistung, Jena und Leipzig 1805, S. 41, begegnet.

[1] Molina a. a. O. III, disp. 721 n. 8 f. 370, cf. II, disp. 327 n. 6 f. 314, wo er dem obigen Lehrsatz der Glosse beitritt. — Es wurde überhaupt Gewohnheit, die Gültigkeit des Kaufs fremder Sachen ausdrücklich zu verteidigen, mit rechtspolitischen Gründen thut dies Adr. Pulvaeius, De rei alienae distractione, in Tract. illustr. Ven. 1584, Tom VI, pars 2, bes. fol. 334 verso, cap. 3.

[2] Medina, De poenitentia, restitutione et contractibus, Ingolst. 1581 t. II de rebus restituendis, quaest. 37 S. 224 ff.

[3] Lopez a. a. O. S. 5.

[4] Navarrus, Cons., lib. 5, cons. 31 S. 366. Gegen die Begründung mit C. E. 2 Scaccia, Qu. 1 a. a. O.

c) In der deutschen Literatur und Gesetzgebung des 16. bis 18. Jahrhunderts fand die Nichtigkeit des Kaufs fremder Sachen nicht viel Anklang. Hie und da begegnet uns ein Verbot der Kaufgeschäfte mit gewissen fremden Sachen, hauptsächlich einerseits Pupillengütern, andererseits spoliierten Gütern. Minder gewandt im juristischen Ausdruck als die kanonistische Literatur, wollte man indessen meistens nur die dingliche Wirkungslosigkeit des Geschäftes bezeichnen, daneben dem bösgläubigen Käufer Rechtsnachteile strafrechtlicher und allerdings auch privatrechtlicher Natur androhen.[1] Lediglich in Ansehung der *res furtivae*, bezw. in der Ausdehnung auf spoliierte Güter, dürfte bisweilen sofortige Rückgängigmachung der Vollzugshandlungen gestattet und erwünscht gewesen sein.[2]

d) Mitte des 18. Jahrhunderts begründete der naturrecht-

---

[1] Inst. Ferd. III 7, 2. 21 f. (über Landtafel und Landesordnung s. folgende Note); Cod. Ther. III 9, 30 (S. 141); verbotener Kaufgegenstand: gestohlenes Gut, wann es der Käufer gestohlen zu sein weiß. Horten III 9, 9 (S. 381); Preuß. A.L.R. I 11, 159 ff., dessen strafweise Einziehung des Kaufpreises bei beiderseitigem Wissen eine alte Geschichte hat. Die lusitanischen Ordines verfügten Verfall zu Gunsten eines Fondes zum Freikauf von Gefangenen (Molina, De just. et jure III 2 disp. 327 n. 6 f. S. 314).

[2] Die Bestimmungen müßten einzeln geprüft werden. Aus den niederösterr. Entwürfen gehört Niederösterr. Landtafel II 1 § 24 hierher, dessen Lesart in der Hds. des Jurid.-Polit. Lesevereins, zufolge der Autographie der Chorinsky-Sammlung lautet:

> „Welcher auch einem unwissenden ein frembdes guet verkauft, demselben mags der Kaufer, ehe und zuvor er nit (l. mit) rechten darumben furgenomben würdt, wieder haimbgeben und abtrag seines erlitnen schadens begehren."

Unter dem fremden Gut dürfte nach dem Zusammenhang (§§ 22. 23) nur eine spoliierte Sache verstanden sein, und in der That heißt es im Man. der Wiener Univ.-Bibl. n. 509: entfrembtes. In anderen eingesehenen Handschriften und in den übrigen Entwürfen habe ich nirgends eine ähnliche Bestimmung gefunden; vgl. L.O. II 10, 11: kein geraubt, gestohlen, abgetragen oder sonst frembdes Gut kann rechtmäßig verkaufft werden, sondern der Eigentümer kann es dem Käufer abnehmen (und also, hatten Strein-Linsmayr beigefügt, soll der Kauf nichtig sein). Daß Käufer den Regreß hat, sagen alle angeführten Stellen. Es ist dieselbe Bestimmung, wie in den ostpreuß. L.R. p. 2, IV 6, a. 4 § 2.

liche Philosoph Christ. Wolf eine Lehre vom Kaufe, in der er die Grundsätze der Grotius und Pufendorf tiefer in das Privatrecht eingrub. Er berührte sich dadurch mit den Kanonisten und mit den soeben erwähnten verstreuten Normen der Partikulargesetze und bildete seinerseits das Muster für die preußische Kodifikation. Überdies ist seine Ansicht für die noch immer so dunkle historische Herleitung des art. 1599 Code Civil wenigstens als Illustration von Bedeutung. Ein ausführlicherer Bericht mag daher wohl am Platze sein.

Nach Wolf geht, wie nach dem Code Civil, das Eigentum grundsätzlich durch den Kaufabschluß über.[1] Daher kommt nur der mindestens auf Seite des Verkäufers vollzogene Kaufvertrag als solcher in Betracht. Für diesen Vertrag nun zieht Wolf nach seiner „mathematisch-demonstrativen" Art der Folgerung successive die Schlüsse: Der Kaufvertrag ist der Vertrag, in welchem Sache für Geld, Geld für Sache gegeben wird.[2] Wer die Sache gibt, heißt Verkäufer. *Unde vendere idem est ac rem pro certo pretio dare.*[3] — *Enimvero qui alteri rem dat, dominium in eum transfert. Quamobrem dominium rei venditor in emptorem transferre debet.*[4] — Da weiter: *non dominus dominium rei alienae in alium transferre nequit, nemo rem alienam vendere potest et si quis rem alienam vendit tanquam suam, emptor non efficitur eius dominus.*[5] — Und daraus folgt: *si venditor rem alienam tradit emtori tanquam suam, emtio venditio nulla est, cumque traditione tantummodo transferatur possessio, emptor non acquirit nisi possessionem. Perinde nimirum est, ac si emptio venditio facta non esset*

---

[1] Wolf, Jus naturae III (1743) § 13.

[2] Ebd. IV (1744) § 937.

[3] IV § 938. Dieselbe Auffassung trug nachmals der von Glück XVI S. 7 N. 10 darum verketzerte Westphal vor, den wir noch in anderer Richtung als Vertreter „unrömischer" Ideen kennen lernen werden. (Vom Kaufe § 1.) Er definiert den Kauf als denjenigen Vertrag, „da man einem andern eine Sache eigentümlich zu überlassen verspricht, so daß dieser dagegen einen bestimmten in barem Gelde bestehenden Wert geloben muß."

[4] IV § 939.

[5] IV § 940. Institutiones § 325 (Ausg. cit. S. 588).

sed sola traditio.[1] Daran schließt sich eine der späteren französischen Auslegung des art. 1599 sehr ähnliche Kasuistik dessen, was „*res aliena*" sei. Ein *dominium futurum* des Verkäufers steht dem Eigentum gleich, ein bedingtes macht die Veräußerung bedingt.[2]

Ich setzte Wolf's eigene Ausdrucksweise hierher, um zu beleuchten, wie er gleich den deutschen Partikulargesetzen und im Unterschiede von den Kanonisten das Verhältnis zum Dritten nicht von dem zwischen den Kontrahenten bestehenden trennt. Nichtsdestoweniger ist die Absicht sofort recht klar. Da der Kauf wesentlich Eigentumsübertragung ist, bleibt davon mangels Dispositionsbefugnis des Verkäufers nichts übrig. Die Gewährleistung wird dabei in höchst bezeichnender Weise aufgefaßt. *Emptor pretium solvit sub hac conditione, ut res sit sua.*[3] Daraus werden zwar in bekannter Weise, teilweise recht gezwungen, die romanistischen Lehren abgeleitet. Die Eviktion jedoch wird nur deshalb regelmäßig verlangt, weil stets das Eigentum des Verkäufers zu vermuten ist; dieselbe ist daher nur die *probatio sufficiens* für den den Kauf vernichtenden Rechtsmangel.[4] Die Nichtigkeit des Kaufs benimmt also nicht die Eviktionsansprüche, die natürlich mindestens das *pretium* umfassen,[5] wird aber durch dieselben nicht aufgehalten,[6] sondern im Gegenteil durch den Beweis des Rechtsmangels offenkundig.

Ähnelt die Ansicht des großen naturrechtlichen Doktrinärs sonach derjenigen, die Kohler dem Code Civil unterlegt: der

---

[1] IV § 941. Inst. § 593 S. 328.

[2] IV § 945 ff.

[3] IV § 1167.

[4] IV § 1183 f. Darauf wird die Litisdenuntiationspflicht gestützt. § 1185.

[5] IV § 1166.

[6] Vom Standpunkte aus, den Wolf z. B. in den sofort zu besprechenden Partien seines Werks einnimmt, ist dies eine Inkonsequenz; aber er teilt hier die neuerdings von Hartmann, Bechmann, Kohler aufgestellte Ansicht, daß die Nichtigkeit des Geschäfts mit kontraktuellen Ansprüchen verträglich ist. Im Grunde handelt es sich im gemeinen Recht nur um die Ausdrucksweise.

eigentumsübertragende Kauf verfehle sein Ziel, wenn er Eigentum nicht überträgt, so wurzelt doch diese Lehre in der damaligen sehr primitiven Begriffsbestimmung der Unmöglichkeit der Leistung, und dies bringt Wolf den Kanonisten äußerst nahe. Ein Vertrag ohne den begleitenden Willen sofort zu verwirklichender Rechtsübertragung ist für ihn nur *pactum de vendendo.*[1] Jedes Versprechen aber, eine fremde Sache zu geben, ist wiederum nichtig,[2] ebenso wie auch das Versprechen, daß ein Dritter etwas thue oder gebe, nichtig ist.[3] Der Wille des Versprechenden ist im einzelnen Fall zu prüfen. Es ist möglich, daß er unter der negativen Bedingung, *nisi tertius fecerit*, ein eigenes Faktum, die Leistung des Wertes u. dgl. verspricht.[4] Eine stillschweigend übernommene Verpflichtung ist es sogar, daß man *omnem diligentiam* prästiere, das Thun des Dritten, die Erwerbung der Sache vom Dritten zu erlangen;[5] allein wenn die aufgewendete Bemühung keinen Erfolg hat, so hört alle Haftung auf, die stillschweigende Bedingung hat defiziert, der Vertrag zerrinnt in nichts.[6]

Wolf's getreuer Schüler, Nettelbladt, bildet aus dieser ganzen Lehre den Satz:[7]

> *Res tertii et facta tertii non sunt pactorum objectum, nisi tertius consentiat; etsi pactum, quo quis tertium aliquid praestare promittit, eatenus obliget promissorem, quod debeat quantum in sua potestate est efficere, ut tertius id praestet.*

Das Gültigkeitshindernis erscheint dadurch deutlicher als bei Wolf, bei dem es nur unter den Fällen der Unmöglichkeit der

[1] IV §§ 969 ff.

[2] III § 656.

[3] III § 602.

[4] III § 605.

[5] III §§ 602. 658.

[6] III § 660.

[7] Nettelbladt, Systema Elementare jurispr. naturalis I (Hal. Magd. 1749) § 331. Daran schließt sich bei ihm sofort die Erwähnung der Eviktionsleistung § 322 f. — Wie einflußlos die Wolf'sche Lehre sonst war, ist z. B. bei Höpfner, Komm. zu den Heineccischen Institutionen (1783) § 866 zu ersehen.

Leistung erscheint, an die Seite der anderen im Objekt gelegenen rechtlichen Mängel gesetzt.

Wenden wir uns danach sogleich dem Preußischen Landrecht zu.

e) A. L.R. I 5 § 40. Verträge, durch welche jemand die Handlung eines Dritten verspricht, verpflichten denselben in der Regel nur, seine Bemühungen zur Bewirkung der versprochenen Handlung anzuwenden.

§ 45. Erhellet aus dem Vertrage, daß der Versprechende nicht bloß seine Bemühungen anzuwenden, sondern wirklich für den Erfolg zu stehen übernommen habe, so muß er bei nicht bewirkter Handlung dem Andern vollständige Genugthuung leisten.

§ 46. Haben beide Teile ausdrücklich über fremde Sachen oder Rechte einen Vertrag geschlossen, so ist anzunehmen, daß der eine sich nur verpflichten wolle, den Dritten zum Besten des Andern zu einer dem Vertrage gemäßen Handlung zu vermögen.

§ 47. Kann diese Absicht ... nicht angenommen werden, so hat dergleichen Vertrag keine rechtliche Wirkung.

§ 49. Hat derjenige, welcher die fremde Sache verspricht, für den Erfolg zu stehen, sich ausdrücklich verpflichtet, so findet die Vorschrift des § 45 Anwendung.

I 11 § 139. (Gewährleistung bei dem Kauf.) Haben beide Teile ausdrücklich über eine fremde Sache kontrahiert, so ist das Geschäft als ein Vertrag, wodurch die Handlung eines Dritten versprochen worden, zu beurteilen (Tit. V § 40 sqq.).

I 11 § 19. Zur Schließung eines gültigen Kaufs wird erfordert, daß der Verkäufer über das Eigentum der Sache zu verfügen berechtigt, sowie, daß der Käufer eine solche Sache zu erwerben und zu besitzen fähig sei.

Was den § 19 cit. betrifft, so ist die Vermutung[1] nicht

[1] Koch, Recht der Ford. III S. 727 läßt dieser Vermutung in zweiter Linie Raum; ähnlich Förster-Eccius, Pr. P.R. [7]II § 124 S. 46. — Das Obertrib. Präj. 601 war der Meinung, es werde bloß die Nichtigkeit der dinglichen Veräußerung dem Dritten gegenüber statuiert. Dagegen

ganz von der Hand zu weisen, daß dort lediglich das subjektive Commercium des Verkäufers in Ansehung der Gattung der Kaufsache verlangt wird.[1] Die anderen Paragraphen jedoch, sowie die hier übergangene Detailausführung sind so deutlich als Wiedergabe der Wolf'schen Lehre zu erkennen, daß über den Sinn nicht viel Zweifel übrig bleibt. Als abwegig stellt sich danach die jüngere Praxis des Obertribunals und des Reichsgerichts heraus.[2] Sie erklärt den Kauf, bei welchem die Parteien, sei es in Kenntnis sei es in Unkenntnis des Mangels, nicht zum Ausdrucke gebracht haben, daß es sich um fremde Gegenstände handle, für gültig und den Verkäufer zur Rechtsverschaffung verpflichtet, andernfalls soll die Vertragsbindung entfallen. Dieses Resultat, das den modernen Anschauungen Rechnung trägt, sie aber doch nicht befriedigt, ist mit dem Gesetze unter keinen Umständen vereinbar. Die Wolf'sche Doktrin über das Versprechen einer fremden Sache kehrt in allen Punkten wieder. Nach § I 5, 40 ff. 46 ff. ist ein Vertrag, den die Parteien in voller und ausgedrückter Kenntnis der Sachlage abschließen, wirkungslos, insoweit die Verpflichtung nicht die Intervention des Verkäufers bei dem Dritten mit (§§ 45. 49) oder ohne (§§ 40. 46) Garantie für den Erfolg betrifft. Der Gedanke kann nur der sein, daß jedes andere Versprechen auf Unmöglichkeit stößt, wenn nicht gar auf Unerlaubtheit (I 5, 50). Und gilt dies von Geschäften, wo die Parteien die Richtung, in der sich die Thätig-

---

Koch S. 724—726, der aber selbst in erster Linie die Meinung aufstellt, die „Veräußerung" sei zwischen den Parteien als nichtig betrachtet, der „Vertrag" rechtsbeständig und bindend.

[1] Es ist aber zu bemerken, daß Suarez, Unterricht über die Gesetze 1793, S. 94 f., es zu der persönlichen Fähigkeit rechnet, daß der Kontrahent berechtigt sei, über den besonderen Gegenstand des Kontrakts zu verfügen, und I 5, 46. 50 zitiert. Vgl. auch Verb. L.R. IV 6 art. 2 § 4.

[2] Erk. d. Ob.-Trib. Präj. 526; Strieth. 75, S. 338; 84, S. 130, u. d. Reichsg. b. Gruchot 34 n. 54 S. 949. Jur. Wochenschr. 1897 S. 295 n. 27; Gruchot 44 (1900) n. 35 S. 862. — Gleiches lehrt Förster-Eccius II S. 50 N. 52, und jetzt Dernburg, Pr. P.R. [5]II § 134 N. 23 f., während derselbe in den früheren Auflagen der Nichtigkeit den Fall unterwarf, daß beide Teile das Nichteigentum des Verkäufers kannten. Enger hält sich Fischer, Pr. P.R. S. 301 f. an den Wortlaut.

keit des Verkäufers zu bewegen hat, im Vertrage angedeutet haben, so muß es noch viel mehr von anderen Abschlüssen gelten.[1] Das juristische Motiv der Unwirksamkeit ist also die weiterstreckte Unmöglichkeit der Leistung,[2] deren Regelung ex professo sich sofort daran schließt. (§§ 51 ff.) Darauf folgt die Behandlung der „dem Verkehr entzogenen“ Sachen, dann der unerlaubten Handlungen. Wir werden durch diese Zusammenstellung sowohl an Nettelbladt als an die Kanonisten erinnert.

Diese Auslegung wird durch den Carmer'schen Entwurf bestätigt, welcher das jetzt so sehr betonte Wort „ausdrücklich“ gar nicht enthielt;[3] es wurde offenbar nach dem Muster des § 139 I 11 eingefügt. Aber auch auf den eben erwähnten Paragraph wirft der Entwurf ein Licht. Da die Gesetzgeber nicht wie Wolf bloß einen seitens des Verkäufers vollzogenen Vertrag als Kauf anerkannten (I 11 § 1), so mußte eine neue Auseinandersetzung des Kaufrechts mit den Prinzipien der §§ 40 ff. cit. erfolgen. Der Entwurf[4] reihte nun den jetzigen § 159 I 11

---

[1] Man darf nicht etwa argumentieren: Wenn die Parteien es im Vertrage erkennbar hervortreten lassen, daß fremde Sachen zu leisten sind, müsse der Käufer sich darauf gefaßt machen, daß die Leistung unmöglich ist. Denn wie das Reichsgericht selbst Entsch. 21./2. 1892 Seuffert 49 n. 12 in einer hamburg. Sache ausgeführt hat, entspricht es wenigstens wieder unserer Auffassung, daß in einem solchen Fall erst recht der Verkäufer verpflichtet ist, den Beitritt des Dritten zu erwirken, vgl. übrigens auch R.G. XXII n. 57 S. 283 betr. § 19 I 11. — Allerdings hat die älteste Redaktion des art. 1599 Code Civ. nur „la vente de la chose d'autrui qualifiée telle dans le contrat“ mit der Nichtigkeit treffen wollen; es ist aber die Frage, ob man nicht damit, wenigstens ursprünglich, nur die Fälle der ausgesprochensten Furtivität oder des Mangels an Ernstlichkeit treffen wollte.

[2] Daher bringt Zeiller, Komm. z. österr. a. b. G.B. (wo die Regelung gar nicht adoptiert ist) III 1 S. 51 den Satz nemo plus juris etc hierher: „Ein Recht, was jemand selbst nicht hat, kann er auf einen anderen nicht übertragen“, und hält er die Sachen und Handlungen eines Dritten für Sachen außer Verkehr. Vgl. auch Nippel, Erläut. VI § 881 bes. S. 82. In anderer Weise verbindet auch Bornemann, Preuß. Civ.-R. [1]III S. 5 den § 19 mit I 5, 51 ff.

[3] Teil II (Abt. II) tit. 2 §§ 43—46.

[4] Teil II (Abt. II) tit. 8 (Abschn. 1) §§ 169. 170.

als Gegensatz des § 139 an diesen an: Ein ausdrücklicher Kauf über eine fremde Sache enthält das Versprechen der Bemühung beim Dritten; „außer diesen Fall kann der Käufer, welchem der Anspruch eines Dritten . . . bekannt gewesen ist, von dem Verkäufer nur insofern Vertretung fordern, als er sich solche ausdrücklich bedungen hat". Die Verweisung auf die §§ 40 ff. sollte demnach dem das Drittrecht kennenden Käufer, unter der Bedingung, daß er die Kenntnis im Vertrag zum Ausdruck gebracht hat, ein Recht mehr als sonst geben, das Recht auf Bemühung des Verkäufers mit oder ohne Garantie. Sonst ist der Vertrag unwirksam, und hat der Käufer die Sache behalten, bis sie ihm vom Eigentümer abgenommen wurde, so kann er das Kaufgeld nicht mehr holen, das, wenn auch der Verkäufer die Lage kannte, dem Fiskus verfällt. (I 11, 159. 160.) — Daneben greift überall etwas stärker als bei Wolf der Schadensersatzanspruch wegen Verschuldens der Kontrahenten ein (I 5, 285 ff.; I 11, 155. 162).

So hat sich denn der kanonistisch-naturrechtliche Gedanke in seiner ganzen Verworrenheit und mit seiner ganzen Keimfähigkeit Eingang verschafft. Eine selbständige Frage ist es freilich, wie die besprochenen Paragraphen in ihrer Wirkung auf das Schuldverhältnis — in bezug auf das dingliche Recht und den Besitz sind sie an sich bedeutungslos — vom heutigen Standpunkte aus anzuwenden gewesen wären. Man hätte bei den veränderten Anschauungen darüber einsetzen können, wann nicht zu vertretende Unmöglichkeit der Leistung vorliegt. Man hätte aber noch einfacher es sich zu nutze machen können, daß das Landrecht gleich dem österreichischen Gesetzbuch mit Auslegungsvorschriften operiert, um die §§ 45. 49 aufs ausgiebigste zu gebrauchen.

Wir haben es lediglich mit der Erfassung der ursprünglichen Rechtsgedanken zu thun und müssen uns sogar hüten, das Rechtsverhältnis genauer zu konstruieren als das Landrecht selbst thut. Allerdings ist sofort zu bemerken, daß auch der Fortschritt, den jene Bestimmungen in der Richtung zur Pflicht der Rechtsverschaffung enthielten, die Redaktoren nicht gar weit führte. Schon der Entwurf zog das Prinzip der Vertragsunwirksamkeit, wo er von der Gewährleistung des Verkäufers sprach, nur mit Beschränkung auf die Eventualität an, daß der Käufer den Mangel kannte, offenbar indem er hier lediglich an unerlaubte oder der Parteienabsicht nach garantielose Geschäfte dachte, nicht mehr an die Unmöglichkeit der Leistung, welcher ja in der That nach scheinbar vollständiger Erfüllung eine geringere Bedeutung zukommen muß. Das Gesetz hat durch Trennung der §§ 139 und 159 den Zusammenhang vollends verdunkelt, und, was weitaus wichtiger ist, das im 11. Titel normierte Gewährleistungsrecht zeigt sich von vollständig anderen Grundsätzen beherrscht, so daß das Maß der Geltung, das den §§ 46 ff. I 5 aus dem Gesichtswinkel der Redaktoren selbst eingeräumt werden darf, den größten Zweifeln unterliegt. Doch nur der sichere Ausgangspunkt war hier aufzudecken.

f) Alle berührten Erwägungen und noch andere haben schließlich zu dem Rechtssatze des Code Civil art. 1599 den Anstoß gegeben:

La vente de la chose d'autrui est nulle: elle peut donner lieu à des dommages-intérêts, lorsque l'acheteur a ignoré que la chose fût à autrui.

Diese Bestimmung hatte im *droit ancien*[1] und noch im Entwurfe von Cambacérès keine Grundlage; aber es ist klar und wird überdies durch die legislatorischen Vorarbeiten erwiesen, daß die Redaktoren nur eine in der Luft liegende Wahrheit festhalten wollten.[2] Wir begegnen zum zweitenmal in dieser Untersuchung (s. oben S. 246 über den springenden Regreß) dem Sieg einer scheinbar jungen, in Wahrheit aus dem Mittelalter stammenden Anschauung im französischen Gesetzbuch. Einige der bei der Beratung Beteiligten und gewiß der Entwurf des Gouvernements dachten an den Mangel der Ernstlichkeit bezw. die (gegenüber

---

[1] Pothier, Vente I n. 7.

[2] Bezüglich der Entstehungsgeschichte des art. 1599 ist auf Leligeois, Revue critique de legislation XXXV S. 17 ff.; Folleville, Essai sur la vente de la chose d'autrui S. 9 ff.; Kohler, Kauf einer fremden Sache, Ges. Abh. S. 265 ff. zu verweisen. Die genauere Erforschung des den einzelnen Aussprüchen der beteiligten Personen beizulegenden Sinnes ist eine fruchtlose Aufgabe, aber aus dem Ensemble kann man erraten, was sie beschäftigte.

dem Berechtigten) furtive Absicht, deren der Vertrag im Falle der *„vente de la chose d'autrui qualifiée telle dans le contrat"*[1] verdächtig ist; einige vielleicht aber auch an den Irrtum bezw. die zu vermutende böse Absicht, wenn der Vertrag das Drittrecht nicht erkennen läßt. Wie Wolf gingen sie von der dinglichen Natur des Eigentum übertragenden Kaufes (art. 1583) aus; der unwirksame dingliche Vertrag stand da in innigster Berührung mit dem Kaufvertrage selbst.[2] In den Ideen kreuzte sich endlich die Vorstellung, daß die Leistung der Sache ohne Zustimmung des Berechtigten unmöglich und unerlaubt sei, mit derjenigen, daß dieselben Hindernisse die Gewährung des Eigentums treffen. Daß dieser letzte Gedanke, der zweifellos vorhanden war, wenn er auch nicht hinreichend deutliche Wiedergabe fand, alle Redaktoren beseelte, ist freilich kaum anzunehmen. Er schwebte einzelnen in sehr dunkeln Umrissen vor, und alle fanden sich in dem gemeinsamen Grundsatze des art. 1599 zusammen, wie man einen neuformulierten Lehrsatz ohne näheres Zusehen ergreift, weil er äußerlich alle zu befriedigen scheint. Daß die angenommene Formel einer Kritik von welchem Standpunkte immer nicht standhalten kann, dürfte, trotzdem sich ihren französischen Verteidigern mit sicherer treffenden Gründen Kohler beigesellt hat, niemand mehr bestreiten. Ist doch diese Formel, welche die Auslegung des Code Civil mit „einer der dunkelsten Fragen"[3] bereichert hat, von den neuesten Franzosen selbst aufgegeben.[4] Wir haben hier bloß die unbestrittene Thatsache fest-

---

[1] Immoralität, Unerlaubtheit des Kaufes, auch Unmöglichkeit der Leistung als ratio des art. betonen Leligeois, Folleville, Kohler a. a. O.

[2] Diese Erklärung des art. 1599 hebt Marcadé VI a. 1599 n. 1 hervor; Kohler a. a. O.; dagegen vom Standpunkte des geltenden Rechts wegen der vielfachen Ausnahmen von art. 1583 Guillouard Vente I n. 180, Cuturi Vendita (Fiore, Dir. civ. ital. XII 2) n. 8 S. 28.

[3] Bufnoir, Contrat et propriété S. 516.

[4] Guillouard, Vente I S. 198 f. mit Bonafos. — Daß Kohler ebenso wie der von ihm bekämpfte Bechmann, Kauf I S. 104 ff., II S. 65 ff., bes. 77. 80, wenn sie Nichtigkeit und Habere licere-System gegenüberstellen und nach ihren Vorteilen abwägen, keinen erschöpfenden Gegensatz erörtern, zeigt jetzt das B.G.B.; dies soll noch näher dargelegt werden,

zustellen, daß die Absicht, die Eigentumsverschaffung zum Prinzipe zu erheben, im Code Civil Eingang suchte,[1] ferner aber zu bemerken, daß dieses Prinzip im art. 1599 nur indirekt und unvollkommen sanktioniert wurde und sich bei der Normierung der Garantiepflicht vollends keinerlei Anerkennung verschafft hat. Denn die art. 1626 u. folg., mit „*garantie en cas d'éviction*" überschrieben, von Eviktion redend, sind nahezu eine wörtliche Wiedergabe der Pothier'schen Doktrin, die vollständig auf dem Boden der Defensionshaftung stand[2] und welcher daher auch sämtliche Bearbeiter des Code Civil trotz der akademischen, teilweise leidenschaftlichen Verfechtung der nach ihrer Meinung im art. 1599 angenommenen modernen Haftungsgrundsätze[3] folgen, wo nicht der zwingende Wortlaut dieses Artikels eingreift. Art. 1625 bezeichnet als Objekt der Haftung die *possession paisible*, art. 1637 gewährt bei geringerer Partialeviktion den Schaden

---

ebenso wie die Überflüssigkeit und Ungehörigkeit des Lehrsatzes, von welcher man sich leicht durch die Einsicht in die zahlreichen Kontroversen und die noch zahlreicheren Einschränkungen des Satzes überzeugt.

[1] Die französischen Schriftsteller sehen vorzugsweise hierin das Motiv des art., Troplong I n. 230f.; Duvergier n. 217; ebenso Cuturi n. 7 S. 20.

[2] Kohler a. a. O. hat in geistvoller Weise beiderlei Bestimmungen logisch zu vereinigen versucht, doch mußte selbst seine sich über die Geschichte der art. 1625 ff. hinwegsetzende Auslegung schon daran scheitern, daß in art. 1630 vorausgesetzt ist: „si l'acquéreur est évincé". Vom Standpunkte der Gesetzesanwendung läßt sich ein gewaltsameres Vorgehen immerhin vertreten; der innere Zwiespalt nicht bloß in den Ansichten der Gesetzgeber sondern im Gesetze selbst darf aber nicht übersehen werden, und legt man hier wieder die heutige Erkenntnis an, so wird man der Eviktion (anders die Streitverkündung) keinerlei materiellrechtliche Bedeutung beimessen. — Richtig bemerkt Petri, Haftung des Verkäufers für Rechtsmängel, Diss., S. 26, aus dem Prinzip der Eigentumsverschaffung sei als Konsequenz nur art. 1599 (unrichtig: auch 1630, Z. 1) abgeleitet worden.

[3] Troplong I n. 4 S. 7ff.; Duranton XVI n. 18 vgl. 177; Duvergier I n. 322 i. f. cf. 217; von Neueren z. B. Guillouard I n 5. Ebenso für das rheinische Recht Reichsger. I n. 148 S. 415 f.; für das ital. Cuturi n. 2. 8. Dagegen war Toullier XIV n. 240. Die Autoren verfallen meistens in die ängstlichste Kommentierung auf Grund überholter Digestenstellen; freilich schreiben die Älteren sämtlich Pothier aus.

zur Zeit der Eviktion, art. 1653 rezipiert die *exceptio evictionis imminentis* des gemeinen Rechts.[1] Man streitet, was unter „fremder Sache“ zu verstehen sei und denkt beispielsweise nicht im entferntesten daran, etwa bei einem teilweisen Rechtsmangel sofortige Klage zu gestatten. Es ist seltsam, daß dieser Zwiespalt bisher in der reichen französischen Literatur nicht einmal erwähnt worden ist.[2]

4. Schlägt man zu den vorstehend erörterten die im zweiten Abschnitt zu besprechenden Ansichten hinzu, welche sich auf dem Wege des unveränderlichen Anspruchs auf Kaufpreisrestitution unvermeidlich den heutigen Anschauungen näherten, so sind damit diejenigen Ansätze zur Ausbildung der Haftung erschöpft, deren Keime in der Zeit vor Beginn des preußischen Gesetzgebungswerkes gesucht werden können. Sie sind sehr heterogener Natur, und auf der Folie des römischen, engherzig aufgefaßten Eviktionsprinzips ergaben sich folgeweise in den einzelnen Territorien verschiedene, meist sehr bunte Bilder. Das römische System bildete aber überall bis zu den drei großen Kodifikationen die Unterlage. Diejenigen, die es da und dort verlassen glauben, verwechseln wieder formale und materielle Eigentumverschaffung. Wie noch der Codex Maximilianeus Bavaricus civilis vom Jahre 1756, entgegen der Meinung Gareis',

---

[1] Merkwürdigerweise sieht Troplong I n. 4 S. 9, vgl. auch Duvergier n. 424, in a. 1653 eine Stütze des Prinzips der Rechtsverschaffung. Wenn auch schon „juste sujet de craindre“ genügt, so kann der Verkäufer doch mittels Sicherstellung die Preiszahlung erzwingen.

[2] Auszunehmen wäre vielleicht Huc X n. 104, welcher wenigstens die beiden Gruppen von Bestimmungen verarbeitet. Nach seiner dem nachmaligen D. B.G.B. § 440 II—IV sich nähernden Theorie darf der Käufer klagen, wenn er die Sache freiwillig dem Dritten herausgegeben oder sie anderweitig erworben habe, oder irgend ein trouble eingetreten sei. Der Käufer habe also das Klagerecht nur dann nicht, wenn er ungestört besitze; die Rechtsmittel der art. 1630 und 1599 ständen nach Wahl zu. Cuturi S. 216 will (nach Eviktion!) eine Klage auf Rechtsverschaffung geben, stellt es aber (S. 233 N. 1 mit den dort zitierten italienischen Entscheidungen) als Besonderheit hin, daß wegen Servituten und Hypotheken, auch wenn sie nicht zur Teileviktion geführt haben, die Rückhaltung des Preises (nicht einmal die Klage) zulässig sei.

den modernen Prinzipien fern blieb,[1] so rechtfertigt auch die Lehre Hellfeld's nicht deren oftmalige Anrufung für die Rechtsverschaffungspflicht.[2] Dasselbe gilt auch von den niederösterreichischen Gesetzentwürfen des 16.,[3] und 17.[4] Jahrhunderts, dem Cod. Theres.[5] und dem Entwurfe Horten's. Scheinbar findet sich plötzlich das neue Prinzip merkwürdig scharf ausgeprägt in den ostpreußischen Landrechten von 1620 und 1685, bezw. in „Friedrich Wilhelm's Verbessertem Land-Recht des Königreichs Preußen" von 1721.

II. Teil IV. Buch VI. Tit., Art. 16 § IV: Da sich auch ergebe, dass jemand ein Gut, des er nicht Herr noch Eigenthümer ist, einem andern verkaufft, und der Käuffer des nachmahls

---

[1] Cod. Max. B. C. IV 3 § 15 n. 3 (Danzer S. 228); Gareis in Endemann's Handbuch II S. 625 N. 6 glaubt aus den Anmerkungen Kreittmayr's zu erkennen, daß die Eigentums-Verschaffung als in der Absicht der Kontrahenten gelegen erachtet wird. Demgegenüber s. diese (Ausg. München 1758) IV. T. 3. Kap. n. 2, S. 1462: „ehe und bevor die Sach nicht würcklich evincirt und entwehrt ist, kann kaufer die Gewehrschafft oder Schadloßhaltung von dem Verkaufer noch nicht begehren"; daher läuft die Verjährung erst von der Eviktion an, S. 1467 n. 12 etc.

[2] Glück XVI S. 7 N. 10; Ziebarth, Realexekution S. 194; Eck u. a. irren. Hellfeld drückt sich freilich so aus, daß man ihm eine Ahnung des neuen Prinzips zuschreiben darf: venditor obligatur ad rem venditam tradendam ut emtor illam jure dominii habeat (Jurisprudentia forensis 3. Aufl. 1796 § 983, vgl. § 972), aber die Erläuterung ist unzweideutig: der Käufer solle die Sache tanquam suam erhalten (§§ 985, 1116 ff.) Hellfeld behauptet nur, wie ungemein viele vor ihm (z. B. schon Wesenbecius, Paratitla ad tit. 18, 1 n. 12 S. 166), daß der Verkäufer das Eigentum, das er hat, und den Besitz übertragen müsse. — Ähnliches gilt für den Forderungskauf, s. Wördenhoff, in Ölrich's Thesaurus novus diss. iur. 1772, I S. 324. 327. 364. — Auch in der Praxis des Reichskammergerichts blieb c. 3 C 8, 44 die Grundlage. Aus dem 18. Jahrhundert s. Cramer, Nebenstunden, 77 S. 142 f.

[3] Landtafel II 4, 22: dann weil kein würkliche clag verhanden, ist ainiger vertretung oder richtigmachung nit von nöten; dieser Satz steht mit verschiedenen andern schon erörterten in Widerspruch, was bei Püdler übrigens nichts Außerordentliches ist; Landt. Schönkirchnerbuch II 1, 2, 32; Schwarzenthaler I act. 5 c. 6 n. 1 (S. 111).

[4] Landesordnung I 16 § 3 n. 3; Suttinger, obs. 35.

[5] Cod. Ther. III 9 § I n. 5. 6; bes. deutlich § VIII n. 122, § XII n. 171, vgl. 191 ff.; Horten III 9, 1. 2. 79.

gewahr wird, so mag er den Verkäuffer umb sein Interesse beklagen, ob ihm gleich das verkauffte frembde Gut noch nicht ansprüchig oder strittig gemacht wäre.

Es ist nicht möglich, die Entstehungsgeschichte dieser Bestimmung ausfindig zu machen. Die Kommentare faßten sie aber einfach als für den Fall des *dolus venditoris* gegeben auf,[1] und der an D. (19, 1) 30, 1 erinnernde Wortlaut sowie der übrige Inhalt der Gesetze gibt ihnen Recht.

In gleicher Weise stand die Praxis von Brandenburg, Magdeburg[2] u. s. w. fest. Und unverkennbar schließen sich auch die Gewährleistungsnormen des preußischen Landrechts an das ältere Recht enge an;[3] ist doch in I 11 § 136 sogar noch die Vertretungspflicht anerkannt. Die Ansprüche des Käufers sind mit Ausnahme der auf Lasten gegründeten ausschließlich für den Fall erfolgter Eviktion festgestellt (I 11, §§ 153 ff.). Die Normen über die Streitverkündigung beginnen mit dem Denunziationszwange (§ 143), die Sicherstellungsmittel vor der Kaufpreiszahlung sind aufgenommen (§ 222). Doch geschieht dies

---

[1] Gruben, Compend. juris regni Prut. (1708) zu diesem Paragraph; N. F. v. Sahme, Gründliche Einleitung in die Preuß. Rechts-Gelahrtheit (1741) S. 362 n. 43.

[2] Pape (Scheplitz, Consuet. March. II. T.), tit. 148, S. 78; magdeb. Pol.-O. § 9.

[3] Man darf nicht ohne weiteres §§ 1 und 135 I 11 für das Gegenteil geltend machen. „Abtretung des Eigentums" (§ 1) ist Kaufziel auch in Rom; § 135 betrachtet nicht den Rechtsmangel, sondern die Beeinträchtigung im Gebrauch der Sache; zu prüfen ist freilich, ob die durch den Rechtsmangel oder die durch Eviktion herbeigeführte. Nicht auf den Worten „als sein Eigentum" liegt der Ton, sie erinnern vielmehr an das tanquam suam, vorige Seite N. 2. — Da der im 3. Abschnitt hervorgehobene Rechtsgedanke nicht beachtet wird, bevorzugt die Spruchpraxis in den wichtigsten Beziehungen wirklich das Habere licere-System. Ebenso nehmen dasselbe zum Ausgangspunkt Koch, Komm. I 11 § 136 N. 37, Recht d. Ford. II § 123, III S. 751; Förster-Eccius I § 86, bes. S. 519 ff., II § 125 S. 65. Ganz römisch Bornemann, Pr. C.R. [1]II S. 612 ff., vgl. nur III S. 19. Für die Eigentumsverschaffung haben sich Arndts Jur. Wochenschr. 1839 S. 401 ff. und Dernburg, Pr. P.R. II § 148 N. 3 erklärt. Im einzelnen widersprechen sich die ersterwähnten Schriftsteller oft selbst. Koch hat auch seine Ansichten mehrfach gewechselt.

alles unter dem Einflusse der in Norddeutschland zu jener Zeit siegreichen neu-romanistischen Lehre und infolgedessen in einer Weise, die eine freiere Auslegung gestattet; und gleichzeitig bringt das Landrecht abweichende Grundsätze zum Ausdruck, die wir im dritten Abschnitt zu würdigen haben.

In Österreich bildete der Entwurf Martini's unsere Materie wie so viele dem preußischen Landrecht nach; auch da streiten daher verschiedene Prinzipien vergebens um die Herrschaft, zweifellos aber ist die Regelung des bürgerlichen Gesetzbuchs. Auch diese ist im dritten Abschnitt noch zu erörtern.

Vom allg. b. G.B. abgesehen, ist die Dogmengeschichte des 19. Jahrhunderts nahezu nur eine Fortsetzung dieses Kampfes zwischen ältestem und neuestem Recht. Die Vermittlung bot sich im gemeinen Recht erst sehr spät, seit Eck die Erkenntnis des Charakters des jüngsten römischen Rechts erschlossen hatte. Wie das preußische und französische Gesetzbuch sind die Nachahmungen des letzteren,[1] und zwar auch das Schweizer Obligationenrecht,[2] noch von Widersprüchen erfüllt, ebenso das sächsische Gesetz, zum Teil hier wie gewöhnlich römischer als Rom.[3] Die englisch-amerikanische Praxis steht mit Ausnahme der Gerichte von Massachusetts und Kentucky unter dem Banne der orthodoxesten

[1] Cod. civ. ital. 1459 entspricht dem art. 1599, enthält aber den Zusatz, daß dem Verkäufer kein Anfechtungsrecht zustehe. Die Art. 1481 bis 1497 stimmen nahezu wörtlich mit art. 1625—1640 C. Nap. überein.

[2] Das Züricher Gesetzbuch §§ 1398. 1404 hatte bis zum D. B.GB. die reinste Verkörperung der Haftung auf Eigentumsverschaffung dargestellt (§ 1409 b und c stehen nicht entgegen, vgl. Bluntschli, Komm. dazu III S. 385); freilich beschränkt es sich aber auf die Grundzüge. Das Schweizer Obligationenrecht art. 229 will dasselbe Prinzip aufstellen, da der französische Text statt der zweideutigen Übergabe zu „vollem Rechte und Genusse“ die Verschaffung der „propriété“, der italienische „pieno dominio“ setzt. Porta, Haftung des Verkäufers S. 11. Dagegen verfolgen art. 235 ff. wieder vollständig die alten Bahnen. Daß dieser Widerspruch von den Schweizer Kommentatoren nicht ausgeglichen, ja gar nicht erwähnt wird, ist um so befremdlicher, als in vielen Kantonen bisher der gutgläubige Erwerb noch keinen Schutz gefunden hat. Die allermeisten praktischen Fragen der Materie bleiben dadurch offen.

[3] Sächs. B.G.B. § 1092. 930 ff. Man sehe § 931 (gegen l. 24 h. t.), § 937 (gegen l. 29 pr. h. t.) u. s. w. Dagegen s. allerdings § 938.

Eviktionslehre.[1] Noch in der Dresdner Kommission erkannte man zwar die Tragweite des neuen Prinzips, war aber sehr fern davon, es anzunehmen.[2] Näheres Eingehen auf die Literatur und Praxis des zu Ende gegangenen Jahrhunderts[3] ist natürlich nur insofern von Interesse, als daraus die ökonomischen und ethischen Motive der heutigen Rechtsbildung zu erkennen sind. Diese Aufgabe bleibt der Darstellung des modernen Rechts vorbehalten. Das Bisherige hat es bestätigt, daß das klassische, auf der Grundlage der *duplae stipulatio* aufgebaute System im großen Ganzen erst mit der deutschen eleganten Jurisprudenz das gemeine Recht eroberte und die Defensionshaftung verdrängte, und daß die Idee der Vollrechtsverschaffung nicht früher als in der 2. Hälfte des 18. Jahrhunderts die Geister zu fesseln begann. Als aber der Defensionsgedanke erloschen war, wurde das Eviktionserfordernis nur noch als Hinausschiebung der Geltendmachung des Rechtsmangels gefühlt. Dem eigentlichen Eviktionssystem, in der Mitte zwischen Defensions- und Vollgarantie gelegen, in Rom selbst das versteinerte Ergebnis einer im raschen Flusse begriffenen, jäh abgebrochenen Entwicklung, ist eine selbständige Lebenskraft in der Neuzeit niemals zugekommen.

Die einsichtigeren Schriftsteller und die Gesetze haben sich denn auch sofort nach dem Fallenlassen der Defension beeilt, die Richtung des Kaufes auf Rechtsverschaffung zu betonen. Wenn damit meistens wenig Ernst gemacht wurde, so ward doch schon der Lehrsatz von ihnen als Fortschritt empfunden, von der vermeintlich streng römischen Schule als solcher angefochten. Die großen Kodifikationen speziell haben mehr oder weniger dem neuen Gedanken sofort, die beiden deutschen auf

---

[1] Der Verkäufer haftet bei sale of land nur für title and quiet enjoyment, nicht vor der Eviktion (Addison, Treatise on the law of contracts, 9. Aufl. 1892, S. 487), und diese Redewendung wird auf sale of goods übertragen, gerade um auszudrücken, daß die „Gewähr nicht gebrochen ist“, bis Ansprache erfolgt ist; Beach, Treatise on the modern law of contracts 1897 I S. 358 f. Stark angespannt wird zum Ersatze die Dolushaftung.

[2] Vgl. Prot. der Dresdner Commiss. I S. 487—494.

[3] Einige führt Eck, Verpflichtung S. 140 auf; ferner s. vorläufig Gruchot IX S. 73 und D. Mot. II S. 213.

eine interessante noch zu besprechende Weise Rechnung getragen. Aber dies wurde wenig beachtet, unter dem Eindrucke der Thatsache, daß auch die gemeinrechtliche Litteratur und Praxis sich bis zu Eck nicht von den gröbsten Konsequenzen der Eviktionslehre zu befreien wußte. Noch heute kämpft man mit diesem kaum mehr faßbaren Schatten eines überwundenen Gedankens. Der neue aber hat seinen vollendeten Guß erst durch die Redaktoren des bürgerlichen Gesetzbuchs erhalten.

Für die dogmatische Darstellung folgt aus dieser negativen Erkenntnis der nicht überflüssige Fingerzeig, daß sie sich von der Vergangenheit vollständig freizumachen hat und daß ihre unmittelbare Operationsbasis lediglich die Rechtsgebiete sein dürfen, welche sich zu dem modernen System unumwunden bekehrt haben.

Zweiter Abschnitt.

Die Höhe der Haftung.

A. Die fränkische Zeit.

Die Volksrechte bezeichnen als Folge des Gewährbruches vor allem, daß der Verkäufer den Kaufpreis zurückzustellen habe. In gleicher Weise ist mit der herrschenden Meinung die Lex Ribuaria zu verstehen, wenn sie dem Käufer die cine verdunia zurückerstatten läßt.[1] Freilich scheint dieses eine Gesetz das Prinzip nicht vollständig rein durchzuführen; denn wie gleichfalls die herrschende Meinung wohl mit Fug annimmt, ist für ein intertiiertes Haustier nach c. 72, 6. 7 der Wert und nur der Wert zu ersetzen,[2] wobei es unsicher ist, inwiefern dieses Prinzip gegenüber dem ersten durchgeführt ist.

---

[1] Kap. 33, 2 . . . de cinu werduinia sua — recipiat, andere Hds. cine werduniam suam — recipiat. Dafür, daß auch dieses etymologisch unaufgeklärte Wort den Kaufpreis bedeutet, muß man immer noch mit Sohm, Prozeß S. 109 N. 30 als ausschlaggebend betrachten, daß L. Rib. 72, 7 im Gegensatz zu „de cenu werdunia" sagt: „tunc omnem pretium suum recipiat". Dagegen hat in eigentümlicher, aus mehrfachen Gründen unannehmbarer Weise Hermann, Mobilienvindikation S. 110 ff. neuerlich die Siegel'sche Auffassung (Ger.-Verf. S. 254 f.) vertreten, daß der Verkäufer den Wert zu erstatten habe.

[2] L. Rib. 72, 7 läßt sich nicht anders auffassen, man würde denn den Text emendieren. Dann bedeutet aber restituat in c. 6 ebenfalls die Ersatzleistung des Verkäufers an den Beklagten und nicht, wie sonst der Zusammenhang mit c. 1—5 ergeben könnte, den Ersatz des Belangten an den Kläger für das in des ersteren Innehabung nach dem Anefang gefallene Tier.

Von dieser dunkeln Stelle abgesehen,[1] die allerdings bei größerer Deutlichkeit vielleicht das Resultat der sonstigen Untersuchungen stark modifizieren würde, dürfen wir sagen, daß nach den Volksrechten der Kaufpreis das Minimum des zu leistenden darstellt.

Die Lex Salica scheint sich mit dem Kaufpreis auch begnügt zu haben:

47, 2: *et precium reddat ille, qui cum illo negociavit, et ille secundum legem componat illi qui res suas agnoscit.*

Der säumige Gewere hat dem Verkäufer den Kaufpreis, dem Anfangenden die Buße zu entrichten, und ähnlich die schon erörterte L. Rib. 33, 2.

Loening[2] lehrt nun, da diese Gesetze wesentlich die Beziehungen des Evinzenten zu Auktor und Besitzer ordnen, seien die Rechtsfolgen im Verhältnis der beiden letzteren nur unvollständig wiedergegeben und nach der Heroldiana t. 50 zu ergänzen:

et pretium ei reddatur et omnia secundum legem componat cum quo negotiavit.

Aber so gut sich dies mit früheren und späteren Erscheinungen vertragen würde, so könnte doch auch diese Variante wie L. Sal. 47, 2 aufgefaßt werden, die *compositio* geschehe an den Kläger.[3] Desgleichen ist Loening schwerlich beizutreten, wenn er auch im longobardischen Rechte eine Bußpflicht erkennen will.[4]

---

[1] Jobbé Duval, Nouv. rev. 1880 S. 549, legt großen Wert auf sie und setzt danach gerade das moderne französ. Recht in Gegensatz zu dem alten. Dafür scheint mir doch die vereinzelte Stelle, auch wenn man sie klar findet, nicht hinreichend; insbesondere da, wie Jobbé Duval selbst hervorhebt, Verbesserungen dem Käufer nicht vergütet werden.

[2] Loening, Vertragsbruch S. 107.

[3] Ähnlich Jobbé Duval a. a. O. S. 550 N. 1. Auch Geffken, L. Sal. S. 188, findet die Folgerung Loening's „nicht unbedenklich", verweist aber auf L. Baj. XVI 12.

[4] In dem den bisher angezogenen fränkischen Gesetzen entsprechenden Falle verfügt Ed. Roth. c. 231: revertant pariter ad auctorem. Tunc auctor si vindicare non potuerit, praeveat sacramentum, quod consciens non sit fraudi, nec nullo conludio fecissit; reddat praetium tantum, quantum in diae illa quando eam tradidit accepit, et ancilla ipsa proprio domino restituatur.

Von einer Strafe ist dann ausdrücklich nur noch in dem Gesetze vom Ausgang des 6. Jahrhunderts, das in die L. Rib. eingeschoben ist, die Rede.

L. Rib. 59, 6 *Quod si vindetur vel heredis suae supervixerint, ipsi testamentum virire debent aut multa incurrere.*

Daß die Verhaltung zu einer Buße in der Notariatspraxis üblich war, bezeugen die Urkunden; eben von einer Urkunde ist hier die Rede. Ob aber diese Strafe nur üblich oder ob sie gesetzlich gewesen ist, darüber gewähren wohl weder die Stelle,[1] noch die Urkunden ganz zuverlässigen Aufschluß. Daß letztere für die Strafe häufig Blanquetworte enthalten,[2] erschwert es bekanntlich, gesetzliche Strafen für die Volksrechte überhaupt anzunehmen.

Es scheint mir, der Auktor habe sich hier nicht gegenüber dem Käufer, sondern gegenüber dem Evinzenten gereinigt und diesem daher keine Buße zu zahlen. Auch wenn die Glosse im Liber Papiensis (Pertz IV S. 357) hinzufügt: Et si ausus non fuerit jurare de colludio, in duplum precium componere debet, so kann dies dahin verstanden werden, daß der Auktor dann als Buße noch einmal das precium an den Evinzenten zu leisten hat. Die Ausdrucksweise „in duplum precium componere" ist zwar nicht ganz unbedenklich, und es ist auch zuzugeben, daß einige andere Stellen des Liber Papiensis zweideutig sind. Aber gerade dieser dürfte überwiegende Argumente gegen Loening ergeben. Die bereits von diesem Gelehrten selbst erwähnte Berufung der Glosse und der Expositio § 2 auf Liutprand c. 132 deutet analog auf das Verhältnis von Auktor und Evinzenten. Überdies aber hat die Glosse bei Liutpr. c. 43, das die Norm des Ed. Roth. 231 auf die Schenkung anwendet, ihre Ergänzung nicht nur auf den Rechtsbrauch und „secundum quosdam" wieder auf Liutpr. c. 132 gestützt, sondern sie verbessert dies sofort: . . . „set magis", es sei eher als auf Liutpr. c. 132 auf Ed. Roth. c. 342 zu greifen (Pertz IV S. 425). Der Thatbestand dieses Gesetzes hat eine ziemlich weit reichende Ähnlichkeit mit dem unseren, da dort dem Eigentümer actogild „(id est furti) poena" (c. 341) zu zahlen ist, quia postquam cognovit, quod suus non fuit, mox debuit proprio domino innotescere. Der Auktor hat aber im Falle des c. 231 der Voraussetzung nach die Sache dolos wegverkauft.

[1] Loening S. 108 sieht darin freilich die in L. Rib. 59, 3 erwähnte duplae repetitio, vgl. dens. S. 576, und Brunner II S. 506 bemerkt, daß nach den fränkischen Rechten nebst dem Kaufpreis eine gesetzliche Buße zu zahlen sei, wobei er sich auf Loening S. 103 ff. beruft.

[2] Sjögren, Konventionalstrafen S. 118 f.

Die restlichen Volksrechte lassen sich in zwei Gruppen teilen. Der einen gehört L. Bajuw. XVI 5 (Verkauf eines ingenuus als Unfreien) an:

emptori in duplum pretium, quod accepit cogatur, exsolvere,

sowie L. Baj. XVI 12: *tunc pretium reddat et talem terram aut speciem qualem se firmare pollicebat, restituat sine mora.*[1]

Diese Übung kann man wohl mit größerer Sicherheit, und zwar trotz ihrer Ähnlichkeit mit der *duplae stipulatio,* ja eben wegen ihrer Verwandtschaft mit dem *duplum* der *actio auctoritatis* als frühzeitig germanischer Anschauung entsprungen bezeichnen;[2] und wenn es richtig ist, daß das altschwedische Recht ursprünglich den Verkäufer neben Rückerstattung des Preises zur Lieferung einer Ware von gleicher Güte wie die abgestrittene verhielt,[3] so wird wohl in L. Baj. XVI c. 12 das älteste bayrische Recht niedergelegt zu finden sein. Übrigens könnte man vielleicht vermuten, daß auch der einfache Ersatz des pretium, entsprechend allgemeinen Grundsätzen der Volksrechte[4] unter Umständen durch Hingabe einer gleichartigen und gleich-

[1] Eine Ausführung der Vorschrift der L. Baj. XVI 12 in dem bekannten Placitum a. 828, Meichelbeck Hist. Fris. I 2 n. 530 S. 278: Nachdem der Kaufpreis zurückgestellt worden (Loening S. 114), geben die Verkäufer talem proprium quod habuerunt.

[2] Dafür spricht auch die von Loening S. 115 N 21 betonte Entwicklung der L. Baj. XVI 5 aus der von Konventionalstrafe redenden, sonst fast gleichlautenden westgot. Antiqua c. 290 cf. L. Visig. V 4, 11. Für die westgot. Auffassung sehr bezeichnend ist das Mißverständnis von Paul S.R. II 17, 2 in der Interpret. (Hänel, Lex· Rom. Visig. S. 364); Si qui cunque rem simpliciter id est sine poenae interpositione emtori tradederit... in tantum ... manebit obnoxius, velut si evictionis poenam, id est duplum se redditurum pretium in venditione promiserit. Aus Paul II 17, 1 bildet L. Rom. Rhaetica Curiensis XXIV 14 ganz allgemein die Strafe des Duplum.

[3] Amira, Nordgerm. Obl.R. I S. 562, vgl. II S. 693.

[4] Der Schadensersatz im weitesten Sinne des Wortes erfolgt auch sonst nach den Volksrechten bald durch Geld, bald durch Erstattung einer der verletzten oder entzogenen gleichartigen und gleichwertigen Sache. Als ungefähres Prinzip für die Wahl des einen oder andern bezeichnet A. B. Schmidt, Die Grundsätze über den Schadensersatz in den Volksrechten (Gierke, Unt., Heft 18) S. 60, daß der Ersatz in genere bei solchen

wertigen Sache an Stelle der evinzierten — ob freilich stets deren Wert zur Zeit des Kaufabschlusses gerechnet, ist nicht erkennbar — zu vollziehen war. Auf die Anwendung dieses Ersatzmittels deuten nämlich manche spätere Gesetzbestimmungen, die es wenigstens der Parteivereinbarung anheimgeben und empfehlen, den Ausgleich der Eviktionsfolgen an Stelle der Kaufpreisrückzahlung mittels einer äquivalenten Sache zu treffen.[1]

Sachen erfolgt, die sich meist ebenso beim Verletzer finden wie beim Verletzten. Natürlich hängt diese Ordnung mit dem Mangel an Metallgeld (vgl. Glasson, Hist. du droit de la France III S. 392) zusammen. Analogien aus alten orientalischen Rechten ließen sich sehr vielfach verfolgen.

[1] Der lübische Cod. II art. 115 verordnet, der Verkäufer solle „dem andern waren oder he schal bliven an sinen minnen", was die lübischen Revisoren von 1586 (Behrmann, Skra von Naugarden S. 18 f.) übersetzen: Verkäufer solle „sich auf den Fall der Eviktion oder Nichtwehrung mit ihm (Käufer) vertragen, und was Behrmann a. a. O. S. 125 wiedergibt: er soll es ihm gewähren oder sich mit ihm darüber vergleichen. Gewiß heißt es nicht: der Verkäufer soll auf das Belieben des Käufers angewiesen sein, ob der Kauf gelten oder zurückgehen soll (so Conze, Kauf nach hanseat. Quellen S. 82), was nach der Entwehrung keinen Sinn, oder einen für deutsche Begriffe allzu subtilen Sinn ergibt; eher: der Kop sol sin ungedhan, wie es in einer anderen Variante heißt, und wie es die wahre Meinung von Pauli, Lübeck. Zustände, 1847, III S. 16 f. ist. Auf gleiche Weise sagt der niederösterr. Landtafelentw. im Schönkirchnerbuch, Ende des 16. Jahrh., II. T. I 1, 29, der Verkäufer sei zu schermen und zu vertretten, auch da dem Käufer das verkaufte Gut aberkannt worden, „sich deswegen mit Ime zu vertragen schuldig". Wie mag nun diese Redewendung entstanden sein? Ich glaube, die höchst eigentümliche Erläuterung bei Mevius, Comm. in jus Lubecense III 6, art. IV n. 6 trifft das richtige: Et quia interesse potest rem potius habere quam pecuniam, una specie evicta, si aliam venditor (lies: emptor) habere malit, quam illius aestimationem litis, audiendus est, licet huiusmodi res non sit ex earum numero, quae in vicem functionem recipiunt, dummodo venditor in bonis habeat, quam dare possit. Invito tamen emptori rem aliquam similem pro re evicta obtrudere non licet. Mevius schöpft dabei aus zwei Quellen, einerseits Ant. Faber, Codex Fabrianus definitionum, erste Ausg. 1609, lib. 8, tit. 31, def. 4 (Lugd. 1649, S. 1019), der ein ebendasselbe aussprechendes Urteil des Senats von Savoyen v. 1590 bringt, andererseits Boerius, Decisiones, quaest. 19 n. 3, der auch bei Faber zitiert ist, aber Lehenrecht behandelt. In Lübeck spielte vielleicht der Einfluß der altertümlich gebliebenen westnordischen Rechte (Amira II S. 693 f.) herein; in Frankreich

Die zweite Gruppe zeigt römischen Einfluß einer aus dem ersten Kapitel bekannten Art. Antiqua (Cod. Euricianus) c. 289, L. Visigot. V 4 c. 8 und L. Baj. XVI 4[1] verfügen:

Quotiens de vendita re contentio commovetur si alienam fuisse constiterit, ... qui alienam vendere praesumpsit ... emptori, qui accepit, precium redditurus (L. Visig.: *et poenam quam scriptura continet, impleturus). Et quicquid ad conparatae rei profectum studio suae utilitatis emptor adiecit, a locorum judicibus aestimetur, et ei qui laborasse cognoscitur, a venditore juris alieni satisfactio justa [reddatur]*.

Und Liutpr. c. 116 (Pertz IV S. 154):

si ... eum ille quid dedit defendere non potuerit, recipiat res suas, quem dedit, et insuper ille, qui dedit et menime potuit defendere, ipsum damnum ei restituat, quantum adpretiatus fuerit, quod ibidem postea laboravit vel edificavit.

Zuerkannt also wird dem Käufer das den Kaufpreis übersteigende Interesse in seiner handgreiflichsten Form, dem Meliorationswert; dagegen wird auf allfällige Verschlechterung der Sache gegen-

---

mußte jene Anschauung, der Käufer könne statt des Geldinteresse auch eine andere Spezies gleicher Güte begehren, noch in der zit. 2. Ausg. Faber's und von Dumoulin, Tract. de eo quod interest n. 66, u. a. zurückgewiesen werden; ebenso von dem Spanier Ant. Gomez, Comm. var. resolut. (Ven. 1572) t. II c. 3 n. 2. Daß übrigens die Wendung bliven an sinen minnen auf die gütliche Auseinandersetzung hinweist, kann sprachlich wohl gar nicht bezweifelt werden, vgl. z. B. Dortmunder Stadtbuch n. 26 mit minnen scheden, laut Glossars = in Güte ausgleichen.

Die Eviktionsfolgen des Lehensrechtes muß man von den besprochenen trennen. Wenn der Lehensherr nach den consuet. feudorum (vulg. II 8, antiqua VIII 13; Lehmann, Longobard. Lehenr. 1896 S. 123, cf. cap. extraord. Jac. de Ardizone n. 8 S. 188) statt des evinzierten Grundstückes ein aliud eiusdem bonitatis seu quantitatis zu verleihen hat, so ist dies in den Dienstpflichten des Vasallen genügend begründet. Hinwieder kann es unter römischem Einfluß gewesen sein, daß die Vulg. II 25 (S. 149) ausführt: eiusdem aestimationis quo erat tempore rei iudicatae, feudum restituat vel nummos in feudos dandos numeret. Die neuzeitliche Anwendung hat dies auch nicht immer berücksichtigt. Vgl. unten S. 303 N. 3.

[1] Auch über die Geschichte dieser Stelle und den Widerspruch zu § 5 s. Loening S. 114 f. N. 21; zu ihrem Verständnis Dahn, Westgot. Studien S. 103 N. 5.

über dem Werte zur Zeit des Kaufs oder dem durch den Kaufpreis dargestellten Wert keine Rücksicht genommen.

Die Formulare und entsprechend die Urkunden der fränkischen Zeit bringen alle erörterten Bemessungen. Es begegnet die feste Buße, in den nicht italienischen Formularen betreffs der Höhe meist nicht ausgefüllt;[1] das Duplum des Kaufpreises[2] mehr der Verbesserung;[3] das *duplum tantum quantum a die accepit, vel quantum ipsae res immelioratae valuerint;*[4] in Kombination dieser Klauseln das Duplum des Preises oder der Verbesserung und überdies eine fixe Strafe;[5] alles dies sehr häufig in Begleitung einer Fiskalmult, kurz die Konventionalstrafstipulationen der im ersten Kapitel erwähnten Notariatsformulare in nahezu unveränderter Gestalt.

Nach altnorwegischem Recht hatte der Verkäufer ein Ersatzgrundstück oder eine Buße von 6 Unzen zu leisten, bei Fahrnis eine Sache von gleicher Güte oder eine Buße von

---

[1] Z. B. Form. Andecav. 2. 3. 9. 27 (Mon. Germ. Hist. Form., Zeumer, S. 5—7. 13); Turon. 5. 8. 9. 10 (S. 138. 140 f.); Bignon. 3 (S. 229); Lindenbrog. 8. 15 (S. 272. 277).

[2] Andecav. 4. 21 (?), S. 6. 11.

[3] Andecav. 25 S. 12; Marculf II 19. 20 S. 89 f. Diese ravennatische Gestaltung blieb fortdauernd in Italien sehr verbreitet, z. B. Monum. Histor. Patriae XIII Cod. Dipl. Langob. n. 36 col. 70 a. 768; n. 68 col. 127, a. 795; n. 97 c. 180 a. 822; n. 375 c. 622 a. 898. Und so auch noch das longob. Cartularium aus dem 11. Jahrh. (Mon. Germ. IV S. 595; Loersch-Schröder 2. Aufl. n. 90) für Romani; für Germanen schreibt es vor: et insuper mitte poena stipulationis nomine 4 Unzen Gold, 8 Pfund Silber. Nach Voltelini, Acta Tir. II S. LXXVIII ist die obige Rechtsfolge die aller oberitalienischen Urk. und aller Trentiner Notariatsinstrumente des 13. Jahrhs. Noch Alexander (Tartagnus), Cons. III c. 67 n. 1 behandelt einen Fall eines solchen Versprechens. — Voltelini macht auf den in der longobardischen Carta häufigen Zusatz aufmerksam: sub extimatione in (eodem aut) consimili loco, und vermutet einen Zusammenhang mit der römischen Formel: pro bonitate loci. Ist nicht eher wieder ein Anklang an den Ersatz durch ein gleichwertiges Grundstück vorhanden?

[4] Marc. II 22 S. 91; Senon. 2 S. 186; Urk. a. 704 bei Bréquigny-Pardessus II n. 460; a. 842 Mon. Histor. Patr. XIII n. 144 c. 253. Auch dies haben wir bei den Pap. Marini's gefunden.

[5] Merkel. 9. 10 S. 244 f.; Cod. Cavensis I n. 32, a. 848; das Cartularium.

$12^1/_2$ Prozent. Nach isländischem Recht mußte er bei gutem Glauben nur den Kaufpreis erstatten.[1] Das schwedische Recht aber verpflichtete, eine Ware von gleicher Güte, bezw. den Kaufpreis, überdies eine Geldbuße in dem ursprünglichen Betrage von 3 Mark zu geben; und solange der Käufer sich gegenüber dem Kläger nicht reinigen konnte, auch die von ihm zu bezahlende Dreimarkbuße zu ersetzen.[2]

Eine Unterscheidung zwischen Dolus und gutem Glauben des Veräußerers, geschweige zwischen Culpa und Schuldlosigkeit, findet sich in deutschen Quellen nirgends, so gut diesen sonst die Culpagrade bekannt sind.[3] Auch für das longobardische Recht dürfte dasselbe gelten.[4] Die nordischen Rechte scheinen auf das subjektive Moment mehr Gewicht zu legen; bemerkenswert ist aber, daß sich auch im älteren norwegischen Recht eine Strafe für „Kauffuchsigkeit" (wie nach jüngerem) nicht ausgesprochen findet, und Amira sie nur ergänzen will.[5]

B. Mittelalter und Neuzeit.

Indem wir von den bekannten Strafversprechen des Mittelalters,[6] einschließlich der Anrufung von Kirchenstrafen,[7] der Erlaubnis, den Gewährbrüchigen als *fidefragus* hinzustellen[8] und dergl., ferner von der Entwicklung des öffentlichen Strafrechts

---

[1] Amira II S. 693. 695.

[2] ebd. I S. 561 f.

[3] Hammer, Die Lehre vom Schadensersatz nach dem Sachsenspiegel (Gierke, Untersuch. Heft 19) S. 5.

[4] Dies folgt aus dem oben S. 289 f. Gesagten. Gegen Loening's Meinung spricht in diesem Belange auch die Unwahrscheinlichkeit dessen, daß die von ihm für das alte Volksrecht behauptete Unterscheidung zwischen böswilligem Verhalten und Unvermögen des Verkäufers zur Defension später wieder verschwunden sein soll.

[5] Amira II S. 694 gegen den dort zit. Brandt.

[6] Über die „absolut" gefaßten Strafstipulationen und deren Wegfall s. Sjögren S. 104 ff. 151, dessen Ausführungen ich aber nicht durchaus beitreten möchte.

[7] Ein Beispiel für Gewährsversprechen aus österr. Quellen Urk. Kremsmünster a. 1196, U.B. n. 48 S. 62.

[8] Beispiel Urk. 1334 Reg. Boh. et Mor. IV n. 87 S. 30.

absehen, ergibt sich folgende Anknüpfung des mittelalterlichen und neuzeitlichen Rechts an die dargestellten Formen.

I. Die Gestaltung, nach welcher der Verkäufer den Kaufpreis und eine feste Buße zu entrichten hatte, wird wohl, obgleich sich dies nicht strenge nachweisen läßt, auch in fränkisch-karolingischer Zeit viel gebraucht worden sein. Sie wurde gesetzliche Grundlage namentlich in norddeutschen Quellen.[1] Der Buße schloß sich notwendig das Gewedde an den Richter an. In der Buße liegt wohl neben der Strafe bereits ein Ersatz;[2] eine verschiedener Nüancen fähige Mischung, die auch für die in festen Summen ausgedrückten Konventionalstrafen der fränkischen Zeit nicht in Abrede zu stellen sein dürfte.

Zweifelhaft ist, ob in einer Reihe von norddeutschen Quellen, die nur den Kaufpreis zurückstellen lassen, die Folgen des Gewährbruches vollständig angegeben sind.[3]

II. Der Regelung ad I nähert sich eine andere, welche das Duplum des Kaufpreises, den Zuschlag des *alterum tantum*, zum Zuschlage eines Bruchteiles abschwächt.[4] Auch diese Strafe hat allmählich den Charakter eines pauschalierten Interessebetrages angenommen.[5]

Von den hierher gehörenden Rechten verdient für die österreichische Geschichte besondere Beachtung das böhmische und mährische.

Altprager Statutarrecht n. 106 Rössler I S. 66. Auch wer ein erbe oder ein haus vorkauft und das nicht gefreyen mag, also das man dorauf furt mit einem rechten in iar und

[1] Goslarer Statuten, Göschen S. 26 Z. 7 ff. und Z. 23 ff.; Rechtsbuch nach Distinktionen I 46, 11. 12 und andere Nachweise bei Loening S. 446 N. 7. Über die Bußpflicht des Käufers, bezw. des Verkäufers gegenüber dem Evinzenten s. Laband, Verm. Klagen S. 99 ff.

[2] A. M. Loening S. 446.

[3] Sachsensp. I 9, 5 dürfte nach II 36, 5 zu ergänzen sein. Andere Stellen bei Loening S. 449 N. 11; vgl. auch Loersch-Schröder[2] n. 268.

[4] Nach Bremer Recht und dem Verdener Statut ist die Hälfte, nach Hamburger, Lübecker und Billwärder Recht ein Zehntel, nach Augsburger ein Drittel zu erstatten. Loening S. 447. Es ist an das griechische ἡμιόλιον zu erinnern.

[5] Loening S. 447 f.

in tag, derselbe sol des dritteils mer geben der summen geldes, dorumb er das erbe oder haus vorkauft hat, oder er frey das selbe haus oder erbe.

Ebd. n. 138 vom 23./11. 1381 S. 94. Wer ein haus oder zins nicht mag gefreyen, das er vorkaufft hat, der sal geben des dritten pfenniges mer, es sei denne, das ein andre wilkur zwischen in gescheen sey.[1]

Die Fassung der Rechtssätze läßt darauf schließen, daß sie eine Legalverpflichtung statuieren. Anders die Folgezeit. Die Stadtrechtskompilation Koldin's G. 48 läßt neben dem Kaufpreis bereits den Schaden ersetzen.[2] Im Güterverkehr des böhmischen Landadels war das Kaufpreisdrittel wohl immer nur Konventionalstrafe, als solche aber seit dem Mittelalter derart gangbar,[3] daß es in der Neuzeit gleich der Generalhypothek in

---

[1] Über art. 119 S. 75 Abs. 8 „Vere auch" s. Loening S. 449 N. 11.

[2] Weingarten, Auszug der Kgl. Stadt-Recht (1668) G. 48 sagt nur: „Regress samt verursachten Schaden".

[3] Z. B. Urk. Luna a. 1333 Reg. Boh. et. Mor. III n. 1988 S. 772: Si vero fideiussores bona prescripta non disbrigarent, extunc pro summa empcionis et tercia parte superaddita empcionis summe bona sua — obligabunt et in possessionem ducent — quousque bona — empta valeant disbrigare; sin autem omnino non possent ipsa bona disbrigare, tunc ipsam empcionis summam et terciam partem superadditam pecunie parate — fidejussores reddere tenebuntur. Horawicz a. 1334 Regesta cit. IV n. 87 S. 30: in tercia parte plus quam tota capitalis summa se extendat. Formae lit. Cod. jur. boh. II 2 n. 39 ff. (14. und 15. Jahrh.). Formel des Landtafeleintrages über Kaufverträge bei Všehrd IV 11, 4. — Daß dies die regelmäßige, aber nicht ausnahmslos geübte Vereinbarung war, sagt Všehrd IV 11, 8; L.O. 1530, n. 140, und ergeben die Landtafeleinträge bei Emler. In Mähren waren andere Regelungen sogar, wie es scheint, sehr häufig, doch folgte man im Ganzen immer mehr dem böhmischen Brauche. (Vgl. etwas weiter unten; Ruber S. 13, N. 34 a. E.)

Berechnung des Drittels: Všehrd IV 12, 1—3 lehrt ausdrücklich, daß das Drittel vom Kaufpreis gerechnet werde, während das „Drittel", welches der Ehemann als antidos bestellte, die Mitgift auf $^3/_2$ vermehrte. Beispiel einer Berechnung in der Abschätzung wegen Ungewähr a. 1463 bei Emler II S. 326 f., N. 4. Dagegen scheint man im Falle Emler I S. 483 die Regreßsumme mit $^3/_2$ festgestellt zu haben, offenbar weil dort eine Last (ein Census) den Rückgriffsgrund bildete. Die Regel ist also mit Einschränkung zu nehmen.

der Stipulierung der „Landesgewähr" stillschweigend begriffen war.[1] Ausdrücklich bezeichnete man in Böhmen die Vereinbarung als *poenae et impensarum nomine* getroffen,[2] beide Teile im voraus an den dadurch bestimmten Ersatzbetrag gebunden.[3] Die Vernewerte Landesordnung legte auch hier nur den hergebrachten Zustand fest.[4] Derselbe bestand weiterhin bis zur Kodifikation und erfuhr lediglich, wenn man die Mitteilungen des Redaktors des Codex Theresianus Waldstetten[5] einigermaßen genau nehmen darf, in Mähren eine Veränderung dahin, daß der Drittelzuschlag mit dem Interesse kombiniert wurde. Der Verkäufer hatte nämlich danach „vollen Ersatz des infolge erhobenen Anspruchs erlittenen Schadens und falls die Landesgewähr zugesagt worden war, noch um ein Drittel mehr zu leisten". Da in der mährischen Urkundenpraxis vielfach das den Kaufpreis übersteigende Interesse zugebilligt wurde,[6] so hatte dann offenbar die Landesgewähr-Ver-

---

[1] L.O. 1530, 139; 1549, G. 9; 1564, XIV. Kyblin II diff. XI S. 144. — Das Brünner Schöffenbuch c. 594 verbindet mit der Bezeichnung „landscherm" noch nicht diese Bedeutung.

[2] Form. lit. cit. n. 43 S. 297: „cum tertia parte plus nomine poena et impensarum"; ebenso Emler I S. 110 a. 1455 u. s. w.; Všehrd IV 12, 4: pro pokutu a pro náklady.

[3] Všehrd IV 11, 9 zieht daraus die Konsequenz, daß der Käufer sich wegen des beneficium divisionis der Bürgen nicht mehr Bürgen bestellen lassen solle, als unumgänglich ist, sonst würden die Kosten der Einführungen und Prozesse das Drittel leicht übersteigen. Ferner warnt er IV 11, 5 davor, bei der Landtafel zur Verringerung der Intabulierungstaxe etwa den Kaufpreis zu niedrig anzugeben, wie das häufig geschehe; der Käufer bleibe an die erklärte Summe gebunden.

[4] Vern. L.O. K. VIII . . . wan die verkauffte Erbgründe wegen der nit-Gewöhr mit Recht verloren wurden, dass man alßdann die Abschätzung wegen der jenigen Summa, *so in der Gewöhr* und auff denselben verkaufften Erbgründen hafftet, und über dieselbige Summa noch ein Drittheil höher, als die Erb Gründe im Kauff *hingelassen* und verschriben worden, volführen mag, und weiter nicht. K. XXII . . . Da aber die Landes-Gewöhr nicht verschriben, sol die Einführung der Verschreibung und Obligation nach beschehen.

[5] Harrasowsky III S. 160.

[6] Urk. a. 1346, Regesta IV n. 1743 S. 699; a. 1407; Cod. Diplom. et epistol. Moraviae XIII n. 457 S. 495. — Über den Brünner Schöffenspruch c. 105 (valor et interesse) s. unten S. 303.

schreibung dort die Wirkung, daß überdies als Konventionalstrafe der dritte Teil zu leisten war — ob aber der dritte Teil vom Schadensersatz und nicht vielmehr vom Kaufpreis, bezw. dem sog. „Anschlag“ des Kaufgutes und seiner Pertinenzen im Kaufvertrag, das bleibt meines Erachtens doch zweifelhaft.

Unter dem Einfluß des böhmischen Rechts, allerdings zugleich der verallgemeinerten Gewohnheit der Interesse-Pauschalierung folgend, wollte Zencker[1] den Kaufpreis mehr einem Viertel desselben erstatten lassen und der Codex Theresianus[2] den Wert und „noch darüber den achten Teil dessen, was die verlorene Sache zur Zeit des Kontraktes gegolten hat, nebst Ersetzung aller durch den Rechtsstritt verursachten erweislichen Gerichtsschäden und Unkosten“. Was unter dem „Werte“ und dem, „was die Sache gegolten hat“, verstanden wird, erhellt aus n. 214: Der Wert solle durch Schätzung ermittelt werden, „wann solcher nicht wie bei Käufen schon an sich gewiss und bestimmet ist“. Es ist damit auch hier noch der Kaufpreis gemeint, den besonders die Praktiker ähnlich den römischen Quellen gern dem wahren Wert der Sache im Zeitpunkt des Kaufs gleichsetzten[3] oder als subjektiv von den Parteien festgestellten Wert betrachteten.[4]

---

[1] C. Ther. III 9 § XII n. 213 S. 166. Harrasowsky a. a. O.; über den durch Verzug in der Übergabe entstandenen Schaden ebd. S. 147 N. 7.

[2] Über den Achtelzuschlag des Cod. Ther. s. Pfaff, Jurist. B. 1885 S. 448 N. 104.

[3] Man gebrauchte diese Redeweise gerade, um die vom Interesse redenden Quellen vom Kaufpreis verstehen zu können. Dieses Bestreben zeigt schon der Püdler'sche Landtafelentwurf von 1573, der l. 13 de ev. übersetzt wie folgt: Käufer mag „widergeltung der außgezelten Kaufsumma nach gelegenhait der zait, da die Kaufhandlung beschloßen und nit da das guet mit recht und urthail verloren worden, begehren“.

[4] Vgl. z. B. Glück XX S. 349: zu erstatten sei blos „der Wert der evinzierten Sache nach der Zeit des Kontrakts geschätzt“, und gleich darauf: „der Verkäufer muß den empfangenen Kaufpreis ohne Abzug zurückgeben;“ ferner Caballinus a. a. O. addit. nov. § 2 fol. 100 res vendita . . . censetur esse tanti, quanti vendita est, Mevius in der unten S. 307 N. 2 erstangegebenen Stelle; oder Calletius a. a. O., Praef. S. 312: Pretium non est verum pretium rei, sed pretium conventum quod dedit emptor.

Übrigens trat zwar oft bei Liegenschaften an die Stelle des Kaufpreises der schon erwähnte „Anschlag“ des Kaufgutes und seiner Teile und Pertinenzen; die Parteien pflegten im 17. und 18. Jahrhundert gerade im Hinblick auf die Traditions- und Gewährverbindlichkeit das Gutsinventar mit mehr oder weniger detaillierten Wertziffern zu versehen, welche sich im Rahmen des Herkommens hielten und deren Summe meist den Kaufpreis überschritt.[1] Sei es jedoch daß dies Härten hervorrief, sei es daß man an den ursprünglichen Zweck des Anschlags vergaß, häufig wurde wieder auf den wirklichen Kaufpreis zurückgegangen,[2] und der Anschlag behielt nur eine Rolle in der Bestimmung des Wertverhältnisses zwischen dem fehlenden oder entwehrten Teile und dem Ganzen.[3] Nach dem preuß. allg. Landrecht I 11, 171 z. B. kann der Käufer die Vergütung wegen entzogener Teile und Zubehörstücke „nur nach Verhältnis des Anschlags oder der Taxe des Ganzen, gegen den verabredeten minderen Kaufpreis fordern.“[4]

Mit dieser Auslegung des „Wertes“ im Cod. Ther. stimmt die daselbst gegen den Verkäufer einer unrichtigen Forderung ausgemessene Rechtsfolge, und zwar insoweit dieselbe gegen den dolosen gerichtet ist, vollständig überein:

---

[1] Fixe Taxen des Gutes und seines Zugehörs zur Verwendung bei Verfertigung des Anschlags gibt z. B. für Lehengüter Joach. Scheplitz, Etzliche Statuta und Gewohnhaiten der Chur vnd Marcke Brandenburg, eine Umarbeitung von Lambert Diestelmeiers Consuet. March. 1608 S. 431. Daß der Anschlag meist höher als der Kaufpreis war, berichten Carpzov, Resp. juris elect., lib. V tit. 6 resp. 47 n. 7; Donner, Österr. Rechte I S. 427. In Böhmen war der Gebrauch anfangs des 18. Jahrhunderts „sehr selten“; Neumann v. Puchholtz, Annot. a. a. O. S. 225.

[2] So in Ansehung von aliquoten Quantitätsmängeln schon Carpzov a. a. O. r. 47 n. 9 ff. mit einem Leipziger Urteil von 1632, weil der Kaufpreis, nicht der Anschlag die vera et justa aestimatio darstelle.

[3] Nicht ganz klar ist die Stellungnahme der Magdeburgischen Polizei-Ordnung 1688, c. 22 § 8: „Die Gewehrs-Mängel aber, so viel deren beyzubringen, oder zu bescheinigen, sollen nicht nach dem Anschlage des gantzen verkaufften Gutes, sondern nur nach Proportion der würcklich entwehrten Stücken und deren in Anschlag verglichenen Kauff-Gelder ersetzet werden“. Marg.-Rubr.: „Proportion des Mangels und Kauff-Geldes“. Möglicherweise ist hier Anschlagssumme und Kaufgeld als identisch angenommen.

[4] Vgl. auch § 177. Über die Mißverständnisse der Praxis s. unten S. 325 f. N. 1.

der Verkäufer ist „das dafür Empfangene mit allen davon vertagten Zinsen, Schäden und Unkosten zuruckzustellen und über das, wo ihme die Unrichtigkeit zur Zeit der Abtretung wohl bekannt gewesen wäre, den achten Theil des dafür empfangenen Werths zur Strafe zu erlegen schuldig.“ [1]
Daß danach das Interesse nur vom dolosen Verkäufer zu zahlen war, beruhte auf traditioneller Auslegung von D. (18, 4) 4. 5 und 7—9. [2]

Wir haben hier Beispiele dafür gesehen, daß der Zuschlag nach Ausbildung des Interessezuspruchs wieder als reiner Strafzusatz aufgenommen wurde.

III. Frühzeitig ist endlich in süddeutschen Quellen der Verkäufer geradezu zum Ersatz des „Schadens“ verpflichtet worden. Bei den vielfachen Anknüpfungen an das römische Recht, die sich in fränkischer Zeit fanden, besonders aber mit Rücksicht auf L. Bajuw. XVI 4 wird diese Entwicklung nicht wundernehmen. [3] Die bayrisch-österreichischen Quellen gehören sämtlich dieser Gruppe an; bald gewähren dieselben Kaufpreis und Interesse, [4] bald scheinbar nur das Interesse, und zwar letzteres schon älteste Quellen des Landesbrauches:

---

[1] C. Ther. III 23, § IV n. 70 S. 397. Vorher subsumiert n. 70 die Haftpflicht ausdrücklich unter die Gewährleistung aus dem Kauf überhaupt; die Besonderheit, auf welche die Fassung hinweist, besteht in der Eröffnung des Regresses schon dann, wenn „die Unrichtigkeit vor Belangung des Schuldners erweislich wäre“.

[2] Carpzov, Jurispr. for., II. Const. 34 def. 27; Lauterbach, Colleg. I, ad. Tit. 18, 4 n. 39 (S. 1052).

[3] Während Loening a. a. O. es allerdings merkwürdig findet, daß schon das Mühlhäuser Rb. a. 10 den Wert des Gutes ersetzen läßt: Suilich man sinin rechtin werin brengit, geit vmi daz guit abi, daz sal vmi die man abi legi, die vn zu rechti weri soldi, antwedir mit demi selbin guiti, ab he iz gihabi mac, edir also tuiri alsi guti leuti sprechin, daz is wert sie.

[4] So wenigstens bei Verkauf von eigen oder lehen Leuten, Landrechtsb. v. 1346 (Kaiser Ludwig's Rb.) a. 219 (Freyberg, Slg. histor. Schriften und Urk. IV S. 461); Münchner Stadtr. 1347 a. 167 (Auer S. 65) ... wurden aber die leut von ieman angesprochen, e sich deu gewerschaft ergieng und behuob man si dem an, der si gechauft hiet, so sol im dieser sein gelt, darumb er si gechauft hat, widerchern und den schaden den er der ansprach genomen hat. Nahezu wörtlich ebenso noch das ober- und

Schwabenspiegel Lassberg a. 20 (Der Mann verkauft des Weibes Morgengabe); ob der wirt lebet, so sol er im erstaten voliclichen den schaden, der im geschehen ist vnd ist er tot, die erben soln es tun von dem Gûte daz si geerbet hant etc.

Wiener Stadtrechtsbuch (vor dem Jahre 1360) a. 115 S. 110:

Der Verkäufer eines Weinbergs muss dem Käufer „gewer werden oder er mues im allen den schaden abtuen, den er sein nimpt.“ [1]

Ebenso a. 82. [2]

Haben nun wirklich schon die letzterwähnten Quellen und die parallel laufende Urkundenpraxis den reinen Interessebegriff, wie ihn die heutigen Romanisten verstehen, aufgenommen? Haben sie den Verkäufer zu dem Ersatze im weitesten Maße verhalten wollen? Dies wird schwer zu entscheiden sein; die Entwicklung der späteren Zeit geht in der That auf möglichste Ausdehnung

---

niederbayr. Landr. von 1616 Tit. IV, Art. 3. Beim Verkaufe eines Leibgedinges als Eigen, „das eines Gotteshauses ist“, läßt Münch. St.R. a. 97 (S. 40) sogar nur „enem seinen pfennig widergeben und dem richter ze puozz III lib. LX dn.“

[1] Ebenso bayr. L.R. von 1346 a. 192 a. a. O. S. 453; Stadtr. Freysing a. 1359 ebd. V S. 200. Das Wiener Stadtrb. versteht unter „Schaden ablegen“ bisweilen die Befreiung von der Ansprache (Ausrichtung derselben) ohne Mühe und Schaden des Käufers, wie die Urkunden sagen, anders ließen sich a. 75. 78 wohl nicht erklären; dann eben die Gutmachung des durch die Nichtabwehr entstandenen Schadens; beides, das Ausrichten der Ansprache und das Abtuen, Ablegen, Widerchern des Schadens, wird in den Urkunden meist zusammengefaßt, oder es wird nur versprochen: „swelchen schaden sie derselben ansprache nement, den suln wir in mit gotem willen allen ablegen“. Wien a. 1303 U.B. Herzogenburg n. 33 S. 27, Wien a. 1293 U.B. Klosterneuburg I n. 50 S. 44 u. s. w. Offensichtlich ist die Vermischung z. B. bei St. Pölten U.B. I n. 341 a. 1348: Wär aber das si mit recht an dem oftgenanten gut icht chriegs oder ansprach gewunnen, von wem daz wär, waz sew des schaden nämen, das schult wir in alles aus richten und wider cheren an all ir müe und an allen irn schaden. — „Schaden nehmen“ bedeutet im Stadtrb. wie auch sonst eine eigentümliche Transaktion durch Darleihensaufnahme auf Kosten des Gläubigers zur Ermöglichung von Verzugszinsen, Weiske, Brünner Schöffenbuch in d. Ztschr. f. dtsch. R. XIV (1853) S. 139; Stobbe, Die Juden in Deutschland S. 114 f., 239 f.; aber damit haben wir hier nichts zu thun.

[2] Oben S. 203.

der Ansprüche. Hat man aber, und dies interessiert im Verlaufe unserer Nachforschung mehr, den Käufer auf den Ersatz des den Kaufpreis etwa nicht erreichenden Schadens beschränken wollen?

Möglicherweise ist in diesem Sinne etwa die Brünner Oberhofsentscheidung, Schöffenbuch c. 105, zu verstehen, wonach der „Wert" mehr dem „Interesse" zu ersetzen ist. Im allgemeinen wird man Derartiges aber nicht leicht annehmen dürfen.[1] Was speziell die bayrisch-österreichischen Quellen angeht, so scheint mir die „Schadenserstattung" nicht einmal in dem infolge Consuet. feud. Vulg. II 25 dem romanistischen Interessebegriff weit eher zugänglichen Lehenrecht römisch gemeint zu sein. Nach den sächsischen Rechtsbüchern wird der Lehensherr, wofern er für Eviktion überhaupt haftet, zum „Erstatten" des entwährten Guts verhalten,[2] man darf vielleicht schon diese mehrdeutige Wendung, in Anbetracht der landrechtlichen Ordnung, am ehesten vom Kaufpreis oder dem anfänglichen Wert eines Lehens verstehen;[3] das schwäbische Lehenrecht jedoch verfügt ausdrücklich:

---

[1] Dagegen spricht das Beispiel jener ersterwähnten bayrischen Rechtsbücher, nach denen Kaufpreis und Interesse zu leisten ist, während eine unvollständige Angabe der Rechtsfolgen des Vertrags- und speziell Gewährbruchs in den deutschen Rechtsbüchern etwas Gewöhnliches ist. Zu derselben Auffassung drängt die Art, wie in früherer Zeit der römische Einfluß gewirkt hatte. Bemerkenswert ist auch, daß umgekehrt im allgemeinen der zu Schadensersatz berechtigte Käufer, wenn er den Kaufpreis noch nicht gezahlt hat, nichts fordern darf, weil die Kaufpreiszahlung „nach mittelalterlicher Auffassung" mit dem Schaden identisch ist. (Laband, Verm.-Kl. S. 153). Betr. Österr. ist zu erwähnen, daß die Urkunden häufig statt von *schaden* allein, von *hauptgut* (= Kapital) *und schaden* sprechen, meist in der Zusammenziehung: (den chrieg schullen wir inen) ausrichten an alle ir müe, hauptgut und schaden, z. B. U.B. Heiligenkreuz II (Font. II 16) S. 158. 161 u. s. w., oberösterr. Urk.B. VIII n. 545. 693 (wo zugleich der Schätzungseid des Erwerbers zugelassen ist). Daraus ist indessen nach keiner Richtung ein Schluß zu wagen.

[2] Sächs. Lehnr. 33, 1; Richtst. Lehnrecht 29, 6.

[3] Homeyer, Syst. d. Lehnr. (Sachsensp. II T. II) S. 401 spricht von einer „Ersatzpflicht". Eichhorn, D. P.R. § 200γ von „Wert". Eine ausführlich auseinandergesetzte Berechnung des Schadensersatzes auf der Grundlage quantum valebant dominia ... tempore contractus donationis in recompensam dictarum terrarum evictorum (sic) bei Boerius Decisiones Lugd. 1547, I quaest. 18 f.

Lassberg a. 62 a. E.: daz sol er im erstatten mit einem andren lehen, oder er gebe im sin gut wider. die wal ist an dem man, vnd nit an dem herren. hat aber er dem man gelobet zerstaten, so sol er ez mit rehte tun.

Und am ehesten doch diese süddeutsche Regelung wird gemeint sein, wenn das österreichische Landrecht von 1237 „den Schaden erstatten" läßt:

Schwind und Dopsch Ausgew. Urk. S. 63 a. 32. Wenn der herre den man bestettet, daz er in bestetigt mit seinem aid daz er sein gewer sull sein vnd von seinen ungenaden darumb sein gewer nicht sein wil, wie gethanen schaden der man des nimpt auf seinen lehen, daz sol im der herre erstatten.

Überdies dürften auf das mittelalterliche Recht Rückschlüsse aus der Folgezeit erlaubt sein, da gerade das Erzherzogtum Österreich eine so außerordentlich starke Anhänglichkeit an die germanische Regelung aufweist. Die Gestaltung der Neuzeit war aber in Deutschland meistens, die österreichische ist noch jetzt die oft erwähnte Kombinierung von Kaufpreis und überschießendem Interesse. Dies ist nunmehr nachzuweisen.

IV. Nach der Rezeption des römischen Rechts, teilweise aber noch im 18. Jahrhundert ging die Anschauung der deutschen Juristen dahin, daß der Käufer infolge Entwehrung das *„pretium"* und das *„interesse"* zu beanspruchen habe. Hierzu gab sicherlich zunächst der Zustand der aus gleicher Auffassung entsprossenen Quellenstellen, namentlich die rätselhafte l. 60 h. t. den Antrieb, und zahlreiche Irrtümer führten weiter. Das Resultat wird man aber für kein zufälliges erachten können. Wiederum vielmehr ist es das Beharren in der volksrechtlichen Auffassung, das diese Richtung zunächst kennzeichnet, so wie es die fortdauernde Idee der Auktorschutzpflicht gewesen ist, die den Verkaufsinhalt auszeichnete.

Eine Berührung der Frage mit derjenigen, ob wegen Nichterfüllung der Traditionspflicht der Kaufpreis zurückzugeben sei,[1]

[1] Das Reichskammergericht ließ den Kaufpreis in diesem Falle als Interesse erstatten, Mynsinger, Cent. I obs. 53.

ist nirgends offensichtlich und bleibt daher hier außer Betracht.[1]

1. Eine mächtige Verführung bot es für die gesamte Doktrin, daß schon die Glosse die strengere Ansicht gelegentlich verleugnete. So verbesserte Accursius förmlich die l. 23 C. 8, 45, wo es heißt: *quanti tua interest rem evictam non esse teneri, non quantum pretii nomine dedisti,* mit der Erläuterung: *id est non solum ad pretium sed etiam ad interesse.*[2] Auch Anhänger der strengsten, bekanntlich von Cuiacius und Donellus[3] vertretenen Meinung, daß ausschließlich das Interesse zu leisten sei, haben doch dem Käufer selbst gegen den gutgläubigen Verkäufer den vollen Preis zugesprochen, wenn die Sache zu theuer gekauft oder die Preise seit dem Kauf gesunken waren.[4]

Bei den weitergehenden Schriftstellern dürfte die deutschrechtliche Anknüpfung am klarsten bei Carpzov sein. Er lehrte,[5] infolge der Eviktion könne der Käufer den Kauf reszindieren und den Preis zurückverlangen; ferner das „landesübliche Interesse" (Zinsen) „und das weitere Interesse" begehren.[6] Dafür bringt er auch ein Leipziger Schöffenurteil vom Jahre 1587:

---

[1] Doch würden diese Zeilen gerne zu einer weiterausblickenden Untersuchung der neuzeitlichen Geschichte das Interesse anregen. Die kanonistische Lehre vom Interesse mit deren Wurzeln im Kommentatorenrecht ist von Endemann, Studien cit. II S. 243—318 dargestellt. Mit der hier beschriebenen Spezialfrage ergibt sich dabei kein Zusammenhang.

[2] Ähnlich Gothofred zu D. h. t. 70.

[3] Cuiac, Tract. ad Afric. VIII ad. D. (19, 1) 44 (op. om. I c. 1478); Donell. de evict. ad C. h. t. 23 n. 6 op. om. IX c. 1508.

[4] Calletius ad l. 6 C. h. t. n. 8 Meermann II S. 323 (quia res tanti censetur, quanti empta est); Glück XX S. 349 f. Ebenso Grotius, Manuduct. ad jurisprud. Holl. lib. III c. 15 n. 19. 20, gegen den sich Voët, Pand. h. t. n. 26 wendet. — Bei den Legisten galt der Satz: Res non praesumitur effecta minoris pretii, s. bes. Alexander (Tartagnus) Cons. III c. 67 n. 3.

[5] Carpzov, Jurispr. for., Pars II const. 34, def. 22. Ebenso für die Zession, def. 27, und ein daselbst angezogenes Urteil, wonach der Verkäufer einer nicht bestehenden Schuldpost dem Käufer „nochmahls zu geweren oder die empfangenen 550 fl. wieder herauszuantworten schuldig" erkannt wurde, vgl. oben S. 301 N. 2.

[6] def. 39.

Es ist euch aber Verkäuffer das Haus vor seiner Mutter Ansprüchen zu gewehren, oder da er euch dasselbe nicht gewehren könte, euer Kauffgeld samt dem Interesse, so viel ihr dessen liquidiren könt, zu erstatten schuldig.

Germanistische Grundlagen kommen gewiß der gleichen Ordnung im englischen Recht zu.[1]

Der höchst einflußreiche Wesenbeck legte sich das Verhältnis der *actio emti* zu der *stipulatio duplae* und der von den Juristen merkwürdig aufgebauschten *stipulatio simplae* folgendermaßen zurecht, wobei er in manchen Punkten auf der Lehre der Postglossatoren[2] fußt. Aus der Natur des Kaufkontraktes folge die *actio emti* auf das Interesse; die Römer aber pflegten nebenbei noch durch Stipulation zu „kavieren" und zwar mit *stipulatio simplae* ohne praktischen Effekt, so daß gegenwärtig deren Ziel schon durch die *actio emti* erreicht werde, *quae stipulatio cum congrua sit naturae venditionis, semper inest effectu contractui.*[3]

Daher lehrt er:[4]

Actio ex empto vel ex stipulatione simplae (quae naturalis est et propria in evictione actio) duo habet capita: quorum primo continetur et petitur datale (soll heißen *totale*) *interesse hoc est aestimatio rei, sive precium, quo res aestimata est. Itaque merito in hoc capite refertur aestimatio ad tempus quo res empta est.*[5] *Altero capite petitur interesse particulare, id est quanti interest rem evictam non esse: quod recipit augmentum et diminutionem prout quandoque plus minusve interfuit: et horum capitum distinctio ad multarum ll. quae pugnare videntur intelligentiam, diligenter reti-*

---

[1] Wegen Eviktion bezahlt man dort das Kaufgeld und alle „infolge des Kontraktbruches" aufgelaufenen Schäden, aber einschließlich der Auslagen, welche gemacht werden, um die conveyance vorzubereiten und den Titel zu untersuchen. Addison, Law of contracts, 9. Aufl., S. 487.

[2] Vgl. Bartolus ad l. ex empto v. „et ex empto" (11 § 8) A. E., auch ad A. E. 1 und h. t. 1.

[3] Wesenbecius, Paratitla in Pand., Basil. 1563, ad tit. 21, 2, n. 3 (S. 185).

[4] Ebd. n. 7 S. 186.

[5] Über die Dogmengeschichte dieser bekanntlich seit den Glossatoren streitigen Frage s. Scialoja, Arch. giur. XXX S. 156 ff.

nenda est. Actio duplae non recipit augmentum aut diminutionem; quippe in illa non consideratur interesse sed eius loco duplicatum precium ex stipulatione exigitur.

Ich zweifle nicht, daß unter dem Wert der Sache zur Zeit des Kontrakts hier wie überall nur mit einem der l. 13 h. t. angepaßten Ausdruck der Kaufpreis gemeint ist. Die übrigen vielgestaltigen Irrwege der Juristen zu verfolgen, bietet kein Interesse. Die gleiche Ansicht im Resultat aber findet sich, von den kanonistischen Schriftstellern ganz abgesehen,[1] bei Mevius, Schneidewin, Lauterbach, Sam. Stryk, G. A. Struve, Leyser, Averanius, ja noch Westphal[2] u. a.; und ihr mögen sich noch viele andere zugeneigt haben, welche die bekanntlich sehr verbreitete Zer-

---

[1] Vgl. z. B. Molina a. a. O. Disp. 380 n. 1: Zu ersetzen ist pretium + interesse; dasselbe sage Lusit. ordin. t. 30 § 2, wo hinzugefügt sei, daß der Käufer die Wahl habe.

[2] Mevius, Comm. in jus Lubec. tit. VI a. IV (1744, S. 599) Rubrik: actio de evictione continet pretium et interesse, wo er Wesenbeck, und Decisiones p. VII dec. 115 n. 21, wo er Carpzov zu folgen scheint. Schneidewin, Inst. IV 6 v° ex empto n. 59; Lauterbach, Coll. h. t. n. 37 S. 157; Sam. Stryk, Diss. Hal. II disp. XXI, cap. XI § 24; vgl. t. VI disp. XVIII cap. I § 1: pretium restituere tenetur venditor cum usuris et quod praeterea Emptoris interest rem non evictam fuisse; ders. de litisden. § 30: 1. pretium, 2. omne interesse, 3. expensae, 4. Prozeßkosten; G. A. Struv, Syntagma II exerc. XXVII, n. 18 mit Anm. v. P. Müller; Aug. Leyser, Meditat. ad Pand. IV specimen 292 n. 5: In hac actione non solum pretium olim solutum, sed omne lucrum cessans, damnum emergens et sumptus in processum factus petitur. Jos. Averanius, Interpret. juris lib. IV c. 12 n. 17 (1753 t. III S. 638): pretium principaliter ac semper, utilitas nec principaliter nec semper. Ebenso die Aktionenwerke, Just. Henn. Böhmer, De actionibus (1708), sect. II c. 8 § 69 (S. 749, S. 585): 1. pretium, 2. interesse et damnum, 3. sumptus litis, 4. impensae in rem factae, quas absque culpa sua retinere non potuerit ab evincente, 5. aestimatio instituitur secundum tempus evictionis; J. L. Schmidt, Klagen und Einr. (1774) § 894. Endlich Westphal, Vom Kauf § 322 S. 256, § 325 S. 257: „Die Gewährleistungsklage geht zuvörderst darauf, dass der Verkäufer den Werth wiedergebe, den er erhalten ... (das) Interesse ist ... der zweite Punkt, so der Käufer von dem Verkäufer vergütet verlangt;" Reyscher, Gem. u. würtemb. Priv.-R. ²II § 416 S. 249 u. v. a. Ein Nachzügler dieser Richtung ist auch das von Bekker VI S. 322 gerügte Erkenntnis des O.A.G. Celle von 1851 Seuff. V n. 122.

legung des Interessebegriffs in Sachwert und anderweitiges Interesse anwendeten.[1]

Dieselbe Doktrin tritt in bayrischen Quellen der Rezeptionszeit auf[2] und wird dann von Kreittmayr[3] in seinen Anmerkungen zum bayrischen Gesetzbuch vertreten. Im (westpreuß.) Jus culmense ex ultima revisione ist sie an Stelle der früheren, nur den Kaufpreis erwähnenden Redaktionen aufgenommen.[4] Die niederösterreichische Praxis und Literatur des 16. bis 18. Jahrhunderts dürfte ihr ausnahmslos gehuldigt haben.[5] Ja

---

[1] Man würde dies wenigstens bei Schriftstellern vermuten, die das deutsche Recht kannten wie Schilter, Praxis juris Romani Tom. II Exercitationes ad P. XXXIV § 18 S. 314: a° empti duabus partibus dividitur: 1. aestimatio rei, 2. die damna und anderes Interesse. Das klingt wie im Brünner Schöffenbuch; unter aestimatio rei mag „pretium quo res aestimatur" verstanden sein, d. i. der Kaufpreis s. Mevius a. a. O. und vgl. die darauf folgende ausführliche Besprechung eines Prozesses durch Schilter, über dessen auf den Kaufpreis gerichtetes Klagepetit doch kein Wort verloren wird.

[2] Z. B. Nürnberger Vernew. Reform. (1564) XVI 4.

[3] Kreittmayr, Anm. zum Cod. Max. Bav. civ. IV 3 §§ XV, XVI n. 8 S. 1465 ad IV 3, 15, 6 mit Berufung auf Lauterbach spricht zu: 1. „interesse totale id est pretium rei evictae, nach dem wahren Anschlag, wie er sich nämlich zur Zeit des Kaufkontrakts bezeigt," 2. „das interesse particulare = lucrum cessans oder damnum emergens nach Anschlag temporeevictionis," 3. „die von Zeit des Kaufs bis zur Eviktion verwendeten Kosten" (offenbar ohne Rücksicht auf den Erfolg), 4. „die Kosten des Eviktionsstreites."

[4] Jus culm. ex. ult. rev. IV 5, 12, vgl. alt. Kulm III 131 (entsprechend Magdeb. Fr. I 13, 1), Magdeb. Pol.-O. 1688 cap. 22 § 8; die revidierten Kulme enthielten noch eine andere scheinbar widersprechende Bestimmung IV 12, 3, wonach nur der Kaufpreis zugebilligt wird, Schäden und Kosten bei zugesagter Gewähr. Sie ist offenbar mißverständlich aus dem alten Kulm II 80 (entsprechend Ssp. II 15) entstanden; der letztrevidierte Kulm verweist freilich auf sie als die „ausführlichere" Norm.

[5] Landrechtszeiger III 8, 14: die Früchte und Meliorationen soll der Käufer vom Evinzenten einbringen, „aber umb das Khaufgelt wierdet der verkhaufer beclagt"; ferner § 15: „das er seines interesse von dem verkhaufer auch schaden und cosstung benuegig werde"; Landtafel II 4, 33 widergeltung der außgezelten Kaufsumma; § 34 die expens vnd erlitne schäden; § 35 die verlorenen Nutzungen, § 36 die Melioration. Schwanser,

man findet dort im Lehenkaufrecht die sehr bezeichnende Auslegung der Cons. feud. II c. 25 aufgenommen, daß zwar der Verkäufer neben der Erstattung des Lehenguts in natura oder durch Kaufpreisrückstellung auch darüber hinaus den Wert zur Zeit der Eviktion zu ersetzen habe, „da aber hergegen das lehenguet zur zeit des vrtls in abschlag khommen wäre, so solle der verkhaufer dem khaufer dennoch sein völlige khaufsumma widergeben und ervolgen lassen", — *„quia inducta in favorem non debent retorqueri in odium."*[1]

Ein bewußtes tieferes Motiv zur Aufrechterhaltung des alten Rechts möchte ich der Praxis der bisher geschilderten Richtung gewiß nicht zuschreiben. Sie nahm auch den für moderne Anschauung gegensätzlichen, im alten deutschen System aber ebenso wie im römischen begründeten Satz weiter mit, daß die Beendigung der Vertretungspflicht durch natürlichen oder juristischen Zufall den Verkäufer überhaupt befreit;[2] und hie und da dringt dann doch auch wieder der Einfluß der fr. 66 § 3 und 70 h. t. durch.[3]

2. In Frankreich erfuhr die geschilderte Ansicht eine Stützung durch rechtsphilosophische Erwägungen von größerer Tragweite.

Berichte, n. 1738 IV n. 237 S. 392: dem entwährten Käufer müsse die Melioration vom Evinzenten gezahlt werden, „der Kaufschilling aber ihm von der Kammer (Verkäufer) aus wieder gut gemacht werden." Landesordg. II 19, 12 wie die Landtafel, mit Berufung auf Wesenbecius. Danach wird man Suttinger, Consuet. v° Schirm S. 683 ebenso verstehen. Für Oberösterreich ausdrücklich ebenso Weingärtler, Con- et Discord. S. 195 mit Urt. des Landshaubtmannsger. auf Grund von l. 60 u. 70 h. t. Für Steiermark Beckmann, Idea juris stat. v° Evictio S. 140: der Kaufpreis sei tamquam indebitum zu restituieren una cum interesse et expensis in litem factis.

[1] Niederösterr. Lehentraktat (von Püdler) tit. 57 § 3 mit Zitierung von Hieron. Schürff (auch Schiurpff), welcher, Consilia et responsa, 1545, Cent II cons. 25, aber nur den Fall von Meliorationen erwähnt.

[2] In den niederösterr. Entwürfen wird das Ende der Gewährpflicht durch „Wasserguss, Feuer, Gewalt, Feindesnoth" ausgesprochen. Landt. II 4, 19, Landesordg. II 19, 4. Ebenso böhm. Landr., Všehrd IV 11, 10 f.

[3] Indessen wird die Vermutung gerechtfertigt sein, daß die altgewohnte und anscheinend quellenmäßige Berechnung als die richtige und billige erschien.

Wie jene auf deutschem Boden wirkenden Schriftsteller lehrte schon Duarenus,[1] die Klage gehe *ad rei precium; augmenti vel diminutionis ratio nulla habebitur, sed ad tempus contractus precij ratio refertur. — Judicium empti non solum continet pretium, sed etiam omne id quod emptoris interest rem non evinci.* Mit schwächlichen Quellenargumenten aber siegreichen inneren Gründen griff Du Moulin ein. Die *actio ex empto* hat auch nach seiner Meinung[2] *duo capita, primum perpetuum ad precium, secundum casuale ad id quod intererst.* Ist beispielsweise der Käufer einer Servitut an der Entwehrung nicht interessiert, weil sich herausstellte, daß ihm das herrschende Grundstück nicht gehört, so empfange er doch sein Kaufgeld zurück. Ist das um 1000 gekaufte Grundstück um die Hälfte verschlechtert, so dürfe doch der Verkäufer nicht 500 behalten. Seine beredte Ausführung ist schon von Kohler[3] ans Licht gezogen worden und gipfelt in der Frage:

> *Cur tu, cum non esses dominus nilque juris haberes, lucraberis dimidiam partem pecuniae meae cum jactura mea praetextu deteriorationis etiam casualis? Cur qui non dominus est et alium decipit, versabitur in lucro, deceptus vero in damno? Cur non potius tanquam tota re evicta totum pretium repetam sine alio interesse, quia pluris non interest?*

Wohlgemerkt handelt Du Moulin hier von der Gefahr für Untergang und Verschlechterung, die durch Zufall im engsten Sinne herbeigeführt werden. Die normale Nutzung und Abnutzung der Sache, von den durch Verschulden (*culpa*) oder Handlungen (*facta*) des Käufers herbeigeführten Veränderungen ganz zu schweigen, berücksichtigt er in durchaus entsprechender und seither vielfach nachgeahmter Weise.

Caillet und Domat haben Ende des 17. Jahrhunderts die „*elegans quaestio*“ (Caillet), ob das Kaufgeld nicht das Minimum des Ersatzes bildet, verneint, Pothier[4] aber Mitte des 18., „wie

---

[1] Duarenus (gest. 1555) ad l. 16 C. h. t. S. 1221.

[2] Du Moulin, gest. 1566, (Caballinus) de evict., additiones novae § 2, tract. illustr. VI 1 fol. 100 § 4 n. 2, fol. 104 verso; (Molinaeus) tract. de eo quod interest n. 68.

[3] Kohler, Kauf einer fremden Sache, Ges. Abhandl. S. 272.

[4] Pothier, Vente I n. 69.

in so vielen Fragen auch hier die in herber Latinität entwickelte Ansicht Du Moulin's in seiner glatten und durchsichtigen Sprache wiedergegeben" (Kohler), und seine Ergebnisse sind nahezu wortgetreu in Art. 1630 Code Civil zu finden, wonach der Käufer zu verlangen berechtigt ist:

1. die Rückerstattung des Preises,

2. den Ersatz der Früchte, wenn er verpflichtet ist, sie dem evinzierenden Eigentümer herauszugeben,

3. die Kosten des Regreß- und des Eviktionsprozesses,

4. die *dommages et intérêts* und die Kosten des Kaufvertrages.

Nur im Zusammenhang mit dem Gesagten ist die eigentümliche Normierung der Partial-Eviktion im Code verständlich, wenn sie auch durch die mannigfachen, infolge von D. h. t. 69 in Umlauf gekommenen Theorien sowie durch die hie und da auftretende absolute Berechnung des Quanti minoris-Anspruches beeinflußt sein dürfte. Unter Verwendung eines bereits von den Römern vielfach gebrauchten Einteilungsgrundes wird unterschieden, ob der Käufer bei Kenntnis des zur Teileviktion führenden Mangels den Kauf unterlassen hätte oder nicht. Hätte er nicht gekauft, so wird der Kauf aufgelöst (art. 1636), sonst nur Schadensersatz gegeben (art. 1637). Wie sich die dogmatische Interpretation diese Normen zurechtlegen muß, kann hier nicht ausgeführt werden.[1] Die Gesetzgeber wollten aber offenbar im ersteren Falle nur die Funktion der *actio empti* auf *restitution du prix*, im zweiten nur die auf das Interesse annehmen.[2] Warum dies,

---

[1] Man nimmt an, daß der Restitutionsanspruch gem. art. 1636 aus den durch art. 1630 zuerkannten Ansprüchen zu ergänzen ist, weil immer, wenn Käufer die Sache verliert, die Folgen der Totaleviktion eintreten müssen. Vgl. Cuturi S. 276. Art. 1637 hat, da er inkongruente Rechtszustände schafft (Troplong I n. 517), unendlichen Streit entfesselt und verschiedene Korrekturvorschläge hervorgerufen. Duranton XVI n. 300 S. 323 f. wollte a. 1631 heranziehen; andere a. 1637 auf Eviktion von partes pro indiviso beschränken (Delvincourt III S. 149). Die herrschende Meinung hält aber an der strengen Auslegung fest, Troplong a. a. O.; Duvergier n. 374; Marcadé a. 1636 n. 1, ebenso für Italien Re, Vendita n. 244 ff., vgl. auch Cuturi S. 272 N. 1.

[2] Vgl. Pothier, Vente n. 158. 159.

das könnte vielleicht mit einer genauen Untersuchung des einheimischen französischen Rechts erklärt werden.[1]

Die ganze Regelung des Code Civil ist im italienischen C. C. a. 1486 ff. und schweizer Obl.R. a. 241 f.[2] nachgeahmt worden, die der Partialeviktion unsystematischerweise auch im sächsischen B.G.B. § 942,[3] im Dresdner Entwurf a. 167 f. und sonst.

3. Den Aufstellungen Du Moulin's verwandte Ideen sind bisweilen auch in Deutschland auf Grund der Quellen vertreten worden.[4] Eine beträchtliche Stärkung hat die geschilderte Ansicht aus dem Naturrecht gezogen, und sie hat sich so, während die gemeinrechtlichen Schriftsteller mehr und mehr der Cuiac-Donell'schen Meinung zugänglich wurden,[5] die Gesetzbücher erobert.

Der naturrechtliche Grundsatz, daß in entgeltlichen Verträgen die beiderseitigen Leistungen, als einander subjektiv gleichwertig,

---

[1] Schon nach den Coutumes von Gorze VII 15; 16 war bei totaler Eviktion der Kaufpreis, bei partieller „bloß Schadensersatz zu leisten" (Warnkönig, Franz. Staats- und Rechtsgesch. [2] II S. 565 N. 10).

[2] Mit Beschränkung des Interesseanspruchs auf das unmittelbare Interesse.

[3] Da hiernach unter Umständen der Käufer bei teilweiser Eviktion besser steht als bei totaler, gab die Praxis ihm in Verallgemeinerung des Paragraphen immer nach seiner Wahl statt des Interesse auch den Kaufpreis (Z. f. Rechtspfl. u. Verw. XXXVII S. 176) und zwar aus dem Gesichtspunkt der condictio indebiti! Wengler S. 387 § 941 N. 4.

[4] Hierher gehört Christfr. Wächtler, Opusc. iuridico-philolog., ed. Chr. Henr. Trotz, Trajecti ad Rhenum 1733 de evict., S. 154 zu l. 66, 3 h. t.: pretium, tempore divisionis determinatum, immutabile et perpetuum est . . . Oritur laesio non hodie, ubi fundus evincitur, sed tantum manifestatur; suberat autem ipso tempore factae divisionis, quo adhuc incertum erat, melior an deterior evasurus fundus apud ipsum foret. Glück XI S. 82 hält diesen Ausspruch für „gar keiner Widerlegung wert", in der That ist auch Wächtler's Auslegung der l. 66, 3 und der l. 70 (S. 166 ff.) mehr als gewaltsam. — Daneben ist die schon erwähnte Diss. Boehmer (Wunderlich), de computatione pretii Hal. 1745 zu nennen, die die Quellen noch ärger behandelt als Du Moulin, aber bereits (S. 15) flüchtig auf die Analogie der Redhibitoria hinweist.

[5] In dieser Beziehung möchte ich besonders die kleine Inaug.-Dissertation von Franc. Guil. Romanus (Wiesenhavern, Leipzig 1748) hervorheben, welche die Frage als eine bisher äußerst bestrittene und dunkle behandelt, jedoch im Sinne der eleganten Jurisprudenz entscheidet.

sich bedingen,[1] besitzt gerade bezüglich der Ansprüche des entwehrten Käufers gewisse, wenn auch vielleicht nur äußerliche Analogien in der Rechtsanwendung schon seit den Römern (Julian, A. E. 11, 18).[2] Danach hat jederzeit die erdrückende Mehrzahl der Stimmen dem Käufer, welcher auf die Gewähr verzichtet hat[3] oder den Rechtsmangel beim Kauf kannte,[4] nur das Interesse, aber nicht die Preisrückforderung versagt. Die österreichischen Schriftsteller sahen wir sogar, wo sie mangels der Schermverschreibung die Haftung grundsätzlich negierten, es „gleichwolen wider die natürliche Billigkeit" finden, daß die Verkäufer den Kaufschilling behalten sollten, der Erwerber aber nicht das Gut.[5] Die gleiche Praxis herrschte in Österreich als Milderung der strengen Regel, daß der Anspruch bei Versäumung der Denunziation verloren gehe.[6]

Man braucht also nicht einmal an den Einfluß der Wolf'schen Nichtigkeitslehre[7] zu denken, um es unauffällig zu finden, daß das Äquivalenzprinzip dem Anspruch des Käufers auf Preisrückstellung gegen die einseitige neuromanistische Interessetheorie zuhilfekam.[8] Kein Zweifel auch, jenes Prinzip hat dazu

---

[1] Oben S. 266 N. 1; dazu Hugo Grotius III 19 n. XIV (zit. Ausg. S. 975).

[2] Natürlich ist die Stelle nur eine der vielen Äußerungen der Billigkeits-Jurisprudenz Julian's. Aber da hier mit Beziehung auf die Eviktionsgefahr der Satz festgelegt war: „neque enim bonae fidei contractus hac patitur conventione, ut emptor rem amitteret et pretium venditor retineret", so hat gerade darin die deutsche Rechtswissenschaft einen der sichersten Stützpunkte des Äquivalenzprinzipes gehabt.

[3] Cuiac., Rec. solemn. ad l. 27 C. h. t.; Voët n. 32; Carpzov C. 34 def. 22, Resp. V r. 43; Schilter § 25, 28; Stryk h. t. n. 49; Lauterbach S. 159; Callet. S. 328 u. s. w.; ostpreuß. L.R. p. 2 IV 6, 18 § 2.

[4] Dieselben mit Ausnahme von Voët., vgl. Glück XX S. 229 N. 2; den gegenteiligen Satz hatte Bartolus ad l. si fundum (27) C. h. t. (8, 44) scharf formuliert.

[5] Oben S. 207 f.

[6] Suttinger, Consuet. austr. v° Schirm (Ausg. 1716 S. 684) mit Zitierung eines Urteils der niederösterr. Reg. vom 2./3. 1655.

[7] Daß auch nach ihm Kaufpreis mit Interesse zu ersetzen war (Jus. nat. V § 1166), wurde bereits bemerkt.

[8] Sam. Coccei Introductio ad Grotium (1748) Diss. XVI § 277 n. 3 (S. 421): Venditor qui rem alienam mihi tradidit, ea evicta causa est,

beigetragen, daß die ihm huldigenden beiden Gesetze Preußens und Österreichs in unserer Materie ein Recht des Käufers auf Vertragsaufhebung anordneten, während im übrigen Kontraktsrecht der naturrechtliche Folgesatz des Äquivalenzprinzipes, das Rücktrittsrecht wegen mangelnder Erfüllung [1] minder willig aufgenommen oder ganz abgewiesen wurde.

Wenn aber in diesem Punkte das ältere Recht und die herrschende Lehre zusammenliefen, so ist es den Gesetzgebern geglückt, das überkommene Rechtsmaterial in noch viel weiterem Umfange konstruktiv zu erfassen und mehr und mehr zu einem einheitlichen Gebilde zu verschmelzen. Wir haben nämlich im Laufe des 1. und 2. Abschnittes eine Reihe von Erscheinungen kennen gelernt, aus deren Verwertung, wie ich meine, unter der Hand der preußischen und österreichischen Redaktoren fast mühelos ein neuer, die ganze Anlage der Haftung durchdringender Rechtsgedanke erwuchs. An dessen Darlegung haben wir nunmehr noch zu schreiten.

---

ut res mihi auferatur; precium igitur, quod ei solvi, sine causa penes eum est, et locupletior fieret ex re mea; und schon Beckmann a. a. O. — Daß auch die moral-theologische Spekulation zur Kaufpreisrückstellung führen muß, ist aus der oben 1. Abschnitt S. 267 N. 1 zit. Schrift von Loenartz S. 129 ff. zu ersehen.

[1] Wolf, Jus. nat. V § 1161; Zeiller, Komm. III S. 116.

Dritter Abschnitt.

Die preußisch-österreichische Haftungskonstruktion.

Wir haben im Laufe des ersten Abschnittes zwei Strömungen kennen gelernt, welche die in unser Gebiet einschlägigen Normen des preußischen Landrechts durchziehen. Die eine[1] trägt die letzten Früchte des auf der Defensionsgrundlage erwachsenen Praktikersystems. Ihre Einwirkung hat sogar der Vertretungspflicht ein Plätzchen im Gesetze bewahrt und die ganze Regelung des 11. Titels dreht sich um Litisdenuntiation und Eviktion. Allerdings erscheinen diese Normen in der von der eleganten Jurisprudenz am stärksten beeinflußten norddeutschen Fassung; dieselben erweisen sich daher einer freieren Auslegung leicht zugänglich. Die andere Strömung kommt von der Lehre Wolf's her.[2] Die Geschäfte über fremde Sachen werden grundsätzlich für wirkungslos erklärt. Die Ausführung läßt jedoch die wichtigsten Punkte im Dunkeln, wie die Anwendbarkeit auf das Kaufrecht und die einzelnen Kaufgegenstände, insbesondere das Verhältnis der Nichtigkeit zum Gewährleistungsanspruche.

Das Landrecht zeigt aber sogar eine die beiden anderen kreuzende dritte Gedankenrichtung. Im österreichischen Gesetze ist diese die herrschende geworden. Sie läuft darauf hinaus, die Rechtsmängelhaftung mit der Sachmängelhaftung in Verbindung und Einklang zu bringen.

Daß sich, wie oben angedeutet, dieser Gedanke den Redaktoren fast von selbst dargeboten hat, ist aus dem Vergleiche der

[1] S. oben S. 254. 284 f.

[2] S. oben S. 275 ff.

praktischen Ergebnisse des älteren Rechtes einer-, der gesetzlichen Regelung andererseits zu erkennen. Die Entwicklung der neuen Idee wird noch dadurch in helleres Licht gesetzt, daß wir beobachten können, wie dieselbe schrittweise Terrain gewann. Von den beiden älteren österreichischen Entwürfen des bürgerlichen Gesetzbuches wissen wir aus den vorstehenden Erörterungen, daß sie bei unserem Gegenstand — wie ja auch sonst vielfach — strebten, den in Nieder- und Oberösterreich und im böhmisch-mährischen Recht herkömmlichen Zustand festzulegen. Sie thaten dies in genau gearbeiteten Einzelbestimmungen, welche bereits eine Anzahl von Ansätzen dazu enthalten, Rechtsmängel den physischen Mängeln gleich zu regeln. Darin, daß der Codex Theresianus und der Entwurf Horten's unmittelbar an das ältere Recht anknüpfen und doch zugleich in die Zukunft weisen, besitzen sie für diese Darstellung illustrativen Wert; überdies sind dieselben durch Martini zur Grundlage des österreichischen Gesetzes gemacht worden.

Die Eigentümlichkeiten der im preußischen Landrecht fallen gelassenen Normen des Carmer'schen Entwurfes werden zu berücksichtigen sein. Das Landrecht selbst geht wiederum auf die Detailfragen der Gewährleistung ein, stellt aber an die Spitze bereits in vollster Deutlichkeit das in Rede stehende neue Prinzip. Das österreichische Gesetz vollendet den ganzen Prozeß in der Weise, daß bei ihm alles Einzelne nur noch Ausfluß des einen Grundsatzes ist. Indem wir die Entstehungsgeschichte dieses Satzes verfolgen, gewinnen wir demnach zugleich Anhaltspunkte zur Abschätzung seiner Tragweite.

I. Zunächst haben wir die Anknüpfung der gesetzgeberischen Thätigkeit an das in den früheren Abschnitten besprochene ältere Recht ins Auge zu fassen.

1. Was vor allem die Höhe der Ansprüche des Käufers anbelangt, so nahm die Betrachtung gemäß des im zweiten Abschnitt Gesagten den Ausgangspunkt überall beim Kaufpreise, nicht beim Interesse. Überwiegend rechnete man zu dem Kaufpreise den den Preis übersteigenden Schaden hinzu, indem man denselben, ähnlich wie insbesondere das bairische und das französische Gesetzbuch, in bestimmten Kategorien, unbekümmert um

die heutigentags gangbare Unterscheidung von positivem und negativem Interesse, erfaßte. Bei *dolus venditoris* war der Käufer überall begünstigt.[1] Teils ungefähr, teils genau dieselbe Regelung galt für die entgeltliche Zession.[2]

Die Anwendung des Prinzipes auf Teilentwehrung ist, wo von solcher überhaupt die Rede ist, bezeugt,[3] und die so vielfach zerfahrene gemeinrechtliche Lehre blieb ohne Einfluß.

Man bemerkt schon hier die Ähnlichkeit mit den ädilitischen Rechtsmitteln, zumal in Österreich, wo man der Lehre folgte, die mit der Redhibitoria und Quanti minoris auch Auslagen, Schäden und Kosten verfolgen ließ.[4] Und wiederum die gleichen

---

[1] Cod. Ther. III 9 § XII n. 213 ff. (oben S. 299): Kaufpreis, $^1/_8$ Zuschlag, Gerichtsschäden, Unkosten; Horten III 9, 100: Kaufpreis, Schaden, entzogener Nutzen, Gerichtsschäden und Unkosten. (Daraus geht hervor, daß „Schaden ersetzen" in n. 79 bezüglichder gemeinten Quantität nur eine allgemeine Bezeichnung ist); Jus culm. ex ult. revisione IV 5, 12: Kaufgeld samt Gerichtskosten und erlittenen Schäden; Magdeb. Pol.O. c. 22 § 8: Kaufpreis. Die ostpreuß. Landr. IV 6 art. 18 sprechen nur gelegentlich von „Schadloshaltung", während bei mora tradendi Kaufpreis und überschießendes Interesse zusteht (IV 6, 1 § 6). Die erste Redaktion, das Landr. v. 1620 ist ja unter Wesenbeck's und Schneidewin's Einfluß entstanden. Vom Kaufpreis ging auch der Entw. d. A.L.R. aus, freilich indem er denselben nicht nur auf den geringeren Wert zur Entwehrungszeit minderte (185) sondern regelmäßig als Maximum betrachtete (II 8, § 188) und nur die Zinsen für die Zeit der an den Eigentümer herausgegebenen Nutzungen (186), sowie die Gerichtskosten (187) dazu schlug. Auch er gab aber bei Dolus des Verkäufers Kaufpreis und volle Genugthuung, was Suarez bei der revisio monitorum auf culpa lata ausdehnen zu wollen erklärte (Bornemann, Pr. Civ.R. [1] III S. 62). Das Landrecht selbst stimmt nach richtiger Ansicht mit dem im Text Gesagten überein, vgl. sub 2.

[2] Cod. Ther. III 23, 70 (oben S. 301): Kaufpreis, bei Betrug auch Interesse; Horten III 23, 20 verweist einfach auf den Kauf; nach dem preuß. Entw. II 8, 380 sollte der Kaufpreis und alle Schäden und Unkosten, bei Betrug (381) auch der bei dem Handel erhoffte Gewinn ersetzt werden.

[3] Entw. Horten III 9, 101: freie Wahl zwischen Preisminderung und Preisrückforderung; bezüglich des Interesse ist der Paragraph zweifellos aus § 100 zu ergänzen. Entw. d. A.L.R. II 8, 192—194: Preisminderung, 195: bei Dolus nach Wahl des Käufers Vertrags-Aufhebung; 196: immer mit vollständiger Genugthuung.

[4] Cod. Ther. III 9 § XXIII n. 384 ff., Horten III 9, 220. 225.

Ergebnisse lieferte ein drittes, bis dahin mehr oder weniger selbständiges Institut: auch Quantitätsmängel führten nach dem Muster der von der *actio de modo agri* handelnden Stellen des Corp. Jur. zur Preisminderung.[1]

Über die Berechnungsweise der Preisminderung kann dabei kein Zweifel bestehen. Wo jene Entwürfe nicht ausdrücklich von der verhältnismäßigen Minderung des Preises reden, da gebrauchen sie hiefür doch nur die gleiche Umschreibung wie die römischen Quellen und wie Donellus: *quanti minoris emisset emptor, si sciisset;*[2] und daß dies — gerade so wie in Rom — durchaus keine unvollständige Ausdrucksweise,[3] sondern jederzeit die bewußte Normierung der proportionellen Berechnung gewesen ist, dafür bürgt der bei dem vielgelesenen Bartolus auf die römische Terminologie gelegte Nachdruck.[4]

2. Das Interesse, das nebst dem Kaufpreis, bezw. dem proportionellen Teil derselben, samt Zinsen zugesprochen wurde, gehört vor allem unter die Rubrik des positiven Erfüllungsinteresses: durch die Eviktion zugefügtes *damnum*, wie Prozeßkosten, Verlust des Mehrwertes über den Preis; zweifeln kann man, und für die einzelnen neuzeitlichen Quellen dürfte es verschieden zu beantworten sein, ob auch die im Werte der Sache nicht ausgedrückten Impensen, die Vertragskosten und anderes negatives Interesse, zu ersetzen waren. Zuverlässig aber war nach dem oben (2. Abschnitt) dargelegten, auf die römischen Quellen aufgebauten Ent-

---

[1] Ostpr. Landr. P. II, IV 6, 14 § 1 (folgt Schneidewin Inst. IV 6, S. 447 n. 34 f.): Preisminderung; Horten III 9, 31: Nachtrag oder Preisminderung; pr. Entw. a. a. O. § 224 (u. A.L.R. I 11, 207 ff.) ebenso.

[2] Vgl. Donellus de aed. ed. c. 6; Verbess. Landr. IV 6, 17, 5 mit Komm. von Gruben dazu; Cod. Ther. III 9 n. 398; Entw. Horten f. Sachmängel III 9, 219, ganz unzweideutig aber f. Quantitätsmängel III 9, 31: „Kaufpreis verhältnismäßig zu vermindern", für Teileviktion § 101: „Zurückstellung des auf den verlornen Teil ausfallenden Kaufpreises".

[3] So für das preuß. Landrecht, ebenfalls mit Unrecht, Förster-Eccius I § 85 N. 40.

[4] Bart. ad A. E. (19, 1) 13 unterscheidet die a° quanti minoris „civilis" auf quanto minoris empturus fuisset von der a° qu. m. „praetoria" auf quanto minoris res est. Mit dem ersteren meint er eine ernstliche Ermittlung dessen, was der Käufer gegeben haben würde.

wicklungsgange die ganze Regelung überall bei aufrecht bleibendem Kauf gedacht.[1]

Gemäß allgemein geübter Regeln mußte in den Kodifikationen das Interesse der Abstufung je nach den Graden des Verschuldens des Verkäufers unterworfen werden. Die Redaktoren beider Gesetze, richtiger Meinung nach auch des preußischen,[2] haben sich aber daran gehalten, daß wie ehemals, mindestens der Wert der Sache und die Prozeßkosten unabhängig vom Verschulden zu leisten sind.

3. Eine Quelle vielfacher Anregung bot die Behandlung der Lasten im neuzeitlichen Recht.

a) Wir sahen, daß der Anspruch wegen zu vertretender Lasten unter denjenigen auf *liberae* oder *vacuae possessionis traditio* gefaßt wurde;[3] daher spricht der Cod. Ther. von „Übergabe frei von Mängeln und Haftungen („Dienstbarkeiten", „Zinsen" Steuerrückständen, Pfandbelastungen),[4] und Carmer stellt die Haftung wegen Lasten (Dienstbarkeiten, Abgaben, Schulden und Verbindlichkeiten) neben diejenige wegen der Ansprüche eines Dritten,[5] erstreckt also vermutlich die Entwehrungsvorschriften nicht auf erstere.

---

[1] Wenn Arndts, Jurist. Wochenschrift f. Preußen 1838, S. 323 die Unklarheit des preuß. Landrechts über den Unterschied von positivem und negativem Interesse — selbstverständlich ohne diese Ausdrücke zu gebrauchen — rügt, so ist er im Recht. Aber er selbst übersieht, daß es neben 1. bloßer Restitution des Gegebenen, 2. negativem, und 3. positivem Interesse noch 4. verschiedene Kombinationen gibt, die das positive Recht als Folgen der Kaufklage zuerkennen kann. Derart gelangt er zu der unhaltbaren Auffassung der landrechtlichen Bestimmungen über Gewährleistung als aus Nichtigkeit des Kaufes fließend. Es ist sehr die Frage, ob unsere, jetzt allerdings durch das B.G.B. sanktionierte scharfe Scheidung von positivem und negativem Interesse oder die in gewissem Sinne unbefangenere und gleichmäßigere Regelung der alten Gesetzbücher den Vorzug verdient.

[2] Über den diesbezüglichen Streit s. die Kommentare. Betreffs der Gerichtskosten hätte man sich bei Beachtung von Entw. II 8, 187 viel Streit ersparen können.

[3] Oben S. 258.

[4] Cod. Ther. III 9, 86; Horten III 9, 37.

[5] E. Carmer II 8, Rubr. zu §§ 166 u. 199. — In II 2, 246 werden die „Lasten" den „Eigenschaften" gegenübergestellt, den „Fehlern der Sache" aber unterordnet.

b) Wir sahen ferner, daß bisweilen auf Lasten beide ädilitische Rechtsmittel, stets aber der Preisminderungsanspruch angewendet wurde.[1]

c) Seit dem Cod. Ther. erscheint die Haftung für solche Servituten und Reallasten ausgeschlossen, welche der Käufer, sei es durch Einsicht in die öffentlichen Bücher, sei es durch Augenschein, leicht hätte in Erfahrung bringen können.[2] Daß der Gebrauch dieses aus dem Sachmängelrecht stammenden Kriteriums älteren Datums wäre, ist mir zwar nicht bekannt. Dasselbe vermittelt aber zwischen dem Grundsatz, daß für alle ungewöhnlichen Lasten zu haften sei,[3] und der romanistischen Doktrin, welche die legale Haftung wegen Servituten und diesen gleichgestellter Pflichten ganz ausschloß.[4]

4. Wir sind aber bereits Spuren von konstruktiver Gleichsetzung von Rechtsmängeln mit Sachmängeln begegnet:

a) einer romanistischen Schöpfung später Stadtrechte, welche das Gestohlen- und Geraubtsein von Pferden unter die Hauptmängel versetzte;[5]

b) und ganz parallel damit der Behandlung der *evictio imminens* als Sachmangel mit Erteilung der ädilitischen Ansprüche,[6]

beides in der Art, daß nach Ablauf der Frist zur Geltendmachung

---

[1] Oben S. 259 N. 2; die relative Berechnung der Preisminderung steht nach den dort angeg. Quellen fest, vgl. namentlich Weingarten und die magd. Pol.O. — Cod. Ther. III 9, 86 ff. gewährt bei zu vertretenden „Dienstbarkeiten" und „Zinsen" die „Schadloshaltung" (90), d. i. nach n. 86 die „Vergütung an dem Kaufgelde", bei „Steuerrückständen" (92) und Hypotheken (95) natürlich den Ersatz in deren Betrage. Horten III 9, 38. 40. 42. Der preuß. Entw. entfernte sich wie bei den Entwehrungsansprüchen und bei den Lasten von der gewohnten Regelung, er wendete die Vorschriften über die „praestatio culpae" an (II 2, 246); aber auch da wird beim preuß. L.R. die Rückkehr zu den ädilitischen Ansprüchen zu melden sein.

[2] Cod. Ther. III 9, 90. 402; Horten III 9, 38 cf. 85 (A.L.R. I 5, 335; a. b. G.B. § 928).

[3] Magd. Pol.O. (oben S. 258 N. 3); A.L.R. I 5, 335; a. b. G.B. §§ 922 f.

[4] Ostpr. L.R. (oben a. a. O.)

[5] Oben S. 199.

[6] Cod. Ther. III 9, 403; Horten III 9, 80. Oben S. 261.

von Sachmängeln die gewöhnliche Rechtsmängelhaftung zurückblieb.

c) Nach dem Cod. Ther.[1] führt überdies der Fall, daß ein „Grund als landtäflich verkaufet, sonach aber solcher stadt- oder grundbücherlich, oder auch lehenbar befunden würde", zur Sachmängelhaftung. Hingegen wurden die mit dem Eigentum der Kaufsache verbundenen Befugnisse, als Aktivservituten, Reallastberechtigungen, welche wie früher unter die Pertinenzen der Kaufsache gezählt wurden,[2] von den österr. Entw.[3] im Entwehrungsrechte abgethan.[4]

d) Den kräftigsten Anstoß mag allerdings nicht die Praxis, sondern wieder die Lehre Wolf's geliefert haben. Es wurde bereits bemerkt,[5] daß er die Rechte an einer fremden Sache beim Kaufe dieser Sache als *vitia rei* ansah, *quae eidem inhaerent ac eam usui suo minus aptam reddunt.* Damit war der am allgemeinsten durchschlagende Vergleichspunkt getroffen: die partiellen Drittansprüche — bei Wolf dem Ausdrucke nach schon nicht mehr bloß die Lasten — wurden in ihrer Wirkung auf den Gebrauch der Kaufsache betrachtet. Mit diesem Maßstab ausgerüstet konnte man zu allem Früheren auch den Umkreis der beim Kauf zu vertretenden Rechtsmängel, wie bei den Sachmängeln, danach bestimmen, inwieweit sie den Gebrauch stören; ja man konnte allgemeinere Regeln für weitere Gruppen von Verträgen dahin aufstellen, daß die jeweils nach Gesetz[6] oder Vertrag zu

[1] III 9, 402. Horten spricht hiervon nicht ausdrücklich.

[2] Cod. Ther. III 9, 113; Horten III 9, 53. Als „Teil der unbeweglichen Sache" werden jene Rechte in Ur.E. II 17 aufgefaßt. Die ältere österr. Literatur, die die gleiche Meinung auf § 298 a. b. G.B. stützt, schöpft also wenigstens aus einer dem Entw. nicht fremden Anschauung.

[3] Die Quantitätsmängelklage auf Preisminderung findet sich in böhm. Vern. L.O. K 3; Waldstetten s. Harrasowsky III S. 190 N. 20.

[4] Cod. Ther. III 9, 186 i. f.; Horten III 9, 85.

[5] Oben S. 259 N. 3.

[6] Im Sinne des preuß. Gb. ist auch die gesetzliche Haftung als durch die Natur des Vertrages stillschweigend bedungene Haftung betrachtet. Dagegen hat das österr. Gb. § 922 den Parallelismus zwischen „Natur des Vertrages" und „stillschweigend bedungenen Eigenschaften" nicht mehr beachtet. Eine strenge Unterscheidung zwischen Auslegungs- und Ergänzungsvorschriften stößt in beiden Gesetzen auf Schwierigkeiten.

gewährende wirtschaftliche Ausnützung der Sache den Umkreis des zu prästierenden Rechtsquantums ergebe. Und endlich konnte die Wahl der Rechtsmittel wegen teilweise störender Rechts- und Sachmängel nach einem gemeinschaftlichen Plane eingerichtet werden, selbst wenn man nicht in beiden Fällen freie Wahl zwischen Kaufpreis- und Preisminderungs-Anspruch zugestand.[1] Der Hauptmängeltheorie nahebleibend, ließ man nunmehr in Österreich die den ordentlichen Sachgebrauch vollständig zerstörenden Mängel zur ersteren Klage führen.[2]

II. Der 1787 von Carmer zur Begutachtung veröffentlichte zweite Teil des preuß. Entwurfs proklamiert das oberste Prinzip sofort im Titel „von Verträgen" mit aller Deutlichkeit:

> II 2 § 233 = A.L.R. I 5 § 318. Bei allen lästigen Verträgen ... muß ein Teil dem andern dafür haften, daß sich derselbe der hingegebenen Sache, nach der Natur und dem Inhalte des Vertrages, bedienen könne,

und die Natur des Kaufes betreffend im Titel „von Kaufs- und Verkaufsgeschäften":

> II 8 § 165 = A.L.R. I 11 § 135. Der Verkäufer ist schuldig, dem Käufer die Sache so zu gewähren, daß dieser dieselbe bedungenermaßen[3] als sein Eigentum besitzen, nutzen und darüber verfügen könne.

Es wird also der übliche Satz: Verkäufer solle die Sache so gewähren, daß sie der Käufer „als die seine", *„tamquam suam"*

---

[1] So das preuß. A.L.R.; ebenso bei Teilentwehrung Horten III 9, 101.

[2] A. b. G.B. § 932. Die niederösterr. Entw. des 17. Jahrh. (Strein-Linsm. II 1, 31; L.O. II 10, 23; vgl. oben S. 259 N. 2) hatten bei Lasten ein ähnliches Kriterium verwendet; sie gaben die Vertragsaufhebung, wenn der Käufer bei Kenntnis der Last nicht gekauft hätte, eine auf die Kommentatoren zurückgehende und in den Quellen stützbare Auffassung des „quanti minoris", die auch im Code Civ. art. 1636. 1638 durchgedrungen ist. Ich sagte: ein ähnliches Kriterium; vgl. Cod. Ther. III 9, 384: die Widerrufungsklage, wann der Mangel so groß ist, daß solcher die Sache ganz und gar unbrauchbar oder ungenußbar mache, folglich bei dessen Vorsehung der Kaufer dieselbe niemalen gekauft haben würde.

[3] Der ungeschickte Ausdruck soll offenbar mit „Inhalt" in § 318 I 5, korrespondieren: dieser Inhalt ist „stillschweigend" bedungen.

habe,[1] dem Hauptprinzip unter dem Gesichtspunkte des zu gewährenden Sachgebrauches eingeordnet.

Wir sehen, daß dies keiner besonderen Anstrengung bedurfte; denn das Resultat erinnert lebhaft an das antike und mittelalterliche Vertragsformular,[2] welches den Zweck und das Ziel des Kaufes in das Haben zu Besitz, Nutzung und freier Verfügung verlegte.

Damit ist aber schon die Grenze erreicht, bis zu welcher der Entwurf die Mängelvereinheitlichung mit Sicherheit treibt. Im Kauf-Titel ist von derselben gar nichts weiter zu verspüren. An § 165 schließt sich § 166 = A.L.R. § 136 I 11: „Er muß also dem (*sic*) Käufer gegen alle Ansprüche eines Dritten auf die verkaufte Sache vertreten" mit dem Gefolge der bereits erörterten Eviktionslehre. Der Vertragstitel aber schließt an § 233 Bestimmungen über die Haftung wegen der „gewöhnlich vorausgesetzten" und der „im Kontrakt ausdrücklich bedungenen Eigenschaften", sowie der Lasten, die zwar als „Fehler" der Sache, aber nicht als Mangel einer Eigenschaft erklärt werden. Diese Paragraphen sind so wenig mit § 233 auseinandergesetzt, daß sofort ein Monitum bemerkte, es fehle im Entwurfe gänzlich „an Bestimmungen über die eigentliche Eviktionsleistung". Suarez war gegenteiliger Ansicht; der Entwurf fasse die „Ansprüche eines Dritten auf die Sache oder einen Teil" unter den Gesichtspunkt, daß der Empfänger sich ihretwegen — wie es scheint, meinte er: nach Eviktion — der Sache nicht bedienen könne, *jura in re aliena* aber seien mit den Lasten geordnet. Indessen ist Suarez' Begründung aus dem Entwurfe so schwach,[3] des

---

[1] Vgl. oben S. 283 N. 1 und Verb. Preuß. L.R., P. II 6, 8 § 8: Ein jeder Verkäuffer ist schuldig, dem Käuffer zu versprechen, daß das Gut jetzunder sein sey: Das ist, er soll dem Emptori und Käuffer kavieren, Rem emptori habere licere.

[2] Oben S. 86 und 201 N. 3.

[3] S. Bornemann [2]II S. 342; Suarez fand die „Ansprüche auf die Sache" in Entw. II 2, 235. 236 = A.L.R. I 5, 320—322 inbegriffen. Dies ist offenbar falsch. Denn der erstere Paragraph stellt neben den Grundsatz: „Er muß die ... Eigenschaften vertreten" nur den weiteren: „Liegt an dem Geber die Schuld, ... so muß er den Empfänger schadlos

letzteren Normen so sehr auf Sachmängel allein zugeschnitten, daß wohl anzunehmen ist, der Entwurf habe auch im Vertragstitel mit der Vereinheitlichung nicht Ernst gemacht.

Hingegen führt eben Suarez' Bemerkung zu einer wesentlich anderen Auffassung des Gesetzes, welche auch im Gesetze einen sichtbaren Anhaltspunkt dadurch erhielt, daß die ersten Deduktionen aus dem Grundprinzip:

> I 5 § 319. Er muß die bei der Sache gewöhnlich vorausgesetzten, und die im Kontrakte ausdrücklich vorbedungenen Eigenschaften vertreten.
>
> § 320. Liegt an dem Geber die Schuld, daß sich der Empfänger der gegebenen Sache, nach der Natur und dem Inhalte des Vertrages, nicht bedienen kann, so muß er den Empfänger schadlos halten. (§ 285—291 [Culpahaftung.])

nunmehr mit der Marginalrubrik bezeichnet wurden: Gewährleistung

> „a) wegen fehlender Eigenschaften überhaupt"

und darauf subordiniert, um jenem Monitum entgegenzukommen, nun doch die Ansprüche Dritter eigens erwähnt wurden:

> b) wegen der Ansprüche eines Dritten. § 323 Auch wegen der Ansprüche eines Dritten auf die vermöge des Vertrages gegebene Sache muß der Geber nach § 320 Vertretung leisten, insofern der Empfänger dadurch sich der Sache, nach der Natur und dem Inhalt des Vertrages, zu bedienen gehindert wird.

Wird derart das Bestehen der Haftung auch bezüglich der „Ansprüche auf die Sache selbst" und der zu vertretende Mängelkreis aus dem obersten Grundsatze abgeleitet, so ist der letztere auch in Bezug auf pekuniäres Ziel und gegenseitiges Verhältnis der einzelnen Rechtsmittel ziemlich konsequent durchgeführt, indem zugleich das herkömmliche Recht weit weniger als im Entwurf geändert erscheint. Speziell die Rechtsmittel des Käufers sind durch wiederholte Verweisungen des elften Titels auf die im fünften in erster Linie für Sachmängel getroffene Normierung

---

halten". Suarez hat aber seine Ansicht ins Gesetz gebracht. (§ 323: „nach § 320".) Der zweite Paragraph kommt selbständig nicht in Betracht.

und durch besondere Anordnungen mit der Redhibitoria und Quanti minoris vermischt,[1] die durch Quantitätsmängel hervor-

---

[1] Der Käufer darf den Kaufpreis fordern I 5, 326. 331. 335; I 11, 161. 164. 188 oder bei Teilmangel nach Wahl den Preis mindern I 5, 328. 331. 335; I 11, 169. 190, vgl. 189. Außerdem erhält der Käufer die Schadloshaltung wie wegen Sachmangels bei Verschulden des Verkäufers I 5, 320; I 11, 155. 162. 168; Zession 424; dazu aber in bestimmtem Umfange nach der richtigen und jetzt herrschenden Ansicht auch ohne solches Verschulden I 11, 155. 162. 168; vielleicht noch weitergehend für Zession § 423.

Dieses Resumé wäre freilich nach vielen Richtungen hin zu verteidigen. Einen beträchtlicheren Widerspruch gegen die Praxis enthält aber nur die Behauptung, daß die Klage wegen Minderung bei Partialeviktion und Lasten nach der sog. relativen Methode zusteht. Es wurde schon oben S. 300 auf den geschichtlichen Rückhalt von I 11, 171 hingewiesen.

a) Wenn kein „Anschlag" errichtet war, gab man wegen Teilentwehrung den proportionellen Teil des Kaufgeldes. Den Wert des ganzen und des Teils ermittelte man dabei verschieden; nach manchen Rechten wurde der Schätzungseid des Käufers zugelassen. Der preuß. Entwurf nun spricht nur von diesem Fall und erklärt: II 8 § 192. Der Wert des entzogenen Teiles ist zu ersetzen. (Gerade diese möglicherweise irreführende Bestimmung ist im A.L.R. zu gunsten des § 169 I 11 entfallen) § 193. „Dieser Wert muß bey entstehender Vereinbarung der Parteyen, durch Würdigung vereideter Sachverständiger, ausgemittelt werden" § 194. „Es darf aber diese Taxe des entzogenen Teils nur nach dem Verhältnis des von den Sachverständigen angeschlagenen Werts der ganzen Sache, gegen den erlegten ganzen Kaufpreis, vergütet werden." Demnach: Wert des entzogenen Teils zu x wie Wert der ganzen Sache zu Kaufpreis. Daß der Wert für den Kaufmoment zu schätzen ist: Koch § 171 N. 71.

b) A.L.R. I 11, 170 erwähnt der Vollständigkeit halber neben der Ermittlung durch Sachverständigen-Taxe (Entw. § 193) auch die Berücksichtigung des Anschlags. Hierbei war die spätere Auffassung des Anschlags maßgebend, nach welcher derselbe nur noch, soweit seine Detaillierung überhaupt reichte, das Verhältnis des Teiles zum Ganzen bestimmte. I 11, § 171 hatte demnach nebst dem, was Entw. § 194 sagt, auszudrücken, daß der Anspruch durch einen den Kaufpreis übersteigenden Anschlag nicht erhöht, wohl aber das Verhältnis des Teiles zum Ganzen nach dem Anschlag auszurechnen sei. Des glatteren Ausdrucks halber konnte man auch zugleich sagen, obwohl es sich von selbst verstand, daß auch eine den Kaufpreis übersteigende Sachverständigenschätzung nicht für sich allein den Minderungsanspruch bestimmt. Daher lautet § 171: „Doch kann der Käufer . . . (die Vergütung) nur nach Verhältnis des Anschlags oder der Taxe des Ganzen gegen den verabredeten minderen Kaufpreis fordern."

gerufenen Ansprüche daran enge angeschlossen.[1] Die Lasten sind nach mehreren Richtungen der bei Sachmängeln gewählten Beurteilung unterworfen.[2] Ja das Gesetz rückt sogar bezüglich der Ver-

---

Demnach Anschlag (Wert) des Teils (§ 170) zu x wie Anschlag (Wert) des Ganzen zu Kaufpreis (§ 171). Diese Bestimmungen sind total mißverstanden worden. Man nimmt an, § 170 stelle den Wertersatz als Regel auf und § 171 lasse davon nur eine Ausnahme für den Fall gelten, daß der Verkäufer beweisen könne, „es sei für die einzelnen Teile ein geringerer Preis als deren wahrer Wert bedungen". Dies wurde analog auf die Fälle von I 11, 211. 222. 370 u. s. w. angewendet: Obertrib. bei Striethorst 15 S. 99; 49 S. 6; 52 S. 344; 58 S. 171; R.O.H.G. 21 n. 65 S. 206; R.G. VIII S. 206; Ztschr. f. preuß. R. II S. 307; bei Gruchot 26 S. 952. Die Beweislast des Käufers wird allerdings durch die sachgemäße Vermutung erleichtert, „daß der verabredete Preis des Ganzen dem wahren Wert entspreche" (Striethorst 49 S. 6). Den Grundsatz selbst aber erblicke ich in § 169. Denn die Vorschrift: in Ansehung des Teils gelten „die Grundsätze, wie in Ansehung des Ganzen" kann nichts anderes heißen als: der Käufer hat das für den Teil gezahlte Kaufgeld zurückzubekommen, wenn es der Dritte nicht zahlt; hat die Kosten des Eviktionsprozesses ungeschmälert zu erhalten, auf das Ganze gemachte Verwendungen werden unmittelbar in ihrer Wirkung auf das entwehrte Stück berechnet, (unrichtig Koch a. a. O.) u. s. w. Die Theorie von Eccius bei Förster Pr. P.R. I § 86 N. 71 ff. besitzt also die festeste und merkwürdigerweise von ihm übersehene Stütze im Gesetz. Minder sicher ist allerdings die Anwendung derselben Grundsätze auf Lasten § 190.

Die Wahl zwischen Redhibitoria und Aestimatoria gilt für nicht ganz unerhebliche Fehler nach Literatur und Praxis mit Recht als unbeschränkt. (Betreffs Rechtsmängel s. Förster-Eccius I § 86 N. 69.) Aber es ist interessant, daß man ursprünglich mit dem Zitat der §§ 81. 82 I 4 in I 11, 329 anderes verband; Suarez, Unterricht über die Gesetze u. s. w. (1793) S. 107 erachtet das Abgehen vom Vertrage wie im Irrtumsrecht für ausgeschlossen, wenn der Fehler nicht Hauptsachen sondern nur Nebenumstände betrifft; ebenso Siewert, Materialien 7. Heft, 1806, S. 58, wenn nicht der usus omnis sondern nur der usus ordinarius gehindert ist.

[1] I 11, 209 ff., bes. § 211.

[2] Ein Monitum und Suarez fanden, daß für Lasten nicht mit Entw. II 2, 246 die Grundsätze über praestatio culpae sondern diejenigen über Sacheigenschaften anzuwenden seien. (Bornemann a. a. O.) Dem entspricht die Fassung von A.L.R. I 5, 334. 335. Für den Kaufvertrag führen insbesondere I 11, 180 ff. den in I 5, 334 aufgestellten Gesichtspunkt durch, daß für ungewöhnliche Lasten gehaftet wird; I 11, 188 stellt unter die Normen des 5. Titels diejenigen Lasten, aus deren Bestand zugleich der

jährung der Ansprüche die physischen Mängel nahe mit einer Mängelgruppe zusammen, die nebst den mit der Sache verbundenen „Befugnissen und Lasten“ auch andere rechtliche Beziehungen derselben betrifft und zur Bildung des Begriffes der juristischen Eigenschaften den Anstoß gegeben hat.[1]

Allein von allseits zielbewußter Durchsetzung des Prinzipes ist auch im Landrecht noch keine Rede. Da das Gesetz, wie zumal die Verweisung des § 323 auf § 320 zeigt, die Rechtsmängel so wenig wie der Entwurf als fehlende „Eigenschaften“ der Sache anzusehen scheint, so entsteht die fundamentale Frage, ob das Gesetz den Gebrauch der Sache „als Eigentum“ durch das Bestehen eines Rechtsmangels oder erst bei Entwehrung gestört erachtet. Es muß abermals betont werden, daß die Redaktoren in den für das System wichtigsten Einzelbestimmungen des elften Titels wörtlich den Entwurf wiederholten. Der neu aufgenommene § 323 I 5 ist zu allgemein gehalten, als daß der fünfte Titel die Unsicherheit zu beheben vermöchte, wie die „Vertretung“ gegen Ansprüche eines Dritten gemeint ist. Zwischen-

---

Mangel einer Sacheigenschaft (hier ist unter Eigenschaft eine physische in einem weiteren Sinne zu verstehen) folgt, so daß die Gleichbehandlung mit den Sachmängeln in allen Beziehungen Platz greift, z. B. sofortige Klage, Ausschluß der Haftung für in die Augen fallende Fehler u. s. w. Nicht unrichtig nennt im preuß. R. Bornemann a. a. O. die Lasten eine Mittelgattung, welche ihrem Grunde nach der Klasse der Drittansprüche, ihrem Resultate nach derjenigen der Sacheigenschaften angehöre. Freilich wendet A.L.R. I 11, 175. 191 wieder entgegengesetzt dem Entw. die Streitverkündungsvorschriften auf Lasten an. Doch gilt von diesen Vorschriften überhaupt, daß sie freierer Auslegung fähig sind.

[1] Nur bezüglich des Anfangs der Frist unterscheidet das Landrecht die Fehler, welche „natürliche, die Sache selbst betreffende“ sind (I 5, 343) und die, welche „nur äußere Eigenschaften, Befugnisse oder Lasten betreffen“ (I 5, 344). Nach langem Streite hat die Praxis sich dafür entschieden, § 343 von physischen und § 344 von rechtlichen Beziehungen der Sache, z. B. ihrer Lehens- oder Allodialeigenschaft, Pertinenzrechten, Belastungen durch Grundgerechtigkeiten, Reallasten u. dgl. zu verstehen. Vgl. Förster-Eccius I § 86, VIII; Dernburg, Pr. P.R. II § 145. Die Paragraphen zeigen eine interessante, jedenfalls über die Kategorien der Sach- und Rechtsmängel teilweise hinausgehende Zusammenfassung von Haftungsgründen unter dem Gesichtspunkt der Haftung für die Qualität des Kaufgegenstandes. Hierauf wird im dogmatischen Teile einzugehen sein.

durch geht noch die Nichtigkeit der Geschäfte über fremde Sachen. Daß sich in diesem Labyrinth jeder mehr oder weniger nach eigenem Geschmacke zurechtzufinden suchte, kann nicht verwundern. Ich meine allerdings, die im gegenwärtigen Abschnitt erörterte Theorie hätte wohl die Kraft in sich gehabt, die Gesetzesanwendung zu beherrschen, die morschen Waffen, welche das Eviktionssystem noch aus dem Gesetze holen möchte, zu besiegen,[1] die Nichtigkeitslehre sich dienstbar zu machen. Es ist jedoch nicht zu verkennen, daß das Gesetz auf halbem Wege stehen blieb; eine alle Eventualitäten befriedigend erschöpfende Theorie dürfte auf dem Boden des preußischen Landrechts auch unmöglich sein.[2]

Der Ruhm, die fruchtbare Formel zur gesunden und doch konservativen Ausgestaltung der Materie gefunden zu haben, bleibt dennoch den preußischen Gesetzgebern. Aber ihren letztgeschilderten Gedanken aufgegriffen und in durchaus konsequenter Weise nach den meisten und wichtigsten Richtungen durchgeführt zu

---

[1] Man hätte ohne viel Gewalt die Geltung der der Eviktion gewidmeten Paragraphen ausdehnen, die von der Denunziation handelnden auf den Fall einschränken können, daß der Käufer es zum Prozesse kommen läßt oder kommen lassen muß.

[2] Zwei Beispiele für die entstehenden und gar nicht beachteten Schwierigkeiten: Dernburg, Pr. P.R. II S. 344. 394, der die Rechtsleistungspflicht vertritt, ihre Tragweite freilich unterschätzt, spricht unmittelbar darauf (§ 148 N. 3 a. E.) in dem Fall, daß die Sache untergegangen ist, den Schadensersatz ab, ohne den Anspruch auf Kaufgelderstattung auch nur zu erwähnen. Indessen könnte man in diesem Fall weniger auf Grund von I 11 § 135 als in seinem Geiste, analog I 11, 161, eine Entscheidung zu Gunsten des Restitutionsanspruchs wagen; konsequenterweise anders Förster-Eccius I § 86 N. 89 (dessen Berufung auf Ob.Trib. XI S. 245 übrigens unrichtig ist). Die Entscheidung ist in Anwendung auf die Berechnung bei Deteriorationen von größter praktischer Bedeutung.

Dagegen nehme man den Fall, der Käufer A. werde von B. um das Eigentum belangt, verliere ohne Zuziehung des Verkäufers den Prozeß (I 11, 146), und das Urteil werde exequiert. Darauf zeige sich, daß C. der Eigentümer ist. Zweifelsohne ist der Käufer auf den Ersatzanspruch gegen den vielleicht vermögenslosen B. gewiesen, während der Verkäufer befreit, und vielleicht, z. B. wenn B. die Sache an C. herausgibt, allseits befreit ist. I 11, 146 geht eben von dem Anspruche wegen Eviktion statt von dem auf Eigentumsverschaffung aus.

haben, ist das Verdienst der Verfasser des österreichischen Gesetzbuchs.

III. Die neueren österreichischen Schriftsteller haben einmütig über die Zusammenwerfung der Gewährleistungs-Institute in den §§ 922 ff. den Stab gebrochen[1] und die gesamte Literatur und Praxis[2] hat dem Gesetze die gemeinrechtliche Doktrin aufgezwängt, ja angesehene Autoren wollen lieber im Gesetz eine Lücke sehen, als die „Wirkung" der Rechtsmängel gemeinsam mit derjenigen der Sachmängel in § 932 geordnet finden.[3] All

---

[1] Besonders Habietinek in Haymerl's Vjschr. IX S. 255, und selbst Unger hat noch in seiner neuesten, gegenüber der romanistischen Doktrin kritischeren Epoche den schärfsten Tadel über diese Partie des Gesetzbuchs ausgesprochen (Handeln auf fremde Gefahr, 1894, S. 23 N. 55 a). — Etwas anderes ist es natürlich, daß die Wissenschaft zu trennen hat; vgl. Pfaff, Jurist. Bl. 1885 S. 254 N. 8).

[2] Nicht so, soviel ich weiß, die Universitätslehre, welche überwiegend die meisten der hier entwickelten Sätze bereits vorträgt. Eine Schrift aber, die nur einmal zu entwickeln suchen würde, was im Gesetze schwarz auf weiß steht, ist mir nicht bekannt. Die ältere Literatur beschränkt sich mit dem Zeiller'schen Kommentar auf Paraphrasierung des Gesetzes, häufig unter sorgfältiger Vermeidung eines ihre Stellungnahme verratenden Wortes, im übrigen unter vermeintlich ganz selbstverständlicher Heranziehung des Corpus juris und der gemeinrechtlichen Doktrin. Und diese letztere (in ihrer Gestalt vor Eck) beherrscht noch die neueren Schriftsteller. Vgl. Scheidlein, Hdb. II S. 47; Michel, Darstellung der Gewährleistung (1849); die Kommentare und Handbücher von Nippel, Ellinger, Winiwarter, Stubenrauch auch in den neuesten Auflagen, Habietinek a. a. O. S. 287; Hofmann, Periculum beim Kaufe S. 61, und zumal Hasenöhrl, Obl.R. II § 92, der unentwegt nach Digestenstellen entscheidet; Krainz II § 323 und alle übrigen bei gelegentlicher Erwähnung; Glaser-Unger Slg. Nr. 6651. Der Einzige, der das Eviktionssystem de lege ferenda et lata wenigstens zu motivieren sucht, allerdings mit sehr wenig stichhaltigen Argumenten, ist Hofmann. Wie bei seiner Autorität nicht anders zu erwarten, hat sogar seine unglückliche Auffassung, das Habere licere-System bedeute gegenüber der Darepflicht einen weltwirtschaftlichen Fortschritt, Anklang gefunden, z. B. bei Kirchstetter-Maitisch [5] S. 482; die bei Gerstmann und Stern, Gebührenrechtl. Behandlung des Kaufvertrages S. 109 unter Berufung auf Hofmann aufgestellten Behauptungen beruhen aber auf Mißverständnis.

[3] Zeiller's Komm. läßt die Frage im Dunkeln. Die ältere Literatur war aber über die Erstreckung des § 932 auf die Rechtsmängel nicht im

dies dürfte die vorstehende historische Untersuchung berichtigen; dieselbe beweist den großen Fortschritt gegen früher und die absichtsvolle Ordnung der Dinge. Man verkennt aber auch die juristische Bedeutung und die gestaltende Kraft jener Normen.

Schon der Entwurf Martini, auf welchem die Regelung des a. b. G.B. im wesentlichen beruht, ging mit glücklicher Einsicht ebenso den Nichtigkeitsnormen des Landrechts und des Code Civil aus dem Wege,[1] wie er alle Reminiszenzen an die Eviktionslehre vermied — man beachte, daß in diesem Entwurfe weder von Vertretungsleistung, noch von Entwehrung auch nur die Rede ist.[2] Hingegen nahm derselbe mit vollster Deutlichkeit zum Grundsatz den in § 318 I 5 des preußischen Landrechts ausgesprochenen Gedanken.[3] Die letzten Redaktoren haben damit lediglich noch den in § 319 enthaltenen Rechtssatz verbunden, und das die Gewährleistung betreffende Prinzip lautet nun:

> § 922. Wenn jemand eine Sache auf eine entgeltliche Art einem andern überläßt, so leistet er Gewähr, (1.) daß sie die ausdrücklich bedungenen, oder gewöhnlich vorausgesetzten Eigenschaften habe, und (2.) daß sie der Natur des Geschäfts, oder der getroffenen Verabredung gemäß benützt, und verwendet werden könne.

Die Aufnahme des Satzes ad 1. begründete Zeiller[4] damit,

Zweifel. Nippel (1833) VI S. 188 ff.; Winiwarter ²1844, IV S. 102 f.; Ellinger, Hdb. ⁷ 1877 S. 424; Stubenrauch ⁷ 1898 II S. 122 ff. Ebenso Hasenöhrl, Obl.R. II § 92 II; Krainz ³ II S. 91; unklar Kirchstetter a. a. O. Dagegen treten auf Unger a. a. O. ohne Angabe von Gründen; Pfersche, Irrtumslehre des österreichischen Privat-Rechts (1891) S. 120 f., dem sich Dniestrzanski, Wesen des Werklieferungsvertrags (1898) S. 158, angeschlossen hat; ferner Ogonowski, System II S. 83 (mir nicht zugänglich).

[1] Vgl. III 1, 24 (entspricht bereits § 881 a. b. G.B.)

[2] § 931 a. b. G.B. hat bei Martini und im UrE. gefehlt.

[3] S. diesen Paragraphen oben S. 322; Martini III 5, 11: „Bei allen Tauschgeschäften liegt den sich vertragenden Personen ob, einander die Gewähr zu leisten, das ist, dafür gut zu stehen, daß die übertragene Sache oder das eingeraumte Recht, so wie die Natur des Geschäfts oder die getroffene Verabredung es mit sich bringen, gebraucht und benutzt werden könne". UrE. III 5, 153.

[4] Ofner, Protok. II S. 72 f.

daß dieser „Versicherungspunkt" „wichtig und in den angeführten nicht enthalten" sei, ferner bemerkte er: „man gewähre auch nicht immer bloß den Gebrauch und die Benützung, sondern (z. B. bei einem Kaufe) auch das Eigentum und die freie Verfügung."

Nun haben zwar die preußischen Gesetzgeber nicht so ganz Unrecht gehabt, wenn sie die Haftung für Eigenschaften aus derjenigen für eine gewisse Gebrauchsfähigkeit des Kaufgegenstandes ableiteten. Denn was als nicht ausdrücklich bedungene, aber dennoch zu prästierende Sach-Eigenschaft zu gelten habe, läßt sich füglich nur nach dem gewöhnlichen bezw. vertragsmäßig vorausgesetzten Gebrauche bestimmen (D. B.G.B. § 459, Cod. Ther. III 9, 383). Allein nicht bloß war es ein Fehler Martini's, daß er den in A.L.R. I 5, 319 ausgesprochenen Rechtssatz ganz ausließ, sondern Zeiller that auch darin wohl, beide Sätze mit einander zu koordinieren. Denn schon die Sachmängelhaftung garantiert nicht sowohl den Gebrauch als unmittelbar die Eigenschaft. Noch weniger kann man das zu prästierende Rechtsquantum durch die Gebrauchsfähigkeit des Kaufgegenstandes hinreichend beschreiben. Daher drückt auch A.L.R. I 11, 136, obwohl über die Eviktionshaftung hinausgehend, nicht genügend aus, daß die Haftung wegen des Abhandenseins von Rechtsstoff als solchen eingreift. Wesentlich gesteigert erscheint z. B. die Intensität der Haftung wegen Eigentumsmangels, wenn der Verkäufer dafür einsteht, daß er die Sache „als die seinige" (vgl. § 923) übertrage.

Um nun die Tragweite der obersten Norm der Gewährleistung im österreichischen Gesetz klarer zu erfassen, ist vor allem festzustellen, daß unter „Sache" in § 922 jeder Kaufgegenstand verstanden ist. Martini hatte noch „die übertragene Sache oder das eingeraumte Recht" nebeneinander gestellt. Zeiller erklärte die Worte „oder das eingeraumte Recht" „für überflüssig, weil man unter Sachen auch die unkörperlichen versteht".[1] Das

---

[1] Martini, UrE. und Ofner a. a. O. Ausführlich im gleichen Sinne Dniestrzanski S. 147—149.

Gleiche lehrt unzweideutig § 921 a. b. G.B.[1] Auch Forderungen sind daher unter den von Gewährleistung begleiteten Kaufsobjekten inbegriffen,[2] womit es bestens übereinstimmt, daß im älteren Recht die Haftung des Zedenten unter die Gewährleistung eingereiht war[3] und § 1397 a. b. G.B. den Umfang dieser Haftung lediglich negativ begrenzt.[4]

Sodann ist zu konstatieren, daß § 923 lediglich eine exemplifikative Aufzählung zur Erläuterung des § 922 enthält:

Wer also der Sache Eigenschaften beilegt, die sie nicht

[1] Manche, auch Hasenöhrl, § 92 N. 29 verweisen für ihre gegenteilige Ansicht auf § 921, weil „Sache" der „Handlung" entgegengesetzt, „also im engeren Sinne von körperlicher Sache genommen" sei. Indessen will § 921 offensichtlich, das Schema der Innominatverträge nachahmend, dare und facere gegenüberstellen; so bemerkt auch Zeiller III 1 S. 119 f. ausdrücklich und zweifellos richtig zu § 921: „Unter Sachen werden nicht nur körperliche und unkörperliche Gegenstände (Rechte), sondern auch (bejahende und verneinende) Handlungen oder Unterlassungen gerechnet."

[2] Gleicher Ansicht war die überwiegende ältere Literatur. Rauscher, Gewährl. S. 9; Scheidlein II S. 48; Michel S. 12 ff.; Winiwarter IV S. 86 ff. Ebenso mit abw. Begründg. Schuster, Grundlehre der Zession S. 21; Glaser-Unger III 1196 wendet deshalb § 933 an; vgl. VII 3401; VIII 3843; XIII 5926. Vgl. auch Krainz [3] II § 321 N. 11. — Gegenteilig für die Unanwendbarkeit der §§ 922 ff. auf die Zession Nippel, Ztschr. für Rechtsgelehrs. 1825 II S. 33, Erläut. VI S. 157; Habietinek a. a. O. S. 264 N. 20 unter Voraussetzung des Eviktionssystems; Hasenöhrl II § 74 N. 82 und § 92 N. 21, weil beiderlei Bestimmungen in einem bewußten Gegensatze stehen; ebenso die überwiegende Rechtsprechung unter Berufung auf das Wort „Entschädigung" in § 1398, Gl. U. IV 1668. 1968 V 2431 XXII 9859 (sämtlich § 933 für unanwendbar erklärend); XXXII 14973.

[3] Oben S. 257. Suarez wechselte in der revisio monitorum (s. Bornemann [2] III S. 93 f.) mit den Ausdrücken „Zedent" und „Verkäufer" ab. A L.R. I 11, 426 verweist allerdings nur rücksichtlich der Streitverkündung auf die Vorschriften über die Gewährleistung beim Kaufe.

[4] Martini III 16, 25. Hierauf hat bereits Michel S. 46 ff. aufmerksam gemacht. Mit der Lösung der Frage, ob §§ 922 ff. für §§ 1397 ff. subsidiär sind, ist aber keineswegs alles erledigt, wie Dniestrzanski a. a. O. anzunehmen scheint. Näherer Untersuchung bedarf das Maß dieser Subsidiarität, z. B. die Abgrenzung der unter §§ 1397 ff. fallenden Vertragsobjekte die Anwendbarkeit der in § 932 gemachten Unterscheidungen und aufgestellten Schadenersatzregeln, ferner was noch wichtiger ist, ob §§ 928 und 933 ebenso allgemein gedacht sind wie § 923 u. s. w.

hat, und die ausdrücklich oder vermöge der Natur des Geschäftes stillschweigend bedungen worden sind; wer ungewöhnliche Mängel oder Lasten derselben verschweigt; wer eine nicht mehr vorhandene, oder eine fremde Sache als die seinige veräußert; wer fälschlich vorgibt, daß die Sache zu einem bestimmten Gebrauche tauglich; oder daß sie auch von den gewöhnlichen Mängeln und Lasten frei sei; der hat, wenn das Widerspiel hervorkommt, dafür zu haften.

Dem Grundprinzip des § 922 soll offenbar eine gedrängte Übersicht über die im preußischen Landrecht so weitgedehnte Lehre wenigstens mittels knapper Aufzählung der „Fälle der Gewährleistung“ (Marg.-Rubr.) beigefügt werden. Bei Martini war diese Aufzählung noch kürzer, dafür aber auch noch unvollständiger. Überdies fällt es auf, daß Martini lediglich von *dicta promissa* spricht,[1] aus dunklen Gründen, welche schon dem Verfasser des Urentwurfs entgangen zu sein scheinen, und über welche die letzten Redaktoren ohneweiters hinweggingen.[2] Dennoch verrät noch das Gesetz infolge mangelhafter Textänderung die ursprüngliche Beziehung in der widersinnigen Fassung des ersten Satzes und in der zu engen Stilisierung überhaupt. Ins-

---

[1] Trotzdem dies bisher allen Auslegern entgangen ist, scheint es mir doch sicher. Denn der Paragraph lautete: „Wer also eine Sache als die seinige vertauscht, wer ihr gewisse Eigenschaften beilegt, solche zu einem gewissen Gebrauche tauglich, oder von Lasten oder Mängeln frei zu sein, versichert, der ist auch verpflichtet für die Wahrheit seiner Äußerung zu haften, und dem andern Teile, wenn das Widerspiel hervorkömmt, Genugthuung zu verschaffen, das ist, nicht allein den erlittenen Schaden zu ersetzen, sondern auch den entgangenen Nutzen gut zu machen. „Auch der Schlußsatz erklärt sich auf das Einfachste daraus, daß es sich um die Haftung aus Zusage handelt.

[2] In Ur.-E. III 154 heißt der Hauptsatz: „der muß dem anderen Teile, wenn das Widerspiel hervorkömmt, den dadurch verursachten Schaden ersetzen, und den entgangenen Nutzen vergüten“. — Zeiller verstand den Paragraphen sofort auch von stillschweigend bedungenen Eigenschaften und rügte daher sogar, daß die Fassung diesbezüglich zu weit sei. Der Vicepräs. „wollte (in Opposition gegen Zeiller's Vorschlag) von den stillschweigend bedungenen Eigenschaften hier keine Erwähnung machen, weil der Sinn, welchen diese Worte aussagen sollen, schon in dem vorhergehenden Paragraphen enthalten ist“. Offenbar war das auch die Meinung Martini's.

besondere ist von der gesetzlichen Haftung für Rechtsmängel gar nicht die Rede. Es war aber eben nur eine beispielsweise Aufzählung beabsichtigt. — Martini hatte am Schlusse des Paragraphen auch eine die Wirkung der Gewährleistung betreffende Bestimmung aufgenommen, welche nachmals gestrichen wurde. Wenn also ein Schriftsteller aus der älteren Redaktion den Schluß gezogen hat, daß §§ 922/3 nicht eine Gleichstellung aller Mängel beabsichtigen, so ist dies schon durch die spätere Redaktionsgeschichte widerlegt.[1]

Der Grundgedanke des Gesetzes ist somit der, Rechts-, Sach-, Quantitäts- und vielleicht noch andere Mängel unter einen höheren Begriff des „Mangels“ oder „Fehlers“[2] des Kaufgegenstandes zu vereinigen. Darunter versteht das Gesetz jedes im Kaufgegenstande liegende Defizit einer als Erfüllung erfolgten Leistung gegenüber dem geschuldeten Quantum und Quale. Beim Sachkaufe insbesondere ist im Einklang mit dem älteren Recht Übergabe der Sache vorausgesetzt, m. a. W., es sind hier lediglich die Funktionen der *actio empti* betreffs gesetzlicher Garantie (ohne und mit Verschulden des Veräußerers) und Vereinbarung, nicht die der römischen Klage auf Tradition aufgenommen und verallgemeinert.[3]

---

[1] Diese Widerlegung ist gegen Pfersche, Irrtum S. 119, der jenen Schluß vertritt, schon von Dniestrzanski S. 159 f. ausführlich unternommen worden. Es ist nur zu verwundern, daß letzterer nichtsdestoweniger die Ansicht Pfersche's über § 932 für erwiesen hält. Pfersche's Auffassung von Martini III 9, 11, UrE. III 154 läßt sich nicht mit mathematischer Sicherheit entkräften; jene Redaktionen sind zu unvollständig und unlogisch; aber die im Text versuchte Auslegung scheint mir doch näher zu liegen. Unzweifelhaft aber dürfte gegen ihn das Gesetz sprechen.

[2] Das Gesetz scheint, wie so oft, auch hier die Ausdrücke im allgemeinen nur aus Gründen der Stilschönheit zu wechseln. Auch das Wörterbuch von Adelung gebraucht „Fehler“ und „Mangel“ als gleichbedeutend. Nur wird „Mangel“ in § 923 neben „Lasten“ offenbar in engerer Bedeutung = Sachmangel verwendet. Zweifel der Auslegung erheben sich besonders in § 928 erster Satz und in § 930.

[3] Dies alles sagt keineswegs § 922: Wenn jemand ... überläßt, wie z. B. Hasenöhrl § 92 N. 15 mit Habietinek S. 285 annimmt. Denn „überlassen“ bedeutet im a. b. G.B. überhaupt den obligatorischen, auf Übergabe gerichteten Vertrag im Gegensatz zu „übergeben“, vgl. §§ 440 (cf. 430). 1045. 1053 und Zeiller's Definition zu § 1045. § 922 muß doch auch die

Nur aufgeworfen sei die Frage, ob sich die Gesetzesanwendung mit dieser Lösung zufriedengeben darf oder nicht.[1]

So wenig eine dogmatische Erörterung im Rahmen dieser Untersuchung liegt, und so wenig daher etwa der Gedanke des Gesetzes nach allen Seiten verfolgt und kritisiert werden kann, so ist es doch unumgänglich, auf die sich sofort aufdrängende Frage zu antworten: ob denn eine solche Gleichbehandlung der Erfüllungs-Mängel nicht dem verschiedenen Wesen derselben total widerstrebe? Vor dem Trennenden wird niemand die Augen verschließen. Aber bei näherem Zusehen dürfte sich daneben doch mehr Verbindendes ergeben, als im Banne der gemeinrechtlichen Doktrin beachtet wird.

Die im älteren Rechte so beliebte Zusammenstellung der Lasten mit den Sachmängeln (welche das österreichische Gesetz ausdrücklich wiederholt, §§ 923. 928) und die gleicherweise längst gewohnte Behandlung der zu vertretenden Aktivservituten und Realberechtigungen als juristischer Eigenschaften der Sache sind, ökonomisch betrachtet, nicht absurd. Eine Passivservitut stört den Gebrauch des Grundstückes, ihre Wirkung kann auch soweit gehen, daß sie von einem physischen Mangel nicht zu unterscheiden ist. Ein Fenster, das der Nachbar zubauen darf, ist so gut wie kein Fenster. Umgekehrt kann die zur Benützung

---

Haftung aus dem „entgeltlichen Vertrage" herleiten. Die Voraussetzung der erfolgten mangelhaften Erfüllung in den §§ 922—933 ergibt sich aber gerade aus § 932, für den sie am wichtigsten ist; überdies aus der oben geschilderten älteren österreichischen Rechtsgeschichte.

[1] Jedenfalls bestimmen die §§ 922—933 in gewissem Umfang auch, was als mangelhafte Erfüllung zu gelten habe, und wo sie daher die Gewährleistung benehmen, beseitigen sie zugleich jeden Anspruch aus dem Vertrage, also zwar nicht die Anfechtung wegen Irrtums, aber die Einrede des nicht erfüllten Vertrages, den Schadensersatzanspruch vor der Übergabe u. s. w. Die weitere Auseinandersetzung unserer Paragraphen mit §§ 919. 1047 u. s. w. setzt eine lange Reihe von Erörterungen über die praktische Verschiedenheit der Wirkungen voraus, die an dieser Stelle nicht erfolgen können. § 1397 i. f. wird man gewiß auch auf Fälle anwenden wollen, wo die Abtretung der verkauften u. s. w. Forderung noch nicht geschehen ist. Denn warum sollte der Käufer gegen den dolosen Verkäufer den vollen Schadensersatz eher einklagen dürfen, wenn er die Forderung noch nicht übernommen hat als wenn die Täuschung zu Ende geführt ist?

einer Brücke berechtigende Aktivservitut wirtschaftlich vollständig das Eigentum an der Brücke ersetzen. Ähnliches gilt von dem Mangel des Eigentums an Pertinenzen, aber auch von demjenigen an einzelnen Teilen der Kaufsache, vom Fehlen einer *pars pro indiviso* u. s. w.

Wichtiger noch sind andere Erwägungen. Die herkömmliche radikale Scheidung von Rechtsmängeln und physischen Fehlern physischer Sachen hat die Ignorierung einer großen Anzahl von Mängeln der Erfüllung im Gefolge, denn sie erschöpft nicht, was zu regeln wäre. Von der Haftung für die Einbringlichkeit von Forderungen handeln die Gesetze wenigstens, ohne daß man aber recht wüßte, wie sie zu klassifizieren ist. Gar keine Stelle aber findet — obwohl z. B. das deutsche B.G.B. die Haftung wegen zugesicherter Sacheigenschaften in § 459 II regelt — die Haftung aus Angaben über Wert und Ertragsfähigkeit eines verkauften Unternehmens, über Provenienz, gewerbliche Auszeichnungen verkaufter Sachen[1] u. a. m. In manchen Fällen ist sogar eine gesetzliche Haftung am Platze, die weder unter Sach- noch unter Rechtsmängelhaftung einzureihen ist, z. B. inbetreff von Qualitäten eines Korporationsvermögens bei Verkauf von Mitgliedschaftsrechten;[2] eine große hierhergehörige Gruppe bilden Eigenschaften von Immaterialgütern, die sich nur mit Sacheigenschaften vergleichen lassen, z. B. die Durchführbarkeit eines verkauften Patentes. Jemehr sich derlei Fälle dem einen oder dem anderen Mängelinstitute nähern, desto bedenklicher ist die Anwendung allgemeinerer, bei der Gewährleistung derogierter Grundsätze des Vertragsrechtes.

Die Einrichtung verschiedener Institute für Rechts- und Sachmängel kann ferner keineswegs die Konkurrenz der beiderseitigen Vorschriften verhüten. So gibt es echte Sachmängel, die in der Folge zu Rechtsmängeln führen, andere, die zugleich Rechtsmängel sind. In beiderlei Beziehung ist z. B. auf die sog. baupolizeilichen Mängel zu verweisen, Fehler von Grundstücken,

---

[1] Vgl. vorläufig Hanausek, Haftung II S. 376 N. 14—16.

[2] Vgl. R.O.H.G. XXII n. 90 S. 38. Die Angabe in Prospekten über die Beschaffenheit der Unternehmungen subsumiert R.G. XXVIII S. 29 f. geradezu unter A.L.R. I 5, 326 ff., vgl. auch Planck II S. 551 Z. 5.

die nach den Bauvorschriften juristische Beeinträchtigungen herbeiziehen können oder sofort beinhalten. Eine überaus weitgehende und durchaus unangemessene Konkurrenz jener Art bringen gewisse Gruppen von Fehlern an Wertpapieren hervor.[1] Endlich mag noch hervorgehoben sein, daß die französische Jurisprudenz sehr beachtenswerte Ergebnisse damit erzielt, daß sie Fehler von Patenten, welche wir nach dem B.G.B. als Rechtsmängel auffassen müssen, wie Sachmängel behandelt, z. B. die Nichtigkeit eines Patentes wegen abstrakter Patentunfähigkeit der Erfindung als *vice apparent* und zu keiner Haftung führend betrachtet.

Von den üblen Folgen der zu stark getrennten Behandlung von Rechts- und Sachmängeln fällt am meisten ins Gewicht, daß infolge derselben die Höhe der Ansprüche ungleichmäßig, und wie man gegenüber dem D. B.G.B. leicht ersieht, unbillig geordnet werden. Während der Verkäufer wegen Rechtsmangels ohne jegliches Verschulden für das Interesse des Käufers in ungemessenem Betrage einsteht, darf der Käufer einen Sachmangel nicht auf Kosten des Verkäufers beseitigen, werden ihm nützliche Verwendungen nicht erstattet u. s. w.[2] Die karge Sachmängelhaftung des D. B.G.B. ist umso empfindlicher, je schärfer das Gesetz die Rechtsmängel verfolgt. Man bedenke aber was es bedeutet, ob man die eine oder die andere Normengruppe analog anwendet und ob man einen Sachmangel gleichzeitig als Rechtsmangel zu qualifizieren hat oder nicht, z. B. unter den Mängeln, welche vom Handelsverkehr gleichmäßig als die Lieferbarkeit eines Wertpapiers verhindernd angesehen werden, unterscheiden muß, je nachdem nebst dem stets vorhandenen Sachfehler infolge eines vom Parteienstandpunkte zufällig erscheinenden Umstandes ein Rechtsmangel vorliegt oder nicht.

Mit diesen Andeutungen dürfte bereits einigermaßen plausibel

---

[1] Die zugrundeliegende Auffassung, daß sowohl das Papier, als das darin verkörperte Recht Kaufgegenstände sind, ist erst noch näher darzulegen.

[2] In Bezug auf Verwendungen und Nutzungen ist das Rücktrittsrecht allerdings auch bei Rechtsmängeln verfehlt geordnet. Die Schuld liegt diesbezüglich an den successiven Verweisungen in immer unpassendere andere Partien des Gesetzbuchs.

gemacht sein, daß der österreichische Versuch einer großzügigen Regelung und maßvollen Ausgleichung, durch welchen die Mehrzahl der erwähnten Mißstände ausgeschlossen sein dürften, gewisse Lichtseiten und sogar gegenüber dem modernen deutschen Gesetze manche Vorzüge aufweist.[1] Wie weit derselbe von einer idealen Normierung entfernt ist, bedarf keiner Ausführung.[2] Schon begrifflich ist es nicht leicht, den Gedanken des Gesetzes zu Ende zu denken. Soll wirklich das Eigentum des Veräußerers als rechtliche Eigenschaft der physischen Sache betrachtet werden?

Untersuchen wir zum Schlusse nur noch, wie das Grundprinzip rücksichtlich der im 1. und 2. Abschnitt besprochenen Hauptfragen, nämlich des Systems und der Höhe der Haftung wegen Rechtsmangels durchgeführt ist. Der Grundsatz vermittelt es auf gleiche Weise wie in Preußen, daß von den Gewährleistungsnormen alle entgeltlichen obligatorischen Veräußerungsgeschäfte gleichzeitig umspannt werden.[3] Wir haben uns hier nur mit dem Kaufrecht zu befassen. Bezüglich des Umfangs des vom Verkäufer

---

[1] Selbstverständlich soll damit durchaus nicht gesagt sein, daß etwa die Anwendung des D. B.G.B. gar keine Korrektivmittel für die hervorgehobenen Mißstände besitzt. Dieselben müssen aber aus sehr verschiedenen Richtungen herbeigeholt werden.

[2] Nur ein Beispiel. Das D. B.G.B. läßt mit Recht für Sachleistung in der verkehrsmäßig vorausgesetzten Beschaffenheit, dagegen für Leistung des freien Rechtes schlechtweg haften. Das österr. Gb. erreicht, wie weiter unten zu zeigen ist, letzteres ebenfalls, aber es scheint darüber hinauszugehen; das Gesetz wörtlich genommen, wäre jeweils zu untersuchen, ob der Verkehr nicht mehr fordert, als das freie Recht, z. B. beim Verkaufe einer Mühle auch Wasserrechte in bestimmter Stärke. Derlei müßte zur größten Unsicherheit des Handels führen.

[3] So wäre wenigstens die Auslegung Zeiller's, Komm. III 1 S. 121 heute zu formulieren. Der Unterschied von dem im D. B.G.B. § 445 eingeschlagenen Wege ist nicht allzu groß. Der Cod. Ther. behandelte noch den Kauf „als den Typus der entgeltlichen Geschäfte", Pfaff, Jurist. Blätter 1885 S. 294, 1887 S. 260, und wendete die Eviktionslehre sofort auf letztere an (III 9, 173 f.), Martini ordnete nach Zeiller's Auffassung (Ofner II S. 73) unmittelbar die Gewährleistung für alle „Tauschverträge in einem weiteren Sinn, worunter alle (?) entgeltlichen Verträge verstanden werden". Über das Gesetz vgl. besonders Dniestrzanski S. 150 ff.

zu prästierenden[1] Rechtsquantums ist aus §§ 922. 923 zu entnehmen, daß für „gewöhnliche Mängel und Lasten", ferner für in die Augen fallende Mängel und aus den öffentlichen Büchern zu ersehende Lasten nicht gehaftet wird. Die Auslegung dieser Vorschriften, deren historische Anknüpfung aus dem oben Gesagten hervorgeht, würde eingehende und kasuistisch operierende Erörterungen erfordern.

1. Ich zögere nicht, im Gegensatze zu der herrschenden Meinung zu behaupten, daß der Verkäufer nach österreichischem Recht beim Sachkaufe das Eigentum, beim Rechtskaufe das Recht zu prästieren hat, und daß insbesondere bei mangelhafter Leistung im Gegensatze zum Habere-licere-System die sofortige Klage platzgreift.

Vielleicht hat sich diese Frage den Redaktoren für ihre Person noch immer nicht in der leuchtendsten Klarheit präsentiert, war die Lösung mehr gefühlt als durchdacht. Aber wie wenig bei Zeiller zu der heutigen Auffassung fehlt, ersieht man aus seiner oben wiedergegebenen Äußerung — man gewähre z. B. bei einem Kaufe auch das Eigentum und die freie Verfügung — und aus ähnlichen das Richtige umschreibenden, wenngleich nicht sicher festhaltenden Stellen seines Kommentars.[2] Das Gesetz nennt allerdings das Kind nirgends beim rechten Namen; man vermißt eine unzweideutige Erklärung darüber, daß der Kaufvertrag als solcher Rechtsgewähr enthält. Allein wenn man selbst darauf verzichtet, dieses oder jenes Wort des Gesetzes für die

[1] Der allgemeine Ausdruck sei vorläufig gestattet; weiter unten wird dargelegt, daß das österr. Gb. wie das deutsche auf die Rechtsleistung Anspruch erteilt.

[2] Zeiller, Komm. § 1047, Z. 4: „der Übernehmer, weil er das vollständige Eigentum erwerben will"; § 1045, Z. 3: „Der Ausdruck überlassen bezeichnet das angenommene Versprechen, das Eigentum auf einen andern zu übertragen, woraus, um sich so wie beim Kaufe (§ 1053) von der Sache zu versichern, ein persönliches Recht und eine persönliche Klage entsteht, den andern Teil zur Erfüllung und zur Übergabe anzuhalten, welche das Eigentum und ein dingliches Recht bewirkte"; § 923, Z. 1: „Die Fälle der Gewährleistung sind also: . . . wenn eine fremde Sache veräußert wird, folglich der Empfänger Gefahr läuft, der (Sache) entsetzet zu werden".

hier vertretene Ansicht zu verwerten,[1] so ist doch zweifellos für die gegenteilige im Gesetze nichts enthalten;[2] das Grundprinzip aber wäre stark genug, aus sich heraus die Rechtsgewähr zu erzeugen. Wie einstmals die Lasten, so stehen jetzt alle rechtlichen den sachlichen Mängeln gleich, müssen also wie letztere ohne weiteres zur Klageführung berechtigen. Es ist aber kaum denkbar, daß dies nicht schon die Gesetzgeber beabsichtigten. Hätten sie nicht sonst mindestens für die *evictio imminens,* für

[1] Am meisten Gewicht möchte ich § 923 beilegen: ... der hat, wenn das Widerspiel hervorkommt, dafür zu haften. Bei Martini III 5, 12 hieß es: der ist auch verpflichtet für die Wahrheit seiner Äußerung zu haften. Und der Cod. Ther. III 9, 401 gebraucht bei Sachmängeln die Wendung: wo nachhero sich das Widerspiel zeigete. Schon Michel S. 30 f. betont, daß „wenn" statt „wann" steht, behauptet aber, das Widerspiel komme eben erst bei der Eviktion hervor. Wie sollte man diese Ansicht, die doch die herrschende sein muß, analog auf Sachmängel anwenden? Es wäre dann nur zu haften, wenn das Pferd am Koller schon verendet ist. Über den Verjährungsbeginn (vgl. Unger, Syst. II S. 424 N. 17) ist damit noch nicht abgesprochen. — Hofmann a. a. O. S. 60 hat unhaltbarerweise angenommen, daß der ganze § 923 nur bei mala fides des Verkäufers gelte. — Aus § 1053 läßt sich freilich nichts Sicheres ableiten, vgl. § 380 u. Hofmann S. 61. Eher wäre § 1045 heranzuziehen (vorige Note).

[2] Hofmann S. 61 behauptet, in § 1047 sei der Ausdruck „Eigentum" vermieden, der Ausdruck „freier Besitz" gehe auf das habere licere. Gegenwärtig würde Hofmann dies gewiß nicht mehr vertreten. Bei Martini III 6, 14 hatte es geheißen: Übergabe „zum ledigen Besitz", später wollte man sagen „besitzfrei" (Ofner II S. 81), es war also nicht libera, sondern vacua possessio gemeint. (Pfaff, Jurist. Blätter 1887, S. 305 bei N. 56.) Allerdings bezog Zeiller, Komm. zu § 928 Z. 2 den § 1047 auch auf lastenfreie Übergabe, mit ihm Scheidlein, Hdb. II S. 20, und diese Ansicht ist im Geiste des Gesetzes, sowie in dem älteren Recht begründet. Es ist aber darum nur gleichgültig, ob man ihre Beglaubigung in den § 922 oder § 1047 verlegt. Daß daraus kein argumentum a contrario abzuleiten ist, ergibt der Überblick über die Entstehungsgeschichte. Wie im preuß. Landrecht stellte man neben die Verpflichtung zur Übergabe die zur Gewährleistung, so noch der sog. I. Entw. III § 172, und beim Kaufe Ur-E. III 187. Ihre Erwähnung blieb fort, weil sie schon anderweitig geordnet war (Ofner II S. 410). Nach keiner Richtung hin ist aus dem Worte „haften" (§ 923) eine Folgerung zu ziehen. Es ist im weitesten Sinne gebraucht, vgl. Adelung, Gramm. Krit. Wb., der Notker zitiert: haften = Verbindlichkeiten schuldig sein.

Lasten u. s. w. die herkömmlichen Befreiungen vom Eviktionserfordernis aufnehmen müssen? *De lege lata* führt noch ein anderer sicherer Weg zu dem gleichen Ergebnis. Das Gesetz baut das ganze Gewährleistungsrecht in erster Linie auf den mutmaßlichen Willen der Parteien. Gegenwärtig aber entspricht demselben zweifellos nur das Einstehen für mangelhafte Rechtsverschaffung als solche.

Steht dem nicht § 931 [1] entgegen? Der Paragraph wurde erst von Zeiller und nur zu dem Zwecke eingeführt, um den Verlust des Regresses wegen unterlassener Streitverkündung abzuschaffen. [2] In Wortlaut und Sinn war dabei die in Preußen seit längerer Zeit herkömmliche Norm vorbildlich. Nun ist es zwar diesem Vorbild zuzuschreiben, daß in der That hier der Schatten des älteren Systems noch einmal auf die neue Stoffgestaltung fällt. Allein dieser Schatten deckt kaum mehr ein kleines Stückchen des Gebietes. Trotz der allgemein lautenden Marginal-Rubrik „Bedingung der Gewährleistung" betrifft § 931 lediglich den Fall, daß „der Besitzer wegen eines von einem Dritten auf die Sache gemachten Anspruches von der Gewährleistung Gebrauch machen will", [3] er betrifft also den Fall der Verwicklung des Erwerbers in einen Prozeß mit dem Dritten. Für diesen Fall müssen auch im modernen Recht die Folgen der vorgenommenen und der unterlassenen Streitverkündung geregelt werden. § 931 thut dies und verlangt überdies vom Erwerber nicht un-

---

[1] § 931. Bedingung der Gewährleistung. Wenn der Besitzer wegen eines von einem Dritten auf die Sache gemachten Anspruches von der Gewährleistung Gebrauch machen will, so muß er seinen Vormann davon benachrichtigen, und nach Vorschrift der Gerichtsordnung die Vertretung begehren. Durch die Unterlassung dieses Ansuchens verliert er zwar noch nicht das Recht der Schadloshaltung; aber sein Vormann kann ihm alle wider den Dritten unausgeführt gebliebenen Einwendungen entgegensetzen, und sich dadurch von der Entschädigung in dem Maße befreien, als erkannt wird, daß diese Einwendungen, wenn von ihnen der gehörige Gebrauch gemacht worden wäre, eine andere Entscheidung gegen den Dritten veranlaßt haben würden.

[2] Ofner II S. 76.

[3] Zeiller's Bemerkungen in der Kommission (Ofner II S. 76) und im Kommentar zu § 931 machen denselben Eindruck.

billigerweise, daß er die Sache nicht fahrlässig herausgebe, ein Punkt, bezüglich dessen von dem Prozeßfalle sogar passenderweise abgesehen werden kann und auf den auch nach dem neuen deutschen Recht Nachdruck zu legen ist. Im übrigen hat § 931 kein Wirkungsgebiet. Wo er freilich eingreift, können sich infolge seiner traditionellen Fassung Differenzen mit der Grundanschauung ergeben. Denn es ist dadurch für den Fall der gerichtlichen Eviktion, der eine Ausnahme zu Gunsten des Käufers bedeuten sollte, unter Umständen *prima facie* ein Nachteil für den Käufer statuiert.[1]

2. Das Ausmaß der Haftung ist in § 932 für alle unter § 922 gehörigen Mängel[2] gleichmäßig geregelt. Die hieraus fließenden Ergebnisse waren, wie wir sahen, für Sach-, Rechts- und Quantitätsmängel die den Redaktoren nächstliegenden. Für Rechtsmängel die Interesseforderung schlechtweg aufzustellen, hätte gegenüber dem althergebrachten Rechte, allen Entwürfen dem preußischen Landrecht und teilweise gegenüber dem Code Civil eine Neuerung bedeutet. Läßt die historische Untersuchung über die Geltung des § 932 für Rechtsmängel keinen Zweifel, so folgt das Gleiche aus dem fertigen Gesetz.[3] Es würde andernfalls für einen großen Teil des in § 922 der Gewährleistung einverleibten Gebietes die Regelung der Ansprüche fehlen und nebenbei wäre der Hauptvorzug des österreichischen Systems, daß es der Handhabung des unzureichenden Gegensatzes von körperlichen und juristischen Mängeln enthebt, preisgegeben. Sollen

[1] Entsprechend einschränken dürfte man § 931 aber wohl können. So ließe sich in dem oben gegenüber A.L.R. I 11, 143 ff. gebrachten Beispiele — B. evinziert, die Streitverkündigung wird unterlassen, C. ist der Eigentümer — ein Regreß statt mit dem „auf die Sache gemachten Anspruch" direkt mit dem Rechtsmangel begründen.

[2] Natürlich auch für alle dahin gehörigen Geschäfte. Diesbezüglich ist es ein Glück, daß die Ansprüche in § 932 so enge ausgemessen sind; man denke an die Teilung!

[3] Als einziges Argument dagegen wird geltend gemacht, § 931 spreche von „Schadloshaltung". Indessen ist oben bereits wiederholt aufmerksam gemacht worden, daß Schadloshaltung ein eingelebter Terminus für Gewährleistung war; überdies ist mit diesem Worte ein passender allgemeiner Ausdruck für das vom Käufer zu Erlangende gegeben.

wir schließlich gerade heute der gemeinrechtlichen Theorie zuliebe an dem natürlichen Ergebnisse rütteln, wo das deutsche G.B. dem Käufer ebenfalls das Rücktrittsrecht zur Verfügung stellt?

Im Einzelnen ist in Bezug auf Rechtsmängel beim Kaufe Folgendes zu bemerken.

a) Das Gesetz unterscheidet zunächst, ob der Mangel behebbar ist oder nicht. Dieser Unterschied ist im preußischen Landrecht für Sachmängel, Lasten, Partialeviktion und Quantitätsmängel vorbereitet (I 5, 325 f. 331. 334; I 11, 164); andererseits entspricht derselbe ungefähr der gegenwärtig im D. B.G.B. formulierten Unterscheidung, ob die ursprüngliche Erfüllung, eventuell der Natural-Schadensersatz noch als möglich anzusehen oder ob an die Ausgleichung in Geld zu schreiten sei. Es wurde behauptet, daß „wegen der an sich stets möglichen Abfindung des Berechtigten" alle Rechtsmängel schlechtweg behebbar sind;[1] umgekehrt wurde gesagt, in der Regel lasse sich ein Rechtsmangel nicht beheben, da es nicht von der Willkür des Schuldners abhänge, das Drittrecht zu beseitigen, wobei nur Ausnahmen für einige Klassen von Mängeln gemacht wurden, die durch Zahlung beseitigt werden können, z. B. Hypothekarforderungen.[2] Beides ist unrichtig. Unter Umständen ist der Mangel des Eigentums behebbar, weil der Eigentümer zur Abtretung bereit ist, unter anderen eine Hypothek nicht behebbar, weil sich der Gläubiger nicht abfinden läßt. Nicht behebbar ist häufig eine Beeinträchtigung, die aus öffentlichen Interessen fließt, nicht behebbar auch sehr zahlreiche Rechtsmängel, in deren Fall ein Dritter, dessen Recht abgelöst werden könnte, gar nicht existiert (z. B. nicht bestehendes Recht) oder unauffindbar ist. Es kommt auf die thatsächliche Beurteilung des konkreten Falles an. — Auch auf Grund des österreichischen Gesetzes dürfte man die Meinung vertreten können, daß verspätete Behebung oft nicht mehr als Erfüllungsäquivalent anzusehen ist.

Ist der Mangel behebbar, so kann der Käufer nur den „Nachtrag", demnach die fehlende Rechtsleistung, mit dem Er-

---

[1] Dies hält Pfersche S. 121 unserer Auffassung des § 932 entgegen.
[2] Hasenöhrl [2]II S. 461 ff.

gänzungsinteresse fordern. Auch das a. b. G.B. stellt somit die Verpflichtung des Verkäufers zur Rechtsleistung auf, und gewährt nicht bloß und nicht sofort pekuniäre Entschädigungsansprüche wegen Nichterfüllung.[1] Ist der Mangel nicht behebbar, so wird

b) weiter unterschieden, je nachdem ob derselbe den „ordentlichen", d. h. den vertragsmäßigen oder gewöhnlich vorausgesetzten Gebrauch der „Sache" (des Kaufgegenstandes) bestehen läßt oder nicht. Auch dieses Kriterium ist, wie wir sahen, von den Redaktoren nicht völlig neu erfunden worden, sondern besitzt selbst in Ansehung von Rechtsmängeln Vorläufer in den niederösterreichischen Entwürfen[2] und im Code Civil a. 1636. Daß die Unterscheidung nicht unangebracht ist, versteht sich von selbst. Das deutsche Gesetz macht in ganz ähnlicher, nur den subjektiven Gläubiger-Standpunkt etwas schärfer betonender Weise die Rechtsmittel des Käufers von dessen fortdauerndem Interesse an der fehlenden Rechtsleistung abhängig.

α) In dem der Totaleviktion entsprechenden Falle, daß der Mangel den ordentlichen Gebrauch verhindert, „kann der Verkürzte die gänzliche Aufhebung des Vertrages" samt Schadensersatz in einem unter γ) zu besprechenden Ausmaß verlangen. Durch die historischen Darlegungen dürfte gesichert sein, daß es sich um einen Anspruch aus gültigem Vertrage handelt.[3] Dies gilt gemäß dem berührten Verhältnis der Zessionshaftung zur

---

[1] Hasenöhrl's Ansicht (§ 92 I), daß der Vertrag durch die mangelhafte Erfüllung erlösche und nur letztere Schadensersatzansprüche hervorrufe, ist für das römische Recht oben S. 98 abgewiesen, für das österr. ist sie gegenüber §§ 919. 932 geradezu unbegreiflich. — Daß das a. b. G.B. die Möglichkeit gewährt, die zur Behebung des Mangels verwendeten Kosten zu fordern, nimmt mit Recht die Iudikatur an, vgl. Schey, a. b. G.B. § 932 N. 4b.

[2] Oben S. 322 N. 2.

[3] Im allgemeinen wird dies anerkannt. Von Zeit zu Zeit taucht aber immer wieder die Ansicht auf, der Kauf fremder Sachen sei ungültig, so Glaser-Unger XI 5206; 2. Inst. in XVIII 7804; vgl. VII 3267. Von den Wirkungen der Vertragsaufhebung handeln Pfersche S. 125 ff.; Dniestrzanski S. 163 ff.

Gewährleistung auch von dem durch § 1397 näher begrenzten Anspruche.[1]

Aus der Fassung: „kann der Verkürzte“ geht die angemessene und die Differenz zum D. B.G.B. noch verkleinernde Folgerung hervor, daß es im Ermessen des Käufers liegt, ob er den nach objektiver Beurteilung zur Vertragsaufhebung hinreichenden Fehler lediglich zur Preisminderung benützen will.[2] Aus dieser Fassung dürfte auch zu schließen sein, daß nicht etwa der „Verkürzende“ die Nichtbehebbarkeit des Mangels geltend machen darf, daß also Klage und Urteil auf Rechtsleistung dem Käufer zustehen, falls nicht anderweitige Grundsätze, insbesondere die der Unmöglichkeit der Leistung die Beurteilung verändern.

β) Von dem Falle, daß der Mangel den ordentlichen Gebrauch bestehen läßt, spricht merkwürdigerweise § 932 gar nicht. Indessen deuten das ältere Recht, dasjenige was aus dem Paragraphen selbst zur Füllung der Lücke entnommen werden kann, sowie sachliche Erwägungen auf die relative Preisminderung, und Zeiller's Kommentar spricht sich auch bedenkenlos für dieselbe aus.[3]

---

[1] Nichtigkeit des Vertrages wegen Mangels des Objektes behauptet Nippel VIII 2, S. 95, Anfechtbarkeit Krainz [3]II § 330 vor N. 23a. Letztere wäre diskutabel, wenn man daraus den Anspruch auf das negative Interesse ableiten wollte und wenn es ohne diese Konstruktion nicht erreichbar wäre, daß der schuldhafte Verkäufer einen über die Valuta hinausgehenden Betrag zahlen müsse. Ich meine aber, § 1397 i. f. schneide durchaus nicht jeden Anspruch auf Schadensersatz ab; doch kann dies hier nicht ausgeführt werden.

[2] Ausdrücklich Cod. Ther. III 9, 407.

[3] Über das ältere Recht s. oben S. 318. Auf die älteren Entwürfe wird die gleiche Ansicht wie hier bereits von Pfaff, Jurist. Bl. 1885 S. 293 bei N. 98 (vgl. 1887 S. 477) gestützt. (Mit Unrecht nimmt denselben Dniestrzanski S. 168 N. 5 für die gegenteilige Ansicht in Anspruch.) Die Lücke im Gesetze muß ja auf irgend eine Weise ausgefüllt werden, und dafür, auf den Schadensersatz zu rekurrieren, gibt doch § 932 keinen Fingerzeig. Dagegen drängt sich als Gegensatz zu „gänzliche Aufhebung“ die teilweise Aufhebung auf. Sachlich empfiehlt sich die relative Preisminderung infolge der bekanntlich nur mit derselben herzustellenden Gleichmäßigkeit der Berechnungsresultate; ferner aber durch die Unabhängigkeit des Ergebnisses von nach der Übergabe eintretender zufälliger Verschlech-

γ) Zu den Ansprüchen ad α) und β) gesellt sich der auf den Ersatz des „weiteren Schadens“[1] unabhängig von einem Verschulden des Verkäufers. Diese Kategorie entspricht offenbar der ehemals beliebten Gruppe, welche bestimmte, teils in das positive, teils in das negative Interesse einschlagende Einbußen des Käufers zusammenfaßte, ausschließlich des *lucrum cessans*. Wie dies heute, wo die Unterscheidung zwischen positivem und negativem Interesse nicht mehr zu entbehren ist, aufgefaßt werden darf, erscheint wohl recht fraglich. Hinsichtlich der Rechtsmängel ist natürlich insbesondere an die Kosten des Streites über Total- oder Partialeviktion und an den den Kaufpreis übersteigenden Wert („Sach-“, „gemeinen“ Wert, konform § 1332) des Kaufgegenstandes[2] zu denken. Schwierig ist es auch, die Abgrenzung des „Schadens“[3] vom entgangenen Nutzen befriedigend zu vollziehen.[4]

---

terung oder Vernichtung des Kaufgegenstandes. Denn es ist ein auch mit dem österreichischen Gesetz zu vereinbarendes modernes Postulat, das übrigens rücksichtlich der Sachmängel bereits vom römischen Rechte verwirklicht wurde, daß die auf Restitution gehenden Gewährleistungs-Ansprüche durch Untergang und Deterioration nicht beseitigt werden (allerdings von der österreichischen Literatur nicht anerkannt). — Für die Preisminderung Zeiller § 932, Z. 2 (III 1, S. 139) und Nippel VI S. 190. 192; Winiwarter IV 103; ferner Krainz II S. 87 N. 12; Stubenrauch ²II S. 123. — Dagegen Stubenrauch in den ersten Auflagen, Hasenöhrl 2. Aufl. II S. 463. 483 N. 89; und besonders Pfersche S. 123. Die mehrfach verfehlte Entsch. Glaser-Unger XI 4967 argumentiert so, als ob es überhaupt nur den Anspruch auf Vertragsaufhebung gäbe.

[1] Glaser-Unger XX 8941.

[2] Daß der höhere Wert der Sache lucrum cessans sei, wie Suarez in der revisio mon. meinte, ist die Ansicht des preuß. Entw., aber nach richtiger Auslegung des § 155 I 11 schon nicht mehr die des Landrechts gewesen.

[3] Es ist der ganze positive Schaden, also auch der mittelbare zu ersetzen: Unger, Fragmente in Haimerl's Vjschr. XIV (1864) S. 115 N. 7.

[4] Wie unpassend die Einteilung in erlittenen Schaden und entgangenen Gewinn überhaupt (§ 1323) ist, hat Strohal, Drei Gutachten S. 162 dargelegt. Unsere Materie bietet dazu die grellste Illustration in einer Reihe der heikelsten Fragen. Ist es z. B. entgangener Gewinn, wenn der Käufer wegen des Mangels einen den Kaufpreis übersteigenden beim Weiterverkaufe erzielten Preis zurückgeben muß? Wenn nein (Sachße, Ztschr. f. deutsches Recht XVII, 1857, S. 71), so braucht der Käufer nur

δ) Der Schlußsatz des § 932 läßt, „dafern der andere Teil unredlich gehandelt hat, auch den entgangenen Nutzen fordern". Gewiß ist damit ebensowohl *dolus in contrahendo* als im Vollzuge und nachträgliche dolose Vereitlung der Erfüllung gemeint. Streitig ist, ob der volle Schadensersatz auch bei „auffallender Sorglosigkeit" gebührt.[1] Kaum zweifelhaft dürfte sein, daß im übrigen das Hauptstück vom Schadensersatze subsidiäre Anwendung findet, insofern es höhere Beträge zuspricht, wie die „Tilgung der verursachten Beleidigung" z. B. bei Hausdurchsuchung, bei Verdacht der Hehlerei. Natürlich hat der Käufer das Verschulden des Verkäufers und den Kausalzusammenhang zum Schaden nachzuweisen.

Die Haftungskonstruktion, deren Ursprung und Charakter die vorstehenden Ausführungen zu beleuchten versuchten, hat in keinem späteren Gesetze mehr einen Nachhall und in der Wissenschaft nahezu keine Beachtung gefunden. In der geschichtlichen Darlegung gebührte derselben ein besonderer Platz; die dogmatische Darstellung wird noch bei mancher Gelegenheit die Anregungen, die diese Konstruktion gewährt, zu verwerten haben.

---

zu warten, um entgangenen Gewinn in positiven Schaden zu verwandeln, überdies kann er sich die Einklagung künftigen Schadens vorbehalten. (Den positiven Schaden als negatives Interesse zu behandeln, geht wohl nicht an.)

[1] Verneinend Michel S. 24; Stubenrauch § 932; Burckhardt, P.R. II S. 268 N. 38; Randa, Ger.-Ztg. 1870 n. 7. Pfaff, Gutachten S. 113 f. hat aber aus der Entstehungsgeschichte nachgewiesen, daß keine Abweichung von den allgemeinen Grundsätzen beabsichtigt war. Daher nunmehr Einstimmigkeit in der Bejahung; Randa, Jur. Bl. 1881 S. 50; Krasnopolski ebd. S. 159. — Vgl. noch Schey, Redlicher und unredlicher Besitzer, Festschr. f. Unger, S. 489.

Verzeichnis

der angeführten Stellen aus Quellen des Altertums und Frühmittelalters.

(Die größeren Zahlen bedeuten Seiten, die Exponenten Noten.)

I. Corpus iuris civilis.

Institutionen.

Digesten.

Codex

II. Sonstige Gesetze und Juristenschriften.

III. Geschäfts- und Prozeßurkunden.

IV. Unjuristische Literatur.

Verzeichnis

der angeführten Stellen moderner Gesetze.

Nachträge und Berichtigungen.

S. 9 Note 2 lies statt Rudorff, Ztschr. f. Rechtsg. XIV S. 447: Rudorff, Ztschr. f. gesch. Rw. XIV S. 447, Ztschr. f. Rechtsg. XI S. 88.

S. 37 Zeile 13 lies statt „der Unterschied der Kombination“ — „der Unterschied oder die Kombination“.

Zu S. 38 Note 2. Die ersten sieben Bogen wurden im April 1902 gedruckt. Seither ist der oben gegen Spiegelberg erhobene Einwand von berufener Seite bestätigt worden. Wilcken beanstandet in seinem Archiv (II. Band, Heft vom Juni 1902, S. 144) gleichfalls den Satz Z. 7 des zitierten Schemas und beruft sich hierfür ebenfalls auf das' ἀντίγραφον Pap. Leiden P, in welchem er liest: οὔτ' ἐγὼ [ο]ὔτ' ἄλλος ἐκ το[ῦ ἐμ]οῦ γένους κυριεύσει αὐ[τῶν ἀπὸ τῆς ⟨σήμερον⟩ ἡμέρας. Nach Wilcken's Mitteilung hat Spiegelberg bereits eine neuerliche Untersuchung der Stelle zugesagt.

Zu S. 40 Note 1. Wilcken macht a. a. O. noch aufmerksam, daß die soeben ang. Stelle des Pap. Leiden P dem „ἐάν τε πατὴρ ἢ μήτηρ“ u. s. w. der demotisch-griechischen Übersetzungen aus der Kaiserzeit entspricht. Das Formular, welches lediglich die Vertragsbindung des Verkäufers selbst und die Klausel wegen der Warterechte enthält, scheint danach in Ägypten ziemlich verbreitet gewesen zu sein. Beachtenswerterweise läßt sich dieselbe Übung im deutschen Mittelalter beobachten. Vgl. z. B. die S. 195 N. 1 ang. U. Heiligenkreuz II n. 144 und die S. 190 N. 2 bezogenen Goslarer Statuten 26, 20.

Zu S. 42. Zum leichteren Verständnis der Formel „sine defensione“ s. z. B. Cod. Cavens. I n. 723 a. 970: Auctoritas und defensio werden abgelehnt (der Erwerber hat sich selbst zu verteidigen, vgl. dazu oben S. 186 N. 5 u. S. 205 N. 2), dagegen wird versprochen: si unquam in tempore ullus meum datum in alia parte apparuerit, cui ego dedissem, qui contra te agere voluerit, tunc si oc apparuerit, da illa parte auctores et defensores exinde esse promitto cum meis eredibus sudupla defensione.

S. 55 N. 1. Vgl. gegen die das. vertretene Ansicht in Ansehung der germanischen Rechte Brünneck, Z. Sav. Stift. Germ. Abt. I S. 138 ff.

S. 60 Zeile 1 schalte ein: nicht ihr unterworfen.

S. 69 Note 1 lies statt: „in hoc fieri“ — „in hoc teneri“.

S. 76 Zeile 4 lies statt: „ädilitischen Haftung“ — „zivilrechtlichen Haftung“. Vgl. Seite 139 N. 1.

S. 81 Zeile 5 von unten lies: D. h. t. 74, 1.

S. 103 Zeile 1 von unten lies statt „förderte“ — „forderte“.

FSC
www.fsc.org
MIX
Papier | Fördert gute Waldnutzung
FSC® C083411

Kolibri 360 GmbH
Ferdinand-Jühlke-Straße 7
99095 Erfurt, Deutschland
produktsicherheit@kolibri360.de